Das sparkassenrechtliche Regionalprinzip im Spannungsverhältnis zwischen Unionsrecht und hessischem Sparkassenrecht

Europäische Hochschulschriften Recht

European University Studies in Law

Publications Universitaires Européennes de Droit

Band/Volume 6203

Vanessa Caroline Zellner

Das sparkassenrechtliche Regionalprinzip im Spannungsverhältnis zwischen Unionsrecht und hessischem Sparkassenrecht

PETER LANG

Bibliografische Information der Deutschen Nationalbibliothek
Die Deutsche Nationalbibliothek verzeichnet diese Publikation in der Deutschen Nationalbibliografie; detaillierte bibliografische Daten sind im Internet über http://dnb.d-nb.de abrufbar.

Zugl.: EBS Universität für Wirtschaft und Recht, Diss., 2020

1832
ISSN 0531-7312
ISBN 978-3-631-83355-1 (Print)
E-ISBN 978-3-631-83821-1 (E-PDF)
E-ISBN 978-3-631-83822-8 (EPUB)
E-ISBN 978-3-631-83823-5 (MOBI)
DOI 10.3726/b17713

Diese Publikation wurde begutachtet.

www.peterlang.com

Meinen Eltern

Vorwort

Die vorliegende Arbeit wurde im Winter 2019/2020 von der juristischen Fakultät der EBS Universität für Wirtschaft und Recht als Dissertation angenommen. Sie befindet sich im Wesentlichen auf dem Stand von Oktober 2019. Später erschienene Literatur konnte vereinzelt berücksichtigt werden.

Ganz herzlich bedanken möchte ich mich an dieser Stelle bei meinem Doktorvater, Herrn Prof. Dr. Markus Ogorek, LL.M. (Berkeley), der das Thema angeregt und mich bei der Anfertigung der Arbeit stets unterstützt hat.

Herrn Prof. Dr. Stefan Muckel danke ich für die umsichtige und tiefgehende Auseinandersetzung mit der Thematik als Zweitgutachter.

Mein Dank gilt ferner allen, die mich während der Erstellung dieser Arbeit begleitet und in vielfältiger Weise unterstützt haben. Hierbei möchte ich vor allem die Stunden im Promovierendenkolloquium der EBS Law School unter Leitung von Herrn Prof. Dr. Emanuel V. Towfigh hervorheben.

Von Herzen möchte ich meinen Eltern und meinen Schwestern danken, die mir zu jeder Zeit Rückhalt, Zuversicht und Kraft gegeben haben. Ein besonderer Dank gebührt außerdem meinem Partner für seine immerwährende Unterstützung und Motivation sowie sein fortwährendes Vertrauen in mich. Diese Arbeit sei daher ihnen gewidmet.

Wiesbaden, im Juli 2020

Vanessa Caroline Zellner

Inhaltsverzeichnis

Abkürzungsverzeichnis

Die in der Arbeit verwendeten Abkürzungen sind entweder aus sich heraus verständlich oder bei *Kirchner*, Abkürzungsverzeichnis der Rechtssprache, 9. Auflage, Berlin 2018, erläutert. Nicht aufgeführte Abkürzungen von Landesgesetzen sind im Folgenden aufgelistet.

BayGO	Bayerische Gemeindeordnung
BayStG	Bayerisches Stiftungsgesetz
HessSparkG	Hessisches Sparkassengesetz
HessVerf.	Verfassung des Landes Hessen
MuSa Hess	Mustersatzung für kommunale Sparkassen in Hessen
SächsSparkG	Sparkassengesetz des Freistaates Sachsen
StiftG Hess	Hessisches Stiftungsgesetz
SparkG Brem	Bremisches Sparkassengesetz

Kapitel 1: Einleitung

A. Forschungsfrage

Das sparkassenrechtliche Regionalprinzip ist eng verbunden mit dem kommunalen Sparkassenwesen, welches seit etwa 200 Jahren in Deutschland besteht. Zunächst schien das Unionsrecht keine Auswirkungen auf das Regionalprinzip von kommunalen Sparkassen sowie das Sparkassenwesen zu haben.[1] Diese Einschätzung hat sich mittlerweile gewandelt. Die Bedeutung der Europäischen Union und ihre Regelungen für die einzelnen Mitgliedstaaten nehmen seit ihrer Gründung stetig zu. So ist für die Zukunft davon auszugehen, dass das Unionsrecht eine immer wichtigere Rolle einnehmen und sich weiter auf das nationale Recht und damit ebenfalls auf das Sparkassenrecht auswirken wird. Dabei hat das Unionsrecht das Sparkassenwesen bereits beeinflusst. Die europäischen Richtlinien zu Kreditinstituten wie u.a. zur Eigenkapitalausstattung müssen die kommunalen Sparkassen ebenso befolgen wie andere deutsche und europäische Kreditinstitute. Zudem hatte das Unionsrecht auch konkrete Änderungen für das deutsche Sparkassenwesen dergestalt, dass dieses den Wegfall der Anstalts- und Gewährträgerhaftung von kommunalen Sparkassen zur Folge hatte.[2] Obwohl die Europäische Kommission in diesem Zusammenhang 2006 das sparkassenrechtliche Regionalprinzip mit dem Unionsrecht für vereinbar erachtete,[3] gibt es immer wieder Stimmen, die das Regionalprinzip kritisch bewerten.[4] Die Deutsche Bundesbank hatte 2003 eine Lockerung des Regionalprinzips für möglich

---

1 Vgl. *Geiger*, Die deutsche Sparkassenorganisation, S. 29.

2 Ausführlich hierzu *Henneke*, in: Mann/Püttner, Hdb. kommunale Wissenschaft und Praxis 2, § 53a Rn. 201–234; *Möschel*, WM 2001, 1895; *Quardt*, EuZW 2002, 424; *Wehber*, Kreditwesen 2005, 752.

3 Europäische Kommission, Pressemitteilung IP/06/1692 v. 6. Dezember 2006: „Im konkreten Fall der nach Maßgabe der Beihilfeentscheidung vom 18. Februar 2004 zu veräußernden Bankgesellschaft Berlin AG mit der Berliner Sparkasse wurde eine Reihe sparkassentypischer Gemeinwohlaufgaben festgelegt und als mit dem Gemeinschaftsrecht vereinbar erachtet. Zu diesen Aufgaben gehören die flächendeckende Versorgung wirtschaftlich schwächerer Bevölkerungskreise und der mittelständischen Wirtschaft sowie die Gewährleistung des Regionalprinzips gemäß dem maßgeblichen Sparkassenrecht."

4 Internationale Währungsfonds (IWF), Germany: Selected Issues, IMF Country Report No. 03/342 v. November 2003, S. 20; Monopolkommission, XX. Hauptgutachten v. 1. Juli 2014, Rn. 1923 ff.; Bankenverband, Stellungnahme des Bankenverbandes zum

gehalten, aber keine Empfehlung zu dessen Aufhebung gegeben.[5] Das Fortbestehen des sparkassenrechtlichen Regionalprinzips wird somit infrage gestellt. Dabei haben *Nierhaus/Stern* das Regionalprinzip als „die wichtigste Existenzgrundlage des öffentlich-rechtlichen Sparkassenwesens" bezeichnet.[6] Trotz seiner langen Tradition wird das sparkassenrechtliche Regionalprinzip heute heftig diskutiert[7] und ist mittlerweile sogar zum „Dauerthema"[8] geworden.

Das sparkassenrechtliche Regionalprinzip regelt die Zuständigkeit im Sparkassenrecht.[9] Sollte es wegfallen, könnte dies das Sparkassenwesen und das gesamte Bankenwesen nachhaltig verändern. Dabei sind die Sparkassen mit 47,6 % das mit Abstand beliebteste Kreditinstitut in der deutschen Gesamtbevölkerung zum Führen eines Girokontos, was sich bei den Sparkassenkunden noch weiter verstärkt: Für diese sind die Sparkassen zu 95,5 % das beliebteste Kreditinstitut zum Führen eines Girokontos.[10] Demnach genießen die Sparkassen in Deutschland weiterhin einen sehr hohen Stellenwert. Es ist daher eine europarechtliche Bewertung des Regionalprinzips als Fundament des kommunalen Sparkassenwesens geboten. Diese ist auch deshalb sinnvoll, weil beim Örtlichkeitsprinzip von kommunalen Unternehmen ein Wandel stattgefunden hat.

XX. Hauptgutachten der Monopolkommission 2012/2013 v. 11. September 2014, S. 11; *Weck*, DÖV 2015, 500. Nicht nur das sparkassenrechtliche Regionalprinzip, sondern das öffentliche Bankenwesen insgesamt kritisierend *Möschel*, WM 2001, 1009 ff.; a.A. Sachverständigenrat zur Begutachtung der gesamtwirtschaftlichen Entwicklung, Das deutsche Finanzsystem Effizienz steigern – Stabilität erhöhen v. Juni 2008, Rn. 248; *Henneke*, DVBl. 2010, 472, 477.

5 Deutsche Bundesbank, Bericht zur Stabilität des deutschen Finanzsystems, Monatsbericht v. Dezember 2003, S. 47: So würde das Regionalprinzip aufgrund der Ortsgebundenheit einerseits Risiken bei den Sparkassen senken, aber andererseits eine Expansion erfolgreicher Bankinstitute verhindern.

6 *Stern/Nierhaus*, Das Regionalprinzip im öffentlich-rechtlichen Sparkassenwesen, S. 1; ähnlich *Henneke*, Der Landkreis 2014, 163, 172, der das Regionalprinzip als „das strukturprägende Merkmal der Sparkassen in Deutschland" bezeichnet.

7 *Henneke*, ZVglRWiss 113 (2014), 535.

8 *Ritgen*, DVBl. 2015, 958, 959 aufgrund des Professorengesprächs des Deutschen Landkreistags 2015.

9 *Henneke*, Kommunale Sparkassen, S. 102; *Stern*, Das sparkassenrechtliche Regionalprinzip, S. 25; *Stern/Nierhaus*, Das Regionalprinzip im öffentlich-rechtlichen Sparkassenwesen, S. 1.

10 VuMA, Beliebteste Geldinstitute zum Führen eines Gehalts-/Girokontos bei Sparkassen-Kunden im Vergleich mit der Bevölkerung im Jahr 2019, Statista v. November 2019 (online, s. Literaturverzeichnis).

Einige Gemeindeordnungen ermöglichen mittlerweile ausdrücklich die Gründung von Zweigstellen des öffentlichen Unternehmens im Ausland. Zudem gibt es vermehrt Stimmen, die von einer Unvereinbarkeit des Örtlichkeitsprinzips mit dem Unionsrecht ausgehen[11] und seine Abschaffung[12] oder zumindest seine Aufhebung für das europäische Ausland fordern[13]. Dabei entspricht das Örtlichkeitsprinzip von kommunalen Unternehmen dem Regionalprinzip für die Sparkassen.[14] Aus diesem Grund ist auch ein Vergleich zu kommunalen Unternehmen erforderlich, wobei der Fokus auf das hessische Kommunal- und Sparkassenrecht gelegt wird.

B. Gang der Untersuchung

Gegenstand dieser Untersuchung ist das sparkassenrechtliche Regionalprinzip mit einer besonderen Berücksichtigung des Hessischen Rechts und seiner Vereinbarkeit mit dem Recht der Europäischen Union. Ziel der vorliegenden Arbeit soll es sein, die aktuelle Diskussion um das sparkassenrechtliche Regionalprinzip näher zu beleuchten und einen Vergleich zu kommunalen Wirtschaftsunternehmen zu ziehen. Bevor die unionsrechtliche Bewertung des sparkassenrechtlichen Regionalprinzips erfolgen kann, muss zunächst die derzeitige Rechtslage im Bund und in Hessen geklärt werden, wofür jeweils Grundlage und Reichweite des sparkassenrechtlichen Regionalprinzips zu untersuchen sind. In einem weiteren Schritt sind die möglichen Auswirkungen des Unionsrechts auf das hessische Sparkassenrecht zu überprüfen. Im Anschluss daran soll das sparkassenrechtliche Regionalprinzip hinsichtlich seiner Vereinbarkeit mit Vorgaben des Unionsrechts geklärt werden. Hierfür ist insbesondere die Niederlassungsfreiheit entscheidend. Bereits 1979 hat *Ellgering* Folgen der

---

11 Zuletzt *Dünchheim*, Die Vereinbarkeit des kommunalen Wirtschaftsrechts des Saarlandes mit dem Recht der Europäischen Union, S. 76 ff.; zuvor bereits ausführlich *Ehricke*, Die Vereinbarkeit des kommunalen Örtlichkeitsprinzips mit dem EG-Recht, S. 31 ff.; *Langner*, Die örtliche Begrenzung kommunaler Wirtschaftstätigkeit und die Grundfreiheiten des EG-Vertrages, S. 115 ff.; *Nagel*, Gemeindeordnung als Hürde?, S. 49 ff.; *Wenzl*, Das Örtlichkeitsprinzip im europäischen Binnenmarkt, S. 115 ff.; siehe ferner *Moraing*, WiVerw 1998, 233, 244 f.; *Hellermann*, Örtliche Daseinsvorsorge und gemeindliche Selbstverwaltung, S. 152, 157.

12 Z.B. *Reck*, DVBl. 2009, 1546, 1551 f.

13 Z.B. *Becker*, VR 2018, 329, 332 ff.

14 Siehe hierzu Kapitel 2: B. I. 2.

Niederlassungsfreiheit auf die Entwicklung des Sparkassenwesens ausgemacht.[15] Darüber hinaus ist eine kartellrechtliche Bewertung des sparkassenrechtlichen Regionalprinzips vorzunehmen. Die Kontroverse hierzu hat in den letzten Jahren stark zugenommen[16] aufgrund des XX. Hauptgutachtens der Monopolkommission aus dem Jahr 2014, in dem diese das Regionalprinzip als „gesetzlich angeordnetes Gebietskartell"[17] bezeichnete und seine komplette Beseitigung forderte. Im letzten Teil sollen mögliche Rechtsformen für hessische Sparkassen im Hinblick auf das sparkassenrechtliche Regionalprinzip diskutiert werden.

---

15 *Ellgering*, Kreditwesen 1979, 796, 800.

16 Siehe nur die ausführlichen Rechtsgutachten von *Stern*, Das sparkassenrechtliche Regionalprinzip und *Thomas*, Die kartellrechtliche Bewertung des sparkassenrechtlichen Regionalprinzips.

17 Monopolkommission, XX. Hauptgutachten v. 1. Juli 2014, Rn. 1923.

Kapitel 2: Grundlage und Reichweite des sparkassenrechtlichen Regionalprinzips

Die öffentliche Verwaltung ist nach Zuständigkeiten aufgebaut. Dadurch besteht eine geordnete und rechtliche Zuordnung, welche wiederum für einen reibungslosen Ablauf innerhalb des Staates sorgt. Die Bürger wissen, wer für welchen Belang zuständig ist und an wen sie sich wenden können. Die Zuständigkeit ist eine formelle Voraussetzung für die Rechtmäßigkeit der öffentlichen Verwaltung, womit sie die Basis für jedes öffentliche Verwaltungshandeln darstellt. Während sich die föderale Aufteilung aus dem Bundesstaatsprinzip ergibt, folgt die weitere Zuständigkeitsaufteilung verfassungsrechtlich aus der Gewaltenteilung.[18] Diese soll nicht nur politische Macht und Verantwortung verteilen sowie einer Kontrolle der Machtträger dienen, sondern bezweckt zugleich, dass „staatliche Entscheidungen möglichst richtig, das heißt von Organen getroffen werden, die dafür nach ihrer Organisation, Zusammensetzung, Funktion und Verfahrensweise über die besten Voraussetzungen verfügen".[19] Somit soll die Verwaltung von einzelnen Entscheidungsträgern „unabhängiger" werden. Zu unterscheiden sind die sachliche, funktionale und örtliche Zuständigkeit. Letztere bestimmt, welche Verwaltungsbehörde nach den räumlichen Gegebenheiten zur Aufgabenerfüllung ermächtigt ist. Gemeinden und Landkreise haben jeweils ihr eigenes räumliches Herrschaftsgebiet. Nichts anderes bedeutet das Regionalprinzip für die kommunalen Sparkassen, denn diese zählen zur öffentlichen Verwaltung.[20]

---

18 Hierzu *Grzeszick*, in: Maunz/Dürig, GG, Art. 20 V. Rn. 1; *Huster/Rux*, in: Epping/Hillgruber, BeckOK GG, Art. 20 Rn. 155; *Schmidt-Aßmann/Schenk*, in: Schoch/Schneider/Bier, VwGO, Einleitung zur VwGO Rn. 56; ausführlich *Collin/Fügemann*, JuS 2005, 694 ff.

19 BVerfGE 68, 1, 86; BVerfGE 95, 1, 15; BVerfGE 98, 218, 251 f.; vgl. auch BVerfGE 139, 321, 362.

20 Vgl. VerfGH NRW, NVwZ 1987, 211, 212; VGH Kassel, ESVGH 16, 151, 153; *Henneke*, Kommunale Sparkassen, S. 95; *Isenburg*, Die Verbundzusammenarbeit der Sparkassen-Finanzgruppe, S. 24; *Kemmler*, Die Verwaltung 49 (2016), 397, 400; *Lepper*, BKR 2004, 175, 176; *Lohmiller*, Kapitalbeteiligungsgesellschaften der Sparkassen, S. 40; *Merten*, DVBl. 1983, 1140; *Oebbecke*, VerwArch 93 (2002), 278, 282; *Pautsch*, DÖV 2005, 990, 991; *Schmidt-Aßmann*, AöR 116 (1991), 329, 343 f.; *Stern*, Das sparkassenrechtliche Regionalprinzip, S. 98; a.A. OVG Saarlouis, DÖV 1970, 610, 612.

Das Regionalprinzip regelt die örtliche Zuständigkeit der Sparkassen untereinander und grenzt ihre Geschäftsgebiete voneinander ab. Der Tätigkeitsbereich einer Sparkasse wird grundsätzlich auf das Gebiet ihres kommunalen Trägers begrenzt.[21] In dessen Gebiet darf eine Sparkasse handeln, wodurch der Wirkungskreis einer Sparkasse und das Hoheitsgebiet ihres kommunalen Trägers deckungsgleich sind,[22] was bedeutet, dass das Geschäftsgebiet grundsätzlich nicht weiter reichen kann als dasjenige des kommunalen Trägers.[23] Daraus folgt die ausschließliche Zuständigkeit einer Sparkasse in ihrem Gebiet.[24] Das sparkassenrechtliche Regionalprinzip ist daher als das grundlegende Ordnungsprinzip des Sparkassenrechts anzusehen.[25] Durch die Ausrichtung von kommunalen Sparkassen auf das Gebiet ihres Trägers wird die Dezentralität der Sparkassenorganisation gefördert.[26] Bezweckt wird eine lokale Konzentration von Verwaltungskompetenz und kreditwirtschaftlicher Versorgung.

---

21 Vgl. VGH Kassel, ESVGH 16, 151, 153; OVG Münster, DVBl. 1966, 342, 344; *Henneke*, Kommunale Sparkassen, S. 102; *Merten*, DVBl. 1983, 1140, 1141; *Müller*, ZögU 2005, 327, 331; *Nierhaus*, VerwArch 67 (1976), 266, 273; *Oebbecke*, LKV 2006, 145, 146; *Ruffert*, VerwArch 92 (2001), 27, 55; *Schwarting*, ZögU 2001, 286, 290; *Seigner*, Der Gemeindehaushalt 2001, 193, 197; *Stern*, Das sparkassenrechtliche Regionalprinzip, S. 25; ferner *Ogorek*, in: Dietlein/Ogorek, BeckOK KommunalR Hessen, § 121 HGO Rn. 85.

22 *Henneke*, Kommunale Sparkassen, S. 102; *Hermanns*, Kreditwesen 1979, 440; *Nierhaus*, VerwArch 67 (1976), 266, 273; *Staats*, Fusionen bei Sparkassen und Landesbanken, S. 92; *Stern/Nierhaus*, Das Regionalprinzip im öffentlich-rechtlichen Sparkassenwesen, S. 39; a.A. *Bosse*, DVBl. 1982, 506, 507.

23 VGH Kassel, ESVGH 16, 151, 154; *Ehlers*, ZHR 146 (2003), 546, 559; *Nierhaus/Stern*, Regionalprinzip und Sparkassenhoheit im europäischen Bankenbinnenmarkt, S. 175; *Vogel*, ZBB 2001, 103, 108; *Wohltmann*, NdsVBl. 2015, 128, 132.

24 *Henneke*, Kommunale Sparkassen, S. 102; *Hermanns*, Kreditwesen 1979, 440; *Stern*, Das sparkassenrechtliche Regionalprinzip, S. 25; *Stern/Nierhaus*, Das Regionalprinzip im öffentlich-rechtlichen Sparkassenwesen, S. 1.

25 OVG Koblenz, NVwZ 1983, 562, 564; *Güde*, Geschäftspolitik der Sparkassen, S. 36; *Nierhaus*, VerwArch 67 (1976), 266, 273.

26 *Güde*, Geschäftspolitik der Sparkassen, S. 37; *Nierhaus*, VerwArch 67 (1976), 266, 273; *Oberbeckmann*, in: Püttner, Hdb. kommunale Wissenschaft und Praxis 5, § 105 B., S. 478, 492; *Weber*, in: Stiftung Gesellschaft für Rechtspolitik, Jahrbuch 2002/I, S. 39, 45.

A. Das sparkassenrechtliche Regionalprinzip als Besonderheit im deutschen Bankwesen

Das sparkassenrechtliche Regionalprinzip stellt eine Besonderheit im deutschen Bankwesen dar. Um das Regionalprinzip näher untersuchen zu können, sind die Folgen des Regionalprinzips und seine Zielsetzungen sowie die kommunalen Sparkassen in Abgrenzung zu anderen Kreditinstituten zu betrachten.

I. Das Expansions- und Konkurrenzverbot als Folgen des sparkassenrechtlichen Regionalprinzips

Aus der Geltung des Regionalprinzips ergibt sich ein Expansionsverbot für die Sparkassen und ein Konkurrenzverbot zwischen diesen. Jede Gemeinde darf sich grundsätzlich nur in ihrem Gebiet betätigen; dementsprechend kann eine Sparkasse nicht grenzenlos expandieren. In § 1 Abs. 3 Abs. 1 HessSparkG ist hierzu geregelt, dass eine kommunale Sparkasse grundsätzlich nur in dem zugewiesenen Gebiet ihres Trägers Sparkassenzweigstellen errichten darf.[27] Das Expansionsverbot beschränkt somit die Sparkassen auf ihr Trägergebiet, womit die Zweigstellen, zu denen die Geschäftsstellen, aber auch die Bankautomaten gezählt werden,[28] grundsätzlich im Trägergebiet liegen müssen.[29] Das Expansionsverbot beschränkt jede Sparkasse in ihrem räumlichen Tätigkeitsfeld. Dementsprechend werden insbesondere erfolgreiche Sparkassen aufgrund des Regionalprinzips an der Expansion gehindert.[30] Insofern wird bisweilen das

---

27 Vgl. hierzu *Dietel*, in: Stiftung Gesellschaft für Rechtspolitik, Jahrbuch 2002/I, S. 167, 172; *Drees/Keisers/Schiereck*, ZögU 2006, 24, 27; *Eufinger*, EWS 2014, 253, 254; *Geiger*, Die deutsche Sparkassenorganisation, S. 29; *Gerlach*, in: Mann/Püttner, Hdb. kommunale Wissenschaft und Praxis 2, § 53b Rn. 11; *Henneke*, Kommunale Sparkassen, S. 102; *Kirchhof*, DVBl. 1983, 921, 923; *Merten*, DVBl. 1983, 1140, 1141; *Staats*, Fusionen bei Sparkassen und Landesbanken, S. 92.

28 OVG Koblenz, NVwZ-RR 1992, 240, 241; *Raskin*, Das Regionalprinzip und (neue) elektronische Vertriebswege im Retailbanking, S. 77. Demgegenüber werden bei der Zählung von Bankzweigstellen Geldausgabeautomaten und Kontoauszugsdrucker nicht mitgezählt und demnach nicht als Zweigstelle qualifiziert, vgl. Deutsche Bundesbank, Bankstellenbericht v. 2019, S. 7.

29 OVG Koblenz, NVwZ-RR 1992, 240, 241; *Immenga/Körber*, BB Beilage 1999, 3, 13; *Oebbecke*, Der Gemeindehaushalt 2001, 169, 172.

30 Deutsche Bundesbank, Bericht zur Stabilität des deutschen Finanzsystems, Monatsbericht v. Dezember 2003, S. 47; Monopolkommission, XX. Hauptgutachten v. 1. Juli 2014, Rn. 1925 f.; *Weck*, DÖV 2015, 500, 506.

Regionalprinzip als Nachteil für Sparkassen angesehen[31] aufgrund der fehlenden örtlichen Flexibilität.[32] Vereinigungen zwischen kommunalen Sparkassen[33] sind hingegen möglich, um das Gebiet zu erweitern.[34]

Das Konkurrenzverbot geht eng einher mit dem Expansionsverbot. Indem die Sparkassen nur in dem Gebiet ihres Trägers tätig werden dürfen, werden sie zugleich vor der Konkurrenz durch andere Sparkassen geschützt. Wenn eine Sparkasse nicht über das Gebiet ihres Trägers hinaus expandieren kann, dann kann sie grundsätzlich auch nicht in Konkurrenz zu anderen Sparkassen treten.[35] Jede Sparkasse verfügt also über ihren eigenen räumlichen Bereich, in dem eine andere Sparkasse operativ nicht tätig sein darf. Dadurch ergibt sich ein Verbot gegenseitiger Konkurrenz für öffentlich-rechtliche Sparkassen.[36] Der Wettbewerb zu anderen Finanzdienstleistern wie Privatbanken und Genossenschaftsbanken bleibt weiterhin bestehen. Letztlich müssen Sparkassen aber normalerweise mit keinen Wettbewerbern aus dem Sparkassenbereich konkurrieren[37] und haben eine feste Region mit ihren Bürgern als mögliche sowie dem kommunalen Träger als wichtigen Bankkunden. Wie diese Folgen des Regionalprinzips zu bewerten sind, wird in der späteren rechtlichen Bewertung näher untersucht.

---

31 So jedenfalls Bericht der Bundesregierung über die Untersuchung der Wettbewerbsverschiebungen im Kreditgewerbe und über eine Einlagensicherung, BT-Drs. V/3500, S. 45; *Müller*, ZögU 2005, 327, 331; a.A. *Aßmann*, bank und markt 10/2014, 16; *Frankenberger*, Kreditwesen 2004, 120, 122.

32 Internationale Währungsfonds (IWF), Germany: Selected Issues, IMF Country Report No. 03/342 v. November 2003, S. 20; *Möschel*, WM 2001, 1009, 1011.

33 Siehe hierzu *Bosse*, Rechtsprobleme des Zusammenschlusses von Sparkassen, S. 16 ff.; *Staats*, Fusionen bei Sparkassen und Landesbanken, S. 111 ff.; bisherige Sparkassenvereinigungen untersuchend: *Drees/Keisers/Schiereck*, ZögU 2006, 24; zur Zulässigkeit und den Grenzen von sog. „Sprungfusionen“: *Schink*, DVBl. 2015, 1223 ff.

34 *Drees/Keisers/Schiereck*, ZögU 2006, 24, 27 f.; solche Fusionen als Überlebens- und nicht als Wachstumsstrategie kritisierend *Müller*, ZögU 2005, 327, 331.

35 Siehe aber zu Durchbrechungen des sparkassenrechtlichen Regionalprinzips Kapitel 2: C.

36 Bericht der Bundesregierung über die Untersuchung der Wettbewerbsverschiebungen im Kreditgewerbe und über eine Einlagensicherung, BT-Drs. V/3500, S. 45; *Hermanns*, Kreditwesen 1979, 440; *Nierhaus*, VerwArch 67 (1976), 266, 275; *Otto*, VR 2015, 273; vgl. auch *Ogorek*, in: Dietlein/Ogorek, BeckOK KommunalR Hessen, § 121 HGO Rn. 85; den fehlenden Wettbewerb kritisch sehend Bankenverband, Stellungnahme des Bankenverbandes zum XX. Hauptgutachten der Monopolkommission 2012/2013 v. 11. September 2014, S. 12; *Möschel*, WM 2001, 1009 f.; *Weck*, DÖV 2015, 500, 502.

37 Siehe zu Ausnahmen Kapitel 2: C.

II. Die kommunalen Sparkassen in Abgrenzung zu anderen Kreditinstituten

Bankspezifische Regularien sind grundsätzlich von allen Kreditinstituten einzuhalten. So müssen Sparkassen die Körperschaftssteuer nach § 1 Abs. 1 Nr. 6, § 23 Abs. 2 KStG auf ihre Gewinne zahlen, auch wenn diese nicht an den kommunalen Träger ausgeschüttet werden.[38] Andere Beschränkungen wie das Regionalprinzip betreffen hingegen nur Sparkassen. Somit stellt das Regionalprinzip der kommunalen Sparkassen eine Besonderheit im dreigliedrig aufgebauten Bankensystem in Deutschland dar. Es ist eine Restriktion, die in dieser Form nicht für andere Kreditinstitute gilt. Daher sind die kommunalen Sparkassen im Vergleich zu anderen Kreditinstituten zu sehen, da erst mit dieser Abgrenzung die besondere Stellung der Sparkassen im deutschen Bankensystem und ihr Regionalprinzip deutlich wird. Das als „Drei-Säulen-System" bekannte deutsche Bankensystem[39] rechnet die einzelnen Banken grundsätzlich ihrer Rechtsform nach einer von drei Säulen zu, wobei diese Einteilung nach der Rechtsform nur bei der Säule der Privatbanken vollständig durchgehalten wird.[40] Jeweils eine Säule bilden die Privatbanken, die Genossenschaftsbanken und die öffentlich-rechtlichen Kreditinstitute. Zu Letzteren zählen die Sparkassen. In anderen Mitgliedstaaten der Europäischen Union besteht ein solch unterteiltes Bankensystem nicht.[41]

1. *Privatbanken*

Der Begriff „Privatbank" umfasst Kreditinstitute in privatrechtlicher Form, vor allem in der Rechtsform einer Aktiengesellschaft. Zu dieser Gruppe zählen die Großbanken, private Regionalbanken, Privatbankiers, Zweigstellen von Banken mit Sitz im Ausland sowie Realkreditbanken.[42] Das Geschäftsfeld der privaten Kreditinstitute ist meist das einer Universalbank.[43] Privatrechtlich organisierte Spezialbanken sind beispielsweise Bürgschafts- und Pfandbriefbanken. Die

38 *Karahan*, in: Albrecht/Karahan/Lenenbach, FA Bank- und KapitalmarktR, § 8 Rn. 84.

39 Siehe *Fischer*, in: Fischer/Klanten, BankR, Kap. 1 Rn. 1.67; *Schneider*, in: Wiedemann, Hdb. KartellR, § 33 Rn. 11; *Wohltmann*, ZG 2007, 259, 260.

40 *Fischer*, in: Fischer/Klanten, BankR, Kap. 1 Rn. 1.68.

41 *Henneke*, Kommunale Sparkassen, S. 123.

42 *Rümker/Winterfeld*, in: Schimansky/Bunte/Lwowski, BankR-Hdb. 2, § 124 Rn. 104 ff.; *Freis-Janik*, in: Kümpel u.a., Bank- und KapitalmarktR, 2. Teil: Bankaufsichtsrecht Rn. 2.42; *Schneider*, in: Wiedemann, Hdb. KartellR, § 33 Rn. 11.

43 Bericht der Bundesregierung über die Untersuchung der Wettbewerbsverschiebungen im Kreditgewerbe und über eine Einlagensicherung, BT-Drs. V/3500, S. 16.

Privatbanken sind erwerbswirtschaftlich orientiert,[44] wodurch ein bedeutender Unterschied zu den Sparkassen besteht, die ihrem gesetzlichen Auftrag folgen müssen. Ferner liegt ein wichtiger Unterschied darin, dass Kreditbanken regional nicht gebunden sind und ein Wettbewerb zwischen den privaten Kreditinstituten besteht.[45] Zwischen kommunalen Sparkassen existiert demgegenüber grundsätzlich ein Verbot gegenseitiger Konkurrenz.[46]

2. Genossenschaftsbanken

Die der Säule der Genossenschaftsbanken unterfallenden Kreditinstitute werden vorwiegend in der Rechtsform einer eingetragenen Genossenschaft geführt.[47] Damit zeichnet diese Banken die Ausgabe von Mitgliedsanteilen aus. Die genossenschaftliche Finanzgruppe, welche u.a. die Volksbanken, Sparda-Banken, PSD-Banken, Kirchenbanken und weitere Sonderinstitute umfasst, gehören in diese Kategorie. Somit besteht der Genossenschaftssektor sowohl aus Spezial- als auch aus Universalbanken.[48]

Ein Vergleich von kommunalen Sparkassen zu Volksbanken[49] ist angebracht, da Volksbanken ihren Tätigkeitsbereich ebenfalls regional begrenzen, wobei dies allerdings nicht gesetzlich[50] festgelegt ist. Vielmehr beschränken sich die Genossenschaftsbanken selbst. Die regionale Ausrichtung dient der Umsetzung des Förderauftrags nach § 1 Abs. 1 GenG, um die in der Region ansässigen Mitglieder

44 *Dietel*, in: Stiftung Gesellschaft für Rechtspolitik, Jahrbuch 2002/I, S. 167, 170; *Rümker/Winterfeld*, in: Schimansky/Bunte/Lwowski, BankR-Hdb. 2, § 124 Rn. 101; *Weber*, in: Stiftung Gesellschaft für Rechtspolitik, Jahrbuch 2002/I, S. 39, 40.

45 *Rümker/Winterfeld*, in: Schimansky/Bunte/Lwowski, BankR-Hdb. 2, § 124 Rn. 106.

46 Bericht der Bundesregierung über die Untersuchung der Wettbewerbsverschiebungen im Kreditgewerbe und über eine Einlagensicherung, BT-Drs. V/3500, S. 45; *Hermanns*, Kreditwesen 1979, 440; *Nierhaus*, VerwArch 67 (1976), 266, 275; *Otto*, VR 2015, 273; vgl. ferner *Ogorek*, in: Dietlein/Ogorek, BeckOK KommunalR Hessen, § 121 HGO Rn. 85.

47 *Fandrich*, in: Fandrich/Karper, Bank- und KapitalmarktR, § 1 Rn. 23; *Scherer*, in: Assies u.a., Hdb. Bank- und KapitalmarktR, Kap. 1 A. Rn. 18; *Tonner/Krüger*, Bankrecht, § 3 Rn. 9.

48 *Schneider*, in: Wiedemann, Hdb. KartellR, § 33 Rn. 11 f.; *Tonner/Krüger*, Bankrecht, § 3 Rn. 1; siehe ferner *Frankenberger*, Kreditwesen 2004, 120 f.

49 Der Name „Volksbank" unterliegt nach § 39 Abs. 2 KWG wie der Begriff „Sparkasse" einem Bezeichnungsschutz.

50 *Fandrich*, in: Fandrich/Karper, Bank- und KapitalmarktR, § 1 Rn. 23; *Fischer*, in: Fischer/Klanten, BankR, Kap. 1 Rn. 1.103; *Karahan*, in: Albrecht/Karahan/Lenenbach, FA Bank- und KapitalmarktR, § 8 Rn. 145.

wirtschaftlich zu fördern. Demnach handelt es sich hierbei um eine freiwillige örtliche Beschränkung. Dadurch besteht ein wesentlicher Unterschied zu der regionalen Ausrichtung von kommunalen Sparkassen, deren sparkassenrechtliches Regionalprinzip auf einer gesetzlichen Grundlage basiert. Anders als das sparkassenrechtliche Regionalprinzip ist die regionale Ausrichtung der Volksbanken damit nicht der Ausgangspunkt für Kritik, denn die freiwillige Selbstbeschränkung ist als Gestaltungselement allgemein anerkannt. Obwohl beide regionale Beschränkungen daher ähnliche Wirkungen erzielen, sind die beiden Formen der örtlichen Gebietsbegrenzung rechtlich unterschiedlich zu bewerten. Vorliegend wird nur das gesetzlich geregelte sparkassenrechtliche Regionalprinzip näher untersucht.

3. *Öffentlich-rechtliche Banken*

Die unter diese Säule der öffentlich-rechtlichen Banken fallenden Kreditinstitute haben vornehmlich die Rechtsform der Anstalt des öffentlichen Rechts – auch Kommunalunternehmen oder kommunale Anstalt genannt[51] – und erfüllen einen öffentlichen Auftrag. Neben den Sparkassen gehören zu den öffentlich-rechtlichen Banken die Landesbanken, Spezialinstitute sowie staatliche Banken mit Sonderaufgaben (z.B. KfW Bankengruppe).

a) Die kommunalen Sparkassen

Die Tätigkeit von öffentlich-rechtlichen Kreditinstituten wird durch verschiedene gesetzliche Vorgaben bestimmt. Das sparkassenrechtliche Regionalprinzip wiederum ist eine Besonderheit der kommunalen Sparkassen. Auf die genaue dogmatische Grundlage wird im Laufe dieser Arbeit eingegangen. Die kommunalen Sparkassen sind als Anstalten des öffentlichen Rechts ausgestaltet (§ 1 Abs. 1 HessSparkG) und haben einen kommunalen Sparkassenträger, welcher eine Körperschaft des öffentlichen Rechts wie Gemeinden bzw. Städte und Landkreise sein kann, aber auch ein kommunaler Zweckverband.[52] Der Träger ergibt sich häufig aus dem Sparkassennamen, beispielsweise *Stadt*sparkasse

---

51 *Ehlers*, ZHR 146 (2003), 546, 557; *Engels/Krausnick*, Kommunalrecht, § 11 Rn. 20; *Schraml*, in: Mann/Püttner, Hdb. kommunale Wissenschaft und Praxis 2, § 45 Rn. 2.

52 Nach h.M. sind Zweckverbände zwar öffentlich-rechtliche Körperschaften, aber mangels Gebietshoheit keine Gebietskörperschaften. Sie werden von Gemeinden gegründet, um eine bestimmte Aufgabe wahrzunehmen. Weitere eigene Selbstverwaltungsaufgaben nehmen sie hingegen nicht wahr. Vgl. *Lange*, Kommunalrecht, Kap. 19 Rn. 41; ferner *Burmeister/Bodenheim*, Die Organisation des Sparkassenwesens im Stadtverband Saarbrücken, S. 126 f. m.w.N.

Borken, *Kreis*sparkasse Groß-Gerau, *Bezirks*sparkasse Reichenau und *Zweckverbands*sparkasse Dieburg.

Da grundsätzlich keine rechtlichen Unterschiede bestehen, wenn der kommunale Träger eine Gemeinde, ein Landkreis oder ein kommunaler Zweckverband ist, wird im Folgenden meistens nur von Gemeinden gesprochen. Sollten rechtliche Besonderheiten vorliegen, wird ausdrücklich auf die Landkreise und kommunalen Zweckverbände eingegangen. Während sich das Trägergebiet einer Gemeinde nach § 15 Abs. 1 S. 1 HGO aus den zur Gemeinde gehörenden Grundstücken bildet, setzt sich das Kreisgebiet gem. § 13 HKO aus den zum Landkreis gehörenden Gemeinden und gemeindefreien Grundstücken zusammen. Da sich das Gebiet des Zweckverbands wiederum auf das Gebiet der Kommunen erstreckt, die den Zweckverband bilden, ergibt sich das Geschäftsgebiet somit aufgrund der Gebiete der Verbandsmitglieder, da der Zweckverband selbst über kein eigenes Hoheitsgebiet[53] verfügt.

Anders als die Spezialbanken (Bsp. Hypothekenbanken, Bausparkassen) sind kommunale Sparkassen Universalbanken,[54] die alle Bankgeschäfte ausüben und nicht auf ein Tätigkeitsfeld beschränkt sind. Zu den banküblichen Geschäften gehören insbesondere die in § 1 Abs. 1 S. 2 KWG aufgelisteten Rechtsgeschäfte wie beispielsweise das Einlagen-, Kredit- und Girogeschäft. Trotz der öffentlich-rechtlichen Rechtsform sind die Sparkassengeschäfte mit den Bankkunden privatrechtlicher Natur[55] wie etwa der Girokontovertrag gem. § 675f BGB. Das Bundesverwaltungsgericht hat aus diesem Grund die Sparkassen auch als „Kreditinstitut eigener Art, eine Sonderform der Bank" bezeichnet.[56]

53 *Lange*, Kommunalrecht, Kap. 19 Rn. 41; *Stern/Nierhaus*, Das Regionalprinzip im öffentlich-rechtlichen Sparkassenwesen, S. 11.

54 *Drees/Keisers/Schiereck*, ZögU 2006, 24, 26; *Fandrich*, in: Fandrich/Karper, Bank- und KapitalmarktR, § 1 Rn. 19; *Gerlach*, in: Mann/Püttner, Hdb. kommunale Wissenschaft und Praxis 2, § 53b Rn. 16; *Henneke*, Kommunale Sparkassen, S. 11; *Scherer*, in: Assies u.a., Hdb. Bank- und KapitalmarktR, Kap. 1 A. Rn. 15.

55 VG Frankfurt a. M., LKRZ 2011, 187, 188; VG Gießen, Urt. v. 31. Mai 2011 – 8 K 1139/10.GI –, juris Rn. 11; *Lohmiller*, Kapitalbeteiligungsgesellschaften der Sparkassen, S. 40; *Merten*, DVBl. 1983, 1140; *Pautsch*, DÖV 2005, 990, 991; *Seiffert*, in: Kümpel u.a., Bank- und KapitalmarktR, 14. Teil: Börsen und andere Handelssyssteme Rn. 14.433; siehe auch BGH, NJW 2003, 1658, 1659; OVG Lüneburg, BKR 2010, 347, 350.

56 BVerwG, DVBl. 1972, 780, 781; BVerwGE 41, 195, 196.

b) *Abgrenzung zu Freien Sparkassen*

Die kommunalen Sparkassen sind von den sog. Freien Sparkassen zu unterscheiden. Anders als die kommunalen Sparkassen mit einem kommunalen Träger haben die Freien Sparkassen einen privaten Träger und können in der Rechtsform einer Aktiengesellschaft, einer Stiftung oder eines Vereins auftreten. Die verschiedenen Rechtsformen sind auf historische Entwicklungen zurückzuführen. Bereits 1778 wurde die „Ersparungs-Classe" in Hamburg gegründet.[57] Damit war die erste Sparkasse keine kommunale.[58] Es folgten sodann weitere auf private Initiativen zurückgehende Gründungen.[59] Derzeit existieren noch fünf Freie Sparkassen, die alle als Aktiengesellschaft organisiert sind.[60] Freie Sparkassen in Form eines Vereins oder einer Stiftung gibt es derzeit nicht mehr.

Auch wenn die Freien Sparkassen privatrechtlich organisiert sind und durch ihre Rechtsform Gemeinsamkeiten mit den Privatbanken aufweisen, verfolgen sie historisch bedingt größtenteils die gleichen Geschäftsgrundsätze wie kommunale Sparkassen.[61] Aufgrund der weiterhin gemeinnützigen Orientierung von Freien Sparkassen, die sich von der erwerbswirtschaftlichen Orientierung anderer Kreditinstitute in privater Rechtsform unterscheidet, zählen die Freien Sparkassen zu der Säule der öffentlich-rechtlichen Banken.[62] Die Freien Sparkassen sind im Verband der Freien Sparkassen e.V. organisiert, welcher wiederum außerordentliches Mitglied des Deutschen Sparkassen- und Giroverbands e.V. (DSGV) ist.

---

57 *Geiger*, Die deutsche Sparkassenorganisation, S. 13; *Hansen*, AG 2003, R401; *Henneke*, Kommunale Sparkassen, S. 13; *ders.*, in: Mann/Püttner, Hdb. kommunale Wissenschaft und Praxis 2, § 53a Rn. 4.

58 Die Deutsche Bundesbank bezeichnete daher die Freien Sparkassen in ihrem Monatsbericht von Juli 1964 als „die ursprüngliche Form der Sparkassen" (S. 17).

59 *Geiger*, Die deutsche Sparkassenorganisation, S. 13; *Hafke*, Kreditwesen 1988, 174; *Handschuh*, Der öffentliche Auftrag der sächsischen Sparkassen, S. 22.

60 Bordesholmer Sparkasse AG, Die Sparkasse Bremen AG, Hamburger Sparkasse AG, Sparkasse zu Lübeck AG, Sparkasse Mittelholstein AG.

61 Deutsche Bundesbank, Monatsbericht v. Juli 1964, S. 18; *Hafke*, Kreditwesen 1988, 174; *Kost/Geerling*, BKR 2003, 690, 695; *Witte/Gregoritza*, WM 2007, 151, 153; vgl. hierzu § 2 der Satzung der Hamburger Sparkassen AG.

62 *Fandrich*, in: Fandrich/Karper, Bank- und KapitalmarktR, § 1 Rn. 18; *Fischer*, in: Fischer/Klanten, BankR, Kap. 1 Rn. 1.68; *Karahan*, in: Albrecht/Karahan/Lenenbach, FA Bank- und KapitalmarktR, § 8 Rn. 250; die Freien Sparkassen als „Fremdkörper" bezeichnend *Tieben*, Das Drei-Säulen-System des Bankenmarktes als regulierungsrechtliche Steuerungsressource, S. 13.

Indem bei den Freien Sparkassen die Bindung an einen kommunalen Träger fehlt, unterliegen sie nicht den Beschränkungen einer kommunalen Sparkasse. Das gesetzlich vorgeschriebene Regionalprinzip findet daher auch keine Anwendung.[63] Eine Freie Sparkasse könnte somit nach den rechtlichen Vorgaben unbeschränkt Filialen in verschiedenen Gebieten eröffnen, wird dies aber aufgrund eigener Beschränkungen – etwa durch ihre Satzung – nicht tun.[64] Eine Verwechslungsgefahr besteht wegen der Bezeichnung „Sparkasse", die sowohl kommunale als auch Freie Sparkassen tragen. Aus der Bezeichnung allein kann also nicht auf einen kommunalen Träger geschlossen werden. § 40 KWG regelt, wann der Begriff „Sparkasse" in der Firma, als Zusatz der Firma, zur Bezeichnung des Geschäftszwecks oder zu Werbezwecken Verwendung finden darf. Dies ist nach § 40 Abs. 1 Nr. 1 KWG bei öffentlich-rechtlichen Sparkassen der Fall.[65] Allerdings dürfen auch andere Unternehmen gem. § 40 Abs. 1 Nr. 2 KWG den Begriff führen, solange dieser bei Inkrafttreten des KWG bereits geführt wurde. Freie Sparkassen gelten als „andere Unternehmen" i.S.d. § 40 Abs. 1 Nr. 2 KWG[66] und führen die Bezeichnung „Sparkasse" fort. Folglich meint „Sparkasse" nicht nur kommunale Sparkassen, für die das Regionalprinzip gilt. Der Anknüpfungspunkt dieser Untersuchung sind allein die kommunalen Sparkassen, da auf die Freien Sparkassen das gesetzlich vorgeschriebene sparkassenrechtliche Regionalprinzip keine Anwendung findet. Wenn in dieser Arbeit von „Sparkassen" gesprochen wird, sind daher jeweils die kommunalen Sparkassen gemeint. Insoweit gilt für die Freien Sparkassen dasselbe wie für genossenschaftliche

---

63 BVerwGE 69, 11, 23; VGH Kassel, Beschluss v. 19. September 1977, in: Weides/Bosse, Rspr. SparkassenR I, S. 394, 396; VGH Kassel, WM 1989, 1463, 1464; vgl. auch *Hafke*, Kreditwesen 1988, 174, 176; *Henneke*, Kommunale Sparkassen, S. 103; *Rümker/Winterfeld*, in: Schimansky/Bunte/Lwowski, BankR-Hdb. 2, § 124 Rn. 138; *Schlierbach/Püttner*, Das Sparkassenrecht in der Bundesrepublik Deutschland, S. 315; *Thiemann*, Rechtsprobleme der Marke Sparkasse, S. 35.

64 *Hafke*, Kreditwesen 1988, 174, 176; siehe zudem Deutsche Bundesbank, Monatsbericht v. Juli 1964, S. 18; *Güde*, Geschäftspolitik der Sparkassen, S. 46; *Thiemann*, Rechtsprobleme der Marke Sparkasse, S. 35 f.

65 „Die Bezeichnung „Sparkasse" hat sich in einer langen historischen Entwicklung zu einem Begriff für bestimmte Kreditinstitute herausgebildet, die kraft öffentlichen Auftrags das Spargeschäft besonders pflegen. Es ist daher gerechtfertigt, die Bezeichnungen diesen Instituten vorzubehalten." (Amtliche Begründung zu § 39 KWG 1961, BT-Drs. III/1114, S. 41).

66 *Brenncke*, ZBB 2007, 1, 3; *Henneke*, Kommunale Sparkassen, S. 171; *Thiemann*, Rechtsprobleme der Marke Sparkasse, S. 135; *Witte/Gregoritza*, WM 2007, 151, 153.

Banken: Die freiwillige Selbstbeschränkung ist nicht der Angriffspunkt von Kritikern, sondern die gesetzlich vorgeschriebene örtliche Beschränkung.

III. Die Zielsetzungen der kommunalen Sparkassen

Der Hessische Verfassungsgerichtshof hatte 1966 ausgeführt, dass das sparkassenrechtliche Regionalprinzip „nicht als Einengung, sondern als zielbewußte Konzentration der Sparkassenarbeit" verstanden werden muss.[67] Die kommunalen Sparkassen dienen nämlich einer öffentlichen Aufgabe, wobei das Regionalprinzip diese fördern soll. Da es der Tätigkeit von Sparkassen entspricht, kommunalen Zielen zu dienen und hierbei öffentliche Interessen zu erfüllen, kann das Regionalprinzip nicht ohne die Beachtung des öffentlichen Auftrags von Sparkassen betrachtet werden. Der gesetzlich auferlegte öffentliche Auftrag kann demgemäß als die Daseinsberechtigung von Sparkassen angesehen werden.[68] Die Sparkassen arbeiten also aufgabenorientiert und das mögliche Erreichen der Gewinnerzielung ist untergeordnet.[69] Durch ihre kommunale Bindung sind öffentlich-rechtliche Sparkassen dem Gemeinwohl verpflichtet,[70] weshalb die Sparkassen gemeinnützig zu handeln haben.[71] Anders ausgedrückt ist die Gemeinwohlorientierung das oberste Ziel, während die Gewinnerzielung nur sekundäres Ziel[72] sein darf. In § 2 Abs. 6 S. 2 HessSparkG wird dementsprechend

---

67 VGH Kassel, ESVGH 16, 151, 153; zustimmend *Nierhaus*, VerwArch 67 (1976), 266, 279.

68 So jedenfalls *Meyer*, NVwZ 2001, 766; ähnlich *Henneke*, Der Landkreis 2014, 163, 172; *ders.*, Kommunale Sparkassen, S. 87 ff.; *Kemmler*, Die Verwaltung 49 (2016), 397, 399.

69 BVerfGE 75, 192, 199; BayVerfGH, BayVBl. 2012, 172, 173; SächsVerfGH, LKV 2001, 216, 217; VGH Kassel, ESVGH 16, 151, 152; *Burmeister*, in: Ipsen, Sparkassen im Wandel, S. 23, 30; *Dietel*, in: Stiftung Gesellschaft für Rechtspolitik, Jahrbuch 2002/I, S. 167, 168; *Kemmler*, Die Verwaltung 49 (2016), 397, 399 f.; *Schmidt*, ZIP 1983, 1038, 1040 f.; vgl. *Hafke*, Kreditwesen 1988, 174; *Henneke*, Kommunale Sparkassen, S. 69.

70 Vgl. VG Frankfurt a. M., LKRZ 2011, 187, 188; VG Gießen, Urt. v. 31. Mai 2011 – 8 K 1139/10.GI –, juris Rn. 35; *Brenncke*, ZBB 2007, 1, 11; *Kemmler*, Die Verwaltung 49 (2016), 397, 399; *Merten*, DVBl. 1983, 1140; *Oebbecke*, Der Gemeindehaushalt 2001, 169; *Scherer*, in: Assies u.a., Hdb. Bank- und KapitalmarktR, Kap. 1 A. Rn. 15; *Thomas*, Die kartellrechtliche Bewertung des sparkassenrechtlichen Regionalprinzips, S. 5 f.

71 *Brzoska*, Die öffentlich-rechtlichen Sparkassen zwischen Staat und Kommunen, S. 17; *Lepper*, BKR 2004, 175, 176; *Merten*, DVBl. 1983, 1140; *Nierhaus*, DÖV 1984, 662, 667; *Stern/Burmeister*, Die kommunalen Sparkassen, S. 81 ff.; im Hinblick auf kommunale Wirtschaftsunternehmen: *Ipsen*, in: FS für Rauschning (2001), S. 645, 646.

72 Vgl. *Drees/Keisers/Schiereck*, ZögU 2006, 24, 28; *Hafke*, Kreditwesen 1988, 174; *Karahan*, in: Albrecht/Karahan/Lenenbach, FA Bank- und KapitalmarktR, § 8 Rn. 82;

ausdrücklich festgelegt, dass die Gewinnerzielung nicht der Hauptzweck des Geschäftsbetriebes einer Sparkasse ist. Dies ist nicht mit einem Verbot von Gewinnerzielung zu verwechseln. Gewinne dürfen anfallen[73] und dies ist sinnvoll, um selbstfinanziertes Wachstum zu ermöglichen.[74] Zudem soll gem. § 16 Abs. 4 HessSparkG ein Betrag an den kommunalen Träger abgeführt werden, der für gemeinnützige Zwecke zu verwenden ist.

Die genaue öffentliche Aufgabe ergibt sich jeweils aus den Sparkassengesetzen und Sparkassenverordnungen der Länder.[75] Somit bestimmt der Gesetzgeber und nicht die einzelne kommunale Sparkasse den Rechtsrahmen ihrer öffentlichen Aufgabe. Auch wenn es Unterschiede in den Sparkassengesetzen und Sparkassenverordnungen der Länder gibt, decken sich die wesentlichen Zielsetzungen der kommunalen Sparkassen. Die grundsätzlichen Aufgaben der kreditwirtschaftlichen Versorgung der Bevölkerung und der Wirtschaft sowie die Förderung des Sparens und der Vermögensbildung finden sich in allen Sparkassengesetzen und werden im Folgenden näher betrachtet. Wie in einigen anderen Sparkassengesetzen auch, wird in Hessen die Förderung von kommunalen Aufgaben nach § 2 Abs. 1 S. 3 HessSparkG gefordert. Hingegen sind andere Ziele nicht in jedem Sparkassengesetz oder jeder Sparkassenverordnung normiert. So sollen nach einigen Sparkassengesetzen die Sparkassen den Wettbewerb im Kreditwesen stärken[76] oder den bargeldlosen Zahlungsverkehr fördern[77]. In Hessen sind diese beiden Ziele zwar nicht ausdrücklich vorgesehen, fallen aber

---

Nierhaus, DÖV 1984, 662, 667 f.; *Schmidt*, ZIP 1983, 1038, 1040; *Weber*, in: Stiftung Gesellschaft für Rechtspolitik, Jahrbuch 2002/I, S. 39, 41.

73 *Brzoska*, Die öffentlich-rechtlichen Sparkassen zwischen Staat und Kommunen, S. 17; *Hoppenstedt*, in: FG für Schlebusch (2006), S. 253, 258; *Kemmler*, Die Verwaltung 49 (2016), 397, 400; *Oebbecke*, Der Landkreis 2010, 187; *Schink/Karpenstein*, DVBl. 2014, 481, 484; *Vogel*, ZBB 2001, 103, 104; *Weides*, DÖV 1984, 41, 43; zur kommunalen Wirtschaftstätigkeit: *Becker*, VR 2018, 329, 330; *Ehlers*, JZ 1990, 1089, 1090; *Jarass*, DVBl. 2006, 1, 4 f.; *Schink*, NVwZ 2002, 129, 134.

74 *Gerlach*, in: Mann/Püttner, Hdb. kommunale Wissenschaft und Praxis 2, § 53b Rn. 5; *Güde*, Geschäftspolitik der Sparkassen, S. 34; *Weides*, DÖV 1984, 41, 43; siehe ferner *Ruge*, in: Henneke, Kommunale Perspektiven im zusammenwachsenden Europa, S. 98, 107, der davon ausgeht, dass Sparkassen auf die Erzielung von Gewinnen angewiesen sind, um ihren öffentlichen Auftrag zu erfüllen.

75 *Brämer/Gischer/Pfingsten/Richter*, ZögU 2010, 311, 313; *Henneke*, Kommunale Sparkassen, S. 87; *Schalast/Sassenberg*, BKR 2007, 498, 499; vgl. *Kemmler*, Die Verwaltung 49 (2016), 397, 399.

76 Vgl. § 4 Abs. 1 S. 1 NSpG; § 2 Abs. 2 S. 1 SpkG NW; § 2 S. 2 SpkG SH; Art. 2 Abs. 1 S. 2 ThürSpkG; *Brenncke*, ZBB 2007, 1, 11; *Oebbecke*, Der Landkreis 2010, 187.

77 Vgl. Art. 2 S. 2 SpKG Bay.

unter die ausdrücklich genannten Zwecke. Der bargeldlose Zahlungsverkehr ist eine Ausprägung der Versorgung mit bankspezifischen Leistungen. Aufgrund des Regionalprinzips soll die flächendeckende Versorgung mit kreditwirtschaftlichen Leistungen gewährleistet werden. Hiermit obliegt den Sparkassen eine Korrekturfunktion des Marktes,[78] wodurch wiederum der Wettbewerb gefördert werden soll. Die Förderung des Wettbewerbs ist demnach eine Ausprägung der flächendeckenden Versorgung.

1. Der öffentliche Auftrag von kommunalen Sparkassen

Der öffentliche Auftrag von Sparkassen ist in einem historischen Zusammenhang mit ihrer Entstehung zu sehen. Bis es zur Gründung der ersten Sparkasse mit kommunalem Träger kam, gab es bereits die Leih- und Waisenkassen als Vorläufer zur kommunalen Sparkasse.[79] Die Leih- und Waisenkassen entstanden im 18. Jahrhundert. Während die Aufgabe von Leihkassen in der Gewährung von günstigen Krediten an die wirtschaftlich schwächere Bevölkerung bestand, wenn sich diese in einer finanziellen Notsituation befand, war die Hauptaufgabe der Waisenkassen das Verwalten von Waisengeldern, wobei sich bereits hier der Gedanke des Sparens und der Verzinsung widerspiegelte, der später das Sparkassenwesen prägen sollte.[80] Der Gedanke des Sparkassenwesens geht zurück auf *Hugues Delestre*, einen französischen Finanzbeamten, der in seiner Abhandlung über Pfandhäuser 1611 die Notwendigkeit anführte, dass Lohnarbeiter ihre Ersparnisse mit geringer Verzinsung anlegen und wieder abheben können.[81] Dieselbe Idee findet sich schließlich 1697 auch bei dem Engländer *Daniel*

---

78 *Brenncke*, ZBB 2007, 1, 11; *Ellgering*, Kreditwesen 1979, 796, 800; *Fischer*, in: FG für von Unruh (1983), S. 835, 843; *Güde*, Geschäftspolitik der Sparkassen, S. 26; *Hermanns*, Kreditwesen 1979, 440, 442; *Möhle*, Kreditwesen 1979, 680, 682; *Möllers/Leisch*, WM 1999, 765; *Nierhaus*, DÖV 1984, 662, 666; *Raskin*, Das Regionalprinzip und (neue) elektronische Vertriebswege im Retailbanking, S. 187; *Weber*, in: Stiftung Gesellschaft für Rechtspolitik, Jahrbuch 2002/I, S. 39, 48.

79 *Seigner*, Der Gemeindehaushalt 2001, 193. Teilweise werden Leih- und Waisenkassen als die ältesten Sparkassen bezeichnet, obwohl sie keine Sparkassen nach dem heutigen Begriffsverständnis darstellten, vgl. *Henneke*, Kommunale Sparkassen, S. 13; *Mura*, Entwicklungslinien der deutschen Sparkassengeschichte, S. 25; ausführlich zur historischen Entwicklung der Kassen *Trende*, Geschichte der deutschen Sparkassen, S. 5 ff.

80 *Henneke*, Kommunale Sparkassen, S. 13.

81 *Mura*, Entwicklungslinien der deutschen Sparkassengeschichte, S. 25; ferner *Trende*, Geschichte der deutschen Sparkassen, S. 3 f.

Defoe, weshalb es nicht überrascht, dass die ersten Sparkassen in Frankreich und Schottland gegründet wurden.[82]

Nach Sparkassengründungen, die auf private Initiativen zurückzuführen waren, erfolgte schließlich die erste kommunale Sparkassengründung 1801 in Göttingen;[83] ab circa 1830 entstanden die ersten Sparkassen mit einem Landkreis als kommunalem Träger.[84] Die kommunalen Sparkassen sollten der ärmeren Bevölkerung sichere und verzinsliche Anlagen ermöglichen.[85] Zwar hat sich der öffentliche Auftrag von Sparkassen in den vielen Jahrzehnten zum Teil verändert. In dieser Entwicklung ist allerdings nur die Anpassung des öffentlichen Auftrags an veränderte allgemeine Lebens- und Wirtschaftsverhältnisse zu sehen.[86] Auch heutzutage sollen die Sparkassen die Bevölkerung kreditwirtschaftlich versorgen und den Sparsinn in der Bevölkerung fördern.

2. *Versorgung mit kreditwirtschaftlichen Leistungen*

Im 19. Jahrhundert wurden Sparkassen gegründet, um den ärmeren Bevölkerungsschichten sichere und verzinsliche Anlagen zu ermöglichen. Diese „sozialstaatliche Pflicht zur finanzwirtschaftlichen Mindestversorgung der insoweit besonders hilfsbedürftigen Bevölkerung" kommt den Sparkassen heutzutage auch weiterhin zu[87] und ist in § 2 Abs. 1 S. 1, Abs. 2 HessSparkG festgelegt. Somit haben die Sparkassen eine angemessene und ausreichende geld- und kreditwirtschaftliche Versorgung aller Bevölkerungsschichten in der Fläche zu gewährleisten sowie insbesondere der mittelständigen Wirtschaft innerhalb

---

82 Vgl. *Mura*, Entwicklungslinien der deutschen Sparkassengeschichte, S. 25: In Schottland wurde 1813 die Edinburgher Sparkasse errichtet, in Frankreich 1818 die Caisse d'épargne et de prévoyance.

83 *Geiger*, Die deutsche Sparkassenorganisation, S. 13; *Henneke*, Kommunale Sparkassen, S. 15; *Seigner*, Der Gemeindehaushalt 2001, 193; *Trende*, Geschichte der deutschen Sparkassen, S. 51.

84 *Geiger*, Die deutsche Sparkassenorganisation, S. 13; *Seigner*, Der Gemeindehaushalt 2001, 193.

85 *Henneke*, Kommunale Sparkassen, S. 15; ferner *Hafke*, Kreditwesen 1988, 174.

86 *Fischer*, in: FG für von Unruh (1983), S. 835, 844; ähnlich *Lepper*, BKR 2004, 175, 177; *Lohmiller*, Kapitalbeteiligungsgesellschaften der Sparkassen, S. 46; *Rehm*, WM 1993, 133, 134 f.; *Vogel*, ZBB 2001, 103, 104 f.

87 *Geschwandtner/Bach*, NJW 2007, 129, 131; siehe zudem BVerwG, DVBl. 1972, 780, 781; SächsVerfGH, LKV 2001, 216, 217; *Henneke*, Der Landkreis 2004, 13, 16; *Lepper*, BKR 2004, 175, 177; *Nierhaus*, DÖV 1984, 662, 670; *Zabel*, in: Bennemann u.a., KommunalverfassungsR Hessen, § 121 HGO Rn. 64.

des Geschäftsgebiets zu dienen.[88] Dadurch sollen nicht nur einkommensschwächere Bevölkerungskreise, sondern ebenfalls die übrige Bevölkerung und die wirtschaftlichen Unternehmen geld- und kreditwirtschaftlich versorgt werden. Dementsprechend legt § 2 Abs. 2 HessSparkG ausdrücklich fest, dass die Befriedigung des örtlichen Kreditbedarfs insbesondere den Arbeitnehmern, dem Mittelstand, der gewerblichen Wirtschaft und der öffentlichen Hand zugutekommen soll. Die Dezentralität der Sparkassen sorgt für ein großes Filialnetz von Kreditinstituten, insbesondere auch in strukturschwächeren Gegenden. Letztlich werden hierdurch wiederum der Wirtschaftsraum und die örtliche Wirtschaftsstruktur gefördert.[89] Zwar bieten andere Kreditinstitute dieselben Leistungen an wie Sparkassen, allerdings besteht der große Unterschied zu Sparkassen darin, dass diese ein dauerhaftes Leistungsangebot gewährleisten, selbst wenn sich die wirtschaftliche Situation in einem Gebiet verändert.[90] Indem die Sparkasse demzufolge von ihrem Geschäftsgebiet abhängig ist, hat sie ein Interesse daran, dass es ihrer Region wirtschaftlich gut geht.

Darüber hinaus kommt den Sparkassen eine Art „Hausbankfunktion" für kommunalpolitische Aufgaben zu.[91] Als Sparkassenkunden nennt § 2 Abs. 2 HessSparkG explizit die öffentliche Hand. Die Sparkassen haben beispielsweise die Stadtentwicklungs- und Stadtsanierungspolitik zu fördern.[92] Weiter haben Sparkassen sozialpolitisch wirksame Darlehen zu vergeben, auch wenn diese nur einen geringen Zinsgewinn erbringen und ein hohes Risiko bergen.[93] In § 2 Abs. 5 HessSparkG ist die grundsätzliche Pflicht der Sparkassen festgelegt, alle Existenzgründer im Gebiet ihres Trägers zu beraten und beim Zugang

---

88 *Geschwandtner/Bach*, NJW 2007, 129, 131; vgl. *Brenncke*, ZBB 2007, 1, 13 f.; *Otto*, VR 2015, 273, 274; *Schmidt*, ZIP 1983, 1038, 1040.

89 Vgl. SächsVerfGH, LKV 2001, 216, 217; *Hermanns*, Kreditwesen 1979, 440, 441; *Schmidt*, ZIP 1983, 1038, 1040; ausführlich *Seigner*, Der Gemeindehaushalt 2001, 193, 198.

90 *Fischer*, in: FG für von Unruh (1983), S. 835, 843; vgl. hierzu auch *Kemmler*, Die Verwaltung 49 (2016), 397, 401; *Nierhaus*, DÖV 1984, 662, 668; *Rehm*, WM 1993, 133, 135.

91 *Kruse*, NVwZ 2000, 721, 723; *Möllers/Leisch*, WM 1999, 765; *Nierhaus*, VerwArch 67 (1976), 266, 270; siehe auch *Brenncke*, ZBB 2007, 1, 11; *Rümker/Winterfeld*, in: Schimansky/Bunte/Lwowski, BankR-Hdb. 2, § 124 Rn. 124; ferner SächsVerfGH, LKV 2001, 216, 217; *Seigner*, Der Gemeindehaushalt 2001, 193, 198; *Stern/Burmeister*, Die kommunalen Sparkassen, S. 29.

92 *Nierhaus*, VerwArch 67 (1976), 266, 270; ferner *Seigner*, Der Gemeindehaushalt 2001, 193, 198.

93 *Oebbecke*, Der Gemeindehaushalt 2001, 169.

zu Krediten zu betreuen. Im Übrigen ist zu beachten, dass die Risiken bei der Kreditvergabe durch kommunale Sparkassen im Gegensatz zu überregionalen Kreditinstituten grundsätzlich gesenkt werden können, da eine Sparkasse durch ihre dezentrale Ausrichtung mit dem Gebiet ihres Trägers gut vertraut ist.[94]

3. *Förderung des Sparsinns und der Vermögensbildung*

Es ist die Aufgabe von Sparkassen, das Sparen und die Vermögensbildung zu fördern.[95] Hierfür sollen Sparkassen gem. § 2 Abs. 1 HessSparkG den Sparsinn und die Vermögensbildung in der Bevölkerung pflegen. Darüber hinaus ist das eigenverantwortliche Handeln der jüngeren Bevölkerungsschicht zu fördern.[96] Eine Sparkasse muss aufgrund dieser öffentlichen Aufgabe auch kleine Sparbeträge ansammeln, die einen vergleichsweise hohen Arbeitsaufwand verursachen und somit häufig unwirtschaftlich sind. So sind die Sparkassen auch das beliebteste Kreditinstitut zum Führen eines Sparbuchs,[97] wobei für die meisten Sparkassenkunden das Sparbuch sogar die am häufigsten genutzte Anlageform[98] darstellt. Die kreditwirtschaftliche Versorgung der Bevölkerung könnte das Primärziel der Sparkassen sein, während die Förderung des Sparsinns, der Vermögensbildung, der mittelständischen Kreditausstattung sowie der wirtschaftlich

---

94 *Bunte*, WM 2016, 905, 913; *Güde*, Geschäftspolitik der Sparkassen, S. 43; *Henneke*, Kommunale Sparkassen, S. 104; *Lohmiller*, Kapitalbeteiligungsgesellschaften der Sparkassen, S. 55 f.; *Oebbecke*, Der Gemeindehaushalt 2001, 169, 172; *Vogel*, ZBB 2001, 103, 108; zur ähnlichen Lage bei Genossenschaftsbanken: *Frankenberger*, Kreditwesen 2004, 120, 121; *Otte*, ZfgG 60 (2010), 89, 96; a.A. wohl Monopolkommission, XX. Hauptgutachten v. 1. Juli 2014, Rn. 1952 f.

95 Vgl. BVerwG, DVBl. 1972, 780, 781: Es ist „nach wie vor Aufgabe der Sparkasse, den Sparsinn zu fördern und allen Bevölkerungsschichten die Möglichkeit zum Sparen zu geben, damit auch kleine und kleinste Beträge für die Kapitalbildung in der Volkswirtschaft gesammelt werden, sowie der örtlichen Kreditversorgung unter besonderer Berücksichtigung des Mittelstandes und der wirtschaftlich schwächeren Bevölkerungskreise zu dienen."; SächsVerfGH, LKV 2001, 216, 217; *Hafke*, Kreditwesen 1988, 174; *Kemmler*, Die Verwaltung 49 (2016), 397, 399.

96 *Geschwandtner/Bach*, NJW 2007, 129, 131; ausdrücklich z.B. in § 2 Abs. 2 S. 2 SpkG NW und § 2 Abs. 1 S. 4 ThürSpkG.

97 VuMA, Beliebteste Geldinstitute zum Führen eines Sparbuchs bzw. für Wertpapiere oder Geldanlagen bei Sparkassen-Kunden im Vergleich mit der Bevölkerung im Jahr 2019, Statista v. November 2019 (online, s. Literaturverzeichnis).

98 VuMA, Beliebteste Geldanlagemöglichkeiten (Besitz im Haushalt) bei Sparkassen-Kunden im Vergleich mit der Bevölkerung im Jahr 2019, Statista v. November 2019 (online, s. Literaturverzeichnis).

schwächeren Bevölkerungsschichten nur ein öffentlich-rechtliches gebundenes sekundäres Ziel ist.[99] Allerdings stehen die Zielsetzungen nebeneinander und können nicht in Primär- und Sekundärziele aufgeteilt werden.[100] Die Sparkassengesetze und -verordnungen der Länder treffen keine Unterscheidung zwischen den Zielen und geben keine ordinale Rangordnung vor.[101] Die öffentlichen Aufgaben stehen somit gleichwertig nebeneinander und ergänzen sich.

B. Dogmatische Grundlage des sparkassenrechtlichen Regionalprinzips

Zunächst ist zu klären, auf welcher dogmatischen Grundlage das sparkassenrechtliche Regionalprinzip basiert, bevor eine rechtliche Bewertung der örtlichen Grenze vorgenommen werden kann. Dabei werden nach wie vor unterschiedliche Grundlagen herangezogen, die zu untersuchen sind. So könnte das sparkassenrechtliche Regionalprinzip seine Verankerung in verfassungsrechtlichen Normen haben oder aber nur einfachgesetzlich geregelt sein. Möglich erscheint auch, dass die Grundlage des Regionalprinzips in der Rechtsform der Sparkassen als Anstalten des öffentlichen Rechts zu finden ist.

I. Die kommunale Selbstverwaltungsgarantie gem. Art. 28 Abs. 2 GG und ihre Bedeutung für das sparkassenrechtliche Regionalprinzip

Die kommunale Selbstverwaltung ist den Gemeinden in Art. 28 Abs. 2 GG garantiert. Darüber hinausgehenden Schutz aus Grundrechten vermögen die Gemeinden als Teil des Staates und somit als Grundrechtsträger[102] nicht zu erhalten. Die Landkreise finden ausdrücklich Erwähnung in Art. 28 Abs. 1 GG;[103] in Art. 28 Abs. 2 GG sind die Landkreise unter den Begriff „Gemeindeverbände“

---

99 So zumindest *Kirchhof*, DVBl. 1983, 921.

100 *Merten*, DVBl. 1983, 1140; *Nierhaus*, DÖV 1984, 662, 667.

101 So auch *Merten*, DVBl. 1983, 1140; *Nierhaus*, DÖV 1984, 662, 667.

102 Vgl. BVerfGE 26, 228, 244; BVerfGE 61, 82, 103 ff.; BVerfGE 75, 192, 197; BVerfG, NVwZ 2008, 778; Hess. StGH, ESVGH 23, 147, 130; *Knemeyer/Wehr*, VerwArch 92 (2001), 317, 325; *Lange*, in: Hermes/Reimer, Kommunalrecht, § 4 Rn. 36; *Mehde*, in: Maunz/Dürig, GG, Art. 28 Abs. 2 Rn. 16; a.A. BayVerfGH, BayVBl. 1984, 655 ff.; BayVerfGH, NVwZ-RR 1993, 422.

103 In Art. 28 Abs. 1 GG werden die Landkreise nur „Kreise“ genannt, wobei diese Kurzform sonst nur in Nordrhein-Westfalen und Schleswig-Holstein verwendet wird.

zu subsumieren.[104] Unter diesen Begriff fallen „kommunale Zusammenschlüsse, die entweder zur Wahrnehmung von Selbstverwaltungsaufgaben gebildete Gebietskörperschaften sind oder die diesen Körperschaften jedenfalls nach dem Gewicht ihrer Selbstverwaltungsaufgaben sehr nahe kommen".[105] Zweckverbände sind Zusammenschlüsse mehrerer Gebietskörperschaften – von Landkreisen und Gemeinden – zur gemeinsamen Erledigung einer kommunalen Aufgabe.[106] Damit sind Zweckverbände keine Gemeindeverbände i.S.d. Art. 28 Abs. 2 S. 2 GG,[107] weshalb die kommunale Selbstverwaltungsgarantie auf Zweckverbände keine Anwendung findet.

1. *Kommunale Sparkassentätigkeit als Selbstverwaltungsaufgabe*

Den Gemeinden wird gem. Art. 28 Abs. 2 S. 1 GG das Recht gewährt, „alle Angelegenheiten der örtlichen Gemeinschaft im Rahmen der Gesetze in eigener Verantwortung zu regeln". Hierin liegt die „Allzuständigkeit"[108] oder auch „Universalität"[109] von Gemeinden begründet. Überdies garantiert Art. 28 Abs. 2 GG die Befugnis zur eigenverantwortlichen Wahrnehmung der Geschäfte.[110] Die Allzuständigkeit und Eigenverantwortlichkeit bedeutet für Gemeinden das Recht, innerhalb ihres Gebiets alle Angelegenheiten der örtlichen Gemeinde im Rahmen der Gesetze in eigener Verantwortung regeln zu dürfen. Ein festgeschriebener Aufgabenbereich für Gemeinden besteht

---

104 BVerfGE 52, 95, 112; BVerfGE 83, 363, 383; *Gern/Brüning*, Deutsches Kommunalrecht, Rn. 134; *Pielow/Groneberg*, JuS 2014, 794; siehe zu Art. 137 HessVerf.: Hess. StGH, ESVGH 50, 8, 9.

105 BVerfGE 52, 95, 109.

106 *Pielow/Groneberg*, JuS 2014, 794; vgl. *Mehde*, in: Maunz/Dürig, GG, Art. 28 Abs. 2 Rn. 72; *Scheffczyk*, in: Walter/Grünewald, BeckOK BVerfGG, § 91 Rn. 6.

107 BVerfGE 52, 95, 110; BVerwG, NVwZ 2012, 506, 507 f.; OVG Koblenz, NVwZ 1988, 1145 f.; *Gern/Brüning*, Deutsches Kommunalrecht, Rn. 134; *Henneke*, in: Schmidt-Bleibtreu/Hofmann/Henneke, Art. 28 Rn. 143; *Mehde*, in: Maunz/Dürig, GG, Art. 28 Abs. 2 Rn. 130; *Scheffczyk*, in: Walter/Grünewald, BeckOK BVerfGG, § 91 Rn. 9; vgl. *Knemeyer*, in: FG für von Unruh (1983), S. 209, 219.

108 BVerfGE 1, 167, 175; BVerfGE 21, 117, 128 f.; BVerfGE 79, 127, 146; BVerfGE 83, 37, 54; *von Mutius*, Jura 1982, 28, 30.

109 BVerfGE 56, 298, 312; BVerfGE 79, 127, 146; BVerfGE 83, 37, 54; *Püttner*, DÖV 1977, 472, 473.

110 BVerfGE 56, 298, 312; BVerfGE 79, 127, 146; BVerfGE 83, 363, 382; BVerfG, NVwZ 1999, 520.

nicht.[111] Angelegenheiten der Gemeinde sind nach der ständigen Rechtsprechung des Bundesverfassungsgerichts all jene Bedürfnisse und Interessen, „die in der örtlichen Gemeinschaft wurzeln oder auf sie einen spezifischen Bezug haben".[112] Damit stellt Art. 28 Abs. 2 GG einen Kompetenztitel für die Selbstverwaltung der Gemeinde dar, denn die öffentliche Hand kann nur kompetenzgebunden handeln,[113] wodurch ihr kein freies Handeln wie Privaten zusteht. Dabei umfasst das Selbstverwaltungsrecht die wirtschaftliche Betätigung der Gemeinde.[114] Die Errichtung und der Betrieb von Sparkassen stellt ebenfalls eine Selbstverwaltungsaufgabe von Gemeinden dar[115] und unterfällt damit Art. 28 Abs. 2 GG.

Das Vorliegen einer sogenannten „Sparkassenhoheit" ist hingegen abzulehnen.[116] Unter diesem Begriff wird das Recht umfasst, selbst über die Gründung

---

111 Vgl. BVerfGE 79, 127, 146; *Ehlers*, DVBl. 2000, 1301, 1305; *Ipsen*, in: FS für Rauschning (2001), S. 645, 662; *Püttner*, DÖV 1977, 472, 473; *Schulz/Tischer*, GewArch 2014, 1, 4; siehe auch BVerfGE 79, 127, 143 ff.

112 BVerfGE 8, 122, 134; BVerfGE 50, 195, 201; BVerfGE 79, 127, 151 f.; BVerfG, NVwZ 2018, 140, 145.

113 RhPfVerfGH, NVwZ 2000, 801; *Becker*, DÖV 2000, 1032, 1034; *Dietlein*, in: Dietlein/Ogorek, BeckOK KommunalR Hessen, Systematische Einführung zum Kommunalrecht Deutschlands Rn. 181; *Ehlers*, Verhandlungen zum 64. Deutschen Juristentages I (2002), Gutachten E, S. 94; *Lampert*, DVBl. 2010, 1466, 1467; *Ruffert*, VerwArch 92 (2001), 27, 34; *Schmidt-Aßmann*, AöR 116 (1991), 329, 386; *Schneider*, DVBl. 2000, 1250, 1258; ferner *Dünchheim/Schöne*, DVBl. 2009, 146, 152; *Kemmler*, Die Verwaltung 49 (2016), 397, 399.

114 BVerfG, NVwZ 2018, 51, 63; RhPfVerfGH, NVwZ 2000, 801; *Dietlein*, in: Dietlein/Ogorek, BeckOK KommunalR Hessen, Systematische Einführung zum Kommunalrecht Deutschlands Rn. 181; *Mehde*, in: Maunz/Dürig, GG, Art. 28 Abs. 2 Rn. 92; *Papier*, DVBl. 2003, 686, 688.

115 Vgl. BVerfG, NVwZ 1995, 370, 371; BVerwGE 41, 195, 196 f.; BbgVerfG, LKV 1995, 40; VerfGH NRW, NJW 1980, 2699; SächsVerfGH, LKV 2001, 216, 217; *Bredow/Schick/Liebscher*, BKR 2004, 102, 104; *Hellermann*, in: Epping/Hillgruber, BeckOK GG, Art. 28 Rn. 41.3; *Henneke*, in: Mann/Püttner, Hdb. kommunale Wissenschaft und Praxis 2, § 53a Rn. 101; *Hoppe*, DVBl. 1982, 45, 51; *Kemmler*, Die Verwaltung 49 (2016), 397, 398; *Kirchhof*, DVBl. 1983, 921, 923; *Meier*, VR 2005, 193, 196; *Meyer*, NVwZ 2001, 766; *Nierhaus*, VerwArch 67 (1976), 266, 271 f.; *Oebbecke*, LKV 2006, 145; *Pautsch*, DÖV 2005, 990, 993; *Schlierbach/Püttner*, Das Sparkassenrecht in der Bundesrepublik Deutschland, S. 42; *Staats*, Fusionen bei Sparkassen und Landesbanken, S. 93; *Stern/Nierhaus*, Das Regionalprinzip im öffentlich-rechtlichen Sparkassenwesen, S. 53.

116 So auch *Henneke*, in: Mann/Püttner, Hdb. kommunale Wissenschaft und Praxis 2, § 53a Rn. 74; *ders.*, Kommunale Sparkassen, S. 69; wohl auch *Dietlein*, in: Dietlein/Ogorek, BeckOK KommunalR Hessen, Systematische Einführung zum Kommunalrecht

einer Sparkasse und den Umfang ihrer Betätigung eigenverantwortlich zu entscheiden.[117] Dieses Recht wird jedoch bereits von den anderen anerkannten Hoheiten abgedeckt. So erfasst die Organisationshoheit die Rechtsform der Sparkasse und die Personalhoheit die Besetzung des Verwaltungsrats. Für die Sparkassen als einer besonderen Form der kommunalen Wirtschaftstätigkeit bedarf es keiner eigenen Hoheit in Art. 28 Abs. 2 GG. Insoweit ist eine „Sparkassenhoheit" zu kleinschrittig.[118] Die Sparkassentätigkeit unterfällt wie jede andere wirtschaftliche Betätigung der Gemeinde Art. 28 Abs. 2 GG, allerdings nicht in einer besonderen Art und Weise.

Die Landkreise als Gemeindeverbände haben nach Art. 28 Abs. 2 S. 2 GG „im Rahmen ihres gesetzlichen Aufgabenbereichs nach Maßgabe der Gesetze das Recht der Selbstverwaltung". Landkreisen müssen somit Aufgaben einfachgesetzlich zugewiesen werden.[119] Diese Aufgaben unterfallen dann der Selbstverwaltungsgarantie.[120] Für Zweckverbände gilt, dass eine kommunale Zusammenarbeit zwischen Kommunen als örtliche Angelegenheit i.S.d. Art. 28 Abs. 2 GG zu bewerten ist und der Selbstverwaltungsgarantie unterfällt.[121]

2. *Örtliche Grenze in Art. 28 Abs. 2 GG*

Die Selbstverwaltungsgarantie der kommunalen Gebietskörperschaften in Art. 28 Abs. 2 S. 1 GG beschränkt sich auf „alle Angelegenheiten der örtlichen Gemeinschaft". Die kommunale Selbstverwaltungsgarantie könnte eine räumliche Grenze auf das Gemeindegebiet für die wirtschaftliche Tätigkeit und die

---

Deutschlands Rn. 85; a.A. *Hoppe*, DVBl. 1982, 45, 51; *Nierhaus*, in: Ipsen, Sparkassen im Wandel, S. 65, 69; *Nierhaus/Stern*, Regionalprinzip und Sparkassenhoheit im europäischen Bankenbinnenmarkt, S. 12; *Raskin*, Das Regionalprinzip und (neue) elektronische Vertriebswege im Retailbanking, S. 57; wohl auch *Dietel*, in: Stiftung Gesellschaft für Rechtspolitik, Jahrbuch 2002/I, S. 167, 168.

117 *Hoppe*, DVBl. 1982, 45, 51, der diesen Begriff begründet hat.

118 *Henneke*, in: Mann/Püttner, Hdb. kommunale Wissenschaft und Praxis 2, § 53a Rn. 74; *ders.*, Kommunale Sparkassen, S. 69.

119 BVerfG, DVBl. 1995, 286; *Gern/Brüning*, Deutsches Kommunalrecht, Rn. 136; *Knemeyer/Wehr*, VerwArch 92 (2001), 317, 333; *Mehde*, in: Maunz/Dürig, GG, Art. 28 Abs. 2 Rn. 135; *Mombaur*, in: FG für von Unruh (1983), S. 503, 507; *von Mutius*, Jura 1982, 28, 31; *Schink*, NVwZ 2002, 129, 133; siehe zur Selbstverwaltungsgarantie von Landkreisen *Pielow/Groneberg*, JuS 2014, 794, 796.

120 BVerfGE 83, 363, 383; zu Art. 137 HessVerf.: Hess. StGH, ESVGH 50, 8, 11.

121 *Engels*, JA 2014, 7, 8; vgl. *Groß*, DVBl. 2002, 1182, 1183; siehe ferner zur kommunalen Zusammenarbeit: *Ehlers*, NWVBl. 2000, 1, 6; *Kühling*, NJW 2001, 177, 179; *Wenzl*, Das Örtlichkeitsprinzip im europäischen Binnenmarkt, S. 79.

Sparkassentätigkeit festlegen. Es könnte aber auch sein, dass allenfalls bei einer hoheitlichen Tätigkeit von Gemeinden eine Gebietsgrenze besteht[122] und Art. 28 Abs. 2 GG keine örtliche Beschränkung für die kommunale Wirtschaftstätigkeit enthält.[123] Allerdings kann eine Gemeinde nicht ihren Wirkungskreis dadurch erweitern, dass sie sich wirtschaftlich betätigt. Die Gemeinden und Landkreise haben ein ihnen zustehendes Gebiet, für welches sie verantwortlich sind und innerhalb dessen sie frei handeln können.[124] So gilt weiterhin der Grundsatz, dass die kommunale Verwaltung auch dann Verwaltung bleibt, wenn sie wirtschaftet.[125] Insofern unterliegen die Sparkassen wie die Gemeinden den verfassungsrechtlichen Bindungen.[126] Demnach unterfallen die wirtschaftliche Kommunaltätigkeit und die Sparkassentätigkeit der Legitimationsgrundlage und Grenze des Art. 28 Abs. 2 GG.

Indem die Rechtsprechung des Bundesverfassungsgerichts die Angelegenheiten der Gemeinde auf all jene Bedürfnisse und Interessen begrenzt, „die in der örtlichen Gemeinschaft wurzeln oder auf sie einen spezifischen Bezug haben",[127] bezieht sie sich auf deren Aufgaben, legt aber gleichfalls eine örtliche Grenze fest. Demnach erfolgt die Kompetenzbegrenzung nicht nur hinsichtlich der Aufgaben, sondern ebenso gebietsbezogen.[128] Denn der Bezug zu den örtlichen Angelegenheiten meint die örtliche Gemeinschaft, welche mit dem Gemeindegebiet

---

122 Vgl. *Hellermann*, Örtliche Daseinsvorsorge und gemeindliche Selbstverwaltung, S. 157; *Moraing*, WiVerw 1998, 233, 244; *Wieland*, NWVBl. 2000, 246, 248.

123 So jedenfalls *Burmeister/Staebe*, EuR 2004, 810, 812; *Hellermann*, Örtliche Daseinsvorsorge und gemeindliche Selbstverwaltung, S. 156; *Moraing*, WiVerw 1998, 233, 244; *Papier*, DVBl. 2003, 686, 688; *Wieland*, NWVBl. 2000, 246, 248.

124 Vgl. BVerfGE 6, 104, 117 nennt dies die „Allseitigkeit des örtlichen Wirkungskreises der Gemeinde"; *Knemeyer/Wehr*, VerwArch 92 (2001), 317, 323.

125 RhPfVerfGH, NVwZ 2000, 801; *Britz*, NVwZ 2001, 380, 381; *Dünchheim/Schöne*, DVBl. 2009, 146, 152; *Ehlers*, DVBl. 1998, 497, 504; *Gern*, NJW 2002, 2593, 2598; *Henneke*, ZVglRWiss 113 (2014), 535, 547; *Lux*, NWVBl. 2000, 7, 9; *Schink*, NVwZ 2002, 129, 135; *Schneider*, DVBl. 2000, 1250, 1258; *Wohltmann*, NdsVBl. 2015, 128, 132; a.A. *Hellermann*, Örtliche Daseinsvorsorge und gemeindliche Selbstverwaltung, S. 157; *Wieland*, NWVBl. 2000, 246, 248.

126 Vgl. OVG Koblenz, NVwZ-RR 1992, 240, 241; OVG Lüneburg, BKR 2010, 347, 350; VG Frankfurt a. M., LKRZ 2011, 187, 189; *Gern/Brüning*, Deutsches Kommunalrecht, Rn. 1052; *Goldhammer*, DÖV 2013, 416, 423; *Oebbecke*, LKV 2006, 145, 146; allgemein *Grzeszick*, in: Maunz/Dürig, GG, Art. 20 VI. Rn. 17 ff.

127 BVerfGE 8, 122, 134; BVerfGE 50, 195, 201; BVerfGE 79, 127, 151 f.

128 *Heintzen*, NVwZ 2000, 743; so aber *Isenburg*, Die Verbundzusammenarbeit der Sparkassen-Finanzgruppe, S. 21; *Wolff*, DÖV 2011, 721, 723.

verknüpft ist, womit wiederum eine räumliche Komponente besteht.[129] Art. 28 Abs. 2 GG begrenzt somit sowohl aufgaben- als auch gebietsbezogen. Demzufolge legt die kommunale Selbstverwaltungsgarantie eine räumliche Grenze für das Tätigwerden von Gemeinden fest.

Dabei ist die örtliche Grenze nicht zu streng zu ziehen, da letztlich nur der Bezug zu den Gemeindeeinwohnern gewährleistet sein muss.[130] Die Angelegenheit muss also örtlich radiziert sein.[131] Der Grundsatz bleibt bestehen, dass die Gemeinde grundsätzlich auf ihr örtliches Gebiet begrenzt ist. Daher ist allgemein anerkannt, dass Art. 28 Abs. 2 GG eine Grenze für die kommunale Wirtschaftstätigung zieht, die Ausnahmen ermöglicht.[132] Auch das Bundesverwaltungsgericht hat entschieden, dass es nicht entscheidend darauf ankommt, dass sich die konkreten Anlagen und Einrichtungen auf dem Gebiet der Gemeinde befinden, sofern ein ausreichender örtlicher Bezug besteht.[133] Im Grundsatz ist die

---

129 *Jarass*, DVBl. 2006, 1, 2.

130 Siehe *Gern*, NJW 2002, 2593, 2595; *Guckelberger*, BayVBl. 2006, 293, 294 f.; *Heberlein*, NVwZ 1995, 1052, 1055; *Isenburg*, Die Verbundzusammenarbeit der Sparkassen-Finanzgruppe, S. 21; *Jarass*, Kommunale Wirtschaftsunternehmen im Wettbewerb, S. 34; *Kühling*, NJW 2001, 177, 178; *Oebbecke*, ZHR 164 (2000), 375, 386; *Ogorek*, in: Dietlein/Ogorek, BeckOK KommunalR Hessen, § 121 HGO Rn. 57 f.; *Reck*, DVBl. 2009, 1546, 1550; *Scharpf*, NVwZ 2005, 148, 151; *Schepers*, Internet-Banking und sparkassenrechtliches Regionalprinzip, S. 61; *Scheps*, Das Örtlichkeitsprinzip im kommunalen Wirtschaftsrecht, S. 57; *Schulz*, BayVBl. 1998, 449, 451; *Walendy*, Theorie kommunaler Wettbewerbsunternehmen, S. 69 f.; siehe auch OLG Düsseldorf, NVwZ 2000, 714, 715; *Brüning*, NVwZ 2015, 689, 693.

131 *Gern*, NJW 2002, 2593, 2594; *Guckelberger*, BayVBl. 2006, 293, 294; *Hösch*, DÖV 2000, 393, 403; *Jarass*, DVBl. 2006, 1, 2; *Kühling*, NJW 2001, 177, 178; *Lux*, NWVBl. 2000, 7, 9; *Schink*, NVwZ 2002, 129, 136; *Schulz*, BayVBl. 1998, 449, 451; *Wenzl*, Das Örtlichkeitsprinzip im europäischen Binnenmarkt, S. 37.

132 Vgl. *Becker*, DÖV 2000, 1032, 1034 f.; *Brosius-Gersdorf*, AöR 130 (2005), 392, 442; *Dünchheim/Schöne*, DVBl. 2009, 146, 153; *Ehlers*, DVBl. 1998, 497, 504; *Guckelberger*, BayVBl. 2006, 293, 294 f.; *Handschuh*, Der öffentliche Auftrag der sächsischen Sparkassen, S. 214 f.; *Heilshorn*, VerwArch 96 (2005), 88, 90 ff.; *Heintzen*, NVwZ 2000, 743, 744; *Henneke*, ZVglRWiss 113 (2014), 535, 544 f.; *Isenburg*, Die Verbundzusammenarbeit der Sparkassen-Finanzgruppe, S. 21; *Kemmler*, Die Verwaltung 49 (2016), 397, 400 f.; *Kühling*, NJW 2001, 177, 182; *Lux*, NWVBl. 2000, 7, 9 f.; *Mehde*, in: Maunz/Dürig, GG, Art. 28 Abs. 2 Rn. 95; *Ogorek*, in: Dietlein/Ogorek, BeckOK KommunalR Hessen, § 121 HGO Rn. 57 f.; *Pagenkopf*, GewArch 2000, 177, 178 f.; *Scharpf*, NVwZ 2005, 148, 149 f.; *Schepers*, Internet-Banking und sparkassenrechtliches Regionalprinzip, S. 68 f.; *Schink*, NVwZ 2002, 129, 136; *Wenzl*, Das Örtlichkeitsprinzip im europäischen Binnenmarkt, S. 38.

133 BVerwGE 122, 350, 355; siehe auch OLG Düsseldorf, NVwZ 2000, 714, 715.

kommunale Wirtschafts- und Sparkassentätigkeit somit auf den örtlichen Wirkungskreis zu beschränken.

Dieses „Örtlichkeitsprinzip“,[134] auch als „Territorialitätsprinzip“[135] oder Regionalprinzip[136] bezeichnet, beschränkt das kommunale Tätigwerden grundsätzlich auf das Gebiet des Trägers.[137] Aus Art. 28 Abs. 2 GG folgt damit die räumliche Grenze für das kommunale Tätigwerden. Die Sparkassentätigkeit unterfällt ebenfalls der räumlichen Grenze der kommunalen Selbstverwaltungsgarantie. Somit beschränkt Art. 28 Abs. 2 GG örtlich die gesamte Betätigung von Kommunen. In Bezug auf Sparkassen wird hierbei vom sparkassenrechtlichen Regionalprinzip gesprochen.[138] Mithin ist das Regionalprinzip die Folge der verfassungsrechtlichen Stellung von kommunalen Gebietskörperschaften.[139] Daher stellt

---

134 *Held*, NWVBl. 2000, 201, 202; *Kemmler*, Die Verwaltung 49 (2016), 397, 401; *Meyer*, LKV 2000, 321, 323; *Nierhaus*, in: Mann/Püttner, Hdb. kommunale Wissenschaft und Praxis 2, § 40 Rn. 15; *Ogorek*, in: Dietlein/Ogorek, BeckOK KommunalR Hessen, § 121 HGO Rn. 28; *Pielow/Groneberg*, JuS 2014, 794, 795; *Scheps*, Das Örtlichkeitsprinzip im kommunalen Wirtschaftsrecht, S. 57; *Wenzl*, Das Örtlichkeitsprinzip im europäischen Binnenmarkt, S. 35.

135 Vgl. *Dietlein*, in: Dietlein/Ogorek, BeckOK KommunalR Hessen, Systematische Einführung zum Kommunalrecht Deutschlands Rn. 183; *Hauser*, Wirtschaftliche Betätigung von Kommunen, S. 86; *Heintzen*, NVwZ 2000, 743; *Hellermann*, in: Epping/Hillgruber, BeckOK GG, Art. 28 Rn. 40.1; *Mehde*, in: Maunz/Dürig, GG, Art. 28 Abs. 2 Rn. 58; *Stern*, Das sparkassenrechtliche Regionalprinzip, S. 30.

136 *Braun*, SächsVBl. 1999, 25, 26; vgl. *Nierhaus*, in: Mann/Püttner, Hdb. kommunale Wissenschaft und Praxis 2, § 40 Rn. 3; *Schmahl*, LKV 2000, 47, 48; *Schmidt-Wellbrock*, Freie Sparkassen und Regionalprinzip, S. 64.

137 *Becker*, VR 2018, 329, 331; *Ehlers*, DVBl. 1998, 497, 504; *Hauser*, Wirtschaftliche Betätigung von Kommunen, S. 89 ff.; *Heilshorn*, VerwArch 96 (2005), 88, 90 ff.; *Heintzen*, NVwZ 2000, 743 f.; *Henneke*, Der Landkreis 2014, 163, 172; *Hösch*, DÖV 2000, 393, 403; *Kemmler*, Die Verwaltung 49 (2016), 397, 400; *Lux*, NWVBl. 2000, 7, 9; *Pagenkopf*, GewArch 2000, 177, 178 f.; *Scharpf*, NVwZ 2005, 148, 150; *Scheps*, Das Örtlichkeitsprinzip im kommunalen Wirtschaftsrecht, S. 70; *Schink*, NVwZ 2002, 129, 135 f.; *Weiß*, DVBl. 2003, 564, 571; *Wenzl*, Das Örtlichkeitsprinzip im europäischen Binnenmarkt, S. 38.

138 Im Folgenden ist mit „Regionalprinzip“ jeweils das sparkassenrechtliche Regionalprinzip gemeint. Andernfalls wird vom Örtlichkeitsprinzip gesprochen, um Verwechslungen zu vermeiden.

139 OVG Lüneburg, NVwZ-RR 1989, 11, 12; *Henneke*, Der Landkreis 2010, 39, 45; *Nierhaus*, VerwArch 67 (1976), 266, 274; *Schepers*, Internet-Banking und sparkassenrechtliches Regionalprinzip, S. 49 ff.; *Stern*, Das sparkassenrechtliche Regionalprinzip, S. 31;

Art. 28 Abs. 2 GG die Grundlage für das sparkassenrechtliche Regionalprinzip dar.[140]

Indessen besteht die Selbstverwaltungsgarantie gem. Art. 28 Abs. 2 S. 1 GG nur „im Rahmen der Gesetze", wodurch gleichzeitig ein Gesetzesvorbehalt gegeben ist, durch den die kommunale Selbstverwaltung begrenzt, aber auch erweitert werden kann,[141] wie sich im Hinblick auf Durchbrechungen des sparkassenrechtlichen Regionalprinzips zeigt.[142] Zugleich legt Art. 28 Abs. 2 GG eine Grenze für den Landesgesetzgeber fest.[143] So kann der Gesetzgeber das Selbstverwaltungsrecht der Gemeinden nicht im Ganzen beseitigen.[144] Demnach ist Art. 28 Abs. 2 GG einer Ausgestaltung durch den Gesetzgeber zugänglich, darf

---

Wohltmann, NdsVBl. 2015, 128, 131; *Stern/Nierhaus*, Rechtsfragen der Neuordnung des Sparkassenwesens als Folge kommunaler Neugliederung, S. 14.

140 *Bunte*, WM 2016, 905, 909; *Dietel*, in: Stiftung Gesellschaft für Rechtspolitik, Jahrbuch 2002/I, S. 167; *Eufinger*, EWS 2014, 253, 254; *Handschuh*, Der öffentliche Auftrag der sächsischen Sparkassen, S. 214; *Henneke*, NdsVBl. 2000, 129, 131; *ders.*, Der Landkreis 2014, 163, 172; *Kemmler*, Die Verwaltung 49 (2016), 397, 400 f.; *Nierhaus/Stern*, Regionalprinzip und Sparkassenhoheit im europäischen Bankenbinnenmarkt, S. 12; *Schepers*, Internet-Banking und sparkassenrechtliches Regionalprinzip, S. 68 f.; *Staats*, Fusionen bei Sparkassen und Landesbanken, S. 93; *Stern*, Das sparkassenrechtliche Regionalprinzip, S. 31; *Thomas*, Die kartellrechtliche Bewertung des sparkassenrechtlichen Regionalprinzips, S. 1, 8; *Wohltmann*, NdsVBl. 2015, 128, 131; vgl. *Ritgen*, DVBl. 2015, 685; a.A. BayVerfGH, DVBl. 1986, 39, 43; OVG Saarlouis, DÖV 1970, 610, 611; *Braun*, SächsVBl. 1999, 25, 31; Monopolkommission, XX. Hauptgutachten v. 1. Juli 2014, Rn. 1949; siehe auch *Kolm*, Das sparkassenrechtliche Regionalprinzip, S. 59, *Lohmiller*, Kapitalbeteiligungsgesellschaften der Sparkassen, S. 54 f. und *Purbach*, Die Auswirkungen des Binnenmarktes auf die Sparkassen und ihre öffentlich-rechtliche Verankerung, S. 52, die das Regionalprinzip allein aus dem landesrechtlichen Sparkassenrecht herleiten.

141 Vgl. *Becker*, DÖV 2000, 1032, 1035; *Britz*, NVwZ 2001, 380, 385; *Brosius-Gersdorf*, AöR 130 (2005), 392, 412 ff.; *Dünchheim/Schöne*, DVBl. 2009, 146, 153; *Gern*, NJW 2002, 2593, 2595; *Guckelberger*, BayVBl. 2006, 293, 295 f.; *Kühling*, NJW 2001, 177, 179; *Oebbecke*, ZHR 164 (2000), 375, 387 f.; *Papier*, DVBl. 2003, 686, 688; *Scharpf*, NVwZ 2005, 148, 150; *Schepers*, Internet-Banking und sparkassenrechtliches Regionalprinzip, S. 62 f.; *Schmidt-Aßmann*, in: FS für Sendler (1991), S. 121, 131; *Wenzl*, Das Örtlichkeitsprinzip im europäischen Binnenmarkt, S. 62.

142 Hierzu Kapitel 2: C.

143 BVerfGE 83, 363, 382; BVerfG, NVwZ 1995, 370, 371; *Kühling*, NJW 2001, 177, 179; vgl. auch *Henneke*, in: Schmidt-Bleibtreu/Hofmann/Henneke, GG, Art. 28 Rn. 11.

144 Ausdrücklich BVerfGE 56, 298, 312; siehe auch BVerfGE 1, 167, 174; BVerfGE 21, 117, 129 f.

aber nicht ausgehöhlt werden,[145] weshalb der Kernbereich der kommunalen Selbstverwaltungsgarantie unantastbar ist. Dabei umfasst der Gesetzesvorbehalt die Aufgabenwahrnehmung sowie den Aufgabenbereich.[146]

Zweckverbände sind zwar keine Gemeindeverbände i.S.d. Art. 28 Abs. 2 S. 2 GG, auf welche die kommunale Selbstverwaltungsgarantie Anwendung findet. Als Zusammenschlüsse mehrerer Gebietskörperschaften kann aber der Geschäftsbereich einer Zweckverbandssparkasse trotzdem nicht weiter reichen als das räumliche Gebiet des Zweckverbands.[147] Ansonsten könnten kommunale Gebietskörperschaften durch einen Zweckverband ihr Gebiet erweitern. Folglich gilt das Regionalprinzip auch für Zweckverbandssparkassen.

3. *Benachbarte Gemeinde als örtliche Grenze für die kommunale Sparkassentätigkeit*

Die kommunale Selbstverwaltung nach Art. 28 Abs. 2 GG gewährleistet der einzelnen Gemeinde ihren örtlichen Tätigkeitsbereich, in dem sie sich wirtschaftlich – wie mit einer Sparkasse – betätigen darf. Indem Art. 28 Abs. 2 GG für die Sparkassentätigkeit eine örtliche Grenze festlegt, schützt Art. 28 Abs. 2 GG dadurch zugleich Gemeinden vor Übergriffen durch andere Gebietskörperschaften, die sich in fremdem Gemeindegebiet wirtschaftlich betätigen wollen,[148] da außerhalb des eigenen Gemeindegebiets die andere Gemeinde

---

145 BVerfGE 1, 167, 174 f.; BVerfGE 22, 180, 205; BVerfGE 38, 258, 278 f.; BVerfGE 76, 107, 118; BVerfGE 79, 127, 143; BVerfG, NVwZ 1999, 520; *Becker*, DÖV 2000, 1032, 1036; *Blümel*, in: FG für von Unruh (1983), S. 265, 272; *Brosius-Gersdorf*, AöR 130 (2005), 392, 418; *Clemens*, NVwZ 1990, 834, 837; *Gern*, NJW 2002, 2593, 2596; *Heintzen*, NVwZ 2000, 743, 744; *Knemeyer/Wehr*, VerwArch 92 (2001), 317, 320; *Nierhaus*, in: Mann/Püttner, Hdb. kommunale Wissenschaft und Praxis 2, § 40 Rn. 31; *Pagenkopf*, GewArch 2000, 177, 178; *Scharpf*, NVwZ 2005, 148, 152; *Welti*, AöR 130 (2005), 529, 559 f.

146 BVerfGE 50, 195, 201; BVerfGE 56, 298, 312; BVerfGE 79, 127, 143 ff.; BVerfGE 107, 1, 12; *Blümel*, in: FG für von Unruh (1983), S. 265, 299 f.; *Brosius-Gersdorf*, AöR 130 (2005), 392, 413; *Clemens*, NVwZ 1990, 834, 836; *Ehlers*, DVBl. 2000, 1301, 1303; *Mehde*, in: Maunz/Dürig, GG, Art. 28 Abs. 2 Rn. 103; *von Mutius*, Jura 1982, 28, 37; *Ruffert*, VerwArch 92 (2001), 27, 32.

147 Vgl. VG München, BeckRS 2016, 52044.

148 Vgl. OVG Münster, DVBl. 2008, 919, 922; *Becker*, DÖV 2000, 1032, 1036; *Brosius-Gersdorf*, AöR 130 (2005), 392, 407; *Ehlers*, Verhandlungen zum 64. Deutschen Juristentages I (2002), Gutachten E, S. 100; *Gern*, NJW 2002, 2593, 2595; *Guckelberger*, BayVBl. 2006, 293, 295 ff.; *Gundlach*, LKV 2002, 264, 265; *Henneke*, ZVglRWiss 113 (2014), 535, 544 f.; *Hösch*, DÖV 2000, 393, 403; *Jarass*, DVBl. 2006, 1, 3; *Kühling*,

für die örtlichen Angelegenheiten zuständig ist. Sparkassenzweigstellen im Gebiet einer anderen Gemeinde könnten daher die angrenzende Gemeinde in ihrem Selbstverwaltungsrecht verletzen.[149] Insofern kann von einem Abwehrrecht der Sparkasse gegen ein Eindringen anderer Sparkassen gesprochen werden.[150]

II. Die Bedeutung des Demokratieprinzips

Wie Art. 20 Abs. 2 S. 1 GG ausdrücklich bestimmt, geht alle Staatsgewalt vom Volk aus. Es soll demnach keinen vom Volk nicht legitimierten und kontrollierten Bereich bei der Ausübung jeder Art öffentlicher Verwaltung des Staates geben.[151] Damit ist die „Ausübung von Staatsgewalt […] nicht nur die Wahrnehmung echter Hoheitsbefugnisse".[152] Dem Volk muss stets ein effektiver Einfluss auf die Ausübung der Staatsgewalt verbleiben und dies auch bei der Wirtschaftstätigkeit.[153] Das Demokratieprinzip nach Art. 20 Abs. 1, 2 GG gilt nach Art. 28 Abs. 1 GG auch für die Gemeinden. Demnach muss nach den verfassungsrechtlichen Vorgaben bei jeder staatlichen Tätigkeit – also auch

NJW 2001, 177, 179; *Löwer*, NWVBl. 2000, 241, 244; *Scharpf*, NVwZ 2005, 148, 149; *Schepers*, Internet-Banking und sparkassenrechtliches Regionalprinzip, S. 52; *Schink*, NVwZ 2002, 129, 136; *Stober*, NJW 2002, 2357, 2365; siehe auch *Ogorek*, in: Dietlein/Ogorek, BeckOK KommunalR Hessen, § 121 HGO Rn. 59; *Thomas*, Die kartellrechtliche Bewertung des sparkassenrechtlichen Regionalprinzips, S. 6; a.A. *Britz*, NVwZ 2001, 380, 386; *Kolm*, Das sparkassenrechtliche Regionalprinzip, S. 62 f.; *Walendy*, Theorie kommunaler Wettbewerbsunternehmen, S. 220 f.

149 Siehe zu Durchbrechungen des sparkassenrechtlichen Regionalprinzips und ihrer rechtlichen Bewertung ausführlich Kapitel 2: C.

150 So auch *Stern*, Das sparkassenrechtliche Regionalprinzip, S. 54; *Stern/Nierhaus*, Das Regionalprinzip im öffentlich-rechtlichen Sparkassenwesen, S. 62; ebenso *Staats*, Fusionen bei Sparkassen und Landesbanken, S. 92; allgemein zur kommunalen Wirtschaftstätigkeit: *Heintzen*, NVwZ 2000, 743, 745; *Ogorek*, in: Dietlein/Ogorek, BeckOK KommunalR Hessen, § 121 HGO Rn. 59; *Wenzl*, Das Örtlichkeitsprinzip im europäischen Binnenmarkt, S. 76 ff.

151 Vgl. BVerfGE 47, 253, 273 f.; BVerfGE 77, 1, 40; VerfGH NRW, NVwZ 1987, 211, 212; *Brosius-Gersdorf*, AöR 130 (2005), 392, 423 f.; *Schmidt-Aßmann*, AöR 116 (1991), 329, 338 f.

152 VerfGH NRW, NVwZ 1987, 211.

153 *Dünchheim/Gräler*, NVwZ 2019, 1225 f.; *Schmidt*, LKV 2008, 193, 197; vgl. ferner *Brosius-Gersdorf*, AöR 130 (2005), 392, 423 f.; *Henneke*, Kommunale Sparkassen, S. 95; *Nierhaus*, in: Mann/Püttner, Hdb. kommunale Wissenschaft und Praxis 2, § 40 Rn. 44.

bei den Sparkassen[154] – eine ununterbrochene demokratische Legitimationskette gewährleistet sein.[155] Das Demokratieprinzip begrenzt die Gemeinden damit grundsätzlich auf die Entscheidungen, welche die örtliche Gemeinschaft betreffen.[156] Aufgrund dessen könnte das Demokratieprinzip die Grundlage des sparkassenrechtlichen Regionalprinzips sein.[157]

1. *Exkurs: Ununterbrochene demokratische Legitimationskette innerhalb der kommunalen Sparkassen*

Die kommunale Wirtschaftstätigkeit und damit auch die Sparkassentätigkeit werden durch die Gebietsangehörigen legimitiert.[158] Da das Volk stets einen effektiven Einfluss auf die Ausübung von Staatsgewalt haben muss, hat bei der Gemeinde ein unmittelbarer Einfluss auf das Unternehmen zu verbleiben und die Organe des Unternehmens haben aus demokratischen Wahlen des

---

154 BVerfG, NVwZ 2018, 51, 55; VerfGH NRW, NVwZ 1987, 211, 212; *Dietel*, in: Stiftung Gesellschaft für Rechtspolitik, Jahrbuch 2002/I, S. 167; *Henneke*, in: Mann/Püttner, Hdb. kommunale Wissenschaft und Praxis 2, § 53a Rn. 165; *Kemmler*, Die Verwaltung 49 (2016), 397, 400; *Stern*, Das sparkassenrechtliche Regionalprinzip, S. 56; ferner *Oebbecke*, DVBl. 2017, 397, 398.

155 BVerfGE 38, 258, 271; BVerfGE 47, 253, 271 f.; BVerfGE 77, 1, 40; BVerfGE 93, 37, 67; BVerfG, NVwZ 2018, 51, 61; VerfGH NRW, NVwZ 1987, 211; *Brosius-Gersdorf*, AöR 130 (2005), 392, 423; *Dünchheim/Gräler*, NVwZ 2019, 1225; *Henneke*, in: Mann/Püttner, Hdb. kommunale Wissenschaft und Praxis 2, § 53a Rn. 165; *Jarass*, DVBl. 2006, 1, 4; *Oebbecke*, LKV 2006, 145, 147; *Sauer/Heller/Glass*, in: FG für Schwintowski (2012), S. 187, 202; ferner *Becker*, in: Mann/Püttner, Hdb. kommunale Wissenschaft und Praxis 2, § 50 Rn. 29 ff.

156 *Löwer*, NWVBl. 2000, 241, 244; *Oebbecke*, ZHR 164 (2000), 375, 388 f.; *Schepers*, Internet-Banking und sparkassenrechtliches Regionalprinzip, S. 72; vgl. *Heilshorn*, VerwArch 96 (2005), 88, 94.

157 So *Vogel*, ZBB 2001, 103, 107 („Ausfluss des Demokratieprinzips"), der allerdings Art. 20 Abs. 1 GG zusammen mit Art. 28 Abs. 2 S. 1 GG nennt; zum Örtlichkeitsprinzip: *Heilshorn*, VerwArch 96 (2005), 88, 94 f.; wohl auch *Otto*, VR 2015, 273; a.A. *Kolm*, Das sparkassenrechtliche Regionalprinzip, S. 89 ff.

158 VerfGH NRW, NVwZ 1987, 211, 212; *Henneke*, ZVglRWiss 113 (2014), 535, 545; *Isenburg*, Die Verbundzusammenarbeit der Sparkassen-Finanzgruppe, S. 24; *Oebbecke*, LKV 2006, 145, 147; zur kommunalen Wirtschaftstätigkeit: *Becker*, in: Mann/Püttner, Hdb. kommunale Wissenschaft und Praxis 2, § 50 Rn. 34; *Ehlers*, Verhandlungen zum 64. Deutschen Juristentages I (2002), Gutachten E, S. 101; *Heilshorn*, VerwArch 96 (2005), 88, 94; *Katz*, NVwZ 2018, 1091, 1094; *Löwer*, NWVBl. 2000, 241, 244; *Scheps*, Das Örtlichkeitsprinzip im kommunalen Wirtschaftsrecht, S. 95; *Wenzl*, Das Örtlichkeitsprinzip im europäischen Binnenmarkt, S. 88.

Legislativorgans hervorzugehen.[159] Daher sind die Organe einer kommunalen Sparkasse genauer zu betrachten. Ihren organisatorischen Aufbau erhielten die Sparkassen nach dem Ende des Zweiten Weltkriegs. Gemäß dem Vorbild der Kapitalgesellschaften wurden die Anstalten des öffentlichen Rechts mit einem Verwaltungsrat und einem Vorstand ausgestattet.[160] Auch heutzutage sind noch der Vorstand und der Verwaltungsrat als Organe für die kommunale Anstalt nach § 4 HessSparkG vorgegeben. Die Organe müssen die ununterbrochene demokratische Legitimationskette bei Sparkassen gewährleisten.

a) *Der Verwaltungsrat einer kommunalen Sparkasse*

In § 5 S. 1, 2 HessSparkG wird festgeschrieben, dass der Verwaltungsrat das oberste Organ ist, welches insbesondere die Richtlinien der Geschäftspolitik der Sparkasse bestimmt. Als der Verantwortliche für die wesentliche strategische Ausrichtung trifft er u.a. Entscheidungen über die Beteiligung der Anstalt an anderen Kommunalunternehmen und die Feststellung des Wirtschaftsplans.[161] Die Mitglieder des Verwaltungsrats werden gem. § 5b Abs. 1 S. 1 HessSparkG von dem Legislativorgan des kommunalen Trägers, also der Gemeindevertretung, auf fünf Jahre gewählt. Speziell diese Wahl ist darauf zurückzuführen, dass bei öffentlich-rechtlichen Sparkassen gem. Art. 20 Abs. 1, 2 GG eine unmittelbare demokratische Legitimationskette vom Volk aus über die Legislativorgane zur Sparkasse bestehen muss.[162] Insofern stellt der Verwaltungsrat das „Bindeglied" zum kommunalen Träger dar.[163] Daher darf der Verwaltungsrat beispielsweise auch nicht – anstelle des kommunalen Legislativorgans – alleine durch die

---

159 Vgl. *Ehlers*, Verhandlungen zum 64. Deutschen Juristentages I (2002), Gutachten E, S. 44 f.; *Kemmler*, Die Verwaltung 49 (2016), 397, 400, 420 f.; *Schmidt*, LKV 2008, 193, 197; *Wenzl*, Das Örtlichkeitsprinzip im europäischen Binnenmarkt, S. 87 f.; ausführlich *Schmidt-Aßmann*, AöR 116 (1991), 329, 355 ff.; allgemein siehe BVerfGE 77, 1, 40.

160 *Geiger*, Die deutsche Sparkassenorganisation, S. 17; vgl. ferner *Vetter*, NJW 2019, 2434; *Weides*, DÖV 1984, 41, 42.

161 *Ehlers*, ZHR 146 (2003), 546, 562; *Waldmann*, NVwZ 2008, 284, 285.

162 Vgl. VerfGH NRW, NVwZ 1987, 211, 212; *Henneke*, in: Mann/Püttner, Hdb. kommunale Wissenschaft und Praxis 2, § 53a Rn. 165; siehe auch *Kemmler*, Die Verwaltung 49 (2016), 397, 400; *Oebbecke*, LKV 2006, 145, 147.

163 *Fischer*, in: FG für von Unruh (1983), S. 835, 839; *ders.*, Fischer/Klanten, BankR, Kap. 1 Rn. 1.121; vgl. *Henneke*, in: Mann/Püttner, Hdb. kommunale Wissenschaft und Praxis 2, § 53a Rn. 275, der von der „Verbindung zum Träger" spricht.

der Sparkasse angehörenden Dienstkräfte gewählt werden.[164] Jedoch ist ebenfalls nicht die Wahl der Verwaltungsratsmitglieder durch die Bevölkerung direkt erforderlich. Für die ununterbrochene demokratische Legitimationskette ist es ausreichend, wenn eine mittelbare Legitimation durch die vom Volk gewählte Vertretungskörperschaft besteht.[165] Den Vorgaben des Demokratieprinzips ist folglich genügt. Zudem führt gem. § 5d Abs. 1 HessSparkG den Vorsitz im Verwaltungsrat der Vorsitzende der Verwaltung des Trägers, also der Bürgermeister der Gemeinde. Hierdurch besteht eine weitere direkte Bindung an die Gemeinde. Über den Verwaltungsrat kann der kommunale Träger somit die strategische Ausrichtung der Sparkasse steuern.[166] Demnach zeigt sich der Einfluss des kommunalen Trägers auf den Verwaltungsrat und damit auf die Sparkasse selbst, wodurch dem Demokratieprinzip Rechnung getragen wird.

b) Der Vorstand einer kommunalen Sparkasse

Ferner ist der Einfluss des Trägers im Vorstand einer kommunalen Sparkasse erkennbar. Der Vorstand hat die Funktion des Geschäftsführungsorgans der Sparkasse und leitet die Anstalt eigenverantwortlich.[167] Als Geschäftsführungsorgan ist er das zentrale Organ einer kommunalen Anstalt.[168] Außerdem vertritt der Vorstand nach § 7 Abs. 1 S. 2 HessSparkG die Anstalt gerichtlich und außergerichtlich nach außen. Letztlich liegen die Verantwortung des wirtschaftlichen Erfolgs und die Funktionsfähigkeit der Sparkasse somit beim Vorstand, der die erforderliche Fachkunde mitbringt.[169] Zudem ist der Vorstand in Hessen gem. § 9 Abs. 1 HessSparkG für die Personalverwaltung in den Sparkassen zuständig.

Der Verwaltungsrat bestellt gem. § 8 Abs. 1 HessSparkG den Vorstand auf fünf Jahre und beaufsichtigt dessen Geschäftsführung gem. § 5 S. 2 HessSparkG. Darüber hinaus kann der Verwaltungsrat vom Vorstand Auskunft und Akteneinsicht verlangen.[170] Dem Verwaltungsrat kommen demnach typische

164 Vgl. VerfGH NRW, NVwZ 1987, 211 ff.; *Oebbecke*, LKV 2006, 145, 147; siehe auch RhPfVerfGH, NVwZ-RR 1994, 801, 669 f.

165 Vgl. BVerfGE 47, 253, 271 f.; BVerfGE 77, 1, 40; BVerfGE 83, 60, 72 f.; BVerfGE 93, 37, 67; VerfGH NRW, NVwZ 1987, 211, 212; *Brosius-Gersdorf*, AöR 130 (2005), 392, 427 f.; *Grzeszick*, in: Maunz/Dürig, GG, Art. 20 II. Rn. 121.

166 *Oebbecke*, Der Landkreis 2010, 187, 190.

167 Vgl. § 7 Abs. 1 S. 2 HessSparkG; *Güde*, Geschäftspolitik der Sparkassen, S. 395; *Schraml*, in: Mann/Püttner, Hdb. kommunale Wissenschaft und Praxis 2, § 45 Rn. 75.

168 *Schraml*, in: Mann/Püttner, Hdb. kommunale Wissenschaft und Praxis 2, § 45 Rn. 75.

169 *Fischer*, in: FG für von Unruh (1983), S. 835, 839.

170 OVG Münster, NVwZ-RR 1990, 101; *Ehlers*, ZHR 146 (2003), 546, 559.

Kontroll- und Überwachungsaufgaben zu.[171] Über den Verwaltungsrat, der vom kommunalen Träger eingesetzt wird, hat die Gemeinde Einfluss auf den Vorstand. Bei der Bestellung des Vorstands wird überdies ein direkter Einfluss des Verwaltungsorgans des kommunalen Sparkassenträgers sichtbar: Das Verwaltungsorgan des Trägers unterbreitet die Vorschläge für die Vorstandsmitglieder und die Stellvertreter, an die der Verwaltungsrat gem. § 8 Abs. 4 S. 1 HessSparkG gebunden ist. Dabei kann sich das Verwaltungsorgan des Sparkassenträgers beim Vorstandsvorsitzenden gem. § 8 Abs. 4 S. 2 HessSparkG sogar auf einen Vorschlag beschränken. Zwar handelt bei der Bestellung des Sparkassenvorstands der Gemeindevorstand und nicht die Gemeindevertretung. Gemeinvertreter nach § 65 Abs. 1 S. 1 HGO dürfen auch nicht Mitglieder des Gemeindevorstands sein. Die Beigeordneten des Gemeindevorstands sind jedoch unmittelbar auf die vom Gemeindevolk gewählte Gemeindevertretung zurückzuführen, indem letztere gem. § 39a Abs. 1 S. 1 HGO die Beigeordneten wählt. Darüber hinaus ist der Vorsitzende des Gemeindevorstands gem. § 65 Abs. 1 HGO der Bürgermeister, welcher wiederum nach § 39 Abs. 1a HGO direkt durch die Gemeindebürger gewählt wird. Demnach ist ein Einfluss des Sparkassenträgers auf den Sparkassenvorstand über den Verwaltungsrat sichtbar, was wiederum auf das Demokratieprinzip zurückzuführen ist.

c) Der Kreditausschuss einer kommunalen Sparkasse

In Hessen ist überdies das Bestehen eines Kreditausschusses festgelegt, welcher nicht als Organ,[172] sondern nach § 6 HessSparkG als Ausschuss des Verwaltungsrats ausgestaltet ist. Dabei setzt sich der Kreditausschuss nach § 6 Abs. 1 S. 2 HessSparkG aus dem Vorsitzenden des Verwaltungsrats und zwei vom Verwaltungsrat bestimmten Verwaltungsratsmitgliedern zusammen. Die Zahl der Kreditausschussmitglieder kann nur in begründeten Fällen um bis zu zwei erhöht werden, § 6 Abs. 3 S. 3 HessSparkG. Nach § 6 Abs. 3 S. 1 HessSparkG obliegt dem Kreditausschuss die Zustimmung zur Kreditgewährung nach Maßgabe der Satzung. Damit kommt dem Kreditausschuss eine Kontrollfunktion zu.[173] Durch die Zusammensetzung des Kreditausschusses übt der kommunale Träger ebenfalls Einfluss aus.

---

171 *Waldmann*, NVwZ 2008, 284, 285.

172 Wie in Baden-Württemberg, vgl. § 11 SpG BW.

173 *Geiger*, Die deutsche Sparkassenorganisation, S. 33.

2. *Das Demokratieprinzip als Grundlage des sparkassenrechtlichen Regionalprinzips*

Jede kommunale Wirtschaftstätigkeit – wie die Sparkassentätigkeit – muss auf das Gemeindevolk rückführbar sein, wobei eine mittelbare Legitimation über den Sparkassenträger ausreicht. Der hierzu erforderliche Einfluss des kommunalen Trägers einer Sparkasse zeigt sich insbesondere im Verwaltungsrat und beim Vorstand. Es besteht hingegen keine unmittelbare und laufende Kontrolle durch das Legislativorgan des kommunalen Trägers.[174] Insofern ist zu beachten, dass dem Legislativorgan keine Weisungsbefugnis gegenüber den Vertretern der Gemeinde zukommt, die in den Sparkassengremien sitzen.[175] Der Einfluss des Trägers ist somit nicht unbegrenzt,[176] denn die Sparkasse ist und bleibt in ihrer Handlungsfähigkeit selbstständig. So dürfen die Mitglieder des Verwaltungsrats auch keine Bediensteten des Trägers oder Beamte sein (Inkompatibilitätsvorschrift des § 5c HessSparkG). Für Art. 20 Abs. 2 GG genügt allerdings der gegebene mittelbare Einfluss über die Sparkassenorgane, welcher die Rückführbarkeit auf das Gemeindevolk ermöglicht. Ein direkter Einfluss des Sparkassenträgers ist aber dadurch gegeben, dass die Existenz einer Sparkasse von ihrem kommunalen Träger abhängt, indem erst durch seinen Beschluss eine Sparkasse errichtet, weiterbetrieben oder aufgelöst wird. Zudem erlässt gem. § 10 Abs. 1 HessSparkG die Trägerkommune die Sparkassensatzung.

Die ununterbrochene demokratische Legitimationskette ist in den Sparkassen als Anstalten des öffentlichen Rechts über ihre Organe eingehalten. Dabei fordert Art. 20 Abs. 2 GG eine örtliche Grenze auf das Gemeindegebiet, indem stets ein Rückbezug auf die Gebietsangehörigen gewährleistet sein muss. Dieser Bezug und die Kontrolle der Sparkassentätigkeit durch die Gemeindeeinwohner kann über das Demokratieprinzip gewährleistet werden. Dennoch lässt die im Demokratieprinzip enthaltene örtliche Beschränkung Ausnahmen zu.[177] Als vornehmliche verfassungsrechtliche Verankerung des sparkassenrechtlichen Regionalprinzips ist schlussendlich Art. 28 Abs. 2 GG überzeugender, da

---

174 *Gern/Brüning*, Deutsches Kommunalrecht, Rn. 1055.

175 Ebd.

176 Vgl. hierzu *Fischer*, in: FG für von Unruh (1983), S. 835, 840; *Oebbecke*, Der Landkreis 2010, 187, 190; ferner *Kemmler*, Die Verwaltung 49 (2016), 397, 410 f.; *Weides*, DÖV 1984, 41, 43.

177 *Ehlers*, Verhandlungen zum 64. Deutschen Juristentages I (2002), Gutachten E, S. 101; *Oebbecke*, ZHR 164 (2000), 375, 389; *Schepers*, Internet-Banking und sparkassenrechtliches Regionalprinzip, S. 73.

es im Hinblick auf die Sparkassentätigkeit sowohl um die Selbstverwaltung der Gemeinden als auch um die Begrenzung der Tätigkeit geht und beides in Art. 28 Abs. 2 GG festgelegt ist. Dem Demokratieprinzip kommt jedoch eine Ergänzungsfunktion zu, denn wie sich aus Art. 28 Abs. 1 S. 2 GG ergibt, ist das Demokratieprinzip stets zu beachten.[178]

III. Landesverfassungsrechtliche Grundlage in Hessen

Die Landesverfassungen haben gem. Art. 28 Abs. 1 S. 1 GG den „Grundsätzen des republikanischen, demokratischen und sozialen Rechtsstaates" i.S.d. Grundgesetzes zu entsprechen. Aufgrund des föderalistischen Aufbaus findet sich daher die kommunale Selbstverwaltungsgarantie in den Landesverfassungen wieder, mit Ausnahme der Stadtstaaten Berlin und Hamburg, in denen keine Kommunen bestehen, deren Selbstverwaltungsgarantie in der Landesverfassung garantiert sein könnte. Dabei dürfen Verfassungsgarantien in den Ländern einen weitreichenderen Schutz als Art. 28 Abs. 2 GG bieten;[179] sie dürfen die grundgesetzliche Selbstverwaltungsgarantie nur nicht unterschreiten[180] oder ihr widersprechen[181]. In Hessen findet sich die kommunale Selbstverwaltungsgarantie der Gemeinden und Landkreise in Art. 137 HessVerf. Diese Vorschrift stellt (wie Art. 28 Abs. 2 GG) kein Grundrecht dar.[182] Die gemeindliche Selbstverwaltungsgarantie ist in Art. 137 Abs. 1 HessVerf. festgelegt. Landkreisen steht gem.

---

178 *Stern*, Das sparkassenrechtliche Regionalprinzip, S. 44 f.; vgl. hierzu VerfGH NRW, NVwZ 1987, 211, 213: „Das hat jedoch nicht zur Folge, daß die Sparkassen aus dem Funktionskreis der öffentlichen Verwaltung entlassen und damit von dem Gebot demokratischer Legitimation ihrer Amtswalter befreit wären."

179 BVerwG, NVwZ 1998, 952, 953; *Britz*, NVwZ 2001, 380, 385; *Borchmann/Breithaupt/Kaiser*, Kommunalrecht in Hessen, S. 29; *Gern/Brüning*, Deutsches Kommunalrecht, Rn. 128; *Hellermann*, in: Epping/Hillgruber, BeckOK GG, Art. 28 Rn. 27; *Knemeyer*, in: FG für von Unruh (1983), S. 209, 214; *Lange*, in: Hermes/Reimer, Kommunalrecht, § 4 Rn. 8; *Mehde*, in: Maunz/Dürig, GG, Art. 28 Abs. 2 Rn. 20; *von Mutius*, Jura 1982, 28, 29; *Wenzl*, Das Örtlichkeitsprinzip im europäischen Binnenmarkt, S. 58.

180 BVerfG, NVwZ 2018, 140, 142; *Borchmann/Breithaupt/Kaiser*, Kommunalrecht in Hessen, S. 29; *Hellermann*, in: Epping/Hillgruber, BeckOK GG, Art. 28 Rn. 27; *Henneke*, in: Schmidt-Bleibtreu/Hofmann/Henneke, GG, Art. 28 Rn. 11; *Knemeyer*, in: FG für von Unruh (1983), S. 209, 214; *von Mutius*, Jura 1982, 28, 29.

181 BVerfG, NVwZ 2018, 140, 142; *Dietlein*, in: Dietlein/Ogorek, BeckOK KommunalR Hessen, Systematische Einführung zum Kommunalrecht Deutschlands Rn. 30; *Gern*, NJW 2002, 2593, 2595; *von Mutius*, Jura 1982, 28, 29.

182 Hess. StGH, ESVGH 23, 147, 152 f.; *Birkenfeld*, Kommunalrecht Hessen, Rn. 72; *Lange*, in: Hermes/Reimer, Kommunalrecht, § 4 Rn. 29.

Art. 137 Abs. 2 HessVerf. dasselbe Recht „im Rahmen ihrer gesetzlichen Zuständigkeit" zu. Damit wird Gemeinden eine Allzuständigkeit eingeräumt, während Landkreise einer Aufgabenzuweisung bedürfen.[183] Art. 137 Abs. 2 HessVerf. ist demnach mit Art. 28 Abs. 2 S. 2 GG vergleichbar.[184]

Der Wortlaut des Art. 137 Abs. 1 HessVerf. geht aber über den des Art. 28 Abs. 2 S. 1 GG hinaus: So können die Gemeinden nach Art. 137 Abs. 1 HessVerf. nicht nur alle Angelegenheiten der örtlichen Gemeinschaft in eigener Verantwortung regeln, sondern sind „die ausschließlichen Träger der gesamten örtlichen öffentlichen Verwaltung" und können grundsätzlich „jede öffentliche Aufgabe übernehmen", soweit diese nicht durch Gesetz anderen Stellen ausschließlich zugewiesen ist. Demnach können die Gemeinden nach Art. 137 Abs. 1 HessVerf. auch ohne Bezug zur örtlichen Gemeinschaft sämtliche im Gemeindegebiet anfallende öffentliche Aufgaben wahrnehmen,[185] womit die Ausübung wesensmäßig überörtlicher öffentlicher Aufgaben zulässig ist.[186] Mithin reicht die gemeindliche Selbstverwaltungsgarantie aus Art. 137 Abs. 1, 3 HessVerf. sachlich weiter als Art. 28 Abs. 2 S. 1 GG.[187] Da die Landesverfassung weiter gehen darf als Art. 28 Abs. 2 GG, ist dies mit der grundgesetzlichen Selbstverwaltungsgarantie vereinbar.

---

183 Hess. StGH, ESVGH 50, 8, 11; VGH Kassel, Urt. v. 13. September 2006 - 6 UE 1927/05 - juris Rn. 39; *Gornig*, in: Gornig/Horn/Will, ÖffR in Hessen, 1. Teil: KommunalR Rn. 48; *Lange*, in: Hermes/Reimer, Kommunalrecht, § 4 Rn. 157; *Ogorek*, in: Dietlein/Ogorek, BeckOK KommunalR Hessen, Systematische Einführung zum Kommunalrecht Hessen Rn. 3.

184 Vgl. VGH Kassel, Urt. v. 13. September 2006 - 6 UE 1927/05 - juris Rn. 39; *Lange*, in: Hermes/Reimer, Kommunalrecht, § 4 Rn. 156.

185 *Birkenfeld*, Kommunalrecht Hessen, Rn. 57; *Görisch/Weigel*, LKRZ 2012, 212, 214; *Lange*, Kommunalrecht, Kap. 1 Rn. 157; *ders.*, Hermes/Reimer, Kommunalrecht, § 4 Rn. 15; *Ogorek*, in: Dietlein/Ogorek, BeckOK KommunalR Hessen, Systematische Einführung zum Kommunalrecht Hessen Rn. 2; wohl auch Hess. StGH, ESVGH 50, 8, 11; VGH Kassel, Urt. v. 13. September 2006 - 6 UE 1927/05 - juris Rn. 40; *Mehde*, in: Maunz/Dürig, GG, Art. 28 Abs. 2 GG Rn. 21; a.A. *Gern/Brüning*, Deutsches Kommunalrecht, Rn. 130; *Schmidt-Aßmann*, in: FS für Sendler (1991), S. 121, 131; dies wird auch als monistisches Modell der Aufgabenzuweisung bezeichnet, siehe *Engels/Krausnick*, Kommunalrecht, § 2 Rn. 2, 4; *Gern/Brüning*, Deutsches Kommunalrecht, Rn. 265 ff.

186 *Görisch/Weigel*, LKRZ 2012, 212, 214; *Ogorek*, in: Dietlein/Ogorek, BeckOK KommunalR Hessen, Systematische Einführung zum Kommunalrecht Hessen Rn. 2.

187 Siehe *Birkenfeld*, Kommunalrecht Hessen, Rn. 57; *Görisch/Weigel*, LKRZ 2012, 212, 214; *Lange*, Kommunalrecht, Kap. 1 Rn. 157; *ders.*, in: Hermes/Reimer, Kommunalrecht, § 4 Rn. 8, 15; *Ogorek*, in: Dietlein/Ogorek, BeckOK KommunalR Hessen,

Aus Art. 137 Abs. 1 S. 1 HessVerf. ergibt sich wiederum ausdrücklich, dass das Gewährleistungsgebiet der Gemeinden auf ihr Gebiet begrenzt ist („in ihrem Gebiet“), womit das Örtlichkeitsprinzip verankert ist.[188] Die gesamte öffentliche Verwaltung und öffentliche Aufgaben sind von der örtlichen Grenze umfasst. Dementsprechend kann vom Wortlaut des Art. 137 Abs. 1 HessVerf. im Gegensatz zur kommunalen Selbstverwaltungsgarantie aus Art. 28 Abs. 2 GG nicht angenommen werden, dass ein Bezug zu den Gemeindeeinwohnern ausreichend wäre.[189] Während der sachliche Schutzumfang des Art. 137 Abs. 1 HessVerf. daher über Art. 28 Abs. 2 S. 1 GG hinausgeht, ist der räumliche Bereich enger gezogen. Da aber die landesrechtliche Selbstverwaltungsgarantie nicht weniger gewähren darf als die grundgesetzliche Selbstverwaltungsgewährleistung, tritt Art. 28 Abs. 2 GG bei der Auslegung ergänzend hinzu.[190] Dementsprechend ist nach Art. 137 Abs. 1 HessVerf. die Sparkassentätigkeit grundsätzlich auf das Gebiet der Trägergemeinde beschränkt, erlaubt aber ebenso Ausnahmen.

Im Übrigen ist die hessische Selbstverwaltungsgarantie wie die in Art. 28 Abs. 2 GG gewährleistete auszulegen.[191] So werden Inhalt und Umfang der kommunalen Selbstverwaltungsgarantie maßgeblich durch die Rechtsprechung des Bundesverfassungsgerichts bestimmt.[192] Da sich hinsichtlich der kommunalen Sparkassentätigkeit kein weiterreichender Schutz aus Art. 137 HessVerf. ergibt, wird im Folgenden nur von Art. 28 Abs. 2 GG gesprochen. Die Ausführungen hierzu sind auf Art. 137 HessVerf. übertragbar.

Systematische Einführung zum Kommunalrecht Hessen Rn. 2; vgl. *Knemeyer*, in: FG für von Unruh (1983), S. 209, 214; *von Mutius*, Jura 1982, 28, 29.

188 Vgl. *Wenzl*, Das Örtlichkeitsprinzip im europäischen Binnenmarkt, S. 59.

189 Vgl. *Schepers*, Internet-Banking und sparkassenrechtliches Regionalprinzip, S. 68.

190 *Mehde*, in: Maunz/Dürig, GG, Art. 28 Abs. 2 Rn. 20; *von Mutius*, Jura 1982, 28, 29; *Schepers*, Internet-Banking und sparkassenrechtliches Regionalprinzip, S. 68; *Schmahl*, DVBl. 2003, 1300, 1303; *Stern*, Staatsrecht I, S. 419; *Wenzl*, Das Örtlichkeitsprinzip im europäischen Binnenmarkt, S. 58.

191 BVerfGE 8, 122, 134; *Aust*, Das Recht der globalen Stadt, S. 104; *Borchmann/Breithaupt/Kaiser*, Kommunalrecht in Hessen, S. 29; *Schmidt-Aßmann*, in: FS für Sendler (1991), S. 121, 131; wohl auch *Gornig*, in: Gornig/Horn/Will, ÖffR in Hessen, 1. Teil: KommunalR Rn. 47.

192 BVerwG, NVwZ 1994, 900, 901; HessVGH, Beschluss v. 10. Februar 1982, in: Weides/Bosse, Rspr. SparkassenR II, S. 228, 229; vgl. *Hellermann*, in: Epping/Hillgruber, BeckOK GG, Art. 28 Rn. 27.1; *Ehlers*, DVBl. 2000, 1301.

IV. Das sparkassenrechtliche Regionalprinzip im Hessischen Sparkassengesetz

Da die kommunale Selbstverwaltung nach Art. 28 Abs. 2 GG nur im Rahmen der Gesetze gewährleistet ist, bedarf sie der Ausgestaltung durch den einfachen Gesetzgeber. In Preußen wurden am 12. Dezember 1838 die ersten gesetzlichen Vorgaben für das Sparkassenwesen erlassen.[193] Dieses Sparkassenreglement normierte den staatlichen Einfluss auf die kommunalen Einrichtungen und diente später als Vorlage für die sparkassenrechtliche Regulierung.[194] Heutzutage regelt jeweils der Landesgesetzgeber das Sparkassenwesen für sein Bundesland.[195]

1. Gesetzgebungskompetenz der Länder

Das Sparkassenrecht gehört zum kommunalen Wirtschaftsrecht und für dieses steht den Ländern die Gesetzgebungskompetenz nach Art. 30, 70 GG zu.[196] Der Bund kann jedoch Einfluss ausüben. So hat der Bund für Art. 74 Nr. 11 GG die konkurrierende Gesetzgebungskompetenz über das Recht der Wirtschaft. Von dieser Gesetzgebungskompetenz hat der Bund gem. Art. 72 Abs. 2 GG Gebrauch gemacht, als er das Gesetz über das Kreditwesen[197] erlassen hat. Soweit der Bund von seiner Gesetzgebungskompetenz Gebrauch gemacht hat, kann das Land gem. Art. 72 Abs. 1 GG grundsätzlich keine abweichenden Regelungen treffen. Für das Sparkassenrecht existiert zumindest keine Abweichungsmöglichkeit nach Art. 72 Abs. 3 GG. Das sparkassenspezifische Recht im Hinblick auf die Organisation ist weiterhin Sache der Länder.[198] Mithin regeln die Sparkassengesetze das

---

193 Reglement, die Einrichtung des Sparkassenwesens betreffend, PreußGS. 1839, S. 5; siehe *Henneke*, Kommunale Sparkassen, S. 16; *Wehber*, Kreditwesen 2005, 752; ausführlich *Trende*, Geschichte der deutschen Sparkassen, S. 111 ff.

194 *Geiger*, Die deutsche Sparkassenorganisation, S. 13; *Stern*, Das sparkassenrechtliche Regionalprinzip, S. 21; siehe ferner *Schlierbach/Püttner*, Das Sparkassenrecht in der Bundesrepublik Deutschland, S. 21 f.

195 Außer Hamburg hat jedes Bundesland ein Sparkassengesetz erlassen. Dies ist darauf zurückzuführen, dass in Hamburg nur die Hamburger Sparkassen AG existiert, eine Freie Sparkasse, weshalb ein Landessparkassengesetz nicht erforderlich erscheint.

196 Vgl. *Geiger*, Die deutsche Sparkassenorganisation, S. 22; *Stern/Nierhaus*, Das Regionalprinzip im öffentlich-rechtlichen Sparkassenwesen, S. 9.

197 Gesetz über das Kreditwesen (Kreditwesengesetz – KWG), in der Fassung der Bekanntmachung v. 9. September 1998 (BGBl. I S. 2776), zuletzt geändert durch Art. 3 Wirtschaftsstabilisierungsfondsgesetz vom 27.03.2020 (BGBl. I S. 543).

198 BVerwGE 69, 11, 22; BVerwGE 75, 292, 299; *Bredow/Schick/Liebscher*, BKR 2004, 102, 106; *Henneke*, in: Mann/Püttner, Hdb. kommunale Wissenschaft und Praxis 2, § 53a

Organisationsrecht, während der Bund für alle Kreditinstitute einheitlich das Geschäftsrecht regelt.

2. Auslegung des § 1 Abs. 3 HessSparkG

Das Regionalprinzip ist einfachgesetzlich im Hessischen Sparkassengesetz geregelt. Ein Vergleich zu den Sparkassengesetzen anderer Bundesländer zeigt, dass das sparkassenrechtliche Regionalprinzip unterschiedlich deutlich verankert ist. In einigen Bundesländern wird explizit vom „Regionalprinzip" gesprochen. Beispielsweise findet sich in Sachsen-Anhalt der Hinweis auf das Regionalprinzip bereits in der Überschrift, wobei das Regionalprinzip selbst in § 5 Abs. 1 SpkG-LSA geregelt ist. Danach ist ausdrücklich festgelegt, dass das Geschäftsgebiet der Sparkasse nur das Gebiet ihres kommunalen Trägers ist und sie sich nur in diesem Gebiet betätigen darf. In Hessen wie beispielsweise auch in Schleswig-Holstein fehlt hingegen eine so eindeutige Regelung des Regionalprinzips. Dass sich in den Sparkassengesetzen in diesen beiden Ländern keine explizite Erwähnung des Regionalprinzips findet, hat vor allem historische Gründe, denn drei der fünf Freien Sparkassen haben ihren Sitz in Schleswig-Holstein.[199]

In § 1 Abs. 3 HessSparkG wird bestimmt, dass Sparkassen grundsätzlich nur im Gebiet ihres kommunalen Trägers Zweigstellen eröffnen können. Der Vergleich mit § 5 Abs. 1 SächsSparkG zeigt ein gemischtes Bild: Anders als bei der sächsischen Vorschrift wird nicht durch eine Überschrift auf das Regionalprinzip verwiesen und eine Festlegung wie in § 5 Abs. 1 S. 1 SächsSparkG, dass das Geschäftsgebiet der Sparkasse das Gebiet ihres kommunalen Trägers ist, fehlt ebenfalls im Hessischen Sparkassengesetz. § 1 Abs. 3 HessSparkG legt aber ebenso fest, dass Zweigstellen grundsätzlich nur im Geschäftsgebiet des kommunalen Trägers errichtet werden dürfen. Der Sinn und Zweck, welcher in der Verhinderung von Sparkassenzweigstellen außerhalb des kommunalen Trägergebiets besteht, ist bei beiden sparkassenrechtlichen Vorschriften derselbe. Daher ist letztlich der Inhalt der Vorschriften gleich, auch wenn die sächsische Sparkassenvorschrift eine deutlichere Formulierung vorweist. Aus diesem

---

Rn. 258; *Lepper*, RNotZ 2005, 425; *Nierhaus/Stern*, Regionalprinzip und Sparkassenhoheit im europäischen Bankenbinnenmarkt, S. 195; *Schmidt*, in: FS für Bärmann (1975), S. 837, 839 f.; *Thode/Peres*, VerwArch 89 (1998), 439, 444; *Zabel*, in: Bennemann u.a., KommunalverfassungsR Hessen, § 121 HGO Rn. 62.

199 Bordesholmer Sparkasse AG, Sparkasse zu Lübeck AG und Sparkasse Mittelholstein.

Vergleich ergibt sich, dass das Regionalprinzip ohne explizite Nennung aus § 1 Abs. 3 HessSparkG folgt[200] und demnach einfachgesetzlich verankert ist.

3. *Ergebnis*

Selbst wenn das Regionalprinzip im Hessischen Sparkassengesetz nicht geregelt wäre, würde es dennoch Geltung für die hessischen Sparkassen beanspruchen. Mit der einfachgesetzlichen Ausgestaltung des Regionalprinzips in den Sparkassengesetzen der Länder erkennt der Gesetzgeber das in Art. 28 Abs. 2 GG und in den Landesverfassungen verankerte allgemeine Regionalprinzip an.[201] Das einfachgesetzlich festgelegte Regionalprinzip hat demzufolge nur deklaratorische Wirkung.[202] In der hessischen Rechtsprechung wird vom Bestehen des Regionalprinzips, zumindest für Sparkassen, ausgegangen.[203]

---

200 So ebenfalls VGH Kassel, Beschluss v. 19. September 1977, in: Weides/Bosse, Rspr. SparkassenR I, S. 394, 396; *Hofmann*, BayVBl. 1990, 681 in Fn. 55; *Schmidt-Wellbrock*, Freie Sparkassen und Regionalprinzip, S. 66 f.; *Stern*, Das sparkassenrechtliche Regionalprinzip, S. 33; wohl auch VGH Kassel, WM 1989, 1463 f.; ferner *Ogorek*, in: Dietlein/Ogorek, BeckOK KommunalR Hessen, § 121 HGO Rn. 85; a.A. Monopolkommission, XX. Hauptgutachten v. 1. Juli 2014, Rn. 1927.

201 Vgl. OVG Münster, DVBl. 1982, 504, 505; OVG Koblenz, NVwZ-RR 1992, 240, 241; siehe auch *Löwer*, JA 1981, 123; *Schepers*, Internet-Banking und sparkassenrechtliches Regionalprinzip, S. 88; *Wohltmann*, NdsVBl. 2015, 128, 131; zum Örtlichkeitsprinzip: *Buchmann*, Kommunale Energieversorgungsunternehmen in der Krise, S. 72.

202 *Stern*, Das sparkassenrechtliche Regionalprinzip, S. 33; vgl. *Kemmler*, Die Verwaltung 49 (2016), 397, 400 f.; *Schepers*, Internet-Banking und sparkassenrechtliches Regionalprinzip, S. 88; wohl auch *Isenburg*, Die Verbundzusammenarbeit der Sparkassen-Finanzgruppe, S. 29; *Raskin*, Das Regionalprinzip und (neue) elektronische Vertriebswege im Retailbanking, S. 36; zum Örtlichkeitsprinzip und den Gemeindeordnungen: *Buchmann*, Kommunale Energieversorgungsunternehmen in der Krise, S. 72; *Hauser*, Wirtschaftliche Betätigung von Kommunen, S. 89; vgl. ferner *Kühling*, NJW 2001, 177, 181 f.; *Meyer*, LKV 2000, 321, 323; *Oebbecke*, ZHR 164 (2000), 375, 382; a.A. OVG Saarlouis, DÖV 1970, 610, 611.

203 Vgl. VGH Kassel, Beschluss v. 19. September 1977, in: Weides/Bosse, Rspr. SparkassenR I, S. 394, 396; VGH Kassel, WM 1989, 1463 f.; siehe auch VGH Kassel, ESVGH 16, 151, wobei sich nach Ansicht des Hessischen Verwaltungsgerichtshofs 1966 das Regionalprinzip „einmal aus den Kompetenzbeschränkungen des Gemeindeverfassungsrechts und zum anderen aus dem Anstaltsrecht, insbesondere aus dem von der Rechtsprechung und Rechtslehre entwickelten Wirkungskreis der Anstalt“ ergibt.

V. Das sparkassenrechtliche Regionalprinzip als Folge der Rechtsform von kommunalen Sparkassen

Die kommunalen Sparkassen sind als Anstalten des öffentlichen Rechts ausgestaltet, womit sie als solche einen kommunalen Träger (Landkreis, Gemeinde oder kommunaler Zweckverband) haben (vgl. § 1 Abs. 1 HessSparkG). Somit könnte das Regionalprinzip eine Folge dieser Rechtsform und der damit verbundenen kommunalen Bindung sein,[204] womit das sparkassenrechtliche Regionalprinzip als die örtliche Beschränkung des Wirkungskreises einer kommunalen Anstalt anzusehen sein könnte.[205] Schließlich kann der Zuständigkeitsbereich der Sparkasse nicht weiter reichen als der des Trägers.[206]

1. Die kommunale Sparkasse als Anstalt des öffentlichen Rechts im historischen Kontext

Im 18. Jahrhundert und Anfang des 19. Jahrhunderts waren die Sparkassen noch unselbstständige kommunale Einrichtungen der Gemeinde,[207] womit sie keine eigene Rechtspersönlichkeit aufwiesen. Die Wende im Sparkassenwesen kam durch die Bankenkrise des Jahres 1931. Das Deutsche Reich griff mit dem Erlass von drei Notverordnungen des Reichspräsidenten in das Sparkassenwesen und damit auch in die Gesetzgebung der Länder ein.[208] Die wichtigste Änderung, die Sparkassen betreffend, fand sich in der Dritten Notverordnung des

---

204 So jedenfalls VGH Kassel, ESVGH 16, 151, 154 f.; VGH München, Urt. v. 12. August 1969, in: Weides/Bosse, Rspr. SparkassenR I, S. 320, 329; VGH München, BayVBl. 1981, 530, 533; OVG Lüneburg, NVwZ-RR 1989, 11, 12; wohl auch *Schäfer*, Das öffentlich-rechtliche Bankensystem, S. 28 ff.; *Schick*, bank und markt 10/2014, S. 19; *Stern/Nierhaus*, Rechtsfragen der Neuordnung des Sparkassenwesens als Folge kommunaler Neugliederung, S. 54; *Purbach*, Die Auswirkungen des Binnenmarktes auf die Sparkassen und ihre öffentlich-rechtliche Verankerung, S. 56 f.

205 So VGH Kassel, ESVGH 16, 151, 154 f.; OVG Lüneburg, NVwZ-RR 1989, 11, 12; *Klein*, Das Sparkassenwesen in Deutschland und in Frankreich, S. 139; ferner *Stern/Nierhaus*, Das Regionalprinzip im öffentlich-rechtlichen Sparkassenwesen, S. 48.

206 Vgl. VGH Kassel, ESVGH 16, 151, 154 f.; ferner *Henneke*, Der Landkreis 2014, 163, 172; *Schäfer*, Das öffentlich-rechtliche Bankensystem, S. 28 ff.

207 *Kruse*, NVwZ 2000, 721; *Tonner/Krüger*, Bankrecht, § 3 Rn. 1; *Wehber*, Kreditwesen 2005, 752; vgl. *Oebbecke*, VerwArch 93 (2002), 278, 281; *Stern*, Das sparkassenrechtliche Regionalprinzip, S. 21.

208 *Geiger*, Die deutsche Sparkassenorganisation, S. 15; *Henneke*, in: Mann/Püttner, Hdb. kommunale Wissenschaft und Praxis 2, § 53a Rn. 16; *Mura*, Entwicklungslinien der deutschen Sparkassengeschichte, S. 29.

Reichspräsidenten vom 6. Oktober 1931 (RGBl. I 537). Sie führte zur Umwandlung der Sparkassen von unselbstständigen kommunalen Einrichtungen in rechtlich selbstständige Anstalten des öffentlichen Rechts.[209] Dadurch verfügen die kommunalen Sparkassen seit den Notverordnungen über einen von der Gemeinde zu unterscheidenden personellen und organisatorischen Aufbau.[210] Durch das Reichskreditwesengesetz von 1934 wurden die Sparkassen schließlich als gleichberechtigte Kreditinstitute anerkannt.[211] Viele Gemeinden als Träger der Sparkassen waren durch die Bankenkrise selbst in Zahlungsschwierigkeit gekommen. Dies wirkte sich vertrauensschädigend auf die Kunden aus, welche befürchteten, dass das Sondervermögen der Sparkasse für die Verbindlichkeiten des Trägers herangezogen werden könnte.[212] Dieser Zugriff auf das Vermögen der Sparkassen wurde mit der Verselbstständigung ausgeschlossen,[213] denn als eine eigenständige juristische Person des öffentlichen Rechts ist die Anstalt Trägerin von Rechten und Pflichten und verfügt über ein eigenes Vermögen.[214]

2. Örtlicher Wirkungskreis einer Anstalt des öffentlichen Rechts

Es ist zu überlegen, ob sich aus der Rechtsform eine örtliche Grenze herleiten lässt. Die Anstalt des öffentlichen Rechts zeichnet grundsätzlich die Anstaltslast und Gewährträgerhaftung aus.[215] Diese Haftungsinstrumente gibt es aber

---

209 BVerfGE 75, 192, 197; SächsVerfGH, LKV 2001, 216, 217; *Alber*, in: Stiftung Gesellschaft für Rechtspolitik, Jahrbuch 2002/I, S. 7, 13; *Henneke*, Der Landkreis 2010, 39 f.; *Hofmann*, BayVBl. 1990, 641, 646; *Oebbecke*, VerwArch 93 (2002), 278, 281; *Stern*, Das sparkassenrechtliche Regionalprinzip, S. 21 f.; *Vogel*, ZBB 2001, 103, 107; *Wehber*, Kreditwesen 2005, 752, 753.

210 Vgl. *Henneke*, Der Landkreis 2010, 39; *ders.*, Kommunale Sparkassen, S. 18; *Mura*, Entwicklungslinien der deutschen Sparkassengeschichte, S. 29.

211 *Böhm*, DÖV 2004, 650, 651; *Mura*, Entwicklungslinien der deutschen Sparkassengeschichte, S. 29.

212 *Fischer*, in: FG für von Unruh (1983), S. 835, 836; *Hoppenstedt*, in: FG für Schlebusch (2006), S. 253, 254; *Wehber*, Kreditwesen 2005, 752, 753.

213 *Henneke*, Kommunale Sparkassen, S. 19; *Hoppenstedt*, in: FG für Schlebusch (2006), S. 253, 254 f.; *Oebbecke*, VerwArch 93 (2002), 278, 281.

214 *Schraml*, in: Mann/Püttner, Hdb. kommunale Wissenschaft und Praxis 2, § 45 Rn. 5.

215 Zu den beiden Haftungsinstrumenten: *Pencereci/Brandt*, LKV 2008, 293, 294; *Schraml*, in: Mann/Püttner, Hdb. kommunale Wissenschaft und Praxis 2, § 45 Rn. 10 ff. Die Anstaltslast und Gewährträgerhaftung folgen aus der Rechtsform der Anstalt des öffentlichen Rechts, vgl. *Thode/Peres*, VerwArch 89 (1998), 439, 450; *Vogel*, ZBB 2001, 103, 106, wobei sie zumeist einfachgesetzlich im Sparkassengesetz geregelt wurden. A.A. *Kemmler*, DVBl. 2003, 100, 103 ff., die davon ausgeht, dass die Anstaltslast „aus

bei den öffentlich-rechtlichen Sparkassen trotz ihrer Rechtsform nicht mehr.[216] Nach § 3 Abs. 2 HessSparkG hat die Sparkasse ausdrücklich keinen Anspruch gegenüber dem Sparkassenträger, dass dieser Mittel zur Verfügung stellt. Weiter haftet die Sparkasse gem. § 3 Abs. 3 HessSparkG für ihre Verbindlichkeiten mit ihrem gesamten Vermögen, während der Träger ausdrücklich nicht haftet. Bevor die Anstaltslast und Gewährträgerhaftung von Sparkassen abgeschafft wurde, ist vielfach angenommen worden, dass die Rechtsform bei einer Beseitigung dieser Haftungsinstrumente geändert werden müsse.[217] Jedoch behielten die Sparkassen nach Abschaffung der Anstaltslast und Gewährträgerhaftung ihre Rechtsform. Demnach ist die Anstalt des öffentlichen Rechts einem Wandel zugänglich.

Beim Regionalprinzip könnte es hingegen anders sein, so dass dieses als fester Bestandteil einer Kommunalanstalt anzusehen sein könnte. Zweifel ergeben sich dadurch, dass einige Landesbanken in der Rechtsform einer Anstalt des öffentlichen Rechts organisiert und örtlich nicht beschränkt sind[218] wie Sparkassen.

---

dem Rechtstaatsprinzip und aus dem Demokratieprinzip als zwingende Regel des deutschen Verwaltungsrechts" folgt.

216 Die Europäische Kommission bewertete beide Haftungsinstrumente als unzulässige staatliche Beihilfen i.S.d. § 107 Abs. 1 AEUV. Nach längeren Verhandlungen kam es 2001 zur Einigung zwischen der Europäischen Kommission und der Bundesrepublik Deutschland (sog. Brüsseler Konkordanz) und schließlich 2002 zur endgültigen Entscheidung. Die Folge war die (stufenweise) Abschaffung von Anstaltslast und Gewährträgerhaftung bei den Sparkassen. Nähere Ausführungen zu den Ereignissen finden sich bei *Henneke*, in: Mann/Püttner, Hdb. kommunale Wissenschaft und Praxis 2, § 53a Rn. 201 ff.; *Möschel*, WM 2001, 1895 ff.; *Streinz*, in: Stiftung Gesellschaft für Rechtspolitik, Jahrbuch 2002/I, S. 179 ff.; *Quardt*, EuZW 2002, 424 ff.; *Wehber*, Kreditwesen 2005, 752 ff.; *Witte/Rafiqpoor*, WM 2003, 1885 ff. Eine rechtliche Bewertung der Anstaltslast und Gewährträgerhaftung vornehmend: *von Friesen*, EuZW 1999, 581 ff.; *Henneke*, NdsVBl. 2000, 129 ff.; *Kemmler*, DVBl. 2003, 100 ff.; *Kluth*, in: Stiftung Gesellschaft für Rechtspolitik, Jahrbuch 2002/I, S. 111, 116 ff.; *Kruse*, NVwZ 2000, 721 ff.; *Niemeyer/Hirsbrunner*, EuZW 2000, 364 ff.; *Thode/Peres*, VerwArch 89 (1998), 439 ff.; *Vogel*, ZBB 2001, 103 ff.

217 *Henneke*, NdsVBl. 2000, 129, 137; *Kemmler*, DVBl. 2003, 100, 103 ff.; *Möschel*, WM 2001, 1009, 1013; *Oebbecke*, Der Gemeindehaushalt 2001, 169, 172; *Thode/Peres*, BB 1997, 1749, 1750; *Witte/Rafiqpoor*, WM 2003, 1885, 1888; wohl auch *Vogel*, ZBB 2001, 103, 111; siehe zudem *von Friesen*, EuZW 1999, 581, 585; a.A. *Kluth*, in: Stiftung Gesellschaft für Rechtspolitik, Jahrbuch 2002/I, S. 111, 140; *Kokott/Schick*, in: Stiftung Gesellschaft für Rechtspolitik, Jahrbuch 2002/I, S. 53, 56 f.

218 Vgl. *Kolm*, Das sparkassenrechtliche Regionalprinzip, S. 44; ausführlich zu Landesbanken: *Lampert*, DVBl. 2010, 1466 ff.; *Staats*, Fusionen bei Sparkassen und Landesbanken, S. 20 ff., 59 ff., 97 f., 105 f.

Beispielsweise ist die Landesbank Hessen-Thüringen Girozentrale (Helaba) als Anstalt des öffentlichen Rechts organisiert mit den Bundesländern Hessen und Thüringen als Träger und über die Grenzen Deutschlands hinaus aktiv. Zwar ist zu beachten, dass der Träger einer Landesbank keine Kommune ist und daher weitergehende Befugnisse von seinem Träger ableiten kann. Nichtsdestoweniger fehlt es an einer festen örtlichen Grenze, die für eine Landesbank gelten müsste, sofern sie als Anstalt des öffentlichen Rechts organisiert ist. Somit stellt die Rechtsform nicht die Grundlage des sparkassenrechtlichen Regionalprinzips dar.

3. *Ergebnis*

An diesem Ergebnis vermag der Umstand nichts zu ändern, dass Sparkassen als rechtlich selbstständige Anstalten des öffentlichen Rechts weiterhin kommunale Einrichtungen sind.[219] Denn dies verdeutlicht nur ihre Verankerung innerhalb der Gemeinde. Zwar ist die Aussage zutreffend, dass die Befugnisse einer Sparkasse nicht weitergehen können als die des Trägers, der örtlich beschränkt ist. Allerdings hat dies keine Bedeutung für die Rechtsform, sondern für die verfassungsrechtliche Stellung des kommunalen Trägers. Wenn die örtliche Grenze aus der Anstaltsform folgen würde, dann wäre überdies unklar, woher sich die örtliche Grenze für eine wirtschaftliche Kommunaltätigkeit ergibt, die beispielsweise in privater Rechtsform erbracht wird. Wird die örtliche Grenze der Tätigkeit nur in der Rechtsform verankert, fehlte es bei Kommunaltätigkeiten in Privatrechtsform an einer Beschränkung. Dieses Ergebnis ist widersprüchlich, da die Sparkassentätigkeit nur eine besondere Form der Wirtschaftstätigkeit einer Kommune ist. Richtigerweise sind daher die Grundlage für die örtliche Begrenzung der gesamten Kommunaltätigkeit das Örtlichkeitsprinzip aus Art. 28 Abs. 2 GG und Art. 137 HessVerf. sowie die einfachgesetzlichen Kommunalvorschriften. Demnach ist nicht anzunehmen, dass die Rechtsform der Anstalt des öffentlichen Rechts eine feste örtliche Grenze für die Sparkassen verlangt. Anders als bei einer privatrechtlichen Rechtsform spiegelt sich jedoch die kommunale Bindung an das Trägergebiet in der Anstalt des öffentlichen Rechts wider.

---

219 BVerfGE 75, 192, 198; SächsVerfGH, LKV 2001, 216, 217; *Hofmann*, BayVBl. 1990, 641, 646; *Lepper*, BKR 2004, 175, 177; *Nierhaus*, DÖV 1984, 662, 663; *Schlierbach/Püttner*, Das Sparkassenrecht in der Bundesrepublik Deutschland, S. 238; *Stern*, Das sparkassenrechtliche Regionalprinzip, S. 22; *Stern/Burmeister*, Die kommunalen Sparkassen, S. 66; vgl. auch BVerwGE 69, 11, 22.

VI. Ergebnis

Seinen Ursprung haben das Örtlichkeitsprinzip und somit das sparkassenrechtliche Regionalprinzip in der grundgesetzlichen Verankerung des Art. 28 Abs. 2 GG, denn die kommunale Selbstverwaltungsgarantie stellt sowohl die Grundlage als auch die örtliche Grenze für die Sparkassentätigkeit von Gemeinden dar.[220] Dabei kommt dem Demokratieprinzip gem. Art. 20 Abs. 1, 2 GG eine Ergänzungsfunktion zu. Auf landesrechtlicher Ebene ergibt sich das Regionalprinzip aus Art. 137 Abs. 1 S. 1 HV. Darüber hinaus folgt das Regionalprinzip einfachgesetzlich aus § 1 Abs. 3 HessSparkG. Das Regionalprinzip lässt sich nicht aus der Rechtsform der Anstalt des öffentlichen Rechts herleiten, aber zumindest spiegelt diese Rechtsform die kommunale Bindung wider.

C. Durchbrechungen des sparkassenrechtlichen Regionalprinzips und ihre rechtliche Bewertung

Eine kommunale Sparkasse darf grundsätzlich nur in dem zugewiesenen Gebiet ihres Trägers tätig werden und dort gem. § 1 Abs. 3 S. 1 HessSparkG Sparkassenzweigstellen errichten. Jedoch wird das Regionalprinzip nicht immer strikt eingehalten. Es gibt Überschneidungen der Geschäftsgebiete von Sparkassen und bankspezifische Tätigkeiten, die über die Gebietsgrenzen des kommunalen Trägers hinausgehen. So überschneiden sich beispielsweise zum Teil die Geschäftsgebiete der Kasseler Sparkasse mit Sitz in Kassel und ihren Geschäftsgebieten Stadt und Landkreis Kassel sowie der Stadtsparkasse Grebenstein mit Sitz in Grebenstein und ihren Geschäftsgebieten in den Städten Grebenstein, Immenhausen und den Gemeinden Calden und Espenau im Landkreis Kassel. Beide

220 *Kemmler*, Die Verwaltung 49 (2016), 397, 399; *Schepers*, Internet-Banking und sparkassenrechtliches Regionalprinzip, S. 49; entsprechend zur kommunalen wirtschaftlichen Betätigung: *Britz*, NVwZ 2001, 380, 386; *Burgi*, Neuer Ordnungsrahmen für die energiewirtschaftliche Betätigung von Kommunen, S. 81 f.; *Heilshorn*, VerwArch 96 (2005), 88, 91; *Jarass*, DVBl. 2006, 1, 2; *Lux*, NWVBl. 2000, 7, 9; *Nierhaus*, in: Mann/Püttner, Hdb. kommunale Wissenschaft und Praxis 2, § 40 Rn. 27; *Scheps*, Das Örtlichkeitsprinzip im kommunalen Wirtschaftsrecht, S. 81 f.; *Schink*, NVwZ 2002, 129, 133; a.A. *Buchmann*, Kommunale Energieversorgungsunternehmen in der Krise, S. 72; *Moraing*, WiVerw 1998, 233, 244 f., der Art. 28 Abs. 2 S. 1 GG nur als Schutznorm zugunsten der Gemeinden und nicht als Norm zur Beschränkung der kommunalen Wirtschaftstätigkeit versteht. So enthalte die Selbstverwaltungsgarantie keine räumliche Beschränkung, sondern nur eine Eingrenzung hinsichtlich der kommunalen Angelegenheiten.

Sparkassen haben in der Gemeinde Espenau eine Filiale. Zu untersuchen ist vor diesem Hintergrund zum einen, woher diese Durchbrechungen des Regionalprinzips kommen und zum anderen, ob diese mit dem Regionalprinzip vereinbar sind und wenn ja, weshalb das Regionalprinzip weiterhin Geltung beansprucht.

Denn mit dem Regionalprinzip soll das Verbot der Doppelverwaltung in Form der Anstaltskonkurrenz eingehalten werden.[221] Zwei oder mehr Gemeinden können nicht für dasselbe Gebiet zuständig sein.[222] Nach dem Grundsatz der Einräumigkeit der Verwaltung soll grundsätzlich eine überschneidungslose Verwaltungszuständigkeit gewährleistet sein.[223] Aus dem Verbot der Doppelverwaltung folgt wiederum das Verbot der Mehrfachträgerschaft.[224] Bei einer Mehrfachträgerschaft wären verschiedene Träger bei einer Aufgabe in zeitlicher, örtlicher und sachlicher Hinsicht zuständig.[225] So darf ein kommunaler Träger nur die Trägerschaft über *eine* Sparkasse haben.[226] Insofern ist es beispielsweise nicht möglich, dass eine Stadt mit einer Stadtsparkasse sich zugleich in einem Zweckverband an einer Zweckverbandssparkasse beteiligt.[227] In Hessen ist dies allerdings nicht ausdrücklich festgehalten.[228]

---

221 VerfGH NRW, NJW 1980, 2699; OVG Münster, DVBl. 1982, 504, 505; *Burmeister*, in: Ipsen, Sparkassen im Wandel, S. 23, 47; *Henneke*, Kommunale Sparkassen, S. 102; *Merten*, DVBl. 1983, 1140, 1141; *Stern/Nierhaus*, Das Regionalprinzip im öffentlich-rechtlichen Sparkassenwesen, S. 44; a.A. VGH München, BayVBl. 1981, 530, 532.

222 *Henneke*, ZVglRWiss 113 (2014), 535, 544 f.; vgl. *Becker*, DÖV 2000, 1032, 1039.

223 *Burmeister/Bodenheim*, Die Organisation des Sparkassenwesens im Stadtverband Saarbrücken, S. 73; *Henneke*, in: Mann/Püttner, Hdb. kommunale Wissenschaft und Praxis 2, § 53a Rn. 175; *Merten*, DVBl. 1983, 1140, 1141; *Stern/Nierhaus*, Rechtsfragen der Neuordnung des Sparkassenwesens als Folge kommunaler Neugliederung, S. 26.

224 OVG Münster, DVBl. 1982, 504, 505; ferner *Burmeister/Bodenheim*, Die Organisation des Sparkassenwesens im Stadtverband Saarbrücken, S. 25 f.; *Stern/Nierhaus*, Rechtsfragen der Neuordnung des Sparkassenwesens als Folge kommunaler Neugliederung, S. 13, 110; ablehnend *Bosse*, Rechtsprobleme des Zusammenschlusses von Sparkassen, S. 30.

225 *Oebbecke*, in: FS für Stree/Wessels (1993), S. 1119, 1120 mit einer ausführlichen Auseinandersetzung zur Mehrfachzuständigkeit.

226 *Hermanns*, Kreditwesen 1979, 440; *Stern/Nierhaus*, Das Regionalprinzip im öffentlich-rechtlichen Sparkassenwesen, S. 64.

227 OVG Münster, DVBl. 1982, 504, 505.

228 So regelt z.B. § 4 Abs. 2 S. 1 SpG BW ausdrücklich das Verbot der Mehrfachträgerschaft: „Eine Gemeinde kann nicht Träger mehrerer Sparkassen sein."

I. Überschneidungen der Geschäftsgebiete von Sparkassen der Landkreise und Sparkassen kreisangehöriger Gemeinden

Auch wenn durch das Regionalprinzip Träger- und Sparkassengebiet deckungsgleich und eine überschneidungslose Zuständigkeit gewährleistet sein sollen, kommt es zu Überschneidungen zwischen den Geschäftsgebieten von Kreissparkassen und Sparkassen kreisangehöriger Gemeinden. Schließlich umfasst das Gebiet des Landkreises die Gebiete der kreisangehörigen Gemeinden. Die Geschäftsbereiche von Sparkassen mit einem Landkreis und Sparkassen mit einer kreisangehörigen Gemeinde als Träger sollten jedoch voneinander abgegrenzt werden,[229] um die Zuständigkeitsaufteilung aufrecht zu erhalten. Das sparkassenrechtliche Regionalprinzip vermag dieses Zuständigkeitsproblem nicht zu klären, da sowohl der Landkreis als auch die kreisangehörige Gemeinde örtlich zuständig sind. Insofern kommt das Regionalprinzip nicht zur Anwendung, weil die Landkreise ebenfalls die Sparkassenkompetenz für die kreisangehörigen Gebiete besitzen.[230] Die Landkreise werden durch das Regionalprinzip nicht in dem Sinn beschränkt, dass Kreissparkassen nur in dem Kreisgebiet tätig werden dürfen, in denen keine Gemeindesparkasse vorhanden ist.[231] Somit handelt es sich bei diesen Überschneidungen der Geschäftsgebiete streng genommen nicht um eine „Durchbrechung" des sparkassenrechtlichen Regionalprinzips, da beide Sparkassen räumlich zuständig sind. Es soll dennoch an dieser Stelle angesprochen werden, weil das Regionalprinzip grundsätzlich für eine abgrenzbare Zuständigkeit zwischen den kommunalen Trägern sorgen soll.

Die Lösung dieser Kompetenzkollision könnte das Subsidiaritätsprinzip darstellen. Das Subsidiaritätsprinzip ist ein staatsorganisatorisches Aufbauprinzip, nach welchem, soweit möglich, die Aufgabenwahrnehmung durch die öffentliche Verwaltung auf niedrigster Ebene erfolgen soll.[232] Damit das Subsidiaritätsprinzip für die hessischen Sparkassen Geltung beanspruchen kann, müsste es gesetzlich festgelegt sein.

---

229 OVG Lüneburg, NVwZ-RR 1989, 11, 13; *Henneke*, Der Landkreis 2010, 39, 46; *Nierhaus*, VerwArch 67 (1976), 266, 279 f.; *Schepers*, Internet-Banking und sparkassenrechtliches Regionalprinzip, S. 43.

230 OVG Lüneburg, NVwZ-RR 1989, 11, 12; *Stern/Nierhaus*, Das Regionalprinzip im öffentlich-rechtlichen Sparkassenwesen, S. 59; *Weides*, NVwZ 1983, 527.

231 *Weides*, NVwZ 1983, 527.

232 BVerfGE 79, 127, 152; VerfGH NRW, NJW 1980, 2699; siehe auch BVerfGE 10, 59, 83; *Heberlein*, NVwZ 1995, 1052, 1053.

1. *Subsidiaritätsprinzip im Hessischen Sparkassengesetz*

Eine einfachgesetzliche Regelung zum Subsidiaritätsprinzip könnte sich im Hessischen Sparkassengesetz finden. In einigen Sparkassengesetzen der Länder wird der Vorrang der Gemeinde vor dem Landkreis zum Betrieb von Sparkassen ausdrücklich festgelegt.[233] In Hessen fehlt es an einer solchen ausdrücklichen Normierung. Die Subsidiaritätsklausel könnte sich aus § 1 Abs. 3 S. 2 Alt. 2 HessSparkG ergeben.[234] Grundsätzlich muss die Errichtung einer Zweigstelle gem. § 1 Abs. 3 S. 1 HessSparkG im Gebiet des Sparkassenträgers erfolgen. In § 1 Abs. 3 S. 2 Alt. 2 HessSparkG ist nun festgelegt, dass die Errichtung einer Zweigstelle im Gebiet des Trägers einer anderen Sparkasse möglich ist. In diesem Satz wird nicht ausdrücklich angesprochen, welche Sparkasseninstitutionen hinsichtlich der Zweigstellenerrichtung gemeint sind.[235] Jedoch kann sich diese Vorschrift nur auf das gemeinsame Geschäftsgebiet von Gemeinde und Landkreis beziehen. So kann die Sparkasse gem. § 1 Abs. 3 S. 1 HessSparkG ohnehin nur im eigenen Trägergebiet Zweigstellen errichten; außerhalb des Trägergebiets und damit im Gebiet einer anderen Sparkasse gilt wiederum § 1 Abs. 3 S. 2 Alt. 1 HessSparkG. Die Vorschrift des § 1 Abs. 3 S. 2 Alt. 2 HessSparkG ist somit nur zweckmäßig für das gemeinsame Trägergebiet von Gemeinde und Landkreis.

Nach § 1 Abs. 3 S. 2 Alt. 2 HessSparkG ist die Errichtung der Zweigstelle von der Zustimmung der Aufsichtsbehörde und der vorherigen Anhörung der betroffenen Sparkasse abhängig, wobei aber kein Vorrang der Gemeinde vor dem Landkreis normiert wird. Dies zeigt deutlich ein Vergleich zu § 2 Abs. 1 HKO, in welcher der hessische Gesetzgeber die Abgrenzung der Zuständigkeit von Landkreisen und Gemeinden einfachgesetzlich ausdrücklich bestimmt.[236] Danach ist die Aufgabenwahrnehmung der Landkreise subsidiär. Die Allzuständigkeit

---

233 Vgl. § 2 Abs. 1 Nr. 2, Abs. 2 SpG BW und § 1 Abs. 2 S. 2 SpkG NRW.

234 So wohl *Nierhaus*, VerwArch 67 (1976), 266, 280 in Fn. 271.

235 VGH Kassel, WM 1989, 1463, 1464.

236 § 2 Abs. 1 HKO: „Die Landkreise nehmen in ihrem Gebiet, soweit die Gesetze nichts anderes bestimmen, diejenigen öffentlichen Aufgaben wahr, die über die Leistungsfähigkeit der kreisangehörigen Gemeinden hinausgehen. Sie fördern die kreisangehörigen Gemeinden in der Erfüllung ihrer Aufgaben, ergänzen durch ihr Wirken die Selbstverwaltung der Gemeinden und tragen zu einem gerechten Ausgleich der unterschiedlichen Belastung der Gemeinden bei. Sie sollen sich auf diejenigen Aufgaben beschränken, die der einheitlichen Versorgung und Betreuung der Bevölkerung des ganzen Landkreises oder eines größeren Teils des Landkreises dienen." Siehe auch *Dünchheim*, in: Dietlein/Ogorek, BeckOK KommunalR Hessen, § 2 HKO Rn. 1.

der Landkreise wird also durch die Selbstverwaltungsgarantie der Gemeinden beschränkt.[237] Demgegenüber fehlt es im hessischen Sparkassenrecht an einer ausdrücklichen Regelung. Da dem hessischen Gesetzgeber die Aufgabenverteilung zwischen Landkreis und Gemeinden jedoch bekannt ist und er dies in § 2 Abs. 1 HKO ausdrücklich verdeutlicht, kann das Subsidiaritätsprinzip in § 1 Abs. 3 S. 2 Alt. 2 HessSparkG nicht bedenkenlos hineingelesen werden. Somit findet sich im hessischen Sparkassenrecht selbst keine Regelung zum Subsidiaritätsprinzip.

2. *Verfassungsrechtliches Subsidiaritätsprinzip*

Das Subsidiaritätsprinzip für die Sparkassen könnte sich aus Art. 28 Abs. 2 GG herleiten lassen. Hiernach wird den Gemeinden der Vorrang vor den Landkreisen für alle Angelegenheiten der örtlichen Gemeinschaft gewährt.[238] Demnach dürfte sich der Landkreis sparkassenrechtlich betätigen, wenn die mangelnde Leistungsfähigkeit einer Gemeinde dies erfordere, damit die flächendeckende Versorgung mit bankspezifischen Leistungen gewährleistet wäre.[239] Jedoch hat das Bundesverwaltungsgericht hierzu festgestellt, dass die kommunale Selbstverwaltungsgarantie kein bundesrechtliches Subsidiaritätsprinzip enthalte,[240] obwohl das Bundesverfassungsgericht aus Art. 28 Abs. 2 GG regelmäßig einen Vorrang der Gemeinde vor den Landkreisen ableitet.[241] Zumindest steht einem Subsidiaritätsprinzip im landesrechtlichen Kommunalrecht auch nach der Ansicht des Bundesverwaltungsgerichts nichts

---

237 Hess. StGH, ESVGH 50, 8, 11; *Dünchheim*, in: Dietlein/Ogorek, BeckOK KommunalR Hessen, § 2 HKO Rn. 2; *Sommer*, in: Bennemann u.a., KommunalverfassungsR Hessen, § 1 HKO Erl. 4.

238 *Knemeyer*, in: FG für von Unruh (1983), S. 209, 220; *Schepers*, Internet-Banking und sparkassenrechtliches Regionalprinzip, S. 43; *Staats*, Fusionen bei Sparkassen und Landesbanken, S. 101; *Stern/Nierhaus*, Das Regionalprinzip im öffentlich-rechtlichen Sparkassenwesen, S. 59 f.; siehe auch OVG Lüneburg, NVwZ-RR 1989, 11, 12.

239 OVG Lüneburg, NVwZ-RR 1989, 11, 12 f.

240 BVerwGE 39, 329, 330 f.; BVerwG, DÖV 1983, 73 f.; BVerwG, NVwZ 1984, 176 f.; siehe hierzu *Bosse*, DVBl. 1982, 506, 508; *Weides*, NVwZ 1984, 155, 157.

241 BVerfGE 21, 117, 147 ff.; BVerfGE 79, 127, 128; vgl. auch VerfGH NRW, NJW 1980, 2699; *Oebbecke*, LKV 2006, 145, 147; *Schmidt-Aßmann*, in: FS für Sendler (1991), S. 121, 129.

entgegen.[242] Daher muss diese dogmatische Frage hier nicht geklärt werden, wenn aus dem hessischen Kommunalrecht ein Subsidiaritätsprinzip folgt.

3. *Kommunalrechtliches Subsidiaritätsprinzip*

Da es im Hessischen Sparkassengesetz an einer derartigen gesetzlichen Regelung fehlt, könnte es sein, dass der Landkreis und die Gemeinde weiterhin gleichberechtigt bei der Errichtung von Sparkassen nebeneinanderstehen.[243] In § 2 Abs. 1 HKO ist der Vorrang der Gemeinden gegenüber den Landkreisen geregelt. Diese allgemeine Regelung könnte für die hessische Sparkassentätigkeit Anwendung finden. Damit ein Rückgriff möglich ist, müsste das hessische Sparkassenrecht ein besonderer Teil des Kommunalwirtschaftsrechts und nicht ein eigenständiges Rechtsgebiet darstellen.

Die kommunalen Sparkassen finden ihre Verankerung bei der wirtschaftlichen Betätigung von Gemeinden in § 121 Abs. 9 S. 2 HGO. Für die Landkreise ergibt sich ihre wirtschaftliche Betätigung aus § 52 Abs. 1 S. 1 HKO i.V.m. § 121 HGO. In § 121 Abs. 9 S. 2 HGO ist geregelt, dass für das öffentliche Sparkassenwesen die „besonderen Vorschriften“ gelten. Dem Wortlaut nach ist das Sparkassenrecht als besonderer Teil des Kommunalrechts anzusehen. Systematisch ist die Sparkassentätigkeit ebenfalls eng verbunden mit der kommunalen Wirtschaftstätigkeit der Gemeinde nach § 121 HGO. Darüber hinaus könnte eine Sparkasse als kommunales Wirtschaftsunternehmen i.S.d. Norm zu qualifizieren sein, womit eine weitere Nähe zur kommunalen Wirtschaftstätigkeit bestehen würde. Die Begriffsbestimmung eines wirtschaftlichen Unternehmens gestaltet sich als schwierig.[244] Als Abgrenzungskriterium dient insbesondere, dass wirtschaftliche Unternehmen Anlagen und Einrichtungen der Gemeinden sind, die der Art nach auch von einem Privatunternehmen mit der Absicht der Gewinnerzielung betrieben werden könnten[245] (sog. Popitz'sche

---

242 BVerwGE 39, 329, 331; siehe dazu *Burmeister/Bodenheim*, Die Organisation des Sparkassenwesens im Stadtverband Saarbrücken, S. 29; *Henneke*, Der Landkreis 2010, 39, 46; *Nierhaus*, DÖV 1984, 662, 669.

243 So zumindest *Staats*, Fusionen bei Sparkassen und Landesbanken, S. 101.

244 Siehe nur *Gerke*, Jura 1985, 349, 350 f.; *Wenzl*, Das Örtlichkeitsprinzip im europäischen Binnenmarkt, S. 27 ff.

245 Vgl. BVerwGE 39, 329, 333; *Ehlers*, Verhandlungen zum 64. Deutschen Juristentages I (2002), Gutachten E, S. 29; *Engelhardt*, in: Schneider u.a., HGO, § 121 HGO Rn. 10; *Gern/Brüning*, Deutsches Kommunalrecht, Rn. 994; *Lange*, in: Hermes/Reimer, Kommunalrecht, § 4 Rn. 127; *Oebbecke*, ZHR 164 (2000), 375, 377; *Wenzl*, Das

Formel)[246]. Die Sparkassen nehmen am Wirtschaftsverkehr teil, werden durch ihren kommunalen Träger kontrolliert und sind ansonsten selbstständige kommunale Einheiten. Sie dienen primär der Erfüllung ihres öffentlichen Auftrags und weniger der Gewinnerzielung. Die bankspezifischen Aufgaben können und werden ebenso von privaten Banken und Genossenschaftsbanken wahrgenommen. Zwar ist das Betreiben von Sparkassen nicht an dieselben Voraussetzungen geknüpft wie die unternehmerische Tätigkeit von Gemeinden, jedoch ähnelt der öffentliche Zweck dem öffentlichen Auftrag von Sparkassen. Insofern spricht das Telos des § 121 HGO dafür, dass die Sparkassen eine wirtschaftliche Betätigung der Gemeinde darstellen. Somit lässt sich die kommunale Sparkassentätigkeit unter den Begriff des wirtschaftlichen Unternehmens subsumieren. Die Rechtsform als Anstalt des öffentlichen Rechts steht der Qualifizierung als wirtschaftliches Unternehmen nicht entgegen.[247] Der Hessische Verwaltungsgerichtshof zählt die Sparkassen ebenfalls zur „öffentliche[n] Wirtschaftsverwaltung der Kommunen".[248] Die Einordnung von Sparkassen als kommunale Wirtschaftsunternehmen findet sich darüber hinaus in § 2 Abs. 1 S. 1 HessSparkG.

Die Sparkassentätigkeit ist somit eine Sonderform der kommunalen Wirtschaftstätigkeit.[249] Demnach kann das Sparkassenrecht in Hessen nicht als eigenständiges Recht angesehen werden.[250] Vielmehr ist das Sparkassenrecht Teil des Kommunalwirtschaftsrechts,[251] wobei dem Sparkassenrecht als

---

Örtlichkeitsprinzip im europäischen Binnenmarkt, S. 27; *Zabel*, in: Bennemann u.a., KommunalverfassungsR Hessen, § 121 HGO Rn. 3.

246 Diese Abgrenzung geht auf Johannes Popitz (1884–1945) zurück, dem preußischen Finanzminister von 1933 bis 1945, siehe *Popitz*, Der künftige Finanzausgleich zwischen Reich, Ländern und Gemeinden, S. 49; vgl. *Ogorek*, in: Dietlein/Ogorek, BeckOK KommunalR Hessen, § 121 HGO Rn. 1.

247 *Merten*, DVBl. 1983, 1140; *Schalast/Sassenberg*, BKR 2007, 498, 499; vgl. *Pautsch*, DÖV 2005, 990, 993; a.A. VGH Mannheim, NVwZ-RR 1990, 320, 321; *Lange*, Kommunalrecht, Kap. 14 Rn. 121.

248 VGH Kassel, ESVGH 16, 151, 153; ebenfalls *Nierhaus*, VerwArch 67 (1976), 266, 277.

249 *Hofmann*, BayVBl. 1990, 641, 647; ebenso *Vogel*, ZBB 2001, 103, 108, der vom „Sonderfall kommunaler Wirtschaftstätigkeit" spricht.

250 So aber OVG Saarlouis, DÖV 1970, 610 f.; *Bosse*, Rechtsprobleme des Zusammenschlusses von Sparkassen, S. 24; *Purbach*, Die Auswirkungen des Binnenmarktes auf die Sparkassen und ihre öffentlich-rechtliche Verankerung, S. 26; *Weides*, DÖV 1984, 41, 45 f.

251 *Henneke*, in: Mann/Püttner, Hdb. kommunale Wissenschaft und Praxis 2, § 53a Rn. 259; *Lohmiller*, Kapitalbeteiligungsgesellschaften der Sparkassen, S. 40; *Nierhaus*, DÖV 1984, 662, 666; *Raskin*, Das Regionalprinzip und (neue) elektronische

spezieller Regelung der Vorrang vor den kommunalrechtlichen Vorschriften gebührt.[252] Das Kommunalrecht kommt allerdings subsidiär zur Anwendung, wenn das Sparkassenrecht selbst keine Regelung zu der relevanten Frage trifft.[253] Die Errichtung, Organisation, Geschäftstätigkeit und Auflösung von Sparkassen wird im Hessischen Sparkassengesetz geregelt. Für diese Bereiche kommt daher ein Rückgriff auf das allgemeine Kommunalrecht nicht in Betracht. Auch das sparkassenrechtliche Regionalprinzip ist bereits in § 1 Abs. 3 HessSparkG geregelt, weshalb das speziellere Hessische Sparkassengesetz die allgemeinen Vorschriften der Hessischen Gemeindeordnung verdrängt und es somit kein „kommunalrechtliches" Regionalprinzip für Sparkassen gibt.[254] Allerdings findet sich im Hessischen Sparkassengesetz keine ausdrückliche Regelung zur Subsidiarität der Landkreise. Dementsprechend kann auf das allgemeine Kommunalrecht zurückgegriffen werden, welches das Subsidiaritätsprinzip in § 2 Abs. 1 HKO regelt. Demnach kommt den Gemeinden ein Vorrang zur Sparkassentätigkeit gegenüber den Landkreisen zu.[255]

Dieses Rangverhältnis bildet zudem Art. 137 HessVerf. ab, nach welchem den Landkreisen ihre Aufgaben einfachgesetzlich zugewiesen werden müssen. Somit kann der Vorrang der kreisangehörigen Gemeinde vor ihrem Landkreis auch aus Art. 137 HessVerf. abgeleitet werden.[256]

Vertriebswege im Retailbanking, S. 34 in Fn. 35; *Stern/Nierhaus*, Rechtsfragen der Neuordnung des Sparkassenwesens als Folge kommunaler Neugliederung, S. 22; siehe ferner VGH Kassel, ESVGH 16, 151, 155; VGH München, BayVBl. 1981, 530, 533; OVG Lüneburg, NVwZ-RR 1989, 11, 12.

252 Vgl. VGH München, BayVBl. 1981, 530, 533; *Nierhaus*, DÖV 1984, 662, 666.

253 Vgl. VGH München, BayVBl. 1981, 530, 533; *Hofmann*, BayVBl. 1990, 641, 647; *Nierhaus*, DÖV 1984, 662, 666; *Stern/Nierhaus*, Das Regionalprinzip im öffentlich-rechtlichen Sparkassenwesen, S. 36; vgl. VGH Kassel, ESVGH 16, 151, 155; a.A. BayVerfGH, DVBl. 1986, 39, 42; *Weides*, DÖV 1984, 41, 45 f.

254 Siehe auch für Bayern *Hofmann*, BayVBl. 1990, 641, 647.

255 Ohne auf die Rechtsgrundlage einzugehen, nimmt der Hessische Verwaltungsgerichtshof (Beschluss v. 10. Februar 1982, in: Weides/Bosse, Rspr. SparkassenR II, S. 228, 232) einen „Zuständigkeitsvorrang" der Gemeinden vor dem Landkreis an. Die Vorinstanz (VG Wiesbaden, Beschluss v. 26. August 1982, in: Weides/Bosse, Rspr. SparkassenR II, S. 387, 394) leitete das Subsidiaritätsprinzip aus den kommunalrechtlichen Vorschriften § 2 HGO, § 2 Abs. 1 HKO ab.

256 *Görisch/Weigel*, LKRZ 2012, 212, 215 f.; *Schneider/Dreßler/Rauber/Risch*, in: Schneider u.a., HGO, §§ 1, 2 HGO Rn. 4; *Sommer*, in: Bennemann u.a., KommunalverfassungsR Hessen, § 1 HKO Erl. 4; wohl auch Hess. StGH, ESVGH 50, 8, 11; vgl. auch VG Düsseldorf, Urt. v. 31. März 1966, in: Weides/Bosse, Rspr. SparkassenR IS. 570, 574 zur vergleichbaren Rechtslage in Nordrhein-Westfalen.

4. Ergebnis

Es bleibt somit festzuhalten, dass das Subsidiaritätsprinzip die Kompetenzkollisionen bei Gebieten von Landkreisen und kreisangehörigen Gemeinden zu lösen vermag.[257] Aus dem Subsidiaritätsprinzip folgt für Sparkassen ein Vorrang für die leistungsfähige Gemeinde als Träger,[258] während der Landkreis sich „sparkassenmäßig nur betätigen darf, wenn und solange die Gemeinde von ihrer Sparkassenkompetenz keinen Gebrauch macht".[259] Die Sparkassentätigkeit ist demnach nur eine ergänzende Kreisaufgabe.[260] Zu berücksichtigen ist noch, dass das Subsidiaritätsprinzip nur bei Neuerrichtungen von Zweigstellen gilt und keine Auswirkung auf bereits bestehende Geschäftsgebietsüberschneidungen hat.[261] Dies hängt eng mit den Sparkassenzweigstellen auf trägerfremdem Gebiet zusammen, weshalb auf die hierzu folgenden Ausführungen verwiesen wird.

II. Sparkassenzweigstellen auf trägerfremdem Gebiet als Folge von kommunalen Gebietsreformen

In den sechziger und siebziger Jahren kam es zu kommunalen Gebietsreformen, wodurch sich die Gebiete einiger Landkreise und Gemeinden veränderten.[262] In Hessen führten sie zu einer deutlich verringerten Zahl von

---

257 OVG Lüneburg, NVwZ-RR 1989, 11, 12; *Henneke*, Der Landkreis 2010, 39, 46; *Nierhaus*, VerwArch 67 (1976), 266, 279; *Schepers*, Internet-Banking und sparkassenrechtliches Regionalprinzip, S. 43.

258 VerfGH NRW, NJW 1980, 2699; VerfGH NRW, NVwZ 1987, 211; OVG Lüneburg, NVwZ-RR 1989, 11, 12; *Burmeister/Bodenheim*, Die Organisation des Sparkassenwesens im Stadtverband Saarbrücken, S. 29; *Staats*, Fusionen bei Sparkassen und Landesbanken, S. 101; vgl. *Schepers*, Internet-Banking und sparkassenrechtliches Regionalprinzip, S. 43 f.

259 *Nierhaus*, VerwArch 67 (1976), 266, 280.

260 OVG Lüneburg, NVwZ-RR 1989, 11, 12; *Nierhaus*, VerwArch 67 (1976), 266, 279 f.; *Stern/Nierhaus*, Das Regionalprinzip im öffentlich-rechtlichen Sparkassenwesen, S. 60; siehe ferner *Schepers*, Internet-Banking und sparkassenrechtliches Regionalprinzip, S. 44.

261 *Weides*, NVwZ 1983, 527; siehe auch *Staats*, Fusionen bei Sparkassen und Landesbanken, S. 101.

262 *Borchmann/Breithaupt/Kaiser*, Kommunalrecht in Hessen, S. 55; *Schepers*, Internet-Banking und sparkassenrechtliches Regionalprinzip, S. 44.

Gemeinden und Landkreisen.[263] Die kommunalen Gebietsreformen wirkten sich auch auf die Sparkassen aus. So gab es Fälle, in denen sich eine Sparkassenzweigstelle nach einer kommunalen Gebietsreform auf trägerfremdem Gebiet befand. In der Folge sind Gerichtsentscheidungen ergangen, denen zufolge bereits bestehende Sparkassenzweigstellen auf trägerfremdem Gebiet erhalten bleiben durften, wenn sich die Gebiete aufgrund kommunaler Neugliederung geändert haben.[264]

1. Problemstellung

In den von den Gerichten entschiedenen Fällen waren insbesondere die nach einer kommunalen Gebietsreform im Gebiet einer kreisfreien Stadt liegenden Kreissparkassenzweigstellen betroffen. Durch den Weiterbetrieb von Sparkassenzweigstellen auf mittlerweile trägerfremdem Gebiet entstehen gemeinsame Geschäftsbezirke, in denen sowohl der Landkreis als auch die kreisangehörige Stadt zuständig sind.[265] Die Sparkasse, deren Geschäftsgebiet es nach der Gebietsreform geworden ist, darf in den von der anderen Sparkasse mitgenutzten Gebieten neue Zweigstellen errichten.[266] Die Errichtung neuer Kreissparkassenzweigstellen hat aber auf dem Gebiet des kommunalen Trägers zu erfolgen und somit wieder nach dem Regionalprinzip. Nach den Entscheidungen der Gerichte ist es zulässig, dass bereits bestehende Sparkassenzweigstellen, die sich nach einer Neugliederung nicht auf dem trägereigenen Gebiet befinden, weiterhin betrieben werden. Indem letztlich aber zwei Träger für zwei verschiedene Sparkassen auf demselben Gebiet zuständig sind, widerspricht dies dem Verbot der Doppelverwaltung und dem Verbot der Mehrfachträgerschaft. Das Regionalprinzip wird nicht mehr eingehalten, weil das Gebiet des Trägers nicht mehr deckungsgleich mit dem Sparkassengebiet ist. Daher ist zu überlegen, welche Möglichkeiten zur Aufrechterhaltung des sparkassenrechtlichen Regionalprinzips bestehen und weshalb diese nicht immer angewendet werden.

---

263 Ausführlich *Borchmann/Breithaupt/Kaiser*, Kommunalrecht in Hessen, S. 55 ff.; *Hinkel*, DVBl. 1974, 496 ff.; *Ogorek*, in: Dietlein/Ogorek, BeckOK KommunalR Hessen, Systematische Einführung zum Kommunalrecht Hessen Rn. 24.

264 BayVerfGH, DVBl. 1986, 39; VGH München, BayVBl. 1981, 530.

265 BayVerfGH, DVBl. 1986, 39, 43; VGH München, BayVBl. 1981, 530, 533.

266 BayVerfGH, DVBl. 1986, 39, 42; VG Köln, Beschluss v. 15. März 1985, in: Weides/Bosse, Rspr. SparkassenR I, S. 635, 639; vgl. auch VGH München, Urt. v. 12. August 1969, in: Weides/Bosse, Rspr. SparkassenR I, S. 320, 327 ff.

2. *Möglichkeiten zur Aufrechterhaltung des sparkassenrechtlichen Regionalprinzips*

Es sind mehrere Möglichkeiten denkbar, um Durchbrechungen des Regionalprinzips zu beseitigen, die sich nach Gebietsreformen ergeben.

a) *Schließung von gebietsträgerfremden Zweigstellen*

Zunächst könnte daran gedacht werden, Zweigstellen im trägerfremden Gebiet zu schließen. Das Regionalprinzip würde damit eingehalten.[267] Allerdings könnte die zwangsweise Zweigstellenschließung die Sparkasse und ihren Träger in deren eigenen Rechten verletzen. Da die Sparkassen sich als Grundrechtsverpflichtete nicht auf Art. 14 Abs. 1 GG berufen können,[268] bedeutet die Sparkassenzweigstellenschließung nicht die Verletzung der Eigentumsfreiheit. Die Gemeinde ist räumlich nicht mehr zuständig, weshalb zumindest auch keine Verletzung ihres kommunalen Selbstverwaltungsrechts gem. Art. 28 Abs. 2 GG vorliegt.[269] Ausgehend von dieser Betrachtung ist die Schließung gebietsfremder Sparkassenzweigstellen möglich.

Mit einer Zweigstellenschließung ginge nicht zugleich die Errichtung einer Zweigstelle der mittlerweile gebietszuständigen Sparkasse einher. Somit würden die Sparkassenkunden den Zugang zu ihrer bisherigen Sparkasse verlieren, ohne womöglich zeitgleich mit den Leistungen einer anderen Sparkasse versorgt zu sein. Dies würde der öffentlichen Aufgabe zuwiderlaufen, die Bevölkerung mit kreditwirtschaftlichen Leistungen flächendeckend zu versorgen. Zudem widerspricht eine Zweigstellenschließung einer sparsamen und rationellen Verwaltungs- und Wirtschaftsführung.[270] Daher ist diese Möglichkeit (aus wirtschaftlichen Gründen) abzulehnen. Im Hessischen Sparkassengesetz findet sich auch nicht die Möglichkeit zur Schließung von gebietsträgerfremden Zweigstellen, um Sparkassenneugliederungen zu beseitigen.

---

267 *Burmeister/Bodenheim*, Die Organisation des Sparkassenwesens im Stadtverband Saarbrücken, S. 73; *Weides*, NVwZ 1983, 527, 529.

268 BVerfG, NJW 1995, 582 f.; *Biesok*, WM 2020, 75; *Bredow/Schick/Liebscher*, BKR 2004, 102, 103 f.; *Gern/Brüning*, Deutsches Kommunalrecht, Rn. 1052; *Kolm*, Das sparkassenrechtliche Regionalprinzip, S. 78 f.; *Pautsch*, DÖV 2005, 990, 993; *Stern/Nierhaus*, Rechtsfragen der Neuordnung des Sparkassenwesens als Folge kommunaler Neugliederung, S. 61 ff.

269 Siehe hinsichtlich eines Bestandsschutzes Kapitel 2: C. II. 3.

270 *Burmeister/Bodenheim*, Die Organisation des Sparkassenwesens im Stadtverband Saarbrücken, S. 73 f.

b) Übertragung von gebietsträgerfremden Zweigstellen

Es ist an eine Übertragung von Zweigstellen der mittlerweile gebietsfremden Sparkasse auf die Sparkasse des für das Gebiet zuständigen Trägers zu denken. Die Zweigstellenübertragung ist in § 18 Abs. 2 HessSparkG geregelt. Diese Vorschrift sieht eine Übertragung von Zweigstellen ausschließlich in den Fällen vor, in denen die Sparkassenzweigstellen infolge einer gebietlichen Neuordnung von Gemeindegebieten außerhalb des Gebiets des Trägers liegen.[271] Demzufolge soll nicht eine generelle Sparkassenneuordnung erfolgen, auch wenn dies teilweise befürwortet wird.[272] Gesetzliche Vorschriften zur Sparkassenzweigstellenübertragung sind als Ausdruck des Harmonisierungsgebots anzusehen.[273] So wird mit § 18 Abs. 2 HessSparkG dem Regionalprinzip Rechnung getragen.[274] Einschränkend wirkt § 18 Abs. 2 S. 4 HessSparkG. Hiernach kann von der Übertragung ausnahmsweise abgesehen werden, so dass ein Weiterbetrieb der Zweigstelle außerhalb des Trägergebiets möglich ist. Grundsätzlich kommt zumindest eine Zweigstellenübertragung durchaus zur Lösung der Konflikte mit dem Regionalprinzip in Betracht.

c) Bildung einer Zweckverbandssparkasse

Eine weitere Möglichkeit wäre die Bildung von Zweckverbänden betroffener Sparkassen und der damit einhergehenden Verschmelzung der Geschäftsregionen. So kam es wegen kommunaler Neugliederungen zur Entstehung von Sparkassenzweckverbänden.[275] In § 18 Abs. 1 HessSparkG ist die Möglichkeit der Bildung von Sparkassenzweckverbänden bei Gebietsänderungen normiert. Nach § 17 Abs. 1 S. 1 HessSparkG kann eine Vereinigung von Sparkassen durch Übertragung des Vermögens einer Sparkasse auf eine andere Sparkasse (Nr. 1) oder durch Bildung einer neuen, das Vermögen vereinigenden Sparkasse (Nr. 2) erfolgen. Bei einer Vereinigung muss zwischen den Sparkassengebieten

---

271 *Nierhaus*, VerwArch 67 (1976), 266, 281; *Weides*, NVwZ 1983, 527, 528.

272 So zumindest *Burmeister/Bodenheim*, Die Organisation des Sparkassenwesens im Stadtverband Saarbrücken, S. 74 f.; *Nierhaus*, VerwArch 67 (1976), 266, 277; *Raskin*, Das Regionalprinzip und (neue) elektronische Vertriebswege im Retailbanking, S. 91.

273 *Burmeister/Bodenheim*, Die Organisation des Sparkassenwesens im Stadtverband Saarbrücken, S. 73; *Nierhaus*, VerwArch 67 (1976), 266, 277 f.; ferner *Stern/Nierhaus*, Rechtsfragen der Neuordnung des Sparkassenwesens als Folge kommunaler Neugliederung, S. 39.

274 *Stern/Nierhaus*, Das Regionalprinzip im öffentlich-rechtlichen Sparkassenwesen, S. 21.

275 *Fischer*, EWiR 1986, 225; *Oebbecke*, DÖV 1983, 99, 104.

grundsätzlich eine regionale Verbindung bestehen,[276] was eine Folge des Regionalprinzips ist.[277] Zwar bedeuten Zweckverbände eine Lockerung der unmittelbaren örtlichen Verankerung, die regionale Bindung bleibt dennoch bestehen.[278] Zudem könnten die Träger der eingebrachten Sparkassen weiterhin in den Gebieten kreditwirtschaftlich wirken und müssten keine Vermögensauseinandersetzungen befürchten.[279] Daher könnte der freiwillige Zusammenschluss gegenüber einem Verstoß gegen das Regionalprinzip vorzuziehen sein, da dieses auf der örtlichen Zuständigkeit der Gemeinde aus ihrer kommunalen Selbstverwaltungsgarantie beruht.

Der erzwungene Zusammenschluss der betroffenen Sparkassen zu einer Zweckverbandssparkasse ist im Rahmen des § 18 Abs. 3 S. 1 HessSparkG i.V.m. § 18 Abs. 1 HessSparkG möglich. Da eine Gemeinde in einer Zweckverbandssparkasse an Mitbestimmung verliert und in ihrer Eigenverantwortlichkeit eingeschränkt wird,[280] liegt in dem erzwungenen Sparkassenzusammenschluss ein unmittelbarer Eingriff in das kommunale Selbstverwaltungsrecht von Gemeinden vor.[281]

Dieser müsste verfassungsrechtlich gerechtfertigt sein. Zumindest liegt für den Eingriff eine gesetzliche Grundlage vor. Als Rechtfertigungsgrund könnte das Gebot der Erhaltung und Schaffung leistungsfähiger Sparkassen dienen,[282]

---

276 *Bosse*, Rechtsprobleme des Zusammenschlusses von Sparkassen, S. 58 ff.; *Drees/Keisers/Schiereck*, ZögU 2006, 24, 30; *Jellinghaus*, NVwZ 2013, 407, 408; *Kemmler*, Die Verwaltung 49 (2016), 397, 416; *Stern/Nierhaus*, Das Regionalprinzip im öffentlichrechtlichen Sparkassenwesen, S. 134; zur Zulässigkeit und den Grenzen von sog. „Sprungfusionen“: *Schink*, DVBl. 2015, 1223 ff.

277 *Jellinghaus*, NVwZ 2013, 407, 408.

278 *Rümker/Winterfeld*, in: Schimansky/Bunte/Lwowski, BankR-Hdb. 2, § 124 Rn. 157; vgl. *Kemmler*, Die Verwaltung 49 (2016), 397, 425; *Oebbecke*, VerwArch 93 (2002), 278, 287 f.

279 *Nierhaus*, VerwArch 67 (1976), 266, 285; *Stern/Nierhaus*, Rechtsfragen der Neuordnung des Sparkassenwesens als Folge kommunaler Neugliederung, S. 118.

280 Vgl. VerfGH NRW, NJW 1980, 2699, 2700; siehe ferner *Müller*, ZögU 2005, 327, 334; a.A. *Nierhaus*, VerwArch 67 (1976), 266, 285; *Winters*, NJW 1980, 2685, 2686.

281 VerfGH NRW, NJW 1980, 2699, 2700; *Bosse*, Rechtsprobleme des Zusammenschlusses von Sparkassen, S. 116; *Bredow/Schick/Liebscher*, BKR 2004, 102, 105; ferner *Oebbecke*, LKV 2006, 145, 148; vgl. zur Gebietsüberschreitung durch Kooperation *Gern*, NJW 2002, 2593, 2597.

282 Zu § 32 Abs. 1 S. 1 SpG NRW: VerfGH NRW, NJW 1980, 2699, 2700; *Stern/Nierhaus*, Rechtsfragen der Neuordnung des Sparkassenwesens als Folge kommunaler Neugliederung, S. 115 ff.; siehe hierzu auch *Bosse*, Rechtsprobleme des Zusammenschlusses von Sparkassen, S. 134 ff., 150 f.

wie dies auch in § 18 Abs. 1 S. 1 HessSparkG anklingt. Allerdings sagt eine Neugliederung der Gebiete nichts über die Leistungsfähigkeit einer Sparkasse aus. Zudem stellt die Zweigstellenübertragung ein milderes, gleich effektives Mittel zur Erreichung der Deckungsgleichheit von Träger- und Sparkassengebiet dar, weil die Sparkassenzweigstellenübertragung den Träger weniger schwerwiegend in seinem kommunalen Selbstverwaltungsrecht betrifft als ein erzwungener Zusammenschluss zu einer Zweckverbandssparkasse.[283] Daher kommt nur eine freiwillige Zweckverbandslösung in Betracht.[284] Dadurch wäre die kreditwirtschaftliche Versorgung der Bevölkerung weiter gewährleistet und die Leistungsfähigkeit der Sparkasse würde dem Gebiet ihres Trägers entsprechen.[285] Aus diesen Gründen sah der Verfassungsgerichtshof in Nordrhein-Westfalen die Übertragung von Sparkassenzweigstellen gegenüber der zwangsweisen Vereinigung der durch Neugliederung betroffenen Sparkassen als vorzugswürdig an.[286] Die Wertung, dass eine Zweigstellenübertragung einer Zweckverbandssparkasse grundsätzlich vorzuziehen ist, ist dem Wortlaut des § 18 HessSparkG zu entnehmen: Die Sparkassen „sollen" gem. § 18 Abs. 1 S. 1 HessSparkG vereinigt werden, wenn dies der Schaffung leistungsfähiger Sparkassen dient. In § 18 Abs. 2 S. 1 HessSparkG („sind") findet sich demgegenüber keine solche Einschränkung auf das Erfordernis von leistungsfähigen Sparkassen.

Dabei ist der Sparkassenzusammenschluss aufgrund einer Gebietsänderung eine freiwillige Entscheidung der betroffenen Sparkassen, sofern die Trägerschaft der Sparkasse geregelt wird, dies der Schaffung einer leistungsfähigen Sparkasse dient, der Giroverband Hessen-Thüringen angehört wird und zudem die Aufsichtsbehörde die Genehmigung erteilt.

---

283 VerfGH NRW, NJW 1980, 2699, 2700; *Burmeister/Bodenheim*, Die Organisation des Sparkassenwesens im Stadtverband Saarbrücken, S. 74; a.A. *Winters*, NJW 1980, 2685, 2686.

284 *Burmeister/Bodenheim*, Die Organisation des Sparkassenwesens im Stadtverband Saarbrücken, S. 74; vgl. hierzu HessVGH, Beschluss v. 10. Februar 1982, in: Weides/Bosse, Rspr. SparkassenR II, S. 228, 231, nach dem freiwillige Lösungsmöglichkeiten für eine Neugliederung stets vorzuziehen sind.

285 VerfGH NRW, NJW 1980, 2699, 2700; vgl. *Möhle*, Kreditwesen 1979, 680, 682.

286 VerfGH NRW, NJW 1980, 2699 f.; zustimmend *Merten*, DVBl. 1983, 1140, 1141; siehe auch *Heinevetter*, DÖV 1981, 780, 781, 785; ferner *Bosse*, Rechtsprobleme des Zusammenschlusses von Sparkassen, S. 146 ff., der bei einem zwangsweisen Zusammenschluss aufgrund der Schwere dieses Eingriffs zunächst anderen Möglichkeiten zur Erhaltung und Schaffung einer leistungsfähigen Sparkasse den Vorzug gibt; a.A. wohl *Stern/Nierhaus*, Rechtsfragen der Neuordnung des Sparkassenwesens als Folge kommunaler Neugliederung, S. 118 ff.

d) Ergebnis

Es gibt grundsätzlich drei Möglichkeiten, um Sparkassengemengelagen zu beseitigen. Die Schließung von gebietsträgerfremden Zweigstellen ist jedoch abzulehnen, da sie nicht mit dem öffentlichen Auftrag von Sparkassen vereinbar ist. Diese Möglichkeit ist im Hessischen Sparkassengesetz auch nicht vorgesehen, so dass sie aufgrund des Gesetzesvorbehalts gar nicht umsetzbar wäre. Ferner ist die Übertragung einer gebietsträgerfremden Sparkassenzweigstelle einer (erzwungenen) Bildung eines Zweckverbands vorzuziehen.

e) Besonderheit: Errichtung einer „Sparkassen-Regionalholding Rhein-Main"

Zusätzlich zu den grundsätzlich drei Möglichkeiten zur Beseitigung von Gebietsüberschneidungen, ist im Hessischen Sparkassengesetz eine Besonderheit für das Rhein-Main-Gebiet vorgesehen.[287] In diesem gibt es historisch gewachsene Überschneidungen zwischen den Geschäftsgebieten der Frankfurter Sparkasse, der Nassauischen Sparkasse, der Taunussparkasse und der Stadtsparkasse Offenbach. Für diese ist gem. § 17c Abs. 3 HessSparkG ausdrücklich die Gründung der Sparkassen-Holding Rhein-Main zur Beseitigung der Sparkassengemengelage vorgesehen.[288] Diese Möglichkeit zur Bereinigung der Geschäftsgebiete besteht nur für die vier aufgeführten Sparkassen.[289] Anstelle einer Zweckverbandssparkasse würde demnach eine Sparkassen-Holding entstehen, welche die Rechtsform einer rechtsfähigen Anstalt des öffentlichen Rechts hat und auf welche die betreffenden Sparkassen übertragen werden, vgl. § 17c Abs. 1 S. 1 HessSparkG. Im Übrigen stellt sich auch bei diesem besonderen Fall die Frage, weshalb die bisherige Sparkassengemengelage zulässig erscheint und zumindest bisher nicht beseitigt wurde.

3. Rechtliche Bewertung

Alle genannten Möglichkeiten der Einhaltung des sparkassenrechtlichen Regionalprinzips bei einer Gebietsreform sind mit Nachteilen verbunden. Daher ist ferner zu überprüfen, ob Durchbrechungen des sparkassenrechtlichen Regionalprinzips in der Folge von kommunalen Neugliederungen zulässig und womöglich gegenüber den Möglichkeiten zur Bereinigung der Geschäftsgebiete sogar ausnahmsweise vorzuziehen sind. So könnte eine Zweigstelle auf trägerfremdem

---

287 Vgl. LT-Drs. 17/326, S. 6.
288 LT-Drs. 17/326, S. 6.
289 LT-Drs. 17/326, S. 6.

Gebiet als sog. „Altbesitzstand" unter dem Gesichtspunkt des Bestandsschutzes gerechtfertigt sein.[290]

a) Bestandsschutz im öffentlichen Baurecht

Ausgangspunkt ist die Frage, in welchen Fällen die Rechtsprechung überhaupt Bestandsschutz gewährt. Hierfür ist ein Vergleich mit dem Baurecht hilfreich, in dem der Bestandsschutz eine große Bedeutung hat. Dabei ist zwischen passivem und aktivem Bestandsschutz zu unterscheiden. Der passive Bestandsschutz besagt im Grundsatz, dass ein Gebäude, dessen Errichtung irgendwann einmal rechtmäßig war, Bestandsschutz genießt.[291] Wenn einer baulichen Anlage passiver Bestandsschutz zukommt, darf sie auch im möglichen Widerspruch zur aktuellen Rechtslage weiter genutzt werden.[292] Der passive Bestandsschutz schützt also die bauliche Anlage vor einer Beseitigung[293] sowie ihre weitere Nutzung[294]. Der passive Bestandsschutz ist aufgrund der in Art. 14 Abs. 1 GG verbürgten Eigentumsgarantie gerechtfertigt.[295] Dabei konnte sich der passive Bestandsschutz nach früherer Rechtsprechung direkt aus Art. 14 Abs. 1 GG

---

290 So jedenfalls VGH Kassel, ESVGH 16, 151, 155 f.; VGH München, BayVBl. 1981, 530, 532; OVG Münster, DVBl. 1982, 504, 506; OVG Koblenz, NVwZ 1983, 562, 564; *Bosse*, DVBl. 1982, 506, 507; vgl. ferner *Möhle*, Kreditwesen 1979, 680; *Winters*, NJW 1980, 2685, 2686; a.A. *Raskin*, Das Regionalprinzip und (neue) elektronische Vertriebswege im Retailbanking, S. 90; differenzierend *Stern/Nierhaus*, Das Regionalprinzip im öffentlich-rechtlichen Sparkassenwesen, S. 118, 121 ff.

291 BVerfG, NVwZ 2001, 424; BVerwG, NJW 1986, 2126; *Beckmann*, KommJur 2014, 401, 403; *Otting*, in: Spannowsky/Pützenbacher, BeckOK BauordnungsR Hessen, § 82 HBO Rn. 25.

292 *Beckmann*, KommJur 2014, 401, 403; *Decker*, BayVBl. 2011, 517, 523.

293 *Hornmann*, HBO, § 74 Rn. 40; *Otting*, in: Spannowsky/Pützenbacher, BeckOK BauordnungsR Hessen, § 82 HBO Rn. 29; siehe auch *Manssen*, in: Manssen/Spannowsky, BeckOK BauordnungsR Bayern, Art. 54 BayBO Rn. 52.

294 BVerwG, NJW 1986, 2126; *Beckmann*, KommJur 2014, 401, 403; *Decker*, BayVBl. 2011, 517, 528; *Gehrke/Brehsan*, NVwZ 1999, 932, 934 f.; *Mitschang/Reidt*, in: Battis/Mitschang/Reidt, BauGB, § 35 Rn. 188; *Otting*, in: Spannowsky/Pützenbacher, BeckOK BauordnungsR Hessen, § 82 HBO Rn. 25.

295 BVerfG, NVwZ 2001, 424; BVerwGE 47, 126, 128; BVerwG, NJW 1986, 2126; *Gehrke/Brehsan*, NVwZ 1999, 932; *Otting*, in: Spannowsky/Pützenbacher, BeckOK BauordnungsR Hessen, § 82 HBO Rn. 25; siehe auch *Hornmann*, HBO, § 74 Rn. 40; *Mitschang/Reidt*, in: Battis/Mitschang/Reidt, BauGB, § 35 Rn. 188; *Sieckmann*, NVwZ 1997, 853 ff.

ergeben;[296] eine einfachgesetzliche Regelung zum Bestandsschutz ist aber in jedem Fall möglich und besitzt zumindest gegenüber einer verfassungsunmittelbaren Grundlage Vorrang.[297] Der aktive Bestandsschutz bezieht sich auf die baulichen Veränderungen eines Baugebäudes und kann sich im Baurecht nur noch aus einfachgesetzlichen Normen ergeben.[298] Die frühere Rechtsprechung, dass sich der aktive Bestandsschutz aus Art. 14 Abs. 1 GG herleiten lässt,[299] wurde aufgegeben.[300]

b) *Bestandsschutz im hessischen Sparkassenrecht*

Die Weiterführung einer gebietsfremd gewordenen Sparkasse ist mit dem passiven Bestandsschutz im Baurecht vergleichbar: Zunächst lag die Sparkassenzweigstelle auf trägereigenem Gebiet und wurde erst durch die kommunale Neugliederung gebietsfremd. Damit ist auch erst später ein „rechtswidriger" Zustand entstanden. In diesem Zusammenhang wird in der Rechtsprechung von „Altbesitzstand" gesprochen. Beim Altbesitzstand geht es dementsprechend um die Aufrechterhaltung bereits erlangter Positionen[301] bzw. um Eingriffe in diesen

---

296 Ob sich der Bestandsschutz heutzutage noch verfassungsunmittelbar aus Art. 14 Abs. 1 GG herleiten oder sich nur noch aus dem einfachen Gesetz ergeben kann, ist umstritten. Siehe hierzu ausführlich *Aichele/Herr*, NVwZ 2003, 415 ff.; *Decker*, BayVBl. 2011, 517 ff.; *Gehrke/Brehsan*, NVwZ 1999, 932 ff.; *Mampel*, NJW 1999, 975 ff.; *Sieckmann*, NVwZ 1997, 853 ff.

297 BVerwG, ZfBR 2007, 582, 583; *Hornmann*, HBO, § 74 Rn. 40; die dogmatische Grundlage des passiven Bestandsschutzes stets nur aus dem einfachen Recht herleitend: *Aichele/Herr*, NVwZ 2003, 415, 420; *Decker*, BayVBl. 2011, 517, 518; *Lindner*, DÖV 2014, 314, 315; *Mampel*, NJW 1999, 975, 977.

298 BVerwGE 106, 228, 234; *Beckmann*, KommJur 2014, 401, 408; *Decker*, BayVBl. 2011, 517, 526; *Manssen*, in: Manssen/Spannowsky, BeckOK BauordnungsR Bayern, Art. 54 BayBO Rn. 51; *Otting*, in: Spannowsky/Pützenbacher, BeckOK BauordnungsR Hessen, § 82 HBO Rn. 36; *Papier/Shirvani*, in: Maunz/Dürig, GG, Art. 14 Rn. 192; vgl. *Goldschmidt*, DVBl. 2011, 591, 597.

299 BVerwGE 25, 161, 162 ff.; BVerwGE 42, 8, 13 ff.; BVerwGE 47, 126, 128; BVerwGE 61, 112, 121.

300 BVerwGE 106, 228, 234; *Aichele/Herr*, NVwZ 2003, 415; *Decker*, BayVBl. 2011, 517, 526; *Hornmann*, HBO, § 74 Rn. 42; *Manssen*, in: Manssen/Spannowsky, BeckOK BauordnungsR Bayern, Art. 54 BayBO Rn. 51; *Mitschang/Reidt*, in: Battis/Mitschang/Reidt, BauGB, § 35 Rn. 186 f.; *Muckel/Ogorek*, Öffentliches Baurecht, § 7 Rn. 201; *Otting*, in: Spannowsky/Pützenbacher, BeckOK BauordnungsR Hessen, § 82 HBO Rn. 34 ff.; *Papier/Shirvani*, in: Maunz/Dürig, GG, Art. 14 Rn. 192.

301 VGH München, BayVBl. 1981, 530, 533; OVG Koblenz, NVwZ 1983, 562, 563 f.; *Weides*, NVwZ 1983, 527, 528.

Besitzstand[302]. Auf Art. 14 Abs. 1 GG können sich die Sparkassen als Grundrechtsverpflichtete jedenfalls nicht berufen.[303] Hinsichtlich der Gemeinden hatte das Bundesverfassungsgericht entschieden, dass diesen als Eigentümerin landwirtschaftlich genutzter Grundstücke der Schutz aus Art. 14 Abs. 1 GG nicht zukommt.[304] Doch gerade aus Art. 14 Abs. 1 GG folgt die Rechtfertigung für den Bestandsschutz, der beispielsweise bestehende Gebäude vor einem Eingriff in die Eigentumsrechte schützen soll. Daher ist es zweifelhaft, ob sich Sparkassen überhaupt auf Bestandsschutz berufen können.[305]

Es müsste eine Vorschrift bestehen, aus der sich Bestandsschutz für fremdgewordene Sparkassenzweigstellen ergibt. Die Herleitung eines Rechtfertigungsgrunds für Betätigungen in Gebieten benachbarter Kommunen aus Art. 28 Abs. 2 GG ist kritisch zu sehen,[306] weil letztlich gerade die kommunale Selbstverwaltungsgarantie die Zuständigkeit der von der überörtlich tätigen Sparkasse betroffenen Gemeinde in diesem Gebiet begründet. Ein Rückgriff auf Art. 28 Abs. 2 GG ist allerdings nicht nötig, wenn es einfachgesetzliche Normen gibt, die einen solchen Bestandsschutz von gebietsfremd gewordenen Sparkassenzweigstellen erlauben. In Hessen findet sich bereits in § 1 Abs. 3 S. 1 HessSparkG eine Ausnahme,[307] denn die Vorschrift ist nur als „Errichtungsverbot“ ausgestaltet

---

302 OVG Koblenz, NVwZ 1983, 562, 563 f.; *Weides*, NVwZ 1983, 527, 528.

303 Vgl. hierzu BVerfGE 75, 192, 197 ff.; BVerfG, NJW 1995, 582 f.; VG Frankfurt a. M., LKRZ 2011, 187, 188; *Biesok*, WM 2020, 75; *Bredow/Schick/Liebscher*, BKR 2004, 102, 104; *Gern/Brüning*, Deutsches Kommunalrecht, Rn. 1052; *Hofmann*, in: Schmidt-Bleibtreu/Hofmann/Henneke, GG, Art. 19 Rn. 23; *Kolm*, Das sparkassenrechtliche Regionalprinzip, S. 78 f.; *Lepper*, BKR 2004, 175, 178; *Oebbecke*, DVBl. 2017, 397, 398 f.; *Pautsch*, DÖV 2005, 990, 993; *Remmert*, in: Maunz/Dürig, GG, Art. 19 Abs. 3 Rn. 45; *Stern/Nierhaus*, Rechtsfragen der Neuordnung des Sparkassenwesens als Folge kommunaler Neugliederung, S. 61 ff.

304 BVerfGE 61, 82, 105 ff.; siehe hierzu *Hofmann*, in: Schmidt-Bleibtreu/Hofmann/Henneke, GG, Art. 19 Rn. 24; *Remmert*, in: Maunz/Dürig, GG, Art. 19 Abs. 3 Rn. 47.

305 Vgl. *Nierhaus*, VerwArch 67 (1976), 266, 276; *Rothardt*, Die Sparkassen in der kommunalen Gebietsreform, S. 83 ff.; *Stern/Nierhaus*, Rechtsfragen der Neuordnung des Sparkassenwesens als Folge kommunaler Neugliederung, S. 30.

306 Hierzu *Burmeister/Bodenheim*, Die Organisation des Sparkassenwesens im Stadtverband Saarbrücken, S. 55 f.; *Nierhaus*, VerwArch 67 (1976), 266, 277; *Stern/Nierhaus*, Das Regionalprinzip im öffentlich-rechtlichen Sparkassenwesen, S. 120.

307 Diesen Wortlaut erhielt die Vorschrift § 1 Abs. 3 S. 1 HessSparkG durch das Zweite Gesetz zur Änderung des Hessischen Sparkassengesetzes vom 15. Dezember 1972 (GVBl. I Hess., S. 418), wobei die Neufassung des Gesetzes am 2. Januar 1973 bekanntgegeben wurde (GVBl. I Hess., S. 16).

und nicht als Betriebsverbot, womit bereits bestehende Zweigstellen weiterhin betrieben werden dürfen[308] und ihnen Bestandsschutz zukommt[309]. Dies betrifft den Fall, dass bereits vor einer kommunalen Gebietsreform eine Sparkasse auf trägerfremdem Gebiet bestand und diese Sparkassengemengelage nach der Neugliederung erhalten bleiben darf.[310] Dadurch können die Sparkassen weiterhin geschützt werden, die bereits vor Inkrafttreten des Hessischen Sparkassengesetzes am 1. Januar 1955 ihren Geschäftsbereich außerhalb der Grenzen des Sparkassenträgers hatten.[311] Dieser Auslegung des § 1 Abs. 3 S. 1 HessSparkG folgt auch § 18 Abs. 2 S. 4 HessSparkG, nach der bei Vorliegen besonderer Gründe mit Zustimmung der Aufsichtsbehörde nach Anhörung der beteiligten Sparkassen und des Sparkassen- und Giroverbandes Hessen-Thüringen von der Übertragung einer Zweigstelle bei einer Neuordnung abgesehen werden kann. § 1 Abs. 3 S. 1 HessSparkG ähnelt somit § 121 Abs. 1 S. 2 HGO, nach dem wirtschaftliche Tätigkeiten, die bereits vor dem 1.4.2004 ausgeübt wurden, nicht dem Anwendungsbereich der Subsidiaritätsklausel des § 121 Abs. 1 S. 1 Nr. 3 HGO unterfallen. Hierdurch sollen bestandsgeschützte Unternehmen vor Zerstörung und Stagnation geschützt werden.[312] Es geht demnach wie beim passiven Bestandsschutz im Baurecht um die Erhaltung des Status quo, der seine Rechtfertigung allerdings nicht in der Eigentumsgarantie nach Art. 14 Abs. 1 GG findet.

c) Vereinbarkeit mit der kommunalen Selbstverwaltungsgarantie des gebietsüberschreitenden Sparkassenträgers

Die kommunale Selbstverwaltungsgarantie ermöglicht die kommunale Wirtschaftstätigkeit von Gemeinden in ihrem eigenen Gemeindegebiet. Dabei

---

308 Zu vergleichbaren Sparkassenregelungen in anderen Bundesländern: *Henneke*, Der Landkreis 2010, 39, 47; *Oebbecke*, ZHR 164 (2000), 375, 385; *Stern/Nierhaus*, Das Regionalprinzip im öffentlich-rechtlichen Sparkassenwesen, S. 72 f., 121 f.; vgl. auch *Nierhaus*, VerwArch 67 (1976), 266, 276 in Fn. 42 zu § 1 Abs. 2 S. 1 Spk NRW; a.A. *Burmeister/Bodenheim*, Die Organisation des Sparkassenwesens im Stadtverband Saarbrücken, S. 102 ff. zu § 1 Abs. 3 SSpG.

309 VGH Kassel, ESVGH 16, 151, 155; zu vergleichbaren Sparkassenregelungen in anderen Bundesländern: *Kirchhof*, DVBl. 1983, 921, 923; *Stern/Nierhaus*, Das Regionalprinzip im öffentlich-rechtlichen Sparkassenwesen, S. 122.

310 Vgl. OVG Koblenz, NVwZ 1983, 562, 563 f.

311 VGH Kassel, ESVGH 16, 151, 155.

312 LT-Drs. 16/2463, S. 59 f.; siehe auch zur Bestandsschutzklausel des § 121 Abs. 1 S. 2 HGO: *Ogorek*, in: Dietlein/Ogorek, BeckOK KommunalR Hessen, § 121 HGO Rn. 21; *Pegatzky/Sattler*, NVwZ 2005, 1376.

besteht die kommunale Selbstverwaltungsgarantie gem. Art. 28 Abs. 2 S. 1 GG nur „im Rahmen der Gesetze". Dieser Gesetzesvorbehalt erlaubt es, die kommunale Selbstverwaltung einfachgesetzlich zu erweitern.[313] Dementsprechend steht das kommunale Selbstverwaltungsrecht dem in § 1 Abs. 3 S. 1 HessSparkG enthaltenen Bestandsschutz offen gegenüber.

d) *Verstoß gegen die kommunale Selbstverwaltungsgarantie der von der überörtlich tätigen Sparkasse betroffenen Gemeinde*

Die kommunale Selbstverwaltung nach Art. 28 Abs. 2 GG gewährleistet der einzelnen Gemeinde ihren örtlichen Tätigkeitsbereich, in dem sie sich wirtschaftlich – wie mit einer Sparkasse – betätigen darf. Legt Art. 28 Abs. 2 GG für die Sparkassentätigkeit eine örtliche Grenze fest, schützt Art. 28 Abs. 2 S. 1 GG dadurch zugleich Gemeinden vor Übergriffen durch andere Gebietskörperschaften, die sich in fremdem Gemeindegebiet wirtschaftlich betätigen wollen,[314] da außerhalb des eigenen Gemeindegebiets die andere Gemeinde für die örtlichen Angelegenheiten zuständig ist. Zweigstellen im Gebiet der betroffenen Gemeinde könnten daher diese Gemeinde in ihrem Selbstverwaltungsrecht verletzen. Insofern kann von einem Abwehrrecht der Sparkasse

313 Vgl. *Becker*, DÖV 2000, 1032, 1035; *Britz*, NVwZ 2001, 380, 385; *Brosius-Gersdorf*, AöR 130 (2005), 392, 412 ff.; *Gern*, NJW 2002, 2593, 2595; *Guckelberger*, BayVBl. 2006, 293, 295 f.; *Kühling*, NJW 2001, 177, 179; *Mehde*, in: Maunz/Dürig, GG, Art. 28 Abs. 2 Rn. 95; *Oebbecke*, ZHR 164 (2000), 375, 387 f.; *Papier*, DVBl. 2003, 686, 688; *Scharpf*, NVwZ 2005, 148, 150; *Schepers*, Internet-Banking und sparkassenrechtliches Regionalprinzip, S. 62 f.; *Schink*, NVwZ 2002, 129, 136; *Wenzl*, Das Örtlichkeitsprinzip im europäischen Binnenmarkt, S. 62.

314 Vgl. OVG Münster, DVBl. 2008, 919, 922; *Becker*, DÖV 2000, 1032, 1036; *Brosius-Gersdorf*, AöR 130 (2005), 392, 407; *Ehlers*, Verhandlungen zum 64. Deutschen Juristentages I (2002), Gutachten E, S. 100; *Gern*, NJW 2002, 2593, 2595; *Guckelberger*, BayVBl. 2006, 293, 295 ff.; *Gundlach*, LKV 2002, 264, 265; *Henneke*, ZVglRWiss 113 (2014), 535, 544 f.; *Hösch*, DÖV 2000, 393, 403; *Jarass*, DVBl. 2006, 1, 3; *Kühling*, NJW 2001, 177, 179; *Löwer*, NWVBl. 2000, 241, 244; *Scharpf*, NVwZ 2005, 148, 149; *Schepers*, Internet-Banking und sparkassenrechtliches Regionalprinzip, S. 52; *Schink*, NVwZ 2002, 129, 136; *Stober*, NJW 2002, 2357, 2365; siehe auch *Ogorek*, in: Dietlein/Ogorek, BeckOK KommunalR Hessen, § 121 HGO Rn. 59; *Thomas*, Die kartellrechtliche Bewertung des sparkassenrechtlichen Regionalprinzips, S. 6; a.A. *Britz*, NVwZ 2001, 380, 386; *Kolm*, Das sparkassenrechtliche Regionalprinzip, S. 62 f.; *Walendy*, Theorie kommunaler Wettbewerbsunternehmen, S. 220 f.

gegen ein Eindringen anderer Sparkassen gesprochen werden.[315] Auch mit dem Bestandsschutz einer Sparkassenzweigstelle in fremdem Gebiet ist die Sparkassentätigkeit der betroffenen Gemeinde weiterhin zulässig. Die Ausnahme für die überörtliche Sparkassentätigkeit aufgrund eines Bestandsschutzes stellt demzufolge keinen Eingriff in den Kernbereich der kommunalen Selbstverwaltungsgarantie dar.

Eingriffe in den Randbereich des kommunalen Selbstverwaltungsrechts können gerechtfertigt sein. Die Überschreitung des Regionalprinzips basiert zumindest auf einer gesetzlichen Grundlage[316] und die kommunale Selbstverwaltungsgarantie gilt nur „im Rahmen der Gesetze". Durch eine bestandsgeschützte Sparkasse besteht zwar im Gebiet der betroffenen Gemeinde Konkurrenz durch eine fremde Sparkasse,[317] allerdings wird der Bestand der betroffenen Sparkasse durch den Erhalt einer trägerfremden Zweigstelle nicht angetastet[318] und ebenso wenig wird die Möglichkeit entzogen, selbst auf dem Gebiet Zweigstellen zu errichten[319]. Insofern ist die Errichtung einer Sparkassenzweigstelle in trägerfremdem Gebiet anders zu bewerten als der Weiterbetrieb einer bereits bestehenden Sparkassenzweigstelle,[320] denn die bereits bestehende Sparkassenzweigstelle „dringt" nicht in fremdes Geschäftsgebiet ein, sondern wird als Folge der kommunalen Gebietsreform trägerfremd.[321] Dabei sind die Interessen der privaten Einleger und Kreditnehmer zu berücksichtigen.[322] Bankkunden könnten gezwungen sein, längere Wege in Kauf zu nehmen, wenn sie weiterhin von ihrer ausgewählten Sparkasse betreut werden

---

315 So auch *Stern*, Das sparkassenrechtliche Regionalprinzip, S. 54; *Stern/Nierhaus*, Das Regionalprinzip im öffentlich-rechtlichen Sparkassenwesen, S. 62; ebenso *Staats*, Fusionen bei Sparkassen und Landesbanken, S. 92; allgemein zur kommunalen Wirtschaftstätigkeit: *Heintzen*, NVwZ 2000, 743, 745; *Ogorek*, in: Dietlein/Ogorek, BeckOK KommunalR Hessen, § 121 HGO Rn. 59; *Wenzl*, Das Örtlichkeitsprinzip im europäischen Binnenmarkt, S. 76 ff.

316 Vgl. VGH Kassel, ESVGH 16, 151, 155; allgemein *Schäfer*, Das öffentlich-rechtliche Bankensystem, S. 34.

317 VGH München, BayVBl. 1981, 530, 534.

318 VGH München, BayVBl. 1981, 530, 534.

319 VGH München, BayVBl. 1981, 530, 534; *Stern/Nierhaus*, Das Regionalprinzip im öffentlich-rechtlichen Sparkassenwesen, S. 106.

320 VGH München, BayVBl. 1981, 530, 533.

321 VGH München, BayVBl. 1981, 530, 533; zustimmend *Stern/Nierhaus*, Das Regionalprinzip im öffentlich-rechtlichen Sparkassenwesen, S. 123 f.

322 *Kirchhof*, DVBl. 1983, 921, 923.

möchten. Gleichzeitig wäre die Sparkasse betroffen, welche nicht nur ihre Betriebsstätte, sondern zugleich ihren erworbenen Kundenstamm und das örtliche kreditwirtschaftliche Geschäftspotential aufgeben müsste.[323] Im Vergleich dazu könnte eine Sparkassenzweigstellenübertragung bei gewachsenen wirtschaftlichen Strukturen unverhältnismäßig und sachwidrig sein.[324] Daher gibt es (in engen Grenzen) einen Bestandsschutz für Sparkassenzweigstellen.[325] Der Erhalt von Sparkassenzweigstellen im trägerfremden Gebiet stellt keinen Verstoß gegen die kommunale Selbstverwaltungsgarantie nach Art. 28 Abs. 2 GG dar.[326]

4. *Ergebnis*

Unter der Geltung des sparkassenrechtlichen Regionalprinzips sind die Übertragung von Zweigstellen oder die Vereinigung von Sparkassen gegenüber Durchbrechungen des Regionalprinzips die vorzugswürdigeren Möglichkeiten. Dennoch ist es richtig, dass es trotz des Regionalprinzips möglich ist, in Ausnahmefällen eine Zweigstelle außerhalb des Gebiets des kommunalen Trägers weiter zu betreiben, da bisweilen die Argumente für eine Ausnahme des Regionalprinzips zu Gunsten eines gebietsfremden Sparkassenzweigstellenerhalts gegenüber den anderen Möglichkeiten überwiegen. Insoweit ist eine enge Auslegung des Regionalprinzips nicht erforderlich,[327] da insbesondere die kommunalen Sparkassen rechtlich selbstständig sind. Auch im Hinblick darauf, dass der Bestandsschutz im Baurecht allgemein anerkannt ist, sollten diese Erwägungen auf die Sparkassen übertragen werden, obwohl diese kommunalen Anstalten keine Grundrechtsträger sind. Die Ausnahmen müssen in

---

323 Vgl. VerfGH NRW, NJW 1980, 2699 f.; *Merten*, DVBl. 1983, 1140, 1143; a.A. *Kirchhof*, DVBl. 1983, 921, 925.

324 VGH München, BayVBl. 1981, 530, 533; OVG Koblenz, NVwZ 1983, 562, 563 f.; dem OVG Koblenz zustimmend *Weides*, NVwZ 1983, 527, 528.

325 Im Ergebnis ebenso *Stern/Nierhaus*, Das Regionalprinzip im öffentlich-rechtlichen Sparkassenwesen, S. 108 ff.; a.A. *Nierhaus*, VerwArch 67 (1976), 266, 278.

326 Zuzustimmen BayVerfGH, DVBl. 1986, 39 f.; VGH München, BayVBl. 1981, 530, 534; *Fischer*, EWiR 1986, 225.

327 BayVerfGH, DVBl. 1986, 39, 43; VGH München, BayVBl. 1981, 530, 532; OVG Koblenz, NVwZ 1983, 562, 564; *Fischer*, EWiR 1986, 225, 226; *Möhle*, Kreditwesen 1979, 680 ff.; *Weides*, NVwZ 1983, 527, 528; a.A. *Hermanns*, Kreditwesen 1979, 440 ff.; *Raskin*, Das Regionalprinzip und (neue) elektronische Vertriebswege im Retailbanking, S. 90 f.

ihrem Gewicht zwar gering bleiben,[328] sind aber grundsätzlich möglich und sachgerecht.

III. Sparkassentätigkeiten über das kommunale Trägergebiet hinaus

Die bankspezifischen Tätigkeiten von Sparkassen können über die Grenzen des Trägergebiets hinausgehen. Dies ist zunächst bei den „klassischen" Sparkassentätigkeiten möglich. Zudem verstärken die elektronischen Vertriebswege der Sparkassentätigkeiten die Überschreitungen der Gemeindegrenzen, weshalb auf diese Mittel separat eingegangen wird. Hinsichtlich der Sparkassentätigkeiten sollen nur beispielhaft einige Aspekte sowie die rechtliche Bewertung der Durchbrechungen vom sparkassenrechtlichen Regionalprinzip betrachtet werden.

1. Sparkassentätigkeiten

Bei der Sparkassentätigkeit ist zu unterscheiden zwischen dem Aktiv-, Passiv- und Dienstleistungsgeschäft. Hinsichtlich der örtlichen Grenze für die Tätigkeiten sind sowohl das Sparkassengesetz als auch die Mustersatzung für hessische Sparkassen[329] heranzuziehen. Die Mustersatzung ist nicht Bestandteil des Sparkassengesetzes, erlangt jedoch Rechtssatzcharakter, indem sie von den Vertretungskörperschaften des kommunalen Sparkassenträgers als Satzung erlassen wird.[330] In Hessen ist dies in § 10 HessSparkG festgehalten. Dabei braucht eine Satzung, die von der Mustersatzung abweicht, gem. § 10 Abs. 2 S. 1 HessSparkG die Genehmigung durch die Aufsichtsbehörde. Hierin zeigt sich die Relevanz der Mustersatzung. Im Übrigen gelten die Grenzen, welche die kommunale Selbstverwaltungsgarantie nach Art. 28 Abs. 2 GG vorgibt.

---

328 BayVerfGH, DVBl. 1986, 39, 43; siehe auch *Stern/Nierhaus*, Rechtsfragen der Neuordnung des Sparkassenwesens als Folge kommunaler Neugliederung, S. 53; vgl. zum Örtlichkeitsprinzip: *Dünchheim/Schöne*, DVBl. 2009, 146, 155.

329 Erlass über die Mustersatzungen für kommunale Sparkassen in Hessen vom 27. Januar 2010, StAnz. Nr. 8/2010, S. 346.

330 VGH Kassel, ESVGH 16, 151, 155; *Schlierbach/Püttner*, Das Sparkassenrecht in der Bundesrepublik Deutschland, S. 240; ausführlich *Stern/Nierhaus*, Das Regionalprinzip im öffentlich-rechtlichen Sparkassenwesen, S. 162.

a) Aktiv- und Passivgeschäft

Das Aktivgeschäft umfasst die von einer Sparkasse aktiv getätigten Geschäfte, wie vergebene Kredite sowie sonstige Anlagen.[331] Grundsätzlich hat Kreditvergabe an örtliche Personen zu erfolgen.[332] So wird in § 2 Abs. 2 HessSparkG auch von der „Befriedigung des örtlichen Kreditbedarfs" gesprochen. Dennoch sind die Sparkassen bei der Kreditvergabe nicht strikt an ihr räumliches Tätigkeitsgebiet gebunden.[333] Erforderlich ist nur ein örtlicher Bezug, etwa wenn das zu finanzierende Objekt im Geschäftsgebiet der Sparkasse liegt.[334] In § 9 Abs. 2 S. 1 MuSa Hess ist für Personalkredite hierzu festgehalten, dass Kredite grundsätzlich nur an Personen vergeben werden sollen, die im Geschäftsgebiet der Sparkasse ihren Wohnsitz, eine gewerbliche Niederlassung oder eine sonstige wirtschaftliche oder berufliche Anknüpfung haben. Nach § 9 Abs. 2 S. 2 MuSa Hess genügt es bei einem Realkredit grundsätzlich, wenn das beliehene Grundstück im Geschäftsgebiet der Sparkasse liegt. Dies bedeutet dann aber gleichfalls, dass der Schuldner die Sicherheit nicht gegen ein außerhalb des Sparkassengebiets gelegenes Sicherungsgut austauschen kann.[335] Die örtlichen Grenzen für Personal- und Realkredite sind somit nicht sehr strikt. Ebenso bestimmt die Kundenbindung die Geschäftstätigkeit von Sparkassen, so dass gebietsüberschreitende Leistungen für einen Kunden möglich sind[336] wie z.B. die Auslandskreditgewährung[337]. In § 13 S. 1 MuSa Hess ist dabei sogar festgehalten, dass Kredite an Gebietsfremde aus einem OECD-Mitgliedstaat gewährt werden können, wenn ein Bezug zur Sparkasse besteht oder wenn die Kreditgewährung im Verbund mit der Landesbank oder als inländischer Realkredit erfolgt.

---

331 Vgl. *Schepers*, Internet-Banking und sparkassenrechtliches Regionalprinzip, S. 91; *Stern/Nierhaus*, Das Regionalprinzip im öffentlich-rechtlichen Sparkassenwesen, S. 202.

332 *Henneke*, ZVglRWiss 113 (2014), 535, 545; *Nierhaus/Stern*, Regionalprinzip und Sparkassenhoheit im europäischen Bankenbinnenmarkt, S. 20.

333 Bericht der Bundesregierung über die Untersuchung der Wettbewerbsverschiebungen im Kreditgewerbe und über eine Einlagensicherung, BT-Drs. V/3500, S. 45; *Stern/Nierhaus*, Das Regionalprinzip im öffentlich-rechtlichen Sparkassenwesen, S. 202.

334 *Stern*, Das sparkassenrechtliche Regionalprinzip, S. 40; vgl. *Oberbeckmann*, in: Püttner, Hdb. kommunale Wissenschaft und Praxis 5, § 105 B., S. 478, 483.

335 *von Usslar*, BKR 2008, 177, 181.

336 SächsVerfGH, LKV 2001, 216, 217; *Henneke*, in: Mann/Püttner, Hdb. kommunale Wissenschaft und Praxis 2, § 53a Rn. 158; *Nierhaus*, in: Ipsen, Sparkassen im Wandel, S. 65, 71.

337 *Hermanns*, Kreditwesen 1979, 440, 441; ausführlich *Stern/Nierhaus*, Das Regionalprinzip im öffentlich-rechtlichen Sparkassenwesen, S. 203 ff.

Das Passivgeschäft umfasst vor allem Spareinlagen, andere Einlagen, Sparkassenbriefe und -obligationen.[338] Im Rahmen des Passivgeschäfts kann eine Sparkasse Einlagen von jedermann annehmen,[339] wobei dies ebenso für andere Einlagen, Sparkassenbriefe, Gewinnschuldverschreibungen und verschiedene Formen von Obligationen gilt.[340] Bei der Übernahme von Gewährverpflichtungen, wie z.B. Bürgschaften, ist das Regionalprinzip zu beachten, da sie aus Gründen der Sicherheit wie Kredite behandelt werden, obwohl es sich eigentlich um ein Passivgeschäft handelt.[341]

b) Dienstleistungsgeschäft (insbesondere elektronische Vertriebswege)

Zu den Sparkassentätigkeiten gehört ebenfalls das Dienstleistungsgeschäft, welches Beratung, bargeldlosen Zahlungsverkehr (u.a. Überweisungen) und das Online-Banking umfasst. Hierzu finden sich in der Hessischen Mustersatzung keine örtlichen Grenzen. Überweisungen ist immanent, dass sie über das Gemeindegebiet, Bundesländer sowie Landesgrenzen reichen können. Die Tätigkeiten der Sparkassen sind heutzutage zum großen Teil über das Internet verfügbar. Das Hessische Sparkassengesetz enthält zu den elektronischen Vertriebswegen keine Vorschriften. Letztlich gelten damit die allgemeinen Vorgaben, welche für die Sparkassentätigkeiten (Aktiv-, Passiv- und Dienstleistungsgeschäft) an sich gelten,[342] denn das Hessische Sparkassengesetz sowie die Hessische Mustersatzung differenzieren zwar nach den verschiedenen Sparkassentätigkeiten, nicht aber nach dem Weg, auf dem ein Geschäft erbracht wird. Insofern wird die Geschäftstätigkeit der Sparkassen durch elektronische Vertriebswege nicht erweitert.[343] Es verschwimmen allerdings die Grenzen zwischen den Geschäftsgebieten von Sparkassen. In der heutigen digital vernetzten Welt stehen die bankspezifischen Leistungen einer Sparkasse grundsätzlich über

---

338 *Schlierbach/Püttner*, Das Sparkassenrecht in der Bundesrepublik Deutschland, S. 116.

339 Vgl. § 3 Abs. 1 MuSa Hess; *Henneke*, ZVglRWiss 113 (2014), 535, 545; *Kirchhof*, DVBl. 1983, 921, 924; *Merten*, DVBl. 1983, 1140, 1141; *Oberbeckmann*, in: Püttner, Hdb. kommunale Wissenschaft und Praxis 5, § 105 B., S. 478, 483.

340 *Stern/Nierhaus*, Das Regionalprinzip im öffentlich-rechtlichen Sparkassenwesen, S. 201.

341 *Stern/Nierhaus*, Das Regionalprinzip im öffentlich-rechtlichen Sparkassenwesen, S. 201.

342 Vgl. *Schepers*, Internet-Banking und sparkassenrechtliches Regionalprinzip, S. 163.

343 *Henneke*, ZVglRWiss 113 (2014), 535, 546; *Schepers*, Internet-Banking und sparkassenrechtliches Regionalprinzip, S. 163.

das Trägergebiet hinaus zur Verfügung. Somit handeln viele Sparkassen beim Online-Banking und Mobile-Banking außerhalb ihres eigenen Gebiets.

2. Rechtliche Bewertung

a) Rechtliche Bewertung von gebietsüberschreitenden Aktiv- und Passivgeschäften

Es gibt nach den gesetzlichen Bestimmungen bankspezifische Tätigkeiten von Sparkassen, die über die Grenzen des Trägergebiets hinausgehen können oder von gebietsfremden Bankkunden genutzt werden. Diese gesetzlich vorgesehenen Ausnahmen sind einer rechtlichen Bewertung zu unterziehen. Hierbei ist zwischen Aktiv- und Passivgeschäft zu unterscheiden. Beim Aktivgeschäft sind die örtlichen Grenzen wesentlich enger gezogen als beim Passivgeschäft, da bei Aktivgeschäften mehr Risiken bestehen. Die Sparkasse ist mit dem Gebiet außerhalb des Trägergebiets nicht vertraut, was der risikomindernden Wirkung des Regionalprinzips entgegensteht.[344] Daher darf eine Sparkasse nicht selbst zu den Kunden in gebietsfremdem Gebiet gehen.[345] Vielmehr hat sie die örtliche, auf das Trägergebiet bezogene Gemeinschaft bankspezifisch zu versorgen. Es fehlt dementsprechend an der demokratischen Legitimation nach Art. 20 Abs. 2 GG, wenn außerhalb des Gemeindegebiets Gebietsfremde versorgt werden sollen.[346] Es könnte Ausnahmen von der strikten örtlichen Grenze beim Aktivgeschäft geben. So reicht es für einen Realkredit aus, wenn sich das Beleihungsobjekt im Geschäftsgebiet der Sparkasse befindet (vgl. § 9 Abs. 2 S. 2 MuSa Hess). Zwar wird das Beleihungsobjekt nur bei einem Ausfall der Rückzahlung relevant und der Darlehensvertrag ist im Übrigen mit einem Gebietsfremden als

---

344 *Schepers*, Internet-Banking und sparkassenrechtliches Regionalprinzip, S. 94; die risikobegrenzende Wirkung des Regionalprinzips bejahend: Deutsche Bundesbank, Bericht zur Stabilität des deutschen Finanzsystems, Monatsbericht v. Dezember 2003, S. 47; *Frankenberger*, Kreditwesen 2004, 120, 121; *Güde*, Geschäftspolitik der Sparkassen, S. 43; *Henneke*, Kommunale Sparkassen, S. 104; *Kerber*, JZ 2014, 1044, 1048; *Lohmiller*, Kapitalbeteiligungsgesellschaften der Sparkassen, S. 55 f.; *Oebbecke*, Der Gemeindehaushalt 2001, 169, 172; *Vogel*, ZBB 2001, 103, 108.

345 *Merten*, DVBl. 1983, 1140, 1141; vgl. *Ehlers*, Verhandlungen zum 64. Deutschen Juristentages I (2002), Gutachten E, S. 96; *Raskin*, Das Regionalprinzip und (neue) elektronische Vertriebswege im Retailbanking, S. 27.

346 *Oebbecke*, ZHR 164 (2000), 375, 389; vgl. *Schepers*, Internet-Banking und sparkassenrechtliches Regionalprinzip, S. 94 f.; *Wenzl*, Das Örtlichkeitsprinzip im europäischen Binnenmarkt, S. 44.

Vertragspartei geschlossen.[347] Die mögliche Verwertung des Sicherungsobjekts ist bei einem Realkredit jedoch entscheidend. Das Versicherungsobjekt befindet sich im Geschäftsgebiet der kommunalen Sparkasse und hierdurch kommen die örtlichen Kenntnisse der kommunalen Sparkasse zum Tragen. Ein unmittelbarer Bezug zum Sparkassengebiet ist gegeben. Im Übrigen gilt wiederum, dass nicht die Bürger selbst durch das sparkassenrechtliche Regionalprinzip in ihrem Handeln begrenzt werden sollen, sondern die Sparkassen, um eine flächendeckende Versorgung mit bankspezifischen Leistungen zu sichern. Dass dieses Ergebnis sachgerecht ist, zeigt ein Vergleich zum umgekehrten Fall: Eine kommunale Sparkasse ist für die ortsansässigen Bankkunden zuständig, die einen Kredit aufnehmen, welcher mit einem außerhalb des Trägergebiets liegenden Sicherungsobjekt belegt wird. Dieser Vergleich verdeutlicht, dass die gesetzgeberische Anknüpfung an den Belegenheitsort des Beleihungsobjekts die risikobegrenzende Wirkung des Regionalprinzips sogar besser berücksichtigt als der umgekehrte Fall.[348]

Hinsichtlich des Passivgeschäfts (z.B. Spareinlagen) bestehen keine wesentlichen Risiken, die eine enge Befolgung des Regionalprinzips erfordern.[349] Vielmehr kann sich ein Gemeindeeinwohner für eine Sparkasse entscheiden, die von seinem Wohnort ausgehend nicht die örtlich zuständige Sparkasse ist.[350] Somit kann eine Sparkasse Kunden außerhalb des Gebiets ihres Trägers haben. Das sparkassenrechtliche Regionalprinzip beschränkt folglich die kommunalen Sparkassen, aber soll nicht die Bevölkerung in ihrem Handeln begrenzen. Die Ausnahmen verdeutlichen, dass der Geschäftsbereich einer kommunalen Sparkasse nicht auf die Bürger in dem Gebiet des Trägers beschränkt ist.[351] Daher sind solche Durchbrechungen des Regionalprinzips nicht als Erweiterung des Geschäftsgebiets von Sparkassen anzusehen, da sich die Kunden die Sparkasse

---

347 So jedenfalls *Schepers*, Internet-Banking und sparkassenrechtliches Regionalprinzip, S. 97 f., der letztlich aber ebenfalls zur Vereinbarkeit dieser Regelungen zum Realkredit mit dem Regionalprinzip gelangt.

348 Ebenso *Schepers*, Internet-Banking und sparkassenrechtliches Regionalprinzip, S. 99.

349 Siehe *Schepers*, Internet-Banking und sparkassenrechtliches Regionalprinzip, S. 117; ferner *Raskin*, Das Regionalprinzip und (neue) elektronische Vertriebswege im Retailbanking, S. 273.

350 Vgl. *Merten*, DVBl. 1983, 1140, 1141; *Oebbecke*, Der Gemeindehaushalt 2001, 169, 171 f.; ferner *Isenburg*, Die Verbundzusammenarbeit der Sparkassen-Finanzgruppe, S. 33 f.

351 BayVerfGH, DVBl. 1986, 39, 42.

selbst aussuchen.[352] Die Sparkasse handelt weiterhin in ihrem Geschäftsgebiet[353] und ein Eingriff in das Selbstverwaltungsrecht der Gemeinde, aus dem der Kunde stammt, ist damit nicht verbunden.[354] Der Schwerpunkt der Sparkassentätigkeit liegt immer noch bei den Geschäftsbeziehungen zu der örtlichen Bevölkerung.[355] Insofern ist diese Tätigkeit der Sparkasse von der Erfüllung aller Angelegenheiten der örtlichen Gemeinschaft nach Art. 28 Abs. 2 GG gedeckt, wenn sie auf dem eigenen Gemeindegebiet handelt und für Gebietsfremde tätig wird.[356] Die Passivgeschäfte können demnach zulässigerweise über die Gebietsgrenzen innerhalb eines Bundeslandes hinausreichen.

b) Rechtliche Bewertung von gebietsüberschreitenden Dienstleistungsgeschäften

Dienstleistungsgeschäfte reichen häufig über das Trägergebiet einer Sparkasse hinaus. Auch hierbei ist zu differenzieren: Die Beratung durch eine Sparkasse soll grundsätzlich der örtlichen Gemeinschaft zugutekommen. Wenn ein gebietsfremder Kunde um Beratung bittet, gelten die obigen Ausführungen; es ist also die Entscheidung des Kunden selbst, eine Sparkasse im fremden Gebiet aufzusuchen. Solange die Sparkasse nicht aktiv im trägerfremden Gebiet Kunden berät, ist dies von der kommunalen Selbstverwaltungsgarantie umfasst, ohne dass es zu einer Verletzung des kommunalen Selbstverwaltungsrechts der Gemeinde kommt, aus dem der Kunde stammt. Ferner können Sparkassenkunden trotz Zugehörigkeit zu einer bestimmten Sparkasse die Bankautomaten einer anderen Sparkasse in fremdem Gebiet mitbenutzen.[357] Auch dies ist im Rahmen der kommunalen Selbstverwaltungsgarantie zulässig. Der Sparkassenkunde geht

---

352 *Merten*, DVBl. 1983, 1140, 1141; zweifelnd *Schepers*, Internet-Banking und sparkassenrechtliches Regionalprinzip, S. 115.

353 Vgl. SächsVerfGH, LKV 2001, 216, 217; *Stern*, Das sparkassenrechtliche Regionalprinzip, S. 37; *Stern/Nierhaus*, Das Regionalprinzip im öffentlich-rechtlichen Sparkassenwesen, S. 201.

354 A.A. *Schepers*, Internet-Banking und sparkassenrechtliches Regionalprinzip, S. 117, der aber ebenfalls zum Ergebnis kommt, dass Passivgeschäfte an Gebietsfremde verfassungskonform sind.

355 *Merten*, DVBl. 1983, 1140, 1141; vgl. auch *Henneke*, Kommunale Sparkassen, S. 89.

356 *Isenburg*, Die Verbundzusammenarbeit der Sparkassen-Finanzgruppe, S. 21; vgl. ferner *Schepers*, Internet-Banking und sparkassenrechtliches Regionalprinzip, S. 95 f.; allgemein zur kommunalen Wirtschaftstätigkeit: *Ehlers*, Verhandlungen zum 64. Deutschen Juristentages I (2002), Gutachten E, S. 94; *Oebbecke*, ZHR 164 (2000), 375, 379.

357 *Eufinger*, EWS 2014, 253, 254; *Fischer*, in: FS für Schwintowski (1999), S. 111, 112.

ausnahmsweise zu einer gebietsfremden Sparkasse, die hierbei mit der anderen Sparkasse kooperiert. Letztlich ist diese Möglichkeit für den Service der Sparkassenkunden entscheidend, die ansonsten bei der Baraus- und -einzahlung örtlich in ihrer Handlungsweise sehr eingeschränkt wären. Darüber hinaus gehen Überweisungen meistens an andere Kreditinstitute in anderen Gemeinden und in anderen Bundesländern oder sogar ins Ausland. Diese Gebietsüberschreitung ist Überweisungen immanent, so dass eine sinnvolle Sparkassentätigkeit diese Grenzübertritte erfordert. Sie werden von der kommunalen Selbstverwaltungsgarantie gewährleistet, da diese die Versorgung mit bankspezifischen Leistungen der örtlichen Gemeinschaft umfasst.

An dieser Stelle soll das Internet-Banking näher betrachtet werden, wobei im Übrigen auf weiterführende Literatur verwiesen wird.[358] Die elektronischen Vertriebswege halten sich zumeist nicht an Gemeindegrenzen. Gebietsfremde Kunden sowie gebietsüberschreitende Tätigkeiten gehen mit dem Internet vermehrt einher. Hinter dem Online-Banking und den Smartphone-Apps stehen jeweils Sparkassen mit großem Filialnetz. Als Beispiel für das Online-Banking kann die 1822direkt Gesellschaft der Frankfurter Sparkasse mbH dienen, die Direktbankingprodukte ihrer Muttergesellschaft Frankfurter Sparkasse anbietet. Das jeweilige Konto befindet sich bei der Frankfurter Sparkasse. Hinsichtlich Smartphone-Apps gibt es vor allem die Sparkassen-App, mit der Kontosalden und -umsätze einsehbar sowie Überweisungen getätigt werden können. Hierfür bedarf es im Vorhinein eines Kontos bei einer teilnehmenden Sparkasse. Zudem soll noch ein Vergleich zur Yomo-App gezogen werden, auch wenn dieses App-Projekt, das von mehreren Sparkassen gemeinsam betrieben wurde, mittlerweile seinen Dienst eingestellt hat.[359] Die Idee hinter Yomo war, dass die Nutzer jeweils ein Konto bei einer der teilnehmenden Sparkassen über die App eröffnen und u.a. Überweisungen tätigen konnten. Somit sollte Yomo gerade ein Smartphone-Konto anbieten und nicht wie die Sparkassen-App das Online-Banking von unterwegs ermöglichen. Es ging bei Yomo darum, einen neuen Vertriebsweg für junge Kunden anzubieten.[360] Da bei Yomo mehrere Sparkassen

---

358 Eine ausführliche rechtliche Auseinandersetzung, auch hinsichtlich Webseiten, der Werbung im Internet und verschiedenen Online-Bankingdiensten, findet sich insbesondere bei *Schepers*, Internet-Banking und sparkassenrechtliches Regionalprinzip, S. 149 ff.; siehe ferner *Raskin*, Das Regionalprinzip und (neue) elektronische Vertriebswege im Retailbanking, S. 210 ff.

359 Siehe *Nestler/Siedenbiedel*, Viel zu spät dran, FAZ v. 23. Mai 2020, S. 29.

360 Hierzu *Kanning*, Neue Sparkassen-App, FAZ v. 8. März 2017 (online, s. Literaturverzeichnis); ähnlich *N.N.*, bank und markt 12/2018, 6.

zusammenwirkten, hat sich das Bundeskartellamt 2016 mit der App befasst und diese letztlich freigegeben.[361] Zwar erkannte das Bundeskartellamt die Problematik, dass Kunden innerhalb Deutschlands unabhängig von ihrem Wohnort eine Sparkasse wählen könnten und der Wettbewerb zwischen den Sparkassen damit nicht vollständig ausgeschlossen werden könne.[362] Das Bundeskartellamt sah infolge der Möglichkeit – insbesondere für kleinere Sparkassen –, ein App-basiertes Konto anzubieten, diesen Weg aber als gerechtfertigt an.[363] Das Projekt scheiterte letztlich wegen einer langsamen Umsetzung verschiedener regulatorischer Aspekte, aufgrund dessen das Interesse vieler Sparkassen an der Yomo-App schwand.[364]

Für die Sparkassen stellen die elektronischen Vertriebswege Möglichkeiten dar, um junge Kunden anzusprechen. Es ist schließlich erforderlich, dass eine Sparkasse marktfähig bleibt und auch zukünftig gegenüber privaten Finanzdienstleistern bestehen kann.[365] Erst hierdurch können die Sparkassen ihren öffentlichen Auftrag erfüllen.[366] Die Implementierung von elektronischen Vertriebswegen ist sogar vom öffentlichen Auftrag umfasst,[367] da die elektronischen Wege zu Finanzdienstleistern dazugehören. Der öffentliche Auftrag ist diesen Anpassungen an veränderte Lebens- und Wirtschaftsanforderungen zugänglich.[368] Mittlerweile kann das Internet sogar zur Daseinsvorsorge gezählt werden.[369] Um ihrem öffentlichen Auftrag zur Versorgung der Bevölkerung mit

361 Bundeskartellamt, Tätigkeitsbericht 2015/2016, S. 99 f.; hierzu *Thomas*, WuW 2016, 511.

362 Bundeskartellamt, Tätigkeitsbericht 2015/2016, S. 100.

363 Bundeskartellamt, Tätigkeitsbericht 2015/2016, S. 100.

364 Siehe *Weidemann*, Das Scheitern von Yomo, IT Finanzmagazin v. 3. Februar 2020 (online, s. Literaturverzeichnis).

365 Vgl. SächsVerfGH, LKV 2001, 216, 217; siehe auch *Henneke*, Kommunale Sparkassen, S. 105 f.; *Raskin*, Das Regionalprinzip und (neue) elektronische Vertriebswege im Retailbanking, S. 273; *Thomas*, WuW 2016, 511.

366 *Meyer*, NVwZ 2001, 766 unter Bezugnahme auf SächsVerfGH, LKV 2001, 216, 217; *Raskin*, Das Regionalprinzip und (neue) elektronische Vertriebswege im Retailbanking, S. 195.

367 *Raskin*, Das Regionalprinzip und (neue) elektronische Vertriebswege im Retailbanking, S. 195; *Schneider/Raskin*, Kreditwesen 2000, 1270, 1274.

368 Vgl. *Fischer*, in: FG für von Unruh (1983), S. 835, 844; *Lepper*, BKR 2004, 175, 177; *Lohmiller*, Kapitalbeteiligungsgesellschaften der Sparkassen, S. 46; *Raskin*, Das Regionalprinzip und (neue) elektronische Vertriebswege im Retailbanking, S. 192 f.; *Rehm*, WM 1993, 133, 134 f.; *Vogel*, ZBB 2001, 103, 104 f.

369 *Haak*, VerwArch 99 (2008), 197 ff.; *Holznagel/Deckers*, DVBl. 2009, 482 f.; *Luch/Schulz*, MMR 2009, 19, 23.

kreditwirtschaftlichen Leistungen und der Förderung der Vermögensbildung in der Bevölkerung gerecht werden zu können, bedarf es der Implementierung von elektronischen Vertriebswegen. Mit diesen ist die Überschreitung von Gemeindegebietsgrenzen zwangsläufig verbunden. Insbesondere wird eine Sparkasse Kunden haben, die nicht im Trägergebiet ansässig sind. Dennoch beseitigen diese Überschreitungen nicht das Regionalprinzip.[370] Vielmehr muss dem Regionalprinzip weiterhin Rechnung getragen werden[371] und wird es, indem verschiedene Sparkassen mit ihrem Service hinter dem Angebot stehen. Und wiederum gilt, dass die Bevölkerung nicht durch das Regionalprinzip beschränkt werden soll, sondern die Sparkassen. Ein Kunde kann somit eine gebietsfremde Sparkasse wählen. Die Sparkasse muss weiterhin den Schwerpunkt ihrer Tätigkeit im Sparkassengebiet erhalten und die örtliche Gemeinschaft versorgen. Neue Vertriebsmöglichkeiten, wie das Internet, sind lediglich zusätzliche Medien für ihre Aufgabenwahrnehmung.[372]

3. *Ergebnis*

Sparkassentätigkeiten können über die Gemeindegrenzen hinaus reichen. Es ist einigen Sparkassentätigkeiten immanent, dass Gemeindegrenzen überschritten werden können. Ansonsten könnte eine Sparkasse vielfach nicht alle bankspezifischen Leistungen für die Gemeindeeinwohner bereitstellen, sondern wäre in ihrem Handeln eingeschränkt. Solange die Sparkasse weiterhin vornehmlich in ihrem Geschäftsgebiet tätig wird und vor allem das aktive Geschäft örtlich eng beschränkt ist, ist es zulässig, wenn Sparkassentätigkeiten (vereinzelt) über das kommunale Trägergebiet hinausgehen.

---

370 I.d.S. *Kolm*, Das sparkassenrechtliche Regionalprinzip, S. 22.

371 *Isenburg*, Die Verbundzusammenarbeit der Sparkassen-Finanzgruppe, S. 33; *Schneider/Raskin*, Kreditwesen 2000, 1270, 1274; *Stern*, Das sparkassenrechtliche Regionalprinzip, S. 39; siehe auch *Raskin*, Das Regionalprinzip und (neue) elektronische Vertriebswege im Retailbanking, S. 200; *Schepers*, Internet-Banking und sparkassenrechtliches Regionalprinzip, S. 167.

372 *Kolm*, Das sparkassenrechtliche Regionalprinzip, S. 22; ähnlich *Ehlers*, Verhandlungen zum 64. Deutschen Juristentages I (2002), Gutachten E, S. 96; *Henneke*, in: Mann/Püttner, Hdb. kommunale Wissenschaft und Praxis 2, § 53a Rn. 185.

IV. Gesetzliche Ausnahmen vom sparkassenrechtlichen Regionalprinzip im hessischen Sparkassenrecht

1. Gesetzliche Ausnahmen im Hessischen Sparkassengesetz

In Hessen sind weitere Ausnahmen vom sparkassenrechtlichen Regionalprinzip vorgesehen. Wie sich aus § 1 Abs. 3 S. 2 Alt. 1 HessSparkG ergibt, ist die Errichtung einer Zweigstelle außerhalb des Gebiets des Trägers möglich. Diese hängt von der Zustimmung der Aufsichtsbehörde ab, wobei die betroffene Sparkasse vorher anzuhören ist. Aus dem Umkehrschluss zu § 1 Abs. 3 S. 2 Alt. 2 HessSparkG folgt, dass im Fall des § 1 Abs. 3 S. 2 Alt. 1 HessSparkG in dem Gebiet, in dem die Sparkasse errichtet werden soll, bisher keine andere Sparkasse tätig ist. Aufgrund der flächendeckenden Versorgung durch Sparkassen in ganz Deutschland dürfte der Anwendungsbereich des § 1 Abs. 3 S. 2 Alt. 1 HessSparkG daher leerlaufen.[373] Einschränkend wirkt zudem § 1 Abs. 3 S. 3 HessSparkG, der die Möglichkeit der Errichtung i.S.d. § 1 Abs. 3 S. 2 Alt. 1 HessSparkG davon abhängig macht, dass die Zweigstelle in dem bereits bestehenden satzungsmäßigen Geschäftsbereich der Sparkasse liegt.

Eine weitere wichtige Ausnahme findet sich in § 29 Abs. 3 HessSparkG hinsichtlich der Nassauischen Sparkasse. Diese darf gem. § 29 Abs. 3 S. 1 HessSparkG unabhängig von dem in § 1 Abs. 3 HessSparkG festgelegten Regionalprinzip Zweigstellen in ihrem satzungsmäßigen Geschäftsgebiet eröffnen. Das satzungsmäßige Geschäftsgebiet überschneidet sich dabei mit den Geschäftsgebieten anderer Sparkassen, wobei deren vorherige Anhörung nicht erforderlich ist.[374] Zugleich dürfen gem. § 29 Abs. 3 S. 2 HessSparkG Sparkassen Zweigstellen in Gebieten errichten, in denen die Nassauische Sparkasse tätig ist, wenn diese Gebiete zum satzungsmäßigen Geschäftsbereich der Sparkasse zählen. Diese gesetzlich festgelegte Ausnahme vom Regionalprinzip für die Nassauische Sparkasse hat historische Gründe.[375]

2. Vergleich zur kommunalen Wirtschaftstätigkeit nach § 121 HGO

Um die Verfassungsmäßigkeit der sparkassenrechtlichen Ausnahmevorschriften bewerten zu können, ist ein Vergleich zur kommunalen Wirtschaftstätigkeit nach § 121 HGO hilfreich, da die Sparkassentätigkeit eine besondere Form der kommunalen Wirtschaftstätigkeit darstellt.[376] Den Ländern steht nach Art. 30, 70

---

373 *Stern/Nierhaus*, Das Regionalprinzip im öffentlich-rechtlichen Sparkassenwesen, S. 72.

374 *Staats*, Fusionen bei Sparkassen und Landesbanken, S. 96.

375 Ebd.

376 Kapitel 2: C. I. 3.

GG die Gesetzgebung für die Gemeindeordnungen zu, in denen die örtlichen Angelegenheiten der kommunalen Gebietskörperschaften geregelt und Zuständigkeiten, Aufgaben und Grenzen festgelegt sind. Die Gemeindeordnungen der Bundesländer sind in ihrem Aufbau und den Strukturen für die Gemeinden sehr ähnlich, was darauf zurückzuführen ist, dass die meisten Gemeindeordnungen auf die Deutsche Gemeindeordnung (DGO)[377] von 1935 zurückgehen.[378] In Hessen ist die wirtschaftliche Betätigung einer Gemeinde in § 121 HGO geregelt, wobei die Regelung für die Landkreise über § 52 Abs. 1 S. 1 HKO ebenfalls anzuwenden ist. Nach § 121 Abs. 1 S. 1 HGO darf sich eine Gemeinde grundsätzlich wirtschaftlich betätigen, wenn drei wesentliche Voraussetzungen erfüllt sind, die sog. Schrankentrias: Ein öffentlicher Zweck muss das Unternehmen rechtfertigen, das Unternehmen muss nach Art und Umfang in einem angemessenen Verhältnis zu der Leistungsfähigkeit der Gemeinde stehen und die echte Subsidiaritätsklausel[379] muss eingehalten werden.

a) Örtlichkeitsprinzip im hessischen Kommunalrecht

Das Örtlichkeitsprinzip findet seine Verankerung in Art. 28 Abs. 2 GG. Die Hessische Gemeindeordnung und die Hessische Landkreisordnung bilden in § 2 S. 1 HGO bzw. in § 2 Abs. 1 HKO die kommunale Selbstverwaltungsgarantie des Art. 28 Abs. 2 GG sowie des Art. 137 HessVerf. ab. Insofern ergibt sich die Begrenzung des kommunalen Tätigkeitsbereichs bereits aus dem Wortlaut der Normen, die auf das Gebiet der Gemeinde bzw. des Landkreises verweisen („in ihrem Gebiet"). Hierin ist das Örtlichkeitsprinzip verankert. In § 121 HGO selbst ist diese örtliche Radizierung allerdings nicht ausdrücklich festgelegt, ergibt sich jedoch aus einem Umkehrschluss zu § 121 Abs. 5 HGO, der die gebietsüberschreitende Wirtschaftstätigkeit regelt.[380] Für die wirtschaftliche Betätigung existiert somit grundsätzlich auch nach den einfachgesetzlichen Normen die örtliche Grenze.

---

377 Deutsche Gemeindeordnung vom 30. Januar 1935, RGBl. I S. 49.

378 *Ipsen*, in: FS für Rauschning (2001), S. 645, 650 f.; *Leder*, DÖV 2008, 173; *Schink*, NVwZ 2002, 129, 130; *Schmahl*, LKV 2000, 47, 48; *Sonder*, LKV 2013, 202.

379 Die Gemeindeordnungen unterscheiden sich insbesondere im Hinblick auf die Subsidiaritätsklausel, siehe näher *Pegatzky/Sattler*, NVwZ 2005, 1376 f.; *Schink*, NVwZ 2002, 129, 130 ff.; *Sonder*, LKV 2013, 202 f.

380 Siehe zur örtlichen Radizierung in § 121 HGO: *Ogorek*, in: Dietlein/Ogorek, BeckOK KommunalR Hessen, § 121 HGO Rn. 60.

b) Gesetzliche Ausnahmen vom Örtlichkeitsprinzip

Ähnlich wie die Durchbrechungen des Regionalprinzips im Hessischen Sparkassengesetz ist nach § 121 Abs. 5 HGO die wirtschaftliche Betätigung außerhalb des Gemeindegebiets ausnahmsweise erlaubt. Hierfür müssen die „Schrankentrias" erfüllt und die berechtigten Interessen der betroffenen kommunalen Gebietskörperschaften gewahrt sein. Darüber hinaus dürfen die Gemeinden Aufgaben außerhalb ihres eigenen Wirkungskreises wahrnehmen, wenn ihnen Aufgaben gesetzlich zugewiesen wurden als Aufgaben zur Erfüllung nach Weisung (vgl. Art. 4 Abs. 1 HGO) oder als Auftragsangelegenheiten (Art. 4 Abs. 2–4 HGO). Damit sind zwar Ausnahmen vom Örtlichkeitsprinzip möglich, aber dieses bleibt als Grundsatz bestehen. Auch § 121 Abs. 5 HGO verlangt eine örtliche Radizierung, weshalb es sich beim öffentlichen Zweck i.S.d. § 121 Abs. 1 S. 1 Nr. 1 HGO um eine Angelegenheit der örtlichen Gemeinde handeln muss.[381] Es bedarf gem. Art. 28 Abs. 2 GG stets eines Bezugs zur Gemeinde.[382]

Der Sinn und Zweck des § 121 Abs. 5 HGO besteht darin, die Chancengleichheit der kommunalen Unternehmen im Wettbewerb mit Privaten zu erhalten.[383] Es gibt kommunale Tätigkeitsgebiete, in denen Ausnahmen sinnvoll sein können. Hinsichtlich des Energiesektors werden allein durch die Energieförderung die kommunalen Grenzen häufiger überschritten. Dies zeigt sich in § 121 Abs. 5 HGO, der die überörtliche kommunale Wirtschaftstätigkeit in engen Grenzen ermöglicht. Für liberalisierte Tätigkeiten geht die Ausnahmevorschrift nach § 121 Abs. 5 Nr. 2 S. 2 HGO sogar noch weiter. In einem liberalisierten Markt dürfen sich danach die Kommunen am Wettbewerb beteiligen und dies auch in

---

381 *Ogorek*, in: Dietlein/Ogorek, BeckOK KommunalR Hessen, § 121 HGO Rn. 61.

382 Vgl. *Heintzen*, NVwZ 2000, 743, 744; *Isenburg*, Die Verbundzusammenarbeit der Sparkassen-Finanzgruppe, S. 21; *Jarass*, DVBl. 2006, 1, 2; *Ogorek*, in: Dietlein/Ogorek, BeckOK KommunalR Hessen, § 121 HGO Rn. 61; *Scheps*, Das Örtlichkeitsprinzip im kommunalen Wirtschaftsrecht, S. 133; *Wenzl*, Das Örtlichkeitsprinzip im europäischen Binnenmarkt, S. 40; siehe ferner *Kühling*, NJW 2001, 177, 178, nach dem bei Überschreitung der Gemeindegrenze noch nicht unbedingt eine gebietsüberschreitende Wirtschaftstätigkeit vorliegt, sofern ein hinreichender Bezug zur Gemeinde besteht.

383 LT-Drs. 16/2463, S. 60; *Ogorek*, in: Dietlein/Ogorek, BeckOK KommunalR Hessen, § 121 HGO Rn. 53; *Pegatzky/Sattler*, NVwZ 2005, 1376, 1377; *Zabel*, in: Bennemann u.a., KommunalverfassungsR Hessen, § 121 HGO Rn. 43; siehe aber *Heintzen*, NVwZ 2000, 743, nach dem kommunalen Unternehmen als Grundrechtsverpflichteten kein Recht aus Art. 3 Abs. 1 GG auf Chancengleichheit gegenüber privatwirtschaftlichen Unternehmen zukommt.

anderen Gemeindegebieten, womit eine Begrenzung auf das eigene Gemeindegebiet nicht vorliegt.[384] Die liberalisierten Märkte sind vor allem die Strom- und Gasversorgung.[385] Durch die Vorschrift soll insbesondere die Wirtschaftlichkeit der Betriebe sichergestellt werden.[386] Insofern ist in § 121 Abs. 1a S. 3 HGO verankert, dass die liberalisierten wirtschaftlichen Tätigkeiten in besonderer Weise dem Grundsatz der Wirtschaftlichkeit zu unterwerfen sind. Die gesetzlichen Ausnahmen zur kommunalen Wirtschaftstätigkeit reichen demzufolge weiter als die im hessischen Sparkassenrecht.

3. *Rechtliche Bewertung*

a) *Vereinbarkeit mit der kommunalen Selbstverwaltungsgarantie des gebietsüberschreitenden Sparkassenträgers*

Die Selbstverwaltungsgarantie ermöglicht die unternehmerische Tätigkeit einer Gemeinde. Dabei besteht die Selbstverwaltungsgarantie gem. Art. 28 Abs. 2 S. 1 GG selbst nur „im Rahmen der Gesetze", so dass sie der Erweiterung des Anwendungsbereichs[387] und seiner Ausgestaltung zugänglich ist[388]. Dementsprechend gilt wiederum, dass das kommunale Selbstverwaltungsrecht einer Gemeinde gesetzliche Ausnahmen vom sparkassenrechtlichen Regionalprinzip erlaubt.

b) *Abwehrrecht der von der überörtlichen Tätigkeit betroffenen Gemeinde*

Die kommunale Selbstverwaltungsgarantie ermöglicht die kommunale Wirtschaftstätigkeit von Gemeinden auf ihrem Gemeindegebiet. Gleichzeitig

---

384 LT-Drs. 17/405, S. 1.

385 LT-Drs. 17/405, S. 1; *Leder*, DÖV 2008, 173, 178 f.; *Ogorek*, in: Dietlein/Ogorek, BeckOK KommunalR Hessen, § 121 HGO Rn. 65; siehe zu dieser Entwicklung *Becker*, NStZ 2009, 306, 307.

386 *Ogorek*, in: Dietlein/Ogorek, BeckOK KommunalR Hessen, § 121 HGO Rn. 65; vgl. auch *Brüning*, NVwZ 2015, 689, 694; *Leder*, DÖV 2008, 173, 179.

387 Vgl. *Becker*, DÖV 2000, 1032, 1035; *Britz*, NVwZ 2001, 380, 385; *Brosius-Gersdorf*, AöR 130 (2005), 392, 412 ff.; *Dünchheim/Schöne*, DVBl. 2009, 146, 153; *Gern*, NJW 2002, 2593, 2595; *Guckelberger*, BayVBl. 2006, 293, 295 f.; *Kühling*, NJW 2001, 177, 179; *Oebbecke*, ZHR 164 (2000), 375, 387 f.; *Scharpf*, NVwZ 2005, 148, 150; *Schepers*, Internet-Banking und sparkassenrechtliches Regionalprinzip, S. 62 f.; *Schmidt-Aßmann*, in: FS für Sendler (1991), S. 121, 131.

388 BVerfGE 1, 167, 174 f.; BVerfGE 22, 180, 205; BVerfGE 38, 258, 278 f.; BVerfGE 76, 107, 118; BVerfGE 79, 127, 143; BVerfG, NVwZ 1999, 520; *Becker*, DÖV 2000, 1032, 1036; *Brosius-Gersdorf*, AöR 130 (2005), 392, 418; *Gern*, NJW 2002, 2593, 2596; *Heintzen*, NVwZ 2000, 743, 744; *Welti*, AöR 130 (2005), 529, 559 f.

schützt das kommunale Selbstverwaltungsrecht eine Gemeinde vor der überörtlichen Wirtschaftstätigkeit anderer Gemeinden.[389] Zumindest kann bei einer gebietsüberschreitenden Tätigkeit, die durch Zweigstellen erfolgt, nicht grundlos von ihrer Zulässigkeit ausgegangen werden. Jedoch gibt es auch kein verfassungsrechtliches Gebot, das eine enge Auslegung des Regionalprinzips erfordert, so dass jede Zweigstelle auf dem trägereigenen Gebiet sein müsse.[390] Die Rechtsprechung hat das Regionalprinzip als bestehenden Grundsatz immer wieder hervorgehoben. So führt der Bayerische Verfassungsgerichtshof aus, dass Überschneidungen von Geschäftsgebieten ausnahmsweise zulässig sind und keine Verletzung von Art. 28 Abs. 2 GG darstellen, sofern die Auswirkungen gering bleiben.[391] Dies kommt in Betracht bei einer bloß vorübergehenden Gebietsüberschreitung.[392] Insofern liegt kein Eingriff in die kommunale Selbstverwaltungsgarantie der von der Gebietsüberschreitung betroffenen Gemeinde vor, denn das Regionalprinzip wird nur teilweise durch überörtliche Tätigkeit durchbrochen und die Sparkassentätigkeit der betroffenen Gemeinde ist weiterhin möglich.[393]

Im Umkehrschluss bedeutet dies aber, dass „stärkere" Auswirkungen durchaus eine Verletzung des kommunalen Selbstverwaltungsrechts bedeuten können.

---

389 Vgl. OVG Münster, DVBl. 2008, 919, 922; *Becker*, DÖV 2000, 1032, 1036; *Brosius-Gersdorf*, AöR 130 (2005), 392, 407; *Dünchheim/Schöne*, DVBl. 2009, 146, 153; *Ehlers*, Verhandlungen zum 64. Deutschen Juristentages I (2002), Gutachten E, S. 100; *Gern*, NJW 2002, 2593, 2595; *Guckelberger*, BayVBl. 2006, 293, 295 ff.; *Gundlach*, LKV 2002, 264, 265; *Henneke*, ZVglRWiss 113 (2014), 535, 544 f.; *Hösch*, DÖV 2000, 393, 403; *Jarass*, DVBl. 2006, 1, 3; *Kühling*, NJW 2001, 177, 179; *Löwer*, NWVBl. 2000, 241, 244; *Nierhaus*, in: Mann/Püttner, Hdb. kommunale Wissenschaft und Praxis 2, § 40 Rn. 25; *Scharpf*, NVwZ 2005, 148, 149; *Schink*, NVwZ 2002, 129, 136; *Schulz*, BayVBl. 1998, 449, 452; *Stober*, NJW 2002, 2357, 2365; *Wenzl*, Das Örtlichkeitsprinzip im europäischen Binnenmarkt, S. 78; siehe auch *Ogorek*, in: Dietlein/Ogorek, BeckOK KommunalR Hessen, § 121 HGO Rn. 59; *Thomas*, Die kartellrechtliche Bewertung des sparkassenrechtlichen Regionalprinzips, S. 6; a.A. *Britz*, NVwZ 2001, 380, 386; *Kolm*, Das sparkassenrechtliche Regionalprinzip, S. 62 f.; *Walendy*, Theorie kommunaler Wettbewerbsunternehmen, S. 220 f.

390 BayVerfGH, DVBl. 1986, 39, 40; *Fischer*, EWiR 1986, 225.

391 BayVerfGH, DVBl. 1986, 39, 43; zudem *Dünchheim/Schöne*, DVBl. 2009, 146, 153; *Jarass*, DVBl. 2006, 1, 4.

392 *Ehlers*, Verhandlungen zum 64. Deutschen Juristentages I (2002), Gutachten E, S. 95; *Heilshorn*, Gebietsbezug der Kommunalwirtschaft, S. 144; *Wenzl*, Das Örtlichkeitsprinzip im europäischen Binnenmarkt, S. 80.

393 Vgl. zur überörtlichen Wirtschaftstätigkeit *Schepers*, Internet-Banking und sparkassenrechtliches Regionalprinzip, S. 64.

Keine Verletzung der kommunalen Selbstverwaltungsgarantie ist zumindest dann anzunehmen, wenn die betroffene Gemeinde ihr Einverständnis in die überörtliche Wirtschaftstätigkeit der anderen Gemeinde gibt.[394] In diesem Fall hat die betroffene Gemeinde freiwillig auf ihre Eigenverantwortlichkeit verzichtet. Das Einverständnis muss auch dann ergehen, wenn sich die Gemeinde bisher nicht in dem betreffenden Bereich wirtschaftlich betätigt.[395] So schützt Art. 28 Abs. 2 GG grundsätzlich die betroffene Sparkasse vor Überschreitungen des Regionalprinzips durch eine andere Sparkasse, die Zweigstellen außerhalb ihres Gemeindegebiets errichtet.[396] Der einfache Gesetzgeber kann daher die Zulässigkeit überörtlicher Tätigkeit von kommunalen Wirtschaftsunternehmen nur insoweit regeln, als die Rechte betroffener Gemeinden beachtet werden.[397] Somit bedarf es einer gesetzlichen Grundlage, womit das bloße Einverständnis der Zielgemeinde allein nicht ausreichend ist.[398] Des Weiteren muss ein öffentlicher

---

394 *Brosius-Gersdorf*, AöR 130 (2005), 392, 410; *Guckelberger*, BayVBl. 2006, 293, 295; *Henneke*, Der Landkreis 2014, 527, 532; *ders.*, ZVglRWiss 113 (2014), 535, 544 f.; *Ipsen*, in: FS für Rauschning (2001), S. 645, 664; *Jarass*, DVBl. 2006, 1, 6; *Ogorek*, in: Dietlein/Ogorek, BeckOK KommunalR Hessen, § 121 HGO Rn. 64; *Scharpf*, NVwZ 2005, 148, 149; siehe auch allgemein *Mehde*, in: Maunz/Dürig, GG, Art. 28 Abs. 2 Rn. 98.

395 *Ogorek*, in: Dietlein/Ogorek, BeckOK KommunalR Hessen, § 121 HGO Rn. 64; *Scharpf*, NVwZ 2005, 148, 151; vgl. *Becker*, DÖV 2000, 1032, 1037 ff.; zumindest, wenn die Gemeinde eine kommunale Betätigung plant: *Wenzl*, Das Örtlichkeitsprinzip im europäischen Binnenmarkt, S. 81; zweifelnd *Engels/Krausnick*, Kommunalrecht, § 8 Rn. 25; a.A. *Ehlers*, Verhandlungen zum 64. Deutschen Juristentages I (2002), Gutachten E, S. 98; *Heilshorn*, Gebietsbezug der Kommunalwirtschaft, S. 144.

396 *Schäfer*, Das öffentlich-rechtliche Bankensystem, S. 33 f.; *Stern*, Das sparkassenrechtliche Regionalprinzip, S. 41 f.; vgl. *Ritgen*, DVBl. 2015, 685 f.

397 OLG Düsseldorf, NVwZ 2000, 714, 715; *Becker*, DÖV 2000, 1032, 1035; *Becker*, VR 2018, 329, 334; *Brosius-Gersdorf*, AöR 130 (2005), 392, 419; *Buchmann*, Kommunale Energieversorgungsunternehmen in der Krise, S. 72; *Dünchheim/Schöne*, DVBl. 2009, 146, 153; *Guckelberger*, BayVBl. 2006, 293, 295 f.; *Kühling*, NJW 2001, 177, 181; *Ogorek*, in: Dietlein/Ogorek, BeckOK KommunalR Hessen, § 121 HGO Rn. 59; *Scharpf*, NVwZ 2005, 148, 149; *Schepers*, Internet-Banking und sparkassenrechtliches Regionalprinzip, S. 65; *Schink*, NVwZ 2002, 129, 136; ferner *Wenzl*, Das Örtlichkeitsprinzip im europäischen Binnenmarkt, S. 85 f.; a.A. wohl *Leder*, DÖV 2008, 173, 180.

398 Ausdrücklich *Wenzl*, Das Örtlichkeitsprinzip im europäischen Binnenmarkt, S. 51; vgl. *Brosius-Gersdorf*, AöR 130 (2005), 392, 418 f.; *Gern/Brüning*, Deutsches Kommunalrecht, Rn. 1008; *Heintzen*, NVwZ 2000, 743, 745; *Schink*, NVwZ 2002, 129, 136; a.A. OLG Düsseldorf, NVwZ 2000, 714, 715.

Zweck diese Tätigkeit rechtfertigen,[399] da die Kommunalwirtschaft den Belangen der örtlichen Gemeinschaft dienen soll. Der öffentliche Zweck kann wiederum nur im Einzelfall bewertet werden. Zu denken ist als Rechtfertigungsgrund etwa an die Sicherstellung der Versorgung,[400] wenn ein Einverständnis der betroffenen Gemeinde in die gebietsüberschreitende Tätigkeit vorliegt.

c) Verstoß gegen das Demokratieprinzip

Die öffentliche Hand kann nur kompetenzgebunden handeln, so dass ihr kein freies Handeln wie Privaten möglich ist; zudem bedarf die Geschäftstätigkeit von Kommunen einer Rechtfertigung. Die kommunale Wirtschaftstätigkeit und damit auch die Sparkassentätigkeit werden durch die Gebietsangehörigen legimitiert.[401] Jedoch vermögen die Gemeindeeinwohner mit ihrem Gebietsbezug die Tätigkeit einer Sparkasse in einem anderen Gemeindegebiet nicht zu legitimieren. Die Gemeindeeinwohner der betroffenen Gemeinde können wiederum noch weniger das unternehmerische Handeln legitimieren, da sie als Bürger keinen Einfluss auf eine andere Kommune haben,[402] der bei Kommunalwahlen zum Ausdruck kommt.[403] Demnach fehlt bei gebietsüberschreitender

---

399 Vgl. BVerfGE 61, 82, 107; RhPfVerfGH, NVwZ 2000, 801, 803; *Ehlers*, Verhandlungen zum 64. Deutschen Juristentages I (2002), Gutachten E, S. 99; *Heintzen*, NVwZ 2000, 743, 745 f.; *Scharpf*, NVwZ 2005, 148, 151; *Schmahl*, LKV 2000, 47; *Schneider*, DVBl. 2000, 1250, 1257; ferner *Kemmler*, Die Verwaltung 49 (2016), 397, 399; *Lux*, NWVBl. 2000, 7, 10.

400 Siehe hierzu *Löwer*, NWVBl. 2000, 241, 245; *Lux*, NWVBl. 2000, 7, 10; *Scharpf*, NVwZ 2005, 148, 151 f.; einschränkend *Wenzl*, Das Örtlichkeitsprinzip im europäischen Binnenmarkt, S. 84.

401 VerfGH NRW, NVwZ 1987, 211, 212; *Henneke*, ZVglRWiss 113 (2014), 535, 545; *Isenburg*, Die Verbundzusammenarbeit der Sparkassen-Finanzgruppe, S. 24; *Katz*, NVwZ 2018, 1091, 1094; *Oebbecke*, LKV 2006, 145, 147; ferner *Schepers*, Internet-Banking und sparkassenrechtliches Regionalprinzip, S. 70 ff.; zur kommunalen Wirtschaftstätigkeit: *Becker*, in: Mann/Püttner, Hdb. kommunale Wissenschaft und Praxis 2, § 50 Rn. 34; *Ehlers*, Verhandlungen zum 64. Deutschen Juristentages I (2002), Gutachten E, S. 101; *Heilshorn*, VerwArch 96 (2005), 88, 94; *Katz*, NVwZ 2018, 1091, 1094; *Löwer*, NWVBl. 2000, 241, 244; *Wenzl*, Das Örtlichkeitsprinzip im europäischen Binnenmarkt, S. 88.

402 Vgl. hierzu *Brosius-Gersdorf*, AöR 130 (2005), 392, 423; *Kemmler*, Die Verwaltung 49 (2016), 397, 420 f.; *Meyer*, LKV 2000, 321, 324; *Wenzl*, Das Örtlichkeitsprinzip im europäischen Binnenmarkt, S. 43.

403 *Henneke*, ZVglRWiss 113 (2014), 535, 545; *Schepers*, Internet-Banking und sparkassenrechtliches Regionalprinzip, S. 72 f.

unternehmerischer Kommunaltätigkeit die demokratische Legitimation für das Handeln,[404] so dass das unternehmerische Handeln grundsätzlich nicht auf fremdes Gemeindegebiet ausgelagert werden kann. Bei einer kommunalen Tätigkeit, welche die Gebietsgrenzen in Nachbargemeinden überschreitet, besteht somit auf jeden Fall ein Legitimationsdefizit[405].

Dennoch ermöglichen die Ausnahmen im hessischen Sparkassen- und Kommunalrecht überörtliche Kommunaltätigkeiten. Hierbei ist zu berücksichtigen, dass das Demokratieprinzip gem. Art. 20 Abs. 2 GG nicht vorbehaltlos gilt.[406] Somit sind Ausnahmen denkbar, für die es nach Art. 20 Abs. 2 GG auf jeden Fall einer gesetzlichen Grundlage bedarf.[407] Insofern sind nach dem Hessischen Verwaltungsgerichtshof alle Überschreitungen, die ohne gesetzliche Zulassung oder aufsichtsbehördliche Genehmigung vorgenommen werden, Rechtsverletzungen, die grundsätzlich durch die Staatsaufsicht zu beanstanden sind.[408]

---

404 *Heilshorn*, VerwArch 96 (2005), 88, 94; *Henneke*, ZVglRWiss 113 (2014), 535, 544; *Isenburg*, Die Verbundzusammenarbeit der Sparkassen-Finanzgruppe, S. 25; *Katz*, NVwZ 2018, 1091, 1092; *Meyer*, LKV 2000, 321, 323 f.; *Stern*, Das sparkassenrechtliche Regionalprinzip, S. 57; *Wenzl*, Das Örtlichkeitsprinzip im europäischen Binnenmarkt, S. 91; ferner *Oebbecke*, LKV 2006, 145, 147; a.A. *Jarass*, DVBl. 2006, 1, 4.

405 *Brosius-Gersdorf*, AöR 130 (2005), 392, 432; *Engels/Krausnick*, Kommunalrecht, § 8 Rn. 26; ferner *Ipsen*, in: FS für Rauschning (2001), S. 645, 666; *Ritgen*, DVBl. 2015, 685, 686; *Schepers*, Internet-Banking und sparkassenrechtliches Regionalprinzip, S. 72 f.

406 *Brosius-Gersdorf*, AöR 130 (2005), 392, 437; ferner *Ehlers*, Verhandlungen zum 64. Deutschen Juristentages I (2002), Gutachten E, S. 101; *Oebbecke*, ZHR 164 (2000), 375, 388 f.; *Schepers*, Internet-Banking und sparkassenrechtliches Regionalprinzip, S. 72 f.

407 VGH Kassel, ESVGH 16, 151, 155; *Raskin*, Das Regionalprinzip und (neue) elektronische Vertriebswege im Retailbanking, S. 79; *Stern/Nierhaus*, Das Regionalprinzip im öffentlich-rechtlichen Sparkassenwesen, S. 73; *Wohltmann*, NdsVBl. 2015, 128, 132; zur kommunalen Wirtschaftstätigkeit: *Becker*, DÖV 2000, 1032, 1036; *Brosius-Gersdorf*, AöR 130 (2005), 392, 408 ff.; *Buchmann*, Kommunale Energieversorgungsunternehmen in der Krise, S. 72 ff.; *Ehlers*, NWVBl. 2000, 1, 6; *Engels/Krausnick*, Kommunalrecht, § 8 Rn. 24; *Gern*, NJW 2002, 2593, 2595; *Grünewald*, in: Theobald/Kühling, EnergieR, Gemeinden und Energiewirtschaft, 200. Einführung in das Kommunalwirtschaftsrecht, Rn. 36; *Heintzen*, NVwZ 2000, 743, 745; *Hösch*, DÖV 2000, 393, 403; *Jarass*, DVBl. 2006, 1, 3; *Krausnick*, VerwArch 102 (2011), 359, 362; *Mehde*, in: Maunz/Dürig, GG, Art. 28 Abs. 2 Rn. 95; *Scharpf*, NVwZ 2005, 148, 150; *Wenzl*, Das Örtlichkeitsprinzip im europäischen Binnenmarkt, S. 51; *Wohltmann*, NdsVBl. 2015, 128, 132; siehe auch *Becker*, VR 2018, 329, 331.

408 VGH Kassel, ESVGH 16, 151, 155.

Liegt eine Rechtsgrundlage vor und ermöglicht diese als Ausnahme die überörtliche Sparkassentätigkeit, ist dies mit dem Demokratieprinzip vereinbar. Allerdings muss stets ein Bezug zu den Gemeindeeinwohnern bestehen. Mit der Berücksichtigung der Interessen der betroffenen Gemeinde kann indes das Legitimationsdefizit überwunden werden. Deren Entscheidung über das „ob" der überörtlichen Wirtschaftstätigkeit einer anderen Gemeinde hat verbindliche Rückwirkung für das Gemeindevolk.[409]

d) Bewertung der gesetzlichen Ausnahmevorschriften

Die gesetzlichen Regelungen, wie z.B. § 121 Abs. 5 S. 1 Nr. 2 HGO, die eine kommunale Wirtschaftstätigkeit außerhalb des Gemeindegebiets ausnahmsweise erlauben, sofern die berechtigten Interessen der betroffenen Gemeinde Berücksichtigung finden, stehen im Einklang mit diesen Voraussetzungen. Das Erfordernis der „berechtigten Interessen" verlangt grundsätzlich eine Einigung mit der betroffenen Kommune.[410] Ein berechtigtes Interesse besteht beispielsweise darin, wenn sich die betroffene Gemeinde selbst wirtschaftlich betätigt[411] oder betätigen will[412]. Aufgrund der Berücksichtigung der gem. Art. 28 Abs. 2 GG garantierten Interessen der betroffenen Gemeinde ist daher von der Verfassungsmäßigkeit des § 121 Abs. 5 HGO auszugehen.[413] Ausnahmevorschriften anderer Bundesländer zur überörtlichen, kommunalen Wirtschaftstätigkeit, welche die genannten Voraussetzungen beachten, sind ebenso als

---

409 *Brosius-Gersdorf*, AöR 130 (2005), 392, 435; ferner *Heilshorn*, Gebietsbezug der Kommunalwirtschaft, S. 131; a.A. *Wenzl*, Das Örtlichkeitsprinzip im europäischen Binnenmarkt, S. 92.

410 LT-Drs. 16/2463, S. 60; zweifelnd *Zabel*, in: Bennemann u.a., KommunalverfassungsR Hessen, § 121 HGO Rn. 45.

411 *Becker*, DÖV 2000, 1032, 1037; *Dünchheim/Schöne*, DVBl. 2009, 146, 153; *Ogorek*, in: Dietlein/Ogorek, BeckOK KommunalR Hessen, § 121 HGO Rn. 63; einschränkend *Ehlers*, Verhandlungen zum 64. Deutschen Juristentages I (2002), Gutachten E, S. 98, nach dem zusätzlich das fehlende Einverständnis für die kommunale Konkurrenz und die erhebliche Beeinträchtigung durch die kommunale Konkurrenz vorliegen müssen; dem zustimmend *Hauser*, Wirtschaftliche Betätigung von Kommunen, S. 100; *Wenzl*, Das Örtlichkeitsprinzip im europäischen Binnenmarkt, S. 70.

412 *Ogorek*, in: Dietlein/Ogorek, BeckOK KommunalR Hessen, § 121 HGO Rn. 63.

413 *Ogorek*, in: Dietlein/Ogorek, BeckOK KommunalR Hessen, § 121 HGO Rn. 59; vgl. auch *Gern*, NJW 2002, 2593, 2596; *Heintzen*, NVwZ 2000, 743, 744; *Kühling*, NJW 2001, 177, 179 f.; *Schink*, NVwZ 2002, 129, 136.

verfassungsgemäß anzusehen.[414] Im Widerspruch hierzu steht allerdings § 121 Abs. 5 Nr. 2 S. 2 HGO, nach dem bei gesetzlich liberalisierten Tätigkeiten nur die Interessen als berechtigt gelten, die nach den maßgeblichen Vorschriften eine Einschränkung des Wettbewerbs zulassen. Die Verfassungsmäßigkeit dieser Ausnahmevorschrift ist daher zweifelhaft,[415] wobei in dieser Arbeit nicht näher auf diese besondere Konstellation eingegangen werden kann.

Im Hinblick auf die überörtliche Sparkassentätigkeit gilt Vergleichbares. Dabei sind die Ausnahmen in ihrem Anwendungsbereich viel begrenzter als die zur kommunalen Wirtschaftstätigkeit. So soll eine Zweigstellenerrichtung außerhalb des Trägergebiets grundsätzlich nur erfolgen, wenn dort keine Sparkasse tätig ist. Über die in § 1 Abs. 3 S. 2 Alt. 1 HessSparkG erforderliche Genehmigung der Aufsichtsbehörde und der Anhörung der anderen Sparkassen werden die Interessen der betroffenen Gemeinde gewahrt.[416] Zudem wirkt § 1 Abs. 3 HessSparkG einschränkend, nach dem die Zweigstellenerrichtung gem. § 1 Abs. 3 S. 3 HessSparkG nur möglich ist, wenn die Zweigstelle bereits in dem bestehenden satzungsmäßigen Geschäftsbereich der Sparkasse liegen würde. Somit sehen die Vorschriften enge Ausnahmen vor[417] und keine „nennenswerten Durchbrechungen des Regionalprinzips“[418]. Ausnahmen vom Regionalprinzip bezwecken letztlich, eine Sparkasse flexibel zu erhalten.[419] Jedoch muss das Regionalprinzip der Grundsatz bleiben, die Sparkassen sollen den Bedürfnissen der örtlichen Bevölkerung dienen, und das Regionalprinzip ist für das Sparkassenwesen

---

414 OLG Düsseldorf, NVwZ 2000, 714, 715; *Britz*, NVwZ 2001, 380, 386; *Brosius-Gersdorf*, AöR 130 (2005), 392, 419; *Heintzen*, NVwZ 2000, 743, 745; *Kühling*, NJW 2001, 177, 179 ff.; *Mehde*, in: Maunz/Dürig, GG, Art. 28 Abs. 2 Rn. 95; *Scharpf*, NVwZ 2005, 148, 150; *Schink*, NVwZ 2002, 129, 137.

415 Die Verfassungswidrigkeit bejahend etwa *Ehlers*, Verhandlungen zum 64. Deutschen Juristentages I (2002), Gutachten E, S. 100; *Hauser*, Wirtschaftliche Betätigung von Kommunen, S. 110; wohl auch *Heilshorn*, VerwArch 96 (2005), 88, 96. Zum entsprechenden § 107 Abs. 3 S. 2 GO NRW a.F. (entspricht § 107a Abs. 3 S. 2 GO NRW): *Dünchheim/Schöne*, DVBl. 2009, 146, 154; *Schink*, NVwZ 2002, 129, 136 f.; vorsichtiger *Kühling*, NJW 2001, 177, 181. Zum entsprechenden § 87 Abs. 2 S. 2 BayGO: *Scharpf*, NVwZ 2005, 148, 152.

416 Vgl. *Schepers*, Internet-Banking und sparkassenrechtliches Regionalprinzip, S. 65 f.

417 Vgl. SächsVerfGH, LKV 2001, 216, 219; *Ehlers*, Verhandlungen zum 64. Deutschen Juristentages I (2002), Gutachten E, S. 98.

418 SächsVerfGH, LKV 2001, 216, 219.

419 *Fischer*, EWiR 1986, 225; *Klein*, Das Sparkassenwesen in Deutschland und in Frankreich, S. 140; *Möhle*, Kreditwesen 1979, 680; *Stern*, Das sparkassenrechtliche Regionalprinzip, S. 40.

und ihre Aufgabenwahrnehmung prägend.[420] Weitergehende Ausnahmen wie im sonstigen hessischen Kommunalrecht sieht das Hessische Sparkassengesetz nicht vor. Zu beachten ist überdies, dass einfachgesetzliche Landesvorschriften nicht über die Grenzen eines Bundeslandes hinausgehen können,[421] da dem Landesgesetzgeber hierfür die Kompetenz fehlt und ansonsten in die Hoheitsrechte des betroffenen Bundeslandes eingegriffen würde. Demnach können gesetzliche Ausnahmen im hessischen Sparkassenrecht zum Regionalprinzip nur innerhalb Hessens wirken.

4. Ergebnis

Gesetzliche Ausnahmen des Regionalprinzips gibt es bereits im Hessischen Sparkassengesetz in engen Grenzen. Diese sind zulässig für eine überörtliche Tätigkeit innerhalb Hessens. Die kommunale Selbstverwaltungsgarantie nach Art. 28 Abs. 2 GG steht diesen einfachgesetzlich geregelten, überörtlichen Tätigkeiten einer Gemeinde nicht entgegen, schützt diese aber auch nicht.[422] Zudem dürfen die Ausnahmen den Grundsatz der örtlichen Grenze nicht beseitigen.

---

420 Vgl. VGH München, BayVBl. 1981, 530, 531.

421 *Becker*, DÖV 2000, 1032, 1035; *Brosius-Gersdorf*, AöR 130 (2005), 392, 412; *Buchmann*, Kommunale Energieversorgungsunternehmen in der Krise, S. 73; *Dünchheim/Schöne*, DVBl. 2009, 146, 154; *Ehlers*, Verhandlungen zum 64. Deutschen Juristentages I (2002), Gutachten E, S. 100; *Guckelberger*, BayVBl. 2006, 293, 298; *Gundlach*, LKV 2002, 264, 265; *Kühling*, NJW 2001, 177, 181; *Ogorek*, in: Dietlein/Ogorek, BeckOK KommunalR Hessen, § 121 HGO Rn. 66; *Scharpf*, NVwZ 2005, 148, 149; *Schink*, NVwZ 2002, 129, 136; *Weiß*, DVBl. 2003, 564, 565 in Fn. 10; *Wenzl*, Das Örtlichkeitsprinzip im europäischen Binnenmarkt, S. 69; zur Gebietsüberschreitung durch Kooperation *Gern*, NJW 2002, 2593, 2598; a.A. wohl *Jarass*, DVBl. 2006, 1, 4.

422 *Becker*, DÖV 2000, 1032, 1036; *Buchmann*, Kommunale Energieversorgungsunternehmen in der Krise, S. 72; *Brosius-Gersdorf*, AöR 130 (2005), 392, 405; *Gern*, NJW 2002, 2593, 2595; *Henneke*, ZVglRWiss 113 (2014), 535, 544 f.; *Kemmler*, Die Verwaltung 49 (2016), 397, 401; *Kühling*, NJW 2001, 177, 179; *Mehde*, in: Maunz/Dürig, GG, Art. 28 Abs. 2 Rn. 95; *Scharpf*, NVwZ 2005, 148, 149; *Wolff*, DÖV 2011, 721, 724. Nach *Hellermann*, Örtliche Daseinsvorsorge und gemeindliche Selbstverwaltung, S. 211 ff. umfasst der Schutz durch Art. 28 Abs. 2 GG alle überörtlichen kommunalen Wirtschaftstätigkeiten, sofern noch ein sachlicher Bezug zum Gemeindegebiet vorliegt; a.A. *Ehlers*, DVBl. 1998, 497, 504; *Meyer*, LKV 2000, 321, 323; *Ruffert*, VerwArch 92 (2001), 27, 34.

V. Schutz von privaten Kreditinstituten und Genossenschaftsbanken in § 121 Abs. 1 S. 1 Nr. 3 HGO oder in ihren Grundrechten gegenüber gebietsüberschreitender Sparkassentätigkeit

Wenn eine Sparkasse in Hessen gebietsüberschreitend tätig wird, könnte dies private Kreditinstitute und Genossenschaftsbanken in ihren subjektiven Rechten verletzen. In diesen Regionen hätten die Kreditinstitute mit zusätzlichem Wettbewerb zu rechnen. Zwar würde für die Sparkassen untereinander mehr Wettbewerb entstehen; dieser wäre aber ebenso für andere Kreditinstitute spürbar. Die den Gemeinden gewährleistete Selbstverwaltung ermöglicht die Sparkassentätigkeit, vermag allerdings kein unbeschränktes Recht auf wirtschaftliche Betätigung zu gewährleisten.[423] Insofern ist zu fragen, ob die gebietsüberschreitende Sparkassentätigkeit eine Verletzung von privaten Kreditinstituten und Genossenschaftsbanken in ihren subjektiven Rechten darstellt.

1. *Verletzung des subjektiv-öffentlichen Rechts aus § 121 Abs. 1 S. 1 Nr. 3 HGO*

In § 121 Abs. 1b HGO ist mit der echten Subsidiaritätsklausel ausdrücklich festgelegt, dass § 121 Abs. 1 Nr. 3 HGO drittschützende Wirkung entfaltet und gewährt damit privaten Unternehmen ein subjektiv-öffentliches Recht, welches sie vor den Verwaltungsgerichten geltend machen können. Insofern sieht § 121 Abs. 1 Nr. 3 HGO einen Vorrang von privaten Dritten vor, wodurch die Interessen der Privatwirtschaft geschützt werden sollen.[424] Im Sparkassenwesen gelten nach § 121 Abs. 9 S. 2 HGO die besonderen Vorschriften des Hessischen Sparkassengesetzes. Sofern Letzteres keine Regelung zur relevanten Frage enthält, kann auf das allgemeine Kommunalrecht zurückgegriffen werden, da das Sparkassenrecht ein besonderer Teil des Kommunalwirtschaftsrechts ist.[425] Im hessischen Sparkassenrecht findet sich keine Vorschrift, aus der ein subjektiv-öffentliches Recht für private Kreditinstitute herzuleiten wäre. Somit könnte von der Anwendung der echten Subsidiaritätsklausel nach § 121 Abs. 1b HGO für private Kreditinstitute auszugehen sein. Dies ist jedoch zweifelhaft, da § 121 Abs. 1b HGO ausdrücklich nur auf § 121 Abs. 1 Nr. 3 und Abs. 1a HGO Bezug nimmt. § 121 Abs. 1 Nr. 3, Abs. 1a HGO wiederum gilt nicht für die hessischen Sparkassen,

---

423 Vgl. *Darsow*, LKV 2002, 1, 4; *Wendt*, in: Mann/Püttner, Hdb. kommunale Wissenschaft und Praxis 2, § 42 Rn. 46.

424 LT-Drs. 16/2463, S. 59.

425 Ausführlich Kapitel 2: C. I. 3.

da das Hessische Sparkassengesetz eigene Regelungen zur kommunalen Sparkassentätigkeit und ihrer Organisation sowie Errichtung enthält. Auch wenn Sparkassen als kommunale Wirtschaftsunternehmen qualifiziert werden können und die Sparkassentätigkeit – ähnlich dem öffentlichen Zweck eines kommunalen Wirtschaftsunternehmens – an einen öffentlichen Auftrag geknüpft ist, gibt es die besonderen Vorschriften im Sparkassenrecht, weshalb die subsidiäre Anwendung des § 121 Abs. 1 bis 8 HGO insgesamt nicht in Betracht kommt. Im hessischen Sparkassenrecht besteht keine echte Subsidiaritätsklausel, auf die sich Privat- sowie Genossenschaftsbanken berufen können. Dem entspricht, dass Sparkassen – abgesehen von den historisch gewachsenen Freien Sparkassen – ohnehin nur von Kommunen betrieben werden können, so dass § 121 Abs. 1b HGO vom Wortlaut ebenfalls nicht auf hessische Sparkassen passt.

2. *Verletzung in den Grundrechten*

Die Sparkassen sind an die Grundrechte gebunden. Es könnten sich daher Grenzen für ihre Sparkassentätigkeit aus den Grundrechten der privaten Kreditinstitute und Genossenschaftsbanken ergeben. Zunächst ist daran zu denken, dass die Verfassung die Privatwirtschaft nicht vor der kommunalen Wirtschaftstätigkeit an sich schützt.[426] Insofern garantiert das Grundgesetz „der Privatwirtschaft nicht die Ausschließlichkeit des wirtschaftlichen Handelns".[427] Damit lässt sich dem Grundgesetz weder ein Vorrang für die privatwirtschaftliche Tätigkeit entnehmen noch eine unbeschränkte kommunale Wirtschaftstätigkeit.[428] Die Konkurrenz durch die öffentliche Hand müssen private Unternehmen und

---

426 Vgl. BVerfGE 24, 236; BVerwGE 39, 329, 336 f.; BVerwGE 71, 183, 193; BVerwG, NJW 1995, 2938, 2939; VGH Kassel, DÖV 1996, 476, 477; *Badura*, ZGR 1997, 291, 304; *Britz*, NVwZ 2001, 380, 386; *Gerke*, Jura 1985, 349, 356 f.; *Meyer*, LKV 2000, 321, 322; *Otting*, DVBl. 1997, 1258, 1260; *Pagenkopf*, GewArch 2000, 177, 183; *Papier*, DVBl. 2003, 686, 689; *Riese/Suermann*, LKV 2005, 289, 291; *Ruffert*, NVwZ 2000, 763, 764; *Sauer/Heller/Glass*, in: FG für Schwintowski (2012), S. 187, 201; *Schmahl*, LKV 2000, 47, 51; *Schulz/Tischer*, GewArch 2014, 1, 3; ferner *Brüning*, NVwZ 2015, 689, 693; a.A. bejaht einen weitreichenden grundrechtlichen Abwehranspruch aus Art. 12 Abs. 1 GG gegenüber kommunalen Marktteilnehmern, wodurch die kommunale Wirtschaftstätigkeit einen Eingriff in die Berufsfreiheit darstellt, der rechtfertigungsbedürftig ist: *Hösch*, DÖV 2000, 393, 398 f.; *Schink*, NVwZ 2002, 129, 138; *Teuteberg*, LKV 2008, 150, 151; *Tettinger*, NJW 1998, 3473, 3474.

427 BVerwGE 39, 329, 336; zustimmend *Hill*, BB 1997, 425, 428; *Jarass*, Kommunale Wirtschaftsunternehmen im Wettbewerb, S. 21.

428 Vgl. OVG Münster, NVwZ 1986, 1045, 1046; *Britz*, NVwZ 2001, 380, 381; *Ehlers*, Verhandlungen zum 64. Deutschen Juristentages I (2002), Gutachten E, S. 76; *Hill*,

auch private Kreditinstitute und Genossenschaftsbanken akzeptieren. Die kommunale Wirtschaftstätigkeit vermindert lediglich die Erwerbschancen anderer Anbieter, verletzt jedoch grundsätzlich nicht die Wettbewerbsfreiheit.[429]

Es gibt allerdings Grenzen für die kommunale Wirtschaftstätigkeit, welche die Privatwirtschaft schützen. Hierzu zählen die Grundrechte. Auch wenn durch die Grundrechte kein genereller Schutz vor kommunaler Konkurrenz existiert, ist die Privatwirtschaft durch die subjektiv-öffentlichen Abwehrrechte aus Art. 12 Abs. 1 GG und Art. 14 Abs. 1 GG gegenüber der kommunalen Wirtschaftstätigkeit unter sehr engen Voraussetzungen geschützt.[430] Die Wettbewerbsfreiheit durch die wirtschaftliche Tätigkeit von Gemeinden ist dann in unerträglichem Maße eingeschränkt, wenn die Konkurrenz unmöglich gemacht wird oder eine kommunale Monopolstellung vorliegt.[431]

Die Sparkassentätigkeit ist den Gemeinden aufgrund der kommunalen Selbstverwaltungsgarantie möglich, welche sie zugleich rechtfertigt. Die Tätigkeit privater Kreditinstitute und Genossenschaftsbanken wird hiervon nicht verhindert. Weder ist durch eine überregionale Sparkassentätigkeit das von Art. 14 Abs. 1 GG Erworbene betroffen noch der von Art. 12 Abs. 1 GG geschützte Erwerb. Eine Sparkassentätigkeit außerhalb der Gemeindegrenzen führt allenfalls zu erhöhter Konkurrenz. Zwar könnten einige Sparkassen durch eine Expansion wirtschaftlich sehr mächtig werden. Von einem Verdrängungswettbewerb oder einer Monopolstellung sind die Sparkassen jedoch weit entfernt. Dem Wettbewerbsrecht unterliegen die Sparkassen weiterhin. Insofern würde eine zusätzliche Sparkasse im Geschäftsgebiet den Wettbewerb lediglich verschärfen.[432] Den Sparkassen stehen bei einer gebietsüberschreitenden Tätigkeit auch keine Vorteile oder hoheitlichen Befugnisse zu. Daher ist nicht von einem Eingriff in die Grundrechte der privaten Kreditinstitute und Genossenschaftsbanken

---

BB 1997, 425, 428; *Meyer*, LKV 2000, 321, 322; a.A. *Küchenhoff*, NJW 1968, 433, 435, der von einem Vorrang der Privatwirtschaft ausgeht.

429 BVerwGE 39, 329, 336 f.; *Papier*, DVBl. 2003, 686, 689; vgl. *Gerke*, Jura 1985, 349, 357; *Jarass*, Kommunale Wirtschaftsunternehmen im Wettbewerb, S. 17; siehe auch BVerfG, NJW 1193, 1969, 1971.

430 Siehe *Hill*, BB 1997, 425, 428; *Papier*, DVBl. 2003, 686, 689; *Schmahl*, LKV 2000, 47, 51 f.; ausführlich *Wendt*, in: Mann/Püttner, Hdb. kommunale Wissenschaft und Praxis 2, § 42 Rn. 47 ff.

431 BVerwGE 39, 329, 336 f.; BVerwG, NJW 1995, 2938, 2939; *Ehlers*, DVBl. 1998, 497, 503; *Gern/Brüning*, Deutsches Kommunalrecht, Rn. 1011 f.; *Hill*, BB 1997, 425, 428; *Meyer*, LKV 2000, 321, 322; *Schmahl*, LKV 2000, 47, 51 f.

432 Vgl. zum Hinzutreten eines öffentlichen Konkurrenten BVerwGE 71, 183, 193; BVerwG, NJW 1995, 2938, 2939; *Jarass*, Kommunale Wirtschaftsunternehmen im Wettbewerb, S. 23.

auszugehen. Den privaten Konkurrenten steht demnach kein Abwehrrecht gegen eine gebietsübergreifende Sparkassentätigkeit zu.[433] Eine Verletzung von privaten Wettbewerbern in ihren Grundrechten ist nicht gegeben.

3. Ergebnis

Die Durchbrechungen des sparkassenrechtlichen Regionalprinzips verletzen private Kreditinstitute und Genossenschaftsbanken nicht in eigenen Rechten.

VI. Ergebnis

Das sparkassenrechtliche Regionalprinzip ist ein Grundsatz, der Durchbrechungen zulässt.[434] Allerdings darf das Regionalprinzip durch die Sparkassentätigkeit nicht vollkommen beseitigt werden.[435] Die bisherigen Durchbrechungen, sowohl die Überschneidungen von Geschäftsgebieten als auch die über die Gemeindegrenzen hinausgehenden Bankgeschäfte, sind dabei nicht überzubewerten. Das Regionalprinzip ist weiterhin der Grundsatz, der zu beachten ist.

D. Kommunale Sparkassentätigkeiten im europäischen Ausland

Im Hessischen Sparkassengesetz finden sich keine Ausnahmen zur Sparkassentätigkeit im europäischen Ausland. Zudem existieren dort keine

---

433 Vgl. *Isenburg*, Die Verbundzusammenarbeit der Sparkassen-Finanzgruppe, S. 28; *Schepers*, Internet-Banking und sparkassenrechtliches Regionalprinzip, S. 84; ähnlich zur kommunalen Wirtschaftstätigkeit: *Wenzl*, Das Örtlichkeitsprinzip im europäischen Binnenmarkt, S. 99 ff.

434 VGH München, BayVBl. 1981, 530, 533 f.; *Bosse*, DVBl. 1982, 506, 507; *Brenncke*, ZBB 2007, 1, 11; *Ellgering*, Kreditwesen 1979, 796; *Hofmann*, BayVBl. 1990, 681, 684; *Isenburg*, Die Verbundzusammenarbeit der Sparkassen-Finanzgruppe, S. 28; *Müller*, ZögU 2005, 327, 344; *Raskin*, Das Regionalprinzip und (neue) elektronische Vertriebswege im Retailbanking, S. 199; *Staats*, Fusionen bei Sparkassen und Landesbanken, S. 96 f.; *Stern*, Das sparkassenrechtliche Regionalprinzip, S. 39; *Stern/Nierhaus*, Das Regionalprinzip im öffentlich-rechtlichen Sparkassenwesen, S. 16; vgl. auch VGH München, Urt. v. 12. August 1969, in: Weides/Bosse, Rspr. SparkassenR I, S. 320, 326; *Oebbecke*, DVBl. 2017, 397, 400; *Schepers*, Internet-Banking und sparkassenrechtliches Regionalprinzip, S. 148; a.A. *Hermanns*, Kreditwesen 1979, 440, 444.

435 *Burmeister*, in: Ipsen, Sparkassen im Wandel, S. 23, 46 f.; *Schepers*, Internet-Banking und sparkassenrechtliches Regionalprinzip, S. 67; vgl. *Stern/Nierhaus*, Rechtsfragen der Neuordnung des Sparkassenwesens als Folge kommunaler Neugliederung, S. 53.

Sparkassenzweigstellen.[436] Für die Errichtung von Sparkassenzweigstellen im Ausland müsste zumindest eine einfachgesetzliche Ausnahmevorschrift vorliegen, die derzeit nicht besteht. Solche gesetzlichen Regelungen existieren hingegen bei der sonstigen kommunalen Wirtschaftstätigkeit, weshalb ein Vergleich zu ziehen ist.

In § 121 Abs. 5 HGO ist die wirtschaftliche Kommunaltätigkeit im Ausland nicht geregelt. Dieses „Schweigen" der HGO bedeutet nicht automatisch, dass die Tätigkeit von kommunalen Unternehmen im Ausland zulässig ist.[437] Ansonsten würde § 151 Abs. 5 S. 1 Nr. 2 HGO leerlaufen, denn dieser kann nur deutsche Kommunen erfassen,[438] da ausländische Kommunen sich nicht auf Art. 28 Abs. 2 GG berufen können, weshalb es keine berechtigten Interessen der ausländischen Kommunen gibt.[439] Daher gilt weiterhin der Grundsatz der örtlichen Grenze bei der wirtschaftlichen Tätigkeit der Kommune. In Gemeindeordnungen anderer Bundesländer finden sich abweichende Regelungen. So ist etwa in Nordrhein-Westfalen (§ 107 Abs. 3 S. 2, Abs. 4 S. 3 GO NRW) und Brandenburg (§ 91 Abs. 4 S. 2 BbgKVerf) die unternehmerische Tätigkeit von Kommunen im Ausland möglich. Während in Brandenburg die Interessen des Bundes und des Bundeslandes nicht entgegenstehen dürfen und die Kommunalaufsicht rechtzeitig vor Aufnahme der Auslandstätigkeit zu unterrichten ist, wird gem. § 107 Abs. 3 S. 2, 3, Abs. 4 S. 3, 4 GO NRW die wirtschaftliche und nichtwirtschaftliche Betätigung von Gemeinden auf ausländischen Märkten von einer Genehmigung der Kommunalaufsichtsbehörde abhängig gemacht. Nach beiden Vorschriften ist das Vorliegen eines öffentlichen Zwecks für die kommunale Wirtschaftstätigkeit weiterhin erforderlich. In beiden Bundesländern gibt es zahlreiche kommunale Unternehmen, die im

---

436 Vgl. Deutsche Bundesbank, Bankstellenbericht v. 2019, S. 11.

437 *Krausnick*, VerwArch 102 (2011), 359, 362; *Ogorek*, in: Dietlein/Ogorek, BeckOK KommunalR Hessen, § 121 HGO Rn. 66; siehe zur ähnlichen Vorschrift des § 68 Abs. 2 KV M-V bzw. Art. 87 Abs. 2 BayGO: *Becker*, VR 2018, 329, 334; *Guckelberger*, BayVBl. 2006, 293, 300; a.A. *Wolff*, DÖV 2011, 721, 722; zu § 108 Abs. 4 KSVG zustimmend *Dünchheim*, Die Vereinbarkeit des kommunalen Wirtschaftsrechts des Saarlandes mit dem Recht der Europäischen Union, S. 68 ff.

438 Vgl. zum entsprechenden Art. 87 Abs. 2 S. 1 BayGO: *Guckelberger*, BayVBl. 2006, 293, 300.

439 Ebenso *Dünchheim*, Die Vereinbarkeit des kommunalen Wirtschaftsrechts des Saarlandes mit dem Recht der Europäischen Union, S. 69, der aber annimmt, dass der § 121 Abs. 5 S. 1 Nr. 2 HGO entsprechende § 108 Abs. 4 Nr. 2 KSVG dann leerläuft und die saarländische Vorschrift kommunale Tätigkeit im Ausland unter „außerhalb des Gemeindegebietes" mitumfasst.

Ausland tätig sind,[440] wobei die rechtlichen Bestimmungen das Resultat auf diese bereits real existierenden Gegebenheiten waren.[441]

I. Verfassungsmäßigkeit gesetzlicher Vorschriften zur kommunalen Wirtschaftstätigkeit im Ausland

Die gesetzlichen Vorschriften zur kommunalen Wirtschaftstätigkeit im Ausland könnten ein Vorbild für das Hessische Sparkassengesetz sein. Dafür müssten zunächst die einfachgesetzlichen Vorschriften zur kommunalen Wirtschaftstätigkeit im Ausland in den Bundesländern, die eine solche regeln, verfassungsgemäß sein, wobei nur auf die allgemeine Verfassungsmäßigkeit solcher Vorschriften eingegangen werden kann.

Das Örtlichkeitsprinzip findet seine verfassungsrechtliche Verankerung in Art. 28 Abs. 2 GG, der jedoch Ausnahmen zulässt. Das Recht zur Ausgestaltung der kommunalen Selbstverwaltung nach Art. 28 Abs. 2 GG erlaubt auch die Möglichkeit zur Auslandstätigkeit.[442] Mithin gilt wiederum, dass die kommunale Selbstverwaltungsgarantie nach Art. 28 Abs. 2 GG einfachgesetzlich geregelten, überörtlichen Tätigkeiten einer Gemeinde nicht entgegensteht, diese aber auch nicht besonders schützt.[443]

Die Auslandstätigkeit muss dennoch jeweils noch eine Angelegenheit der örtlichen Gemeinde darstellen, die einem öffentlichen Zweck dient und die nicht nur Gewinnerzielungsabsichten verfolgt. Ein kommunales Unternehmen hat unmittelbar durch seine Leistung dem Wohl der Gemeindebürger zu dienen

440 Beispiele zu Tätigkeiten von kommunalen Unternehmen im Ausland finden sich bei *Ehlers*, DVBl. 1998, 497, 504 und *Wolff*, DÖV 2011, 721.

441 *Gern*, NJW 2002, 2593; *Held*, NWVBl. 2000, 201, 202; vgl. *Schink*, NVwZ 2002, 129, 135.

442 *Brosius-Gersdorf*, AöR 130 (2005), 392, 416; *Ehlers*, Verhandlungen zum 64. Deutschen Juristentages I (2002), Gutachten E, S. 119; *Guckelberger*, BayVBl. 2006, 293, 298; *Schink*, NVwZ 2002, 129, 136; *Wolff*, DÖV 2011, 721, 722 ff.; skeptisch *Grünewald*, in: Theobald/Kühling, EnergieR, Gemeinden und Energiewirtschaft, 200. Einführung in das Kommunalwirtschaftsrecht, Rn. 39.

443 *Becker*, DÖV 2000, 1032, 1036; *Buchmann*, Kommunale Energieversorgungsunternehmen in der Krise, S. 72; *Brosius-Gersdorf*, AöR 130 (2005), 392, 405; *Gern*, NJW 2002, 2593, 2595; *Henneke*, ZVglRWiss 113 (2014), 535, 544 f.; *Kemmler*, Die Verwaltung 49 (2016), 397, 401; *Kühling*, NJW 2001, 177, 179; *Mehde*, in: Maunz/Dürig, GG, Art. 28 Abs. 2 Rn. 95; *Scharpf*, NVwZ 2005, 148, 149; *Wolff*, DÖV 2011, 721, 724.

und nicht nur mittelbar durch erzielte Gewinne.[444] Es darf beim öffentlichen Zweck nicht ausschließlich um die Gewinnerzielung gehen,[445] denn eine rein erwerbswirtschaftliche Betätigung entspricht nicht dem Steuer- und Abgabensystem des Grundgesetzes.[446] Aus Art. 105 ff. GG folgt, dass dem Grundgesetz die Vorstellung zugrunde liegt, dass sich die Finanzierung der staatlichen Aufgaben in Bund und Ländern sowie der Gemeinden vornehmlich aus dem Ertrag der geregelten Einnahmequellen ergibt.[447] Im Zusammenspiel mit Art. 106 Abs. 5–7 GG zeigt sich die Stellung der Gemeinden als Zuweisungssubjekte des Steueraufkommens. Dies spiegelt sich für die Gemeinden auch in Art. 28 Abs. 2 S. 3 GG wider, der ausdrücklich festlegt, dass die kommunale Selbstverwaltung

---

444 BVerfGE 61, 82, 107; RhPfVerfGH, NVwZ 2000, 801, 803; *Dünchheim/Schöne*, DVBl. 2009, 146, 155; *Ehlers*, NWVBl. 2000, 1, 6; *Gundlach*, LKV 2002, 264, 265; *Heintzen*, NVwZ 2000, 743, 746; *Ipsen*, in: FS für Rauschning (2001), S. 645, 652; *Löwer*, NWVBl. 2000, 241, 243; *Scharpf*, NVwZ 2005, 148, 151; *Schmahl*, LKV 2000, 47, 49; *Schneider*, DVBl. 2000, 1250, 1257; *Wenzl*, Das Örtlichkeitsprinzip im europäischen Binnenmarkt, S. 43; siehe auch *Brüning*, NVwZ 2015, 689, 693; *Jarass*, DVBl. 2006, 1, 4; a.A. *Britz*, NVwZ 2001, 380, 382; *Otting*, DVBl. 1997, 1258, 1262 und *Wolff*, DÖV 2011, 721, 724 f., die zwar einen öffentlichen Zweck für jede kommunale Wirtschaftstätigkeit für erforderlich halten, diesen aber ebenso in erwirtschafteten Gewinnen finden, welche dem Gemeindehaushalt zugutekommen.

445 BVerfGE 61, 82, 107; BVerwGE 39, 329, 334; RhPfVerfGH, NVwZ 2000, 801, 803; OVG Münster, DVBl. 2008, 919, 921; *Burmeister*, in: FG für von Unruh (1983), S. 623, 649; *Dünchheim/Schöne*, DVBl. 2009, 146, 155; *Ehlers*, JZ 1990, 1089, 1091; *Engels/Krausnick*, Kommunalrecht, § 8 Rn. 16; *Gerke*, Jura 1985, 349, 352; *Gern/Brüning*, Deutsches Kommunalrecht, Rn. 1001; *Heilshorn*, VerwArch 96 (2005), 88, 97; *Hill*, BB 1997, 425, 429; *Ipsen*, in: FS für Rauschning (2001), S. 645, 652; *Pagenkopf*, GewArch 2000, 177, 180; *Ruffert*, VerwArch 92 (2001), 27, 41; *Schmahl*, LKV 2000, 47, 49; *Schneider*, DVBl. 2000, 1250, 1257; *Schulz*, BayVBl. 1998, 449, 451; *Schwarting*, ZögU 2001, 286, 298; *Wenzl*, Das Örtlichkeitsprinzip im europäischen Binnenmarkt, S. 97; ferner *Brüning*, NVwZ 2015, 689, 691; a.A. *Britz*, NVwZ 2001, 380, 382; *Otting*, DVBl. 1997, 1258, 1260; vorsichtig *Hellermann*, Örtliche Daseinsvorsorge und gemeindliche Selbstverwaltung, S. 153 f.

446 *Ehlers*, JZ 1990, 1089, 1091; *Heilshorn*, Gebietsbezug der Kommunalwirtschaft, S. 147; *Hill*, BB 1997, 425, 429; *Hösch*, DÖV 2000, 393, 397; *Isenburg*, Die Verbundzusammenarbeit der Sparkassen-Finanzgruppe, S. 26; *Schmahl*, LKV 2000, 47, 48; *Stober*, NJW 2002, 2357, 2362; *Wenzl*, Das Örtlichkeitsprinzip im europäischen Binnenmarkt, S. 97; siehe ferner *Teuteberg*, LKV 2008, 150, 153; a.A. *Britz*, NVwZ 2001, 380, 382; *Otting*, DVBl. 1997, 1258, 1260; *Storr*, Der Staat als Unternehmer, S. 126 ff.; vorsichtiger *Jarass*, Kommunale Wirtschaftsunternehmen im Wettbewerb, S. 11 f., nach dem zwar die Steuerfinanzierung die „überwiegende Einnahmequelle" sein müsse, aber die Erzielung von Einnahmen nicht ausgeschlossen sei.

447 BVerfGE 78, 249, 266 f.; *Seiler*, in: Maunz/Dürig, GG, Art. 105 Rn. 141.

die Grundlagen der finanziellen Eigenverantwortung umfasst, zu welcher eine den Gemeinden zustehende wirtschaftsbezogene und mit Hebesatz versehene Steuerquelle gehört. Daher muss die Erfüllung des öffentlichen Zwecks auch bei einer Auslandstätigkeit sichergestellt sein.[448] Das Erfordernis eines öffentlichen Zwecks findet sich in § 107 Abs. 3 S. 2, Abs. 4 S. 3 i.V.m. Abs. 1 S. 1 Nr. 1 GO NRW und § 91 Abs. 4 S. 2 i.V.m. Abs. 2 Nr. 1 BbgKVerf, wobei in § 91 Abs. 2 Nr. 1 BbgKVerf sogar ausdrücklich festgelegt ist, dass „die Gewinnerzielung allein keinen ausreichenden öffentlichen Zweck darstellt".

Bei kommunaler Wirtschaftstätigkeit kann der Zweck einer überörtlichen Tätigkeit in der Erhaltung oder Steigerung der Rentabilität vorhandener gemeindlicher Einrichtungen durch bessere Auslastung liegen.[449] Somit könnte eine Auslandstätigkeit eine Nutzbarmachung vorhandener Ressourcen darstellen. Dabei gilt, dass eine bessere Auslastung kommunaler Anlagen keinen öffentlichen Zweck darstellt, wenn die Einrichtungen so dimensioniert werden, dass sie nur bei zusätzlicher Betätigung außerhalb des Gemeindegebiets wirtschaftlich arbeiten können.[450] Ferner könnte die Auslandstätigkeit dazu dienen, die inländische Aufgabe besser auszuüben. Dies erfordert jeweils eine Bewertung des einzelnen kommunalen Unternehmens. Die exterritoriale Tätigkeit wirkt

---

448 *Heintzen*, NVwZ 2000, 743, 745; *Schink*, NVwZ 2002, 129, 136; vgl. *Nierhaus*, in: Mann/Püttner, Hdb. kommunale Wissenschaft und Praxis 2, § 40 Rn. 47; vgl. *Ehlers*, Verhandlungen zum 64. Deutschen Juristentages I (2002), Gutachten E, S. 99; allgemein das Vorliegen eines öffentlichen Zwecks fordernd: *Gerke*, Jura 1985, 349, 352; *Gern/Brüning*, Deutsches Kommunalrecht, Rn. 999; *Heilshorn*, VerwArch 96 (2005), 88, 96; *Lampert*, DVBl. 2010, 1466, 1467; *Pagenkopf*, GewArch 2000, 177, 180; *Schulz*, BayVBl. 1998, 449, 451; *Wenzl*, Das Örtlichkeitsprinzip im europäischen Binnenmarkt, S. 94.

449 Dies ist umstritten. Dafür zumindest *Britz*, NVwZ 2001, 380, 384 f.; *Ehlers*, Verhandlungen zum 64. Deutschen Juristentages I (2002), Gutachten E, S. 99; *Schulz*, BayVBl. 1998, 449, 452; *Wenzl*, Das Örtlichkeitsprinzip im europäischen Binnenmarkt, S. 44 f.; ferner *Jarass*, Kommunale Wirtschaftsunternehmen im Wettbewerb, S. 60; *Scheps*, Das Örtlichkeitsprinzip im kommunalen Wirtschaftsrecht, S. 114 ff.; *Schwarting*, ZögU 2001, 286, 299; einschränkend *Scharpf*, NVwZ 2005, 148, 150; ausdrücklich nur als Sekundärzweck: *Dünchheim/Schöne*, DVBl. 2009, 146, 155; a.A. OLG Hamm, NJW 1998, 3504, 3505; *Ehlers*, NWVBl. 2000, 1, 6; *Lux*, NWVBl. 2000, 7, 10.

450 Vgl. OLG Hamm, NJW 1998, 3504, 3505; zustimmend *Scheps*, Das Örtlichkeitsprinzip im kommunalen Wirtschaftsrecht, S. 116; *Schmahl*, LKV 2000, 47, 50; ähnlich RhPfVerfGH, NVwZ 2000, 801, 803; *Scharpf*, NVwZ 2005, 148, 150; *Kolm*, Das sparkassenrechtliche Regionalprinzip, S. 55; *Wenzl*, Das Örtlichkeitsprinzip im europäischen Binnenmarkt, S. 45; a.A. wohl *Jarass*, Kommunale Wirtschaftsunternehmen im Wettbewerb, S. 61 f.

sich mittelbar auf das Gemeindevolk aus im Hinblick auf die Erfolge oder Misserfolge der wirtschaftlichen Tätigkeit.[451] Diese sind bei der Beurteilung einer kommunalen Tätigkeit zu berücksichtigen.

Zudem ist jedes wirtschaftliche Tätigwerden eines kommunalen Trägers legitimationsbedürftig,[452] weshalb es einer ununterbrochenen Legitimationskette bedarf.[453] Dem dient z.B. in § 107 Abs. 3 S. 2, 3, Abs. 4 S. 3, 4 GO NRW das Genehmigungserfordernis der Kommunalaufsicht. Hierdurch wird der Gefahr vorgebeugt, dass das kommunale Unternehmen bei der Tätigkeit im Ausland der Kommunalaufsicht entzogen wird.[454] Dabei gilt – ähnlich der kommunalen Selbstverwaltungsgarantie –, dass auch das Demokratieprinzip nicht grenzenlos gilt, sondern Ausnahmen ermöglicht. Eine Auslandstätigkeit von kommunalen Unternehmen ist somit denkbar, sofern eine gesetzliche Grundlage besteht. Diese Auslandstätigkeit ist dann allerdings nicht durch Art. 28 Abs. 2 GG geschützt. Die Vorschriften, die derartige Tätigkeiten zulassen, sind daher grundsätzlich verfassungsgemäß.[455]

---

451 *Brosius-Gersdorf*, AöR 130 (2005), 392, 430.

452 BVerfG, NVwZ 2018, 51, 61; *Brosius-Gersdorf*, AöR 130 (2005), 392, 423 f.; *Burmeister*, in: Ipsen, Sparkassen im Wandel, S. 23, 38; *Heilshorn*, VerwArch 96 (2005), 88, 92; *Henneke*, ZVglRWiss 113 (2014), 535, 547; *Lampert*, DVBl. 2010, 1466, 1467; *Ruffert*, VerwArch 92 (2001), 27, 34; *Schepers*, Internet-Banking und sparkassenrechtliches Regionalprinzip, S. 50; *Schneider*, DVBl. 2000, 1250, 1258; *Wenzl*, Das Örtlichkeitsprinzip im europäischen Binnenmarkt, S. 36; vgl. *Becker*, DÖV 2000, 1032, 1034.

453 *Brosius-Gersdorf*, AöR 130 (2005), 392, 437; ferner *Ehlers*, Verhandlungen zum 64. Deutschen Juristentages I (2002), Gutachten E, S. 101; *Oebbecke*, ZHR 164 (2000), 375, 388 f.; *Schepers*, Internet-Banking und sparkassenrechtliches Regionalprinzip, S. 72 f.

454 *Heintzen*, NVwZ 2000, 743, 744; zustimmend *Hauser*, Wirtschaftliche Betätigung von Kommunen, S. 111.

455 *Brosius-Gersdorf*, AöR 130 (2005), 392, 442; *Buchmann*, Kommunale Energieversorgungsunternehmen in der Krise, S. 72; *Burgi*, Neuer Ordnungsrahmen für die energiewirtschaftliche Betätigung von Kommunen, S. 82 f.; *Heintzen*, NVwZ 2000, 743, 745; *Jarass*, Kommunale Wirtschaftsunternehmen im Wettbewerb, S. 59; *Wieland*, NWVBl. 2000, 246, 248; zwischen verschiedenen Gemeindeordnungen differenzierend: *Wenzl*, Das Örtlichkeitsprinzip im europäischen Binnenmarkt, S. 103, 150. Aufgrund der fehlenden Bestimmtheit der Vorschriften für verfassungswidrig haltend: *Guckelberger*, BayVBl. 2006, 293, 299; *Wolff*, DÖV 2011, 721, 722 ff.

II. Erforderlichkeit einer Vorschrift zur kommunalen Sparkassentätigkeit im Ausland

Die kommunale Wirtschaftstätigkeit im Ausland ist in einigen Bundesländern nach den gesetzlichen Vorschriften möglich. Grundsätzlich stehen weder die kommunale Selbstverwaltungsgarantie gem. Art. 28 Abs. 2 GG noch das Demokratieprinzip gem. Art. 20 Abs. 1, 2 GG einer Auslandstätigkeit von kommunalen Unternehmen entgegen. Zudem liegt bei einer kommunalen Wirtschaftstätigkeit im Ausland kein Verstoß gegen das Selbstverwaltungsrecht anderer Gemeinden vor.[456] Daher ist zu untersuchen, ob die Öffnung der Sparkassen für eine Auslandstätigkeit sinnvoll ist. Sollte dies der Fall sein, wäre eine einfachgesetzliche hessische Sparkassenregelung notwendig. Durch Zweigstellen einer Sparkasse im Ausland wird das kommunale Selbstverwaltungsrecht anderer deutscher Gemeinden, die Sparkassen betreiben, jedenfalls nicht verletzt.[457]

Die Sinnhaftigkeit einer Auslandstätigkeit von hessischen Sparkassen ist allerdings zweifelhaft. Korrespondierend zum öffentlichen Zweck bei kommunaler Wirtschaftstätigkeit hat die Sparkassentätigkeit einer öffentlichen Aufgabe zu dienen. Die weitergehende Sparkassentätigkeit im Ausland würde eine Präsenz der Sparkasse vor Ort erfordern, was wiederum Filialstellen erforderlich machen würde. Da Sparkassen für eine Tätigkeit im Ausland vor Ort somit Zweigstellen eröffnen müssten, kann der öffentliche Zweck – Auslastung vorhandener Ressourcen – jedenfalls nicht für hessische Sparkassen entsprechend herangezogen werden. Denkbar wäre dies allenfalls bei Sparkassen, die an der Grenze zu einem anderen europäischen Land liegen. Als öffentliche Aufgabe verbliebe die Gewinnerzielung, welche jedoch eine kommunalwirtschaftliche Tätigkeit nicht zu legitimieren vermag. Schließlich käme als öffentlicher Auftrag noch die Erforderlichkeit einer weitergehenden Sparkassentätigkeit im Ausland in Betracht, also die bessere Ausübung der inländischen Aufgabe. Zumindest derzeit scheinen die Tätigkeit der Sparkassen und insbesondere die Erfüllung des öffentlichen Auftrags keiner systematischen Öffnung ihrer Gebietsgrenzen

---

456 *Jarass*, DVBl. 2006, 1, 3; *Schepers*, Internet-Banking und sparkassenrechtliches Regionalprinzip, S. 94; *Wenzl*, Das Örtlichkeitsprinzip im europäischen Binnenmarkt, S. 81; *Wolff*, DÖV 2011, 721, 723; vgl. auch *Brosius-Gersdorf*, AöR 130 (2005), 392, 416; *Dünchheim/Schöne*, DVBl. 2009, 146, 155.

457 Vgl. *Brosius-Gersdorf*, AöR 130 (2005), 392, 416; *Dünchheim/Schöne*, DVBl. 2009, 146, 154; *Jarass*, DVBl. 2006, 1, 3; *Schepers*, Internet-Banking und sparkassenrechtliches Regionalprinzip, S. 94; *Wenzl*, Das Örtlichkeitsprinzip im europäischen Binnenmarkt, S. 81; *Wolff*, DÖV 2011, 721, 723.

zu bedürfen.[458] Für das Aktiv-, Passiv- und Dienstleistungsgeschäft ist bereits die Sparkassentätigkeit ins Ausland möglich.[459] Bei internationalen Geschäftsbeziehungen ist zudem die Zusammenarbeit mit den Landesbanken möglich.[460] Sofern sich die Rahmenbedingungen für die Sparkassentätigkeit weiter verändern sollten, könnte die bessere Betreuung der Gebietsangehörigen im europäischen Ausland eine öffentliche Aufgabe darstellen. Der Bezug zur örtlichen Gemeinschaft bei einer möglichen Sparkassentätigkeit im Ausland müsste jedenfalls stets erkennbar bleiben.

Problematisch könnten ferner die höheren finanziellen Risiken auf einem unbekannten Markt sein. Dabei hat das sparkassenrechtliche Regionalprinzip gerade risikobegrenzende Wirkung. Durch die örtliche Bindung sollen finanzielle Risiken gesenkt und die Sparkassengemeinde in ihrer Wirtschaft gestärkt werden. Es könnten schwer kalkulierbare finanzielle Risiken für die Gemeinde bestehen, wenn sie ihre Sparkassentätigkeit auf das Ausland ausweiten und dort Zweigstellen eröffnen würde. Zwar ist die Anstaltslast und Gewährträgerhaftung für Sparkassen abgeschafft; die Gemeinden partizipieren aber an den Gewinnen der eigenen Sparkasse. Zudem wirkt sich der Erfolg der Sparkasse auf die Tätigkeit im Trägergebiet aus. Sollten einer Sparkasse zu hohe Verluste bei einer Auslandstätigkeit entstehen, könnte dies wiederum zu Schließungen von Zweigstellen und Entlassungen von Angestellten im Trägergebiet führen. Bereits bei Sparkassentätigkeiten in anderen Gemeinden in demselben Bundesland bestehen finanzielle Risiken, die sich zunehmend verstärken, je unbekannter und weiter entfernt der Markt ist. Überdies kann das Kapital in andere Regionen als dem Trägergebiet abfließen. Mithin bedürfte es entsprechend der Vorbilder in § 107 Abs. 3 S. 2, Abs. 4 S. 3 i.V.m. Abs. 1 S. 1 Nr. 2 GO NRW und § 91 Abs. 4 S. 2 i.V.m. Abs. 2 Nr. 2 BbgKVerf der Beschränkung der kommunalen Wirtschaftstätigkeit auf leistungsfähige Gemeinden.

---

458 So jedenfalls *Wohltmann*, NdsVBl. 2015, 128, 132; siehe hierzu auch die Einschätzung von *Schmid/Vollmöller*, NJW 1998, 716, 721 f., die im Hinblick auf die Landesbanken die fehlende Wahrnehmung des öffentlichen Auftrags – insbesondere bei ihrer grenzüberschreitenden Tätigkeiten – annehmen.

459 Siehe hierzu Kapitel 2: C. III.

460 *Oberbeckmann*, in: Püttner, Hdb. kommunale Wissenschaft und Praxis 5, § 105 B., S. 478, 482; *Schwarting*, ZögU 2001, 286, 289; vgl. SächsVerfGH, LKV 2001, 216, 217; *Sinnwell*, Kreditwesen 1979, 449, 450 f.; siehe auch *Purbach*, Die Auswirkungen des Binnenmarktes auf die Sparkassen und ihre öffentlich-rechtliche Verankerung, S. 106, der aber trotzdem die Sparkassentätigkeit über die Grenzen Deutschlands als notwendig erachtet.

Darüber hinaus erfordert das Demokratieprinzip die Verankerung der Sparkassentätigkeit im Gebiet des Trägers, denn nur dann haben die Gebietsangehörigen indirekt Einfluss auf ihre Sparkasse. Entsprechend der kommunalen Vorschriften, die ein wirtschaftliches Tätigwerden eines kommunalen Trägers im Ausland erlauben, müsste eine Ausnahmevorschrift das Genehmigungserfordernis der Kommunalaufsicht enthalten. Dennoch ist zu berücksichtigen, dass die demokratische Legitimation immer geringer wird, je weniger eine Tätigkeit einen Bezug zur örtlichen Gemeinde aufweist,[461] was letztlich bei einer Sparkassentätigkeit im Ausland der Fall wäre.

Derzeit ist nicht erkennbar, dass für eine hessische Sparkasse eine umfassendere Tätigkeit im Ausland erforderlich sein sollte. Gebietsüberschreitende und auch grenzüberschreitende Sparkassengeschäfte sind derzeit bereits möglich. Eine weitergehende Öffnung der Sparkassentätigkeit ins Ausland birgt hingegen viele Risiken. Zwar wäre eine Vorschrift denkbar, die entsprechend den Vorbildern in den Gemeindeordnungen die Sparkassentätigkeit im Ausland verfassungsgemäß ermöglicht. Aufgrund der fehlenden Notwendigkeit sollte eine hessische Ausnahme zur Sparkassentätigkeit im europäischen Ausland jedoch nicht angestrebt werden.

III. Ergebnis

Für die Sparkassentätigkeit im Ausland wäre eine einfachgesetzliche Ausnahmevorschrift in Hessen notwendig. Eine solche ist im Hessischen Sparkassengesetz derzeit nicht enthalten. Eine einfachgesetzliche Abkehr vom sparkassenrechtlichen Regionalprinzip ist zwar verfassungsrechtlich möglich, aber nicht erstrebenswert. Festzuhalten ist, dass nach den derzeitigen gesetzlichen Vorschriften das Regionalprinzip als örtliche Grenze für das Gebiet des kommunalen Trägers als Grundsatz besteht.

E. Zusammenfassung

Sparkassen verfolgen einen öffentlichen Auftrag, der aus dem Hessischen Sparkassengesetz folgt. Hierfür begrenzt das sparkassenrechtliche Regionalprinzip das Tätigwerden von Sparkassen grundsätzlich auf das Gebiet ihres kommunalen Trägers. Seine Grundlage hat das sparkassenrechtliche Regionalprinzip in

---

461 *Guckelberger*, BayVBl. 2006, 293, 295; ähnlich *Nierhaus*, in: Mann/Püttner, Hdb. kommunale Wissenschaft und Praxis 2, § 40 Rn. 47; *Schepers*, Internet-Banking und sparkassenrechtliches Regionalprinzip, S. 94 f.

der kommunalen Selbstverwaltungsgarantie nach Art. 28 Abs. 2 GG sowie dem entsprechenden Art. 137 Abs. 1, 3 HessVerf., wobei dem Demokratieprinzip gem. Art. 20 Abs. 1, 2 GG eine Ergänzungsfunktion zukommt. Dem einfachgesetzlich geregelten sparkassenrechtlichen Regionalprinzip nach § 1 Abs. 3 HessSparkG kommt nur deklaratorische Wirkung zu. Es gibt Durchbrechungen des sparkassenrechtlichen Regionalprinzips, welche zulässig sind. So sind einfachgesetzliche Erweiterungen der Sparkassentätigkeit möglich, sofern die Ausnahmen gering bleiben und insbesondere das Selbstverwaltungsrecht der betroffenen Gemeinde Berücksichtigung findet. Demnach sind Sparkassenzweigstellen in fremdem Gemeindegebiet und Sparkassentätigkeiten über das Trägergebiet hinaus möglich, wobei hinsichtlich des Aktiv-, Passiv- und Dienstleistungsgeschäfts unterschiedlich enge Grenzen zu ziehen sind. Die Sparkassentätigkeit im europäischen Ausland, welche auch die Errichtung von Zweigstellen ermöglicht, ist im hessischen Sparkassenrecht nicht vorgesehen und daher rechtlich auch nicht zulässig.

Kapitel 3: Auswirkungen des Unionsrechts auf das hessische Sparkassenrecht

Sollte das sparkassenrechtliche Regionalprinzip gegen unionsrechtliche Ziele oder kartellrechtliche Unionsvorschriften verstoßen, ist zu klären, welche Auswirkungen dies überhaupt auf das nationale Recht hätte. Wenn es sich nicht auswirken könnte, wäre die Frage nach einem Verstoß von nationalem Recht gegen europäisches Recht letztlich unerheblich.

A. Die Unberührtheit der Eigentumsordnung gem. Art. 345 AEUV

In Art. 345 AEUV ist festgelegt, dass die Eigentumsordnung der Mitgliedstaaten der Europäischen Union unberührt bleibt. Das Prinzip der eigentumspolitischen Neutralität nach Art. 345 AEUV könnte die Anwendung der unionsrechtlichen Vorschriften von vornherein ausschließen. Demnach ist die Vorschrift dahingehendend zu untersuchen, ob sie gegen Einwirkungen des Unionsrechts schützt. Aus Art. 345 AEUV könnte eine Nichtberücksichtigung des Unionsrechts hinsichtlich des Regionalprinzips folgen. Obwohl Art. 345 AEUV eine „alte" Vorschrift ist, sind ihre Bedeutung und ihr Anwendungsbereich nach wie vor umstritten. Daher müssen diese zunächst geklärt werden, um beurteilen zu können, ob sich aus der Vorschrift Konsequenzen für das sparkassenrechtliche Regionalprinzip ergeben können.

I. Bedeutungsinhalt des Art. 345 AEUV

Die dogmatische Einordnung des Art. 345 AEUV ist umstritten. Vereinzelt wird Art. 345 AEUV als Rechtfertigungsgrund herangezogen,[462] jedoch lehnen dies der Europäische Gerichtshof und die herrschende Meinung zurecht ab,[463] da eine solche Auslegung nicht dem Wortlaut der Vorschrift und ihrer

---

462 Siehe *Weiß*, EuR 2003, 165, 176 ff.; ferner *Walendy*, Theorie kommunaler Wettbewerbsunternehmen, S. 118 ff., der aber Art. 345 AEUV letztlich als Ausnahmevorschrift ablehnt.

463 EuGH, Slg. 1988, 4563 Rn. 18 (Spanien/Rat); EuGH, Slg. 2002, I-4809 Rn. 44 (Kommission/Frankreich); EuGH, Slg. 2010, I-6817 Rn. 64 (Kommission/Portugal); *Bär-Bouyssière*, in: von der Groeben/Schwarze/Hatje, Europäisches UnionsR Bd. 4,

Stellung im Gesetz entsprechen. Art. 345 AEUV könnte eine negative Kompetenzbestimmung darstellen, die also festlegt, was die Europäische Union nicht regeln darf.[464] Allerdings besteht zugunsten der Mitgliedstaaten ohnehin eine Zuständigkeitsvermutung für die Eigentumsordnung[465] und in Art. 5 Abs. 1 S. 1 EUV findet sich bereits ausdrücklich das Prinzip der begrenzten Einzelermächtigung der Europäischen Union,[466] weshalb es hierfür einer Klarstellung in Art. 345 AEUV nicht bedarf.[467] Demnach ist Art. 345 AEUV keine negative Kompetenzbestimmung.

Die Bedeutung des Art. 345 AEUV ist darin zu sehen, dass die Norm der Europäischen Union verbietet, im Rahmen der ihr zugeteilten Kompetenzen in die Eigentumsordnung der Mitgliedstaaten einzugreifen.[468] Art. 345 AEUV ist damit eine Kompetenzausübungsnorm,[469] so dass die Norm nicht mit Art. 5

Art. 345 AEUV Rn. 15; *Kilian*, NJW 2003, 2653; *Kingreen*, in: Callies/Ruffert, EUV/AEUV, Art. 345 AEUV Rn. 12; *Klement*, EuZW 2014, 57, 59; *Kühling*, in: Streinz, EUV/AEUV, Art. 345 AEUV Rn. 15; *Reck*, DVBl. 2009, 1546, 1553; *Stern*, Das sparkassenrechtliche Regionalprinzip, S. 127; *Walendy*, Theorie kommunaler Wettbewerbsunternehmen, S. 118 ff.; *Weiß*, AöR 128 (2003), 91, 94 f.; *Wernicke*, in: Grabitz/Hilf/Nettesheim, Recht der EU, Art. 345 AEUV Rn. 11.

464 So *Wernicke*, in: Grabitz/Hilf/Nettesheim, Recht der EU, Art. 345 AEUV Rn. 10; ferner *Wenzl*, Das Örtlichkeitsprinzip im europäischen Binnenmarkt, S. 105, der dies „Kompetenzvorbehalt" nennt; siehe auch *Ruffert*, in: Henneke, Kommunale Perspektiven im zusammenwachsenden Europa, S. 10, 17, der Art. 345 AEUV aber letztlich auch als „Kompetenzausübungsregel" bezeichnet; ablehnend *Bär-Bouyssière*, in: von der Groeben/Schwarze/Hatje, Europäisches UnionsR Bd. 4, Art. 345 AEUV Rn. 2; *Kingreen*, in: Callies/Ruffert, EUV/AEUV, Art. 345 AEUV Rn. 5; *Krajewski*, Grundstrukturen des Rechts öffentlicher Dienstleistungen, S. 349.

465 *Kingreen*, in: Callies/Ruffert, EUV/AEUV, Art. 345 AEUV Rn. 5.

466 *Bär-Bouyssière*, in: von der Groeben/Schwarze/Hatje, Europäisches UnionsR Bd. 4, Art. 345 AEUV Rn. 2; *Becker*, ZG 2010, 260, 272; *Kingreen*, in: Callies/Ruffert, EUV/AEUV, Art. 345 AEUV Rn. 5.

467 *Kingreen*, in: Callies/Ruffert, EUV/AEUV, Art. 345 AEUV Rn. 5; ferner *Bär-Bouyssière*, in: von der Groeben/Schwarze/Hatje, Europäisches UnionsR Bd. 4, Art. 345 AEUV Rn. 2; *Krajewski*, Grundstrukturen des Rechts öffentlicher Dienstleistungen, S. 349, nach dem Art. 345 AEUV ansonsten nur eine „deklaratorische Feststellung" enthalte.

468 *Bär-Bouyssière*, in: von der Groeben/Schwarze/Hatje, Europäisches UnionsR Bd. 4, Art. 345 AEUV Rn. 2; *Kingreen*, in: Callies/Ruffert, EUV/AEUV, Art. 345 AEUV Rn. 5; *Krajewski*, Grundstrukturen des Rechts öffentlicher Dienstleistungen, S. 349 f.; *Kühling*, in: Streinz, EUV/AEUV, Art. 345 AEUV Rn. 1; *Stern*, Das sparkassenrechtliche Regionalprinzip, S. 124; *Voland*, EuR 2014, 237, 243.

469 *Bär-Bouyssière*, in: von der Groeben/Schwarze/Hatje, Europäisches UnionsR Bd. 4, Art. 345 AEUV Rn. 2; *Brenncke*, ZBB 2007, 1, 5; *Kingreen*, in: Callies/Ruffert, EUV/

Abs. 1 S. 1 EUV konkurriert. Die wirtschaftliche Integration in der Europäischen Union kann nicht erreicht werden, ohne dass Eigentumsrechte der Mitgliedstaaten berührt werden.[470] Aus diesem Grund kann Art. 345 AEUV nicht so ausgelegt werden, dass die unionsrechtlichen Vorschriften gegen jede eigentumsrelevante Maßnahme der Union gesperrt sind.[471] Die Eigentumsordnung in den Mitgliedstaaten kann deshalb trotz Art. 345 AEUV den Grundprinzipien des Vertrags nicht entzogen werden.[472] Die Grundfreiheiten und unionsrechtlichen Wettbewerbsvorschriften beanspruchen Geltung und können hierbei auch Eigentumsrechte berühren. Die unionsrechtlichen Wettbewerbsvorschriften und Art. 345 AEUV stehen dabei gleichberechtigt nebeneinander.[473]

II. Anwendung des Art. 345 AEUV auf das sparkassenrechtliche Regionalprinzip

Art. 345 AEUV ist ein Grundsatz der Neutralität der Europäischen Union gegenüber der Eigentumsordnung der Mitgliedstaaten.[474] Für die Anwendung

---

AEUV, Art. 345 AEUV Rn. 5; *Krajewski*, Grundstrukturen des Rechts öffentlicher Dienstleistungen, S. 349; *Kühling*, in: Streinz, EUV/AEUV, Art. 345 AEUV Rn. 1; *Peters*, Die Dogmatik der Kommunalwirtschaft zwischen national- und europäisch-normativer Konzeption, S. 250; *Ruffert*, in: Henneke, Kommunale Perspektiven im zusammenwachsenden Europa, S. 10, 18; *Vogel*, BKR 2009, 106, 108; *Voland*, EuR 2014, 237, 243.

470 Vgl. *Becker*, ZG 2010, 260, 273; siehe auch *Weiß*, AöR 128 (2003), 91, 94.

471 Vgl. EuGH, Slg. 1966, 321, 394 (Consten und Grundig/Kommission); *Becker*, ZG 2010, 260, 273; *Kingreen*, in: Callies/Ruffert, EUV/AEUV, Art. 345 AEUV Rn. 10; vgl. *Brenncke*, ZBB 2007, 1, 5.

472 EuGH, Slg. 1999, I-3099 Rn. 38 (Konle); EuGH, Slg. 2002, I-4756 Rn. 48 (Kommission/Portugal); EuGH, Slg. 2010, I-6817 Rn. 64 (Kommission/Portugal); EuGH, Slg. 2011, I-13613 Rn. 44 (Kommission/Polen); EuGH, EuZW 2014, 61 Rn. 36 (Staat der Niederlanden/Essent NV u.a.); *Becker*, ZG 2010, 260, 262; *Weiß*, AöR 128 (2003), 91, 93; vgl. *Kingreen*, in: Callies/Ruffert, EUV/AEUV, Art. 345 AEUV Rn. 12; *Klement*, EuZW 2014, 57, 59.

473 Vgl. *Kilian*, NJW 2003, 2653; *Schepers*, Internet-Banking und sparkassenrechtliches Regionalprinzip, S. 147; *Stern*, Das sparkassenrechtliche Regionalprinzip, S. 127.

474 EuGH, Slg. 2001, I-2613 Rn. 59 (Portugal/Kommission); Europäische Kommission, Mitteilung der Kommission über bestimmte rechtliche Aspekte von Investitionen innerhalb der EU, ABl. 1997 C 220/15, Rn. 10; *Kühling*, in: Streinz, EUV/AEUV, Art. 345 AEUV Rn. 1; *Ruffert*, in: Henneke, Kommunale Perspektiven im zusammenwachsenden Europa, S. 10, 14; *Voland*, EuR 2014, 237, 243; *Wernicke*, in: Grabitz/Hilf/Nettesheim, Recht der EU, Art. 345 AEUV Rn. 4.

des Art. 345 AEUV kommt es entscheidend darauf an, wie der Begriff „Eigentumsordnung" auszulegen ist. So könnte der Begriff alle Vorschriften eines Mitgliedstaats umfassen, die mit der Institution „Eigentum" zusammenhängen.[475] Aus der Rechtsprechung des Europäischen Gerichtshofs folgt allerdings eine differenziertere Sichtweise, wonach es gem. Art. 345 AEUV das alleinige Recht der Mitgliedstaaten ist, über den Bestand von Eigentumsrechten zu entscheiden, wohingegen das Unionsrecht die Ausübung dieser Rechte beschränken kann.[476] Mithin soll die Ausgestaltung des Eigentums uneingeschränkt am Maßstab des Unionsrechts zu prüfen sein.[477] Ähnlich differenziert die Europäische Kommission bei der Anwendung des Art. 345 AEUV, indem sie zwischen dem „ob" von Eigentumszuordnungen, wie Verstaatlichungen und Privatisierungen, sowie dem „wie", also der Ausgestaltung und Ausübung von Eigentumsrechten, unterscheidet.[478] Somit unterfallen nur Vorschriften, die das „ob" der Kommunalwirtschaft betreffen, Art. 345 AEUV, wohingegen Vorschriften des „wie" der Kommunalwirtschaft vollumfänglich anhand des Unionsrechts zu prüfen sind.[479]

Folglich schützt Art. 345 AEUV die Entscheidungsfreiheit des Mitgliedstaats, Unternehmen zu privatisieren oder in öffentlicher Trägerschaft zu betreiben.[480] Die Vorschrift sichert also die Zuordnung des Eigentums zu öffentlichen oder privaten Rechtsträgern vor einem Zugriff durch die Europäische Union.[481] Jeder Mitgliedstaat kann daher selbst entscheiden, ob und in welchen Bereichen

---

475 *Bär-Bouyssière*, in: von der Groeben/Schwarze/Hatje, Europäisches UnionsR Bd. 4, Art. 345 AEUV Rn. 7; *Becker*, ZG 2010, 260, 273.

476 EuGH, Slg. 1966, 321, 394 (Consten und Grundig/Kommission); EuGH, Slg. 1968, 85, 112 f. (Parke Davis); siehe hierzu *Voland*, EuR 2014, 237, 243 f.

477 *Voland*, EuR 2014, 237, 244.

478 Ausführlich *Voland*, EuR 2014, 237, 245; vgl. bspw. Europäische Kommission, Pressemitteilung IP/06/870 v. 28. Juni 2006.

479 *Eufinger*, EWS 2014, 253, 257; *Kemmler*, Die Verwaltung 49 (2016), 397, 409; *Kingreen*, in: Callies/Ruffert, EUV/AEUV, Art. 345 AEUV Rn. 10; *Krausnick*, VerwArch 102 (2011), 359, 364; *Kühling*, in: Streinz, EUV/AEUV, Art. 345 AEUV Rn. 13; *Wenzl*, Das Örtlichkeitsprinzip im europäischen Binnenmarkt, S. 107.

480 Vgl. Europäische Kommission, Mitteilung „Leistungen der Daseinsvorsorge in Europa", ABl. 2001 C 17/4, Rn. 21; *Dünchheim*, Die Vereinbarkeit des kommunalen Wirtschaftsrechts des Saarlandes mit dem Recht der Europäischen Union, S. 81; *Kingreen*, in: Callies/Ruffert, EUV/AEUV, Art. 345 AEUV Rn. 10; *Klement*, EuZW 2014, 57, 59; *Kühling*, in: Streinz, EUV/AEUV, Art. 345 AEUV Rn. 15; *Stern*, Das sparkassenrechtliche Regionalprinzip, S. 125; *Wernicke*, in: Grabitz/Hilf/Nettesheim, Recht der EU, Art. 345 AEUV Rn. 5.

481 Vgl. *Hellermann*, Örtliche Daseinsvorsorge und gemeindliche Selbstverwaltung, S. 81; *Kingreen*, in: Callies/Ruffert, EUV/AEUV, Art. 345 AEUV Rn. 12; *Klement*, EuZW

öffentliche Unternehmen zugelassen werden sollen.[482] Demnach ist die Privatisierung von öffentlichem Eigentum allein den innerstaatlichen Stellen vorbehalten,[483] so dass Art. 345 AEUV einer Privatisierungspflicht entgegensteht.[484] Eine Privatisierung von kommunalen Sparkassen kann somit nicht erzwungen werden.[485] Der nationale Gesetzgeber hat nach Art. 345 AEUV eine Einschätzungsprärogative dahingehend, in welchem Umfang er kommunalen Unternehmen die Wirtschaftsteilnahme ermöglichen will.

Fraglich ist, ob das sparkassenrechtliche Regionalprinzip als „wie" oder als „ob" der Sparkassentätigkeit einzuordnen ist. Das sparkassenrechtliche Regionalprinzip folgt aus der kommunalen Trägerschaft von Gemeinden und damit aus der kommunalen Selbstverwaltungsgarantie gem. Art. 28 Abs. 2 GG, welche die Sparkassentätigkeit ermöglicht. Daher könnte das sparkassenrechtliche Regionalprinzip zum „ob" der Sparkassentätigkeit gehören und den Schutz des Art. 345 AEUV genießen.[486] Allerdings vermag die Ansicht, dass die Entscheidung für eine öffentlich-rechtliche Trägerschaft

---

2014, 57, 59; *Kruse*, NVwZ 2000, 721, 723; *Kühling*, in: Streinz, EUV/AEUV, Art. 345 AEUV Rn. 15; *Weiß*, AöR 128 (2003), 91, 93 f.

482 *Guckelberger*, BayVBl. 2006, 293, 299 f.; *Schmidhuber/Hitzler*, ZögU 1990, 397, 399; siehe auch *Badura*, ZGR 1997, 291, 295; *Eufinger*, EWS 2014, 253, 257.

483 *Kühling*, in: Streinz, EUV/AEUV, Art. 345 AEUV Rn. 15; *Stern*, Das sparkassenrechtliche Regionalprinzip, S. 125 f.; *Vogel*, BKR 2009, 106, 108; *Wernicke*, in: Grabitz/Hilf/Nettesheim, Recht der EU, Art. 345 AEUV Rn. 5.

484 Europäische Kommission, Mitteilung „Leistungen der Daseinsvorsorge in Europa", ABl. 2001 C 17/4, Rn. 21; *Becker*, NStZ 2009, 306, 308; *Brenncke*, ZBB 2007, 1, 5; *Hellermann*, Örtliche Daseinsvorsorge und gemeindliche Selbstverwaltung, S. 81; *Hobe/Biehl/Schroeter*, Europarechtliche Einflüsse auf das Recht der deutschen kommunalen Selbstverwaltung, S. 39; *Kingreen*, in: Callies/Ruffert, EUV/AEUV, Art. 345 AEUV Rn. 12; *Knauff*, in: Loewenheim u.a., KartellR, Art. 106 AEUV Rn. 15; *Schmidhuber/Hitzler*, ZögU 1990, 397, 399; *Schwarze*, EuZW 2001, 334, 336; *Vogel*, BKR 2009, 106, 108; *Weiß*, AöR 128 (2003), 91, 94; *Witte/Gregoritza*, WM 2007, 151, 155; vgl. zudem bereits BT-Drs. 2/3440, S. 154 zum bundesdeutschen Zustimmungsgesetz zu Art. 222 EWGV als der Vorgängerregelung von Art. 345 AEUV.

485 *Becker*, ZG 2010, 260, 262; *Schalast/Sassenberg*, BKR 2007, 498; *Vogel*, BKR 2009, 106, 108.

486 So jedenfalls *Eufinger*, EWS 2014, 253, 257; *Kemmler*, Die Verwaltung 49 (2016), 397, 409; *Kolm*, Das sparkassenrechtliche Regionalprinzip, S. 127; *Schepers*, Internet-Banking und sparkassenrechtliches Regionalprinzip, S. 147 f.; *Stern*, Das sparkassenrechtliche Regionalprinzip, S. 126; vgl. *Raskin*, Das Regionalprinzip und (neue) elektronische Vertriebswege im Retailbanking, S. 163; hinsichtlich des Örtlichkeitsprinzips: *Scheps*, Das Örtlichkeitsprinzip im kommunalen Wirtschaftsrecht, S. 192 f.

eines Unternehmens zwingend mit der Anerkennung des sparkassenrechtlichen Regionalprinzips einhergeht,[487] nicht zu überzeugen. So ist die Rechtsform der Anstalt des öffentlichen Rechts nicht unveränderlich wie sich an der Abschaffung der Anstaltslast und Gewährträgerhaftung von Sparkassen zeigte. Diese Haftungsinstrumente unterfielen nicht dem Anwendungsbereich des Art. 345 AEUV.[488] Letztlich stellten sie nur Modalitäten der Sparkassentätigkeit dar. Auch der Versuch, einen „unantastbaren Kernbereich" der Eigentumsordnung zu konstruieren,[489] mag nicht zu überzeugen, da der Umfang vollkommen unklar bleibt.[490]

Vielmehr ist das von Art. 345 AEUV umfasste „ob" eng auszulegen und auf die „Eigentumszuordnung"[491] zu beschränken. Ansonsten könnte vielfach ein Mitgliedstaat mithilfe des Art. 345 AEUV öffentliche Wirtschaftsbereiche dem Anwendungsbereich der unionsrechtlichen Vorschriften entziehen.[492] Es geht im Grundsatz um den Schutz von öffentlichen Unternehmen. Das Verhalten der Kommunalunternehmen als Marktteilnehmer ist dem Unionsrecht hingegen gerade nicht durch Art. 345 AEUV entzogen. Dies zeigt sich auch an der vom Wortlaut eindeutigeren Vorgängervorschrift, dem Art. 83 EGKS: „Die Errichtung der Gemeinschaft berührt in keiner Weise die Ordnung des Eigentums an den Unternehmen, für welche die Bestimmungen des Eigentums gelten." Demnach war der Sinn und Zweck der Vorschrift, den

487 So *Stern*, Das sparkassenrechtliche Regionalprinzip, S. 125.

488 *Ruffert*, in: Henneke, Kommunale Perspektiven im zusammenwachsenden Europa, S. 10, 26 f.; so aber *Thode/Peres*, VerwArch 89 (1998), 439, 443 f. und *Vogel*, ZBB 2001, 103, 109 f., die annehmen, dass beide Haftungsinstrumente der Eigentumsnorm nach Art. 345 AEUV unterfielen.

489 Siehe *Ruffert*, in: Henneke, Kommunale Perspektiven im zusammenwachsenden Europa, S. 10, 24; *Scheps*, Das Örtlichkeitsprinzip im kommunalen Wirtschaftsrecht, S. 193.

490 *Dünchheim*, Die Vereinbarkeit des kommunalen Wirtschaftsrechts des Saarlandes mit dem Recht der Europäischen Union, S. 85; *Ehricke*, Die Vereinbarkeit des kommunalen Örtlichkeitsprinzips mit dem EG-Recht, S. 21; *Wenzl*, Das Örtlichkeitsprinzip im europäischen Binnenmarkt, S. 109 f.

491 *Dünchheim*, Die Vereinbarkeit des kommunalen Wirtschaftsrechts des Saarlandes mit dem Recht der Europäischen Union, S. 81; *Wenzl*, Das Örtlichkeitsprinzip im europäischen Binnenmarkt, S. 107 f.

492 *Dünchheim*, Die Vereinbarkeit des kommunalen Wirtschaftsrechts des Saarlandes mit dem Recht der Europäischen Union, S. 85; *Langner*, Die örtliche Begrenzung kommunaler Wirtschaftstätigkeit und die Grundfreiheiten des EG-Vertrages, S. 156; *Wenzl*, Das Örtlichkeitsprinzip im europäischen Binnenmarkt, S. 108.

Mitgliedstaaten die Entscheidung über Privatisierungen oder Verstaatlichungen zu überlassen.[493]

Zwar prägt das Regionalprinzip die Sparkassentätigkeit maßgeblich und findet seine Verankerung im Grundgesetz. Dennoch ist das sparkassenrechtliche Regionalprinzip letztlich nur eine Ausprägung der Sparkassentätigkeit, nach welcher sich eine Sparkasse grundsätzlich nur im Trägergebiet betätigen darf. Als Eigentumsordnung vom Unionsrecht geschützt ist nur die Sparkassentätigkeit an sich, also die Erbringung von bankspezifischen Leistungen durch eine Gemeinde als Marktteilnehmer. Folglich ist das sparkassenrechtliche Regionalprinzip als „wie" der Sparkassentätigkeit nicht Teil der durch Art. 345 AEUV geschützten Eigentumsordnung.[494]

III. Ergebnis

Aufgrund der fehlenden Anwendbarkeit des Art. 345 AEUV auf das sparkassenrechtliche Regionalprinzip vermag diese Vorschrift die Anwendung des Unionsrechts nicht von vornherein einzuschränken.

B. Anwendungsvorrang des Unionsrechts

Für die möglichen Auswirkungen des Unionsrechts auf das nationale Recht ist das Verhältnis beider Rechtsordnungen entscheidend. Nach dem Europäischen Gerichtshof bestimmt sich das Verhältnis von Unionsrecht und nationalem Recht nach Unionsrecht.[495] Dabei geht der Europäische Gerichtshof von einem Geltungsvorrang des Unionsrechts aus, nach dem eine gegen Unionsrecht

---

493 *Bär-Bouyssière*, in: von der Groeben/Schwarze/Hatje, Europäisches UnionsR Bd. 4, Art. 345 AEUV Rn. 12; *Dünchheim*, Die Vereinbarkeit des kommunalen Wirtschaftsrechts des Saarlandes mit dem Recht der Europäischen Union, S. 84; *Kühling*, in: Streinz, EUV/AEUV, Art. 345 AEUV Rn. 15; *Wenzl*, Das Örtlichkeitsprinzip im europäischen Binnenmarkt, S. 107.

494 Im Ergebnis ebenso: *Otto*, VR 2015, 273, 274; hinsichtlich des Örtlichkeitsprinzips: *Dünchheim*, Die Vereinbarkeit des kommunalen Wirtschaftsrechts des Saarlandes mit dem Recht der Europäischen Union, S. 81 ff.; *Ehricke*, Die Vereinbarkeit des kommunalen Örtlichkeitsprinzips mit dem EG-Recht, S. 21; *Krausnick*, VerwArch 102 (2011), 359, 364; *Langner*, Die örtliche Begrenzung kommunaler Wirtschaftstätigkeit und die Grundfreiheiten des EG-Vertrages, S. 156 f.; *Wenzl*, Das Örtlichkeitsprinzip im europäischen Binnenmarkt, S. 108.

495 Ausführlich *Jarass/Beljin*, NVwZ 2004, 1 f.; *Maurer*, in: FS für Stern (2012), S. 101 f.

verstoßende Norm sofort nichtig wäre, ohne dass es weiterer Maßnahmen bedürfte.[496] Geltungsvorrang bedeutet somit „Überordnung, Verbindlichkeit, Maßgeblichkeit und Durchsetzbarkeit gegenüber nachrangigem Recht".[497] Jedoch führen der Geltungsvorrang und die daraus resultierende Nichtigkeit einer nationalen Vorschrift nicht immer zum gewünschten Ergebnis. In Kollisionsfällen, in denen das Unionsrecht nur einzelne Aspekte des Anwendungsbereichs einer nationalen Norm erfasst, wäre aufgrund des Geltungsvorrangs sogleich die gesamte nationale Norm nichtig.[498]

Allerdings beruht der Vorrang des Unionsrechts auf den nationalen Zustimmungsgesetzen, die aufgrund der verfassungsrechtlichen Ermächtigung aus Art. 23 GG ergehen,[499] denn das Unionsrecht und das nationale Recht sind weiterhin zwei eigenständige Rechtsordnungen.[500] Daher ist anstelle eines Geltungsvorrangs von einem Anwendungsvorrang[501] des Unionsrechts auszugehen, welcher zu sachgerechteren Ergebnissen führt.[502] Nach dem Anwendungsvorrang verdrängt das Unionsrecht die nationale kollidierende Vorschrift und führt zu ihrer Unanwendbarkeit. Die Norm wird allerdings

---

496 Vgl. EuGH, Slg. 1964, 1251, 1269 ff. (Costa/Enel); EuGH, Slg. 1968, 363, 373 (Firma Gebrüder Lück/Hauptzollamt Köln-Rheinau); EuGH, Slg. 1978, 629 Rn. 17/18 (Staatliche Finanzverwaltung/Simmenthal); EuGH, Slg. 1989, 1839 Rn. 31 ff. (Fratelli Costanzo SpA/Comune di Milano); EuGH, Slg. 1991, I-297 Rn. 19 (Nimz); *Jarass*, NJW 1990, 2420, 2424; *Jarass/Beljin*, NVwZ 2004, 1 ff.

497 *Di Fabio*, NJW 1990, 947, 950.

498 Vgl. *Nettesheim*, in: Grabitz/Hilf/Nettesheim, Recht der EU, Art. 1 AEUV Rn. 80; siehe hierzu BVerfG, NJW 2020, 314, 317.

499 BVerfGE 73, 339, 375; BVerfGE 102, 147, 163 f.; BVerfGE 118, 79, 95; BVerfG, NJW 2020, 314, 317; *Hillgruber*, in: Schmidt-Bleibtreu/Hofmann/Henneke, GG, Art. 23 Rn. 29, 31; *Maurer*, in: FS für Stern (2012), S. 101, 102; *Terhechte*, JuS 2008, 403, 404; vgl. *Isensee*, in: FS für Stern (1997), S. 1239, 1253; *Schiffbauer*, AöR 114 (2016), 551, 565 f.

500 BVerfGE 37, 271, 278; *Broß*, VerwArch 92 (2001), 425, 437; *Isensee*, in: FS für Stern (1997), S. 1239, 1240; *Maurer*, in: FS für Stern (2012), S. 101; *Niedobitek*, VerwArch 92 (2001), 58, 62.

501 Der Begriff ist auf *Hoffmann*, DÖV 1967, 433, 438 zurückzuführen.

502 So BVerfGE 73, 339, 375; BVerfGE 75, 223, 224; zuletzt BVerfG, NJW 2020, 314, 316 f.; zudem BVerfG, NJW 2020, 300, 301 f.; siehe bereits zuvor BVerfGE 37, 271, 280; *Di Fabio*, NJW 1990, 947; *Isensee*, in: FS für Stern (1997), S. 1239, 1242; *Jarass*, NJW 1990, 2420, 2421; *Jarass/Beljin*, NVwZ 2004, 1, 4; *Maurer*, in: FS für Stern (2012), S. 101, 102; *Otto*, VR 2015, 273, 275; *Ruffert*, in: Callies/Ruffert, EUV/AEUV, Art. 1 AEUV Rn. 18; a.A. *Hwang*, EuR 2016, 355, die sich letztlich für den Geltungsvorrang ausspricht und eine ausführliche und kritische Auseinandersetzung zum Anwendungsvorrang liefert.

nicht sogleich nichtig,[503] sondern behält ihre Geltung.[504] Der nationale Gesetzgeber hat sodann über die Folgen für die kollidierende Norm zu entscheiden.[505] Der Anwendungsvorrang bildet somit die Hierarchie des nationalen Rechts ab, welches dualistisch konstruiert ist.[506]

C. Begrenzung des Anwendungsvorrangs durch eine unionsrechtliche Selbstverwaltungsgarantie von Gemeinden

Wenn es eine unionsrechtliche Selbstverwaltungsgarantie von Gemeinden gäbe, könnte diese den Anwendungsvorrang des Unionsrechts begrenzen.[507] Aus einer unionsrechtlichen Selbstverwaltungsgarantie könnte wiederum ein Schutz des sparkassenrechtlichen Regionalprinzips folgen. Die Verträge der Europäischen Union enthalten keine kommunale Selbstverwaltungsgarantie, wie sie die deutsche Verfassung vorsieht. Daher wird bisweilen angenommen, dass die Verträge „kommunalblind" seien.[508] Allerdings gibt es immer wieder Versuche, eine kommunale Selbstverwaltungsgarantie aus der Europäischen Charta der kommunalen Selbstverwaltung oder europäischen Vorschriften, insbesondere Art. 4 Abs. 2 EUV, herzuleiten. Mithin ist zu prüfen, ob sich eine kommunale Selbstverwaltungsgarantie in den Verträgen finden lässt.

I. Geltung der Europäischen Charta der kommunalen Selbstverwaltung im Unionsrecht

Wie sich aus der Präambel ergibt, hat die Europäische Charta der kommunalen Selbstverwaltung zur Grundlage, dass kommunale Gebietskörperschaften Bestandteil jeder Demokratie sind und dass die Bürger auf kommunaler Ebene

---

503 *Funke*, DÖV 2007, 733, 738; *Jarass/Beljin*, NVwZ 2004, 1, 4; *Niedobitek*, VerwArch 92 (2001), 58, 62; *Schmahl*, DÖV 1999, 852, 856.

504 Siehe BVerfG, NJW 2020, 314, 317; *Isensee*, in: FS für Stern (1997), S. 1239, 1242; *Maurer*, in: FS für Stern (2012), S. 101, 102; *Niedobitek*, VerwArch 92 (2001), 58, 62.

505 Vgl. *Nettesheim*, in: Grabitz/Hilf/Nettesheim, Recht der EU, Art. 1 AEUV Rn. 80.

506 Ausführliche und kritische Darstellung bei *Hwang*, EuR 2016, 355, 359 ff.

507 Vgl. ebenso *Otto*, VR 2015, 273, 275; *Rengeling*, DVBl. 1990, 893, 898 f.

508 *Faber*, DVBl. 1991, 1126, 1127; *Hellermann*, in: Epping/Hillgruber, BeckOK GG, Art. 28 Rn. 26; *Henneke*, in: Schmidt-Bleibtreu/Hofmann/Henneke, GG, Art. 28 Rn. 58; *Knemeyer*, BayVBl. 2000, 449; *Mandelartz*, in: FS für Böckenförde (1995), S. 163, 169; *Schäfer*, Die deutsche kommunale Selbstverwaltung in der Europäischen Union, S. 262; *Schmahl*, DÖV 1999, 852, 858; *Tettinger*, in: GS für Burmeister (2005), S. 439, 440.

unmittelbar an den öffentlichen Angelegenheiten beteiligt werden können. In Art. 2 der Charta ist daher der Schutz der kommunalen Selbstverwaltung festgehalten. Hierzu wird in Art. 3 Abs. 1 der Charta dargelegt, dass die kommunalen Gebietskörperschaften das Recht haben müssen, im Rahmen der Gesetze einen wesentlichen Teil der öffentlichen Angelegenheiten in eigener Verantwortung zum Wohl ihrer Einwohner zu regeln und zu gestalten. Weiter findet sich in Art. 4 Abs. 2 der Charta eine Allzuständigkeitsvermutung im Rahmen der Gesetze sowie eine Klagemöglichkeit der Gemeinde bei Verletzung ihrer kommunalen Selbstverwaltung (Art. 11). Insofern ähnelt das kommunale Selbstverwaltungsrecht der Charta dem des Art. 28 Abs. 2 GG.[509] Die Charta wurde 1985 vom Europarat verabschiedet und mittlerweile von allen Mitgliedern ratifiziert. In Deutschland hat die Charta den Rang eines einfachen Bundesgesetzes. Die Europäische Union selbst ist nicht Vertragspartner dieses Abkommens. Da aber alle Mitgliedstaaten der Europäischen Union Mitglieder des Europarats sind und die Charta ratifiziert haben, könnte hieraus eine Bindung für die Europäische Union folgen. Eine solche Bindungswirkung wird jedoch zu Recht überwiegend abgelehnt, weil die Europäische Union nicht Vertragspartei des völkerrechtlichen Vertrags ist[510] und dieser nur die Vertragsparteien zu binden vermag. Die Charta steht somit außerhalb des Unionsrechts.

Dem kommunalen Selbstverwaltungsrecht könnte aber als allgemeinem Rechtsgrundsatz des Unionsrechts Geltung zukommen. Ein solcher kann angenommen werden, wenn sich in den Mitgliedstaaten der Europäischen Union gemeinsame Rechtsauffassungen widerspiegeln.[511] Vergleichbar den in Art. 6 Abs. 3 EUV erwähnten Grundrechten als allgemeine Grundsätze müsste ein solcher Grundsatz daher insbesondere den allgemeinen Verfassungsüberlieferungen der Mitgliedstaaten entnommen werden können. Zwar könnte ein solcher

---

509 Vgl. *Faber*, DVBl. 1991, 1126, 1128; *Mehde*, in: Maunz/Dürig, GG, Art. 28 Abs. 2 Rn. 6; *Stern*, in: FS für Friauf (1996), S. 75, 90; *Tettinger*, in: GS für Burmeister (2005), S. 439, 447.

510 *Faber*, DVBl. 1991, 1126, 1128; *Gern*, NVwZ 1996, 532, 533; *Heberlein*, DVBl. 1994, 1213, 1218; *Hellermann*, Örtliche Daseinsvorsorge und gemeindliche Selbstverwaltung, S. 124 ff.; *Hobe/Biehl/Schroeter*, DÖV 2003, 803, 806; *Köke*, Kommunale Unternehmen in Europa, S. 266; *Mehde*, in: Maunz/Dürig, GG, Art. 28 Abs. 2 Rn. 8; *Schmahl*, DÖV 1999, 852, 860; *Schmidt*, EuR 2003, 936, 939; *Tettinger*, in: GS für Burmeister (2005), S. 439, 448.

511 Vgl. EuGH, Slg. 1974, 491 Rn. 13 (Nold/Kommission) für den Grundrechtsbereich; ausführlich auch *Köke*, Kommunale Unternehmen in Europa, S. 267 ff.; *Schmidt*, EuR 2003, 936, 942 ff.

Schutz zu bejahen sein aufgrund der Verfassungen der Mitgliedstaaten, denen allen das Prinzip der kommunalen Selbstverwaltung bekannt und welches auch verfassungsrechtlich abgesichert ist.[512] Allerdings sind die Ausgestaltungen der kommunalen Selbstverwaltung in vielen europäischen Verfassungen nicht mit Art. 28 Abs. 2 GG vergleichbar.[513] Das kommunale Selbstverwaltungsrecht der Charta ähnelt dem des Art. 28 Abs. 2 GG, jedoch muss nicht jedes Europaratsmitglied alle Vorschriften der Charta einhalten. Vielmehr bietet Art. 12 der Charta jedem Mitglied die Möglichkeit, selbst die Vorschriften auszuwählen, die es befolgen möchte. Überdies kann jeder Vertragsteil nach Art. 13 der Charta selbst entscheiden, welche kommunalen und regionalen Gebietskörperschaften in den Anwendungsbereich der Charta fallen sollen. Demgemäß kann der Schutz des kommunalen Selbstverwaltungsrechts in jedem Mitgliedstaat weiterhin unterschiedlich ausgeprägt sein. So kann Deutschland zwar festhalten, dass es öffentliche Unternehmen wie Sparkassen in den Schutz der Charta einbeziehen möchte, allerdings ist dies kein allgemeingültiger Rechtssatz des Unionsrechts. Ein diesbezüglicher allgemeiner Rechtsgrundsatz des Unionsrechts durch die Charta ist daher abzulehnen.[514] Aus der Charta kann für das Unionsrecht keine kommunale Selbstverwaltungsgarantie hergeleitet werden und erst recht kein Schutz des sparkassenrechtlichen Regionalprinzips als Teil des Sparkassenwesens.

---

512 So zumindest *Martini/Müller*, BayVBl. 1993, 161, 166; siehe auch *Köke*, Kommunale Unternehmen in Europa, S. 269 ff., die annimmt, dass zumindest einzelne Bestimmungen der Europäischen Charta der kommunalen Selbstverwaltung, welche alle Mitgliedstaaten des Europarats befolgen (bspw. Art. 6 Abs. 1), als allgemeine Rechtsgrundsätze im Unionsrecht Geltung beanspruchen.

513 *Faber*, DVBl. 1991, 1126, 1129; *Groß*, DVBl. 2002, 1182, 1184 ff.; *Hobe/Biehl/Schroeter*, DÖV 2003, 803, 805 f.; *Kreiner*, RiA 1989, 141, 144; *Schmidt*, EuR 2003, 936, 942 ff.; *Tettinger*, in: GS für Burmeister (2005), S. 439, 445 f.; siehe auch *Dietlein*, in: Dietlein/Ogorek, BeckOK KommunalR Hessen, Systematische Einführung zum Kommunalrecht Deutschlands Rn. 23 ff.; *Mandelartz*, in: FS für Böckenförde (1995), S. 163, 169; *Stirn*, KommJur 2012, 251, 252 f.

514 So auch *Birkenfeld*, Kommunalrecht Hessen, Rn. 107; *Faber*, DVBl. 1991, 1126, 1129; *Heberlein*, DVBl. 1994, 1213, 1219 f.; *Hobe/Biehl/Schroeter*, DÖV 2003, 803, 806; *Stern*, in: FS für Friauf (1996), S. 75, 91; *Tettinger*, in: GS für Burmeister (2005), S. 439, 448.

II. Herleitung einer kommunalen Selbstverwaltungsgarantie aus Vorschriften des Vertrags über die Europäische Union

1. Verschiedene Anknüpfungspunkte

Es gibt immer wieder Ansätze, eine kommunale Selbstverwaltungsgarantie von Kommunen aus den Europäischen Verträgen herzuleiten. Zunächst könnte auf das Bekenntnis zur Demokratie nach Art. 2 S. 1 Var. 3 EUV abzustellen sein.[515] Das kommunale Selbstverwaltungsrecht ist jedoch kein essentielles Merkmal der Demokratie,[516] so dass deutsche Besonderheiten nicht auf die europäische Ebene übertragen werden können.[517] Überdies würde ein solcher Schutz nicht zum Zweck des Art. 2 EUV passen, welcher in der Benennung der Werte besteht, die für die Europäische Union die Grundlage sind. Teilweise wurde versucht, aus dem Gebot der Rechtsstaatlichkeit gem. Art. 2 S. 1 Var. 5 EUV einen Schutz der kommunalen Selbstverwaltung abzuleiten. Letztlich ist allerdings davon auszugehen, dass ein Rechtsstaat ohne kommunale Selbstverwaltung durchaus möglich ist – selbst in Deutschland, wo die kommunale Selbstverwaltung eine lange und starke Tradition hat.[518]

Möglicherweise könnte auf das Subsidiaritätsprinzip nach Art. 5 Abs. 3 EUV abgestellt werden, in welchem die regionalen und lokalen Ebenen Erwähnung finden. Allerdings bezieht sich das unionsrechtliche Subsidiaritätsprinzip ausschließlich auf das Verhältnis zwischen Unionsrecht und nationalem Recht,[519] so dass eine unmittelbare Wirkung zugunsten der Kommunen nicht ohne Weiteres angenommen werden kann. Überdies ist das Subsidiaritätsprinzip zu weit und vage, als dass aus ihm ein konkreter Schutz der kommunalen Selbstverwaltung abgeleitet werden kann.[520] Dies ist allenfalls bei massiven Eingriffen in den Kernbereich der kommunalen Selbstverwaltungsgarantie anzunehmen.[521] Auch

---

515 Grundlegend *Zuleeg*, in: FG für von Unruh (1983), S. 91, 92 f.

516 *Gern*, NVwZ 1996, 532, 533; *Groß*, DVBl. 2002, 1182, 1188; *Mandelartz*, in: FS für Böckenförde (1995), S. 163, 168; *Schmahl*, DÖV 1999, 852, 858; *Schmidt*, EuR 2003, 936, 942 ff.; *Tettinger*, in: GS für Burmeister (2005), S. 439, 449; ferner *Stern*, in: FS für Friauf (1996), S. 75, 82 f.

517 *Schmidt*, EuR 2003, 936, 940; siehe auch *Faber*, DVBl. 1991, 1126, 1127 f.

518 Vgl. *Schmidt*, EuR 2003, 936, 940.

519 *Gern*, NVwZ 1996, 532, 533; *Mehde*, in: Maunz/Dürig, GG, Art. 28 Abs. 2 Rn. 9; *Schmahl*, DÖV 1999, 852, 859; *Tettinger*, in: Henneke, Kommunale Perspektiven im zusammenwachsenden Europa, S. 145, 157.

520 *Tettinger*, in: GS für Burmeister (2005), S. 439, 450.

521 *Mehde*, in: Maunz/Dürig, GG, Art. 28 Abs. 2 Rn. 8.

andere Herleitungsansätze, die ein unionsrechtliches kommunales Selbstverwaltungsrechts, z.B. als ein kollektives Grundrecht, begründen oder unter Rückgriff auf das Verhältnismäßigkeitsprinzip herleiten wollen, vermögen im Ergebnis nicht zu überzeugen.

2. *Achtungsgebot nach Art. 4 Abs. 2 S. 1 EUV*

Bevor der Vertrag von Lissabon Ende 2009 in Kraft getreten ist, hat der EG-Vertrag keine Aussage über die Existenz von Kommunen getroffen. Doch seit dem Inkrafttreten jenes Vertrages findet sich in Art. 4 Abs. 2 EUV ein Schutz der nationalen Identitäten der Mitgliedstaaten und damit einhergehend der Schutz der Besonderheiten regionaler und kommunaler Selbstverwaltung. Während in Art. 5 Abs. 3 EUV die lokale Ebene Erwähnung findet, kommt der lokalen Selbstverwaltung mittlerweile in Art. 4 Abs. 2 S. 1 EUV ihre Anerkennung zu. So sollte durch Art. 4 Abs. 2 S. 1 EUV die „Kommunalblindheit" der Europäischen Union beseitigt werden.[522] In diesem Zusammenhang ist auch die Präambel der Charta der Grundrechte der EU zu nennen, in der auf die lokale Ebene als Teil der zu achtenden Organisation staatlicher Gewalt in den Mitgliedstaaten Bezug genommen wird.

Aus Art. 4 Abs. 2 S. 1 EUV könnte eine Garantie der kommunalen Selbstverwaltung zu entnehmen sein. Nach Art. 4 Abs. 2 S. 1 EUV achtet die Union die jeweilige nationale Identität, welche in ihren grundlegenden politischen und verfassungsmäßigen Strukturen einschließlich der regionalen und lokalen Selbstverwaltung zum Ausdruck kommt. Hierin könnte die europarechtliche Anerkennung der jeweils spezifischen mitgliedstaatlichen Ausprägung des kommunalen Selbstverwaltungsrechts liegen. Allerdings richten sich die Formulierungen in den Verträgen nicht nach den Vorgaben des nationalen Verfassungsrechts. Die Rechtsstellung der Kommunen ist in den Mitgliedstaaten sehr verschieden. Art. 4 Abs. 2 EUV schützt deren nationale Identität. Die nationale Identität ist zwar ein Begriff des Unionsrechts, gleichwohl wird dieser maßgeblich von der nationalen Auslegung bestimmt.[523] Für die deutschen Besonderheiten sind insbesondere die Entscheidungen des Bundesverfassungsgerichts maßgeblich. Dabei ist weiterhin ungeklärt, welche Verfassungsprinzipien zur

---

522 *Knauff*, EuR 2010, 725, 742 f.; *Puttler*, in: Callies/Ruffert, EUV/AEUV, Art. 4 EUV Rn. 19; *Welti*, AöR 130 (2005), 529, 566.

523 *Schill/Krenn*, in: Grabitz/Hilf/Nettesheim, Recht der EU, Art. 4 EUV Rn. 15; *Streinz*, in: Streinz, EUV/AEUV, Art. 4 EUV Rn. 14; siehe auch *Welti*, AöR 130 (2005), 529, 563 f.

nationalen Identität zählen. Zumindest sind das die in Art. 79 Abs. 3 GG aufgeführten Grundsätze. Insoweit gilt, dass Art. 79 Abs. 3 GG die kommunale Selbstverwaltungsgarantie nach Art. 28 Abs. 2 GG nicht nennt und diese damit nicht zum änderungsfesten Bestandteil des Grundgesetzes gehört.

Allerdings ist der Begriff der nationalen Identität weit zu verstehen. So geht der Anwendungsbereich des Art. 4 Abs. 2 EUV über die nationale Identität nach Art. 79 Abs. 3 GG hinaus.[524] Daher könnte Art. 28 Abs. 2 GG als Teil der nationalen Identität bei entsprechender Auslegung durchaus hierunter fallen.[525] Schließlich kommt dem kommunalen Selbstverwaltungsrecht in Deutschland eine große Bedeutung zu. Das sparkassenrechtliche Regionalprinzip könnte dann durch seine rechtliche Verankerung in der kommunalen Selbstverwaltungsgarantie ebenfalls dem Achtungsgebot unterfallen. Die örtliche Grenze hat eine lange Tradition und ist Teil des deutschen „Drei-Säulen-Modells". Die Sparkassen und die deutsche Bankenlandschaft sind hierdurch geprägt. Demnach könnte aus der Achtung der nationalen Identität der Staaten abzuleiten sein, dass das Unionsrecht Beschränkungen der nationalen Kommunalwirtschaft respektieren müsse.[526]

---

524 BVerfGE 134, 366, 386: „Damit unterscheidet sich die Identitätskontrolle im Rahmen des Art. 79 Abs. 3 GG durch das Bundesverfassungsgericht wesentlich von der Überprüfung des Art. 4 Abs. 2 Satz 1 EUV durch den Gerichtshof. Art. 4 Abs. 2 Satz 1 EUV verpflichtet die Organe der Union, die nationale Identität zu achten. Dem liegt ein Begriff der nationalen Identität zugrunde, der dem Begriff der Verfassungsidentität i.S.v. Art. 79 Abs. 3 GG nicht entspricht, sondern weit darüber hinausreicht."; vgl. auch *Puttler*, in: Callies/Ruffert, EUV/AEUV, Art. 4 EUV Rn. 14; *Rademacher*, EuR 2018, 140, 145 f.; *Schill/Krenn*, in: Grabitz/Hilf/Nettesheim, Recht der EU, Art. 4 EUV Rn. 25 ff.; *Stern*, Das sparkassenrechtliche Regionalprinzip, S. 130 f.; a.A. noch BVerfGE 123, 267, 354.

525 *Puttler*, in: Callies/Ruffert, EUV/AEUV, Art. 4 EUV Rn. 19; *Schmahl*, DÖV 1999, 852, 859; *Stern*, Das sparkassenrechtliche Regionalprinzip, S. 129; wohl auch *Heberlein*, DVBl. 1994, 1213, 1220 f.; *Stirn*, KommJur 2012, 251, 252; nach *Knauff*, WiVerw 2011, 80, 85 unterfällt zumindest der Kern des Art. 28 Abs. 2 GG der nationalen Identität. Demgegenüber umfasst Art. 4 Abs. 2 EUV nach *Kemmler*, Die Verwaltung 49 (2016), 397, 409 die kommunale Selbstverwaltung in ihrer Gesamtheit und nicht nur als Teil der nationalen Identität. A.A. *Faber*, DVBl. 1991, 1126, 1131 f.; *Frenz*, WRP 2008, 73, 85; *Puttler*, in: Callies/Ruffert, EUV/AEUV, Art. 4 EUV Rn. 19.

526 *Weiß*, DVBl. 2003, 564, 571; vgl. zum Regionalprinzip: *Otto*, VR 2015, 273, 275; wohl auch *Kemmler*, Die Verwaltung 49 (2016), 397, 409 f.; a.A. *Wenzl*, Das Örtlichkeitsprinzip im europäischen Binnenmarkt, S. 142 f.; ferner *Dünchheim*, Die Vereinbarkeit des kommunalen Wirtschaftsrechts des Saarlandes mit dem Recht der Europäischen Union, S. 116 f.

Es ist allerdings zweifelhaft, ob ein solcher Schutzumfang vom europäischen Gesetzgeber bezweckt ist, wie bereits der schwach formulierte Wortlaut („achtet") zeigt. Zwar kommt den Gemeinden mittlerweile auf europäischer Ebene eine stärkere beratende Rolle zu. Gem. Art. 300 Abs. 3 AEUV setzt sich der Ausschuss der Regionen aus Vertretern regionaler oder lokaler Gebietskörperschaften zusammen. Allerdings sind von den 24 Vertretern Deutschlands nur drei Vertreter der Kommunen.[527] Somit stehen die Kommunen nicht im Mittelpunkt dieses Ausschusses. Zwar ist damit theoretisch die Möglichkeit gegeben, dass deutsche Kommunen auf europäischer Ebene ihre Interessen einbringen; sie haben in der Praxis jedoch kaum Einwirkungsmöglichkeiten. Darüber hinaus zählt der Ausschuss der Regionen nicht einmal zu den Hauptorganen der Europäischen Union.[528] Dem Ausschuss der Regionen kommt zwar laut Art. 8 Abs. 2 Subsidiaritätsprotokoll[529] ein Klagerecht vor dem Europäischen Gerichtshof in Bezug auf Gesetzgebungsakte zu, für deren Erlass die Anhörung des Ausschusses der Regionen vorgeschrieben ist. Dieses Klagerecht ist damit aber auf bestimmte Sachverhalte beschränkt. Ein der Kommunalverfassungsbeschwerde ähnelndes europäisches Klagerecht der Gemeinden gibt es nicht.[530] Selbst wenn also aus Art. 4 Abs. 2 EUV ein Schutz der kommunalen Selbstverwaltung folgen sollte, so gibt es hierfür keine praktische Durchsetzungsmöglichkeit. Mithin ist es sehr zweifelhaft, ob der europäische Gesetzgeber mit Art. 4 Abs. 2 EUV tatsächlich eine kommunale Selbstverwaltungsgarantie bezweckt hat. Zumindest ist die durch Art. 4 Abs. 2 S. 1 EUV erfolgte primärrechtliche Anerkennung des kommunalen Selbstverwaltungsrechts geeignet, die Stellung der Gemeinden als Anbieter von Leistungen der Daseinsvorsorge zu stärken.[531] Von einem weitergehenden Schutz ist nicht auszugehen.

527 *Dietlein*, in: Dietlein/Ogorek, BeckOK KommunalR Hessen, Systematische Einführung zum Kommunalrecht Deutschlands Rn. 10.2; *Mehde*, in: Maunz/Dürig, GG, Art. 28 Abs. 2 Rn. 9; *Stirn*, KommJur 2012, 251, 252; *Tettinger*, in: GS für Burmeister (2005), S. 439, 441.

528 *Heberlein*, DVBl. 1994, 1213, 1214.

529 Protokoll über die Anwendung der Grundsätze der Subsidiarität und der Verhältnismäßigkeit, ABl. 2007 C 306/150.

530 *Blanke*, DVBl. 2010, 1333, 133; *Schmidt*, EuR 2003, 936, 937 f.; *Welti*, AöR 130 (2005), 529, 567.

531 *Isenburg*, Die Verbundzusammenarbeit der Sparkassen-Finanzgruppe, S. 20 f.; *Knauff*, WiVerw 2011, 80; *ders.*, in: Loewenheim u.a., KartellR, Art. 106 AEUV Rn. 19.

III. Ergebnis

Die kommunale Selbstverwaltung ist auf unionsrechtlicher Ebene nicht derart verankert, dass sich hieraus eine Begrenzung des Anwendungsvorrangs des Unionsrechts ergäbe und der Schutz des sparkassenrechtlichen Regionalprinzips herleiten ließe. Die Mitgliedstaaten sind unterschiedlich aufgebaut und haben verschiedene Vorstellungen vom kommunalen Selbstverwaltungsrecht. Daher vermochte es die Europäische Charta der kommunalen Selbstverwaltung nicht, ein europäisches Verständnis für das kommunale Selbstverwaltungsrecht zu entwickeln. Eine unionsrechtliche Selbstverwaltungsgarantie erscheint zurzeit weder absehbar noch realistisch zu sein. Es geht jedoch zu weit, aufgrund des Art. 4 Abs. 2 S. 1 EUV sogleich einen „Verzicht auf eine eigenständige europarechtliche Ausgestaltung der kommunalen Selbstverwaltung“ anzunehmen.[532]

D. Reichweite des Anwendungsvorrangs auf die gesetzlichen Grundlagen des sparkassenrechtlichen Regionalprinzips

Ferner ist zu klären, inwieweit sich der Anwendungsvorrang auf die gesetzlichen Grundlagen des sparkassenrechtlichen Regionalprinzips auswirken würde.

I. Änderung von § 1 Abs. 3 HessSparkG

Falls das derzeitige sparkassenrechtliche Regionalprinzip gegen Unionsrecht verstoßen sollte, könnte dies Auswirkungen auf das Hessische Sparkassengesetz haben. In § 1 Abs. 3 HessSparkG ist das Regionalprinzip für hessische Sparkassen festgelegt. Die Monopolkommission scheint in ihrem XX. Hauptgutachten davon auszugehen, dass bei einem Verstoß des sparkassenrechtlichen Regionalprinzips gegen Unionsrecht die gesetzlichen Vorschriften komplett unanwendbar wären,[533] also auch innerhalb Deutschlands, und empfiehlt daher, „dass die Beschränkung des Geschäftsgebiets durch das in den Sparkassengesetzen festgelegte Regionalprinzip abgeschafft wird“.[534] Allerdings wirkt sich der Anwendungsvorrang des Unionsrechts gegenüber dem nationalen Recht nur hinsichtlich grenzüberschreitender Sachverhalte aus, also wenn die Sparkasse eine Zweigstelle im europäischen Ausland eröffnen oder grenzüberschreitende Sparkassentätigkeiten ausführen möchte, die derzeit rechtlich nicht möglich sind. Sowohl die Grundfreiheiten als auch die wettbewerbsrechtlichen

---

532 So aber *Knauff*, EuR 2010, 725, 743.

533 Vgl. Monopolkommission, XX. Hauptgutachten v. 1. Juli 2014, Rn. 1997.

534 Monopolkommission, XX. Hauptgutachten v. 1. Juli 2014, Rn. 1923.

Vorschriften setzen einen grenzüberschreitenden Bezug voraus, der bei der Wirkung des sparkassenrechtlichen Regionalprinzips innerhalb Deutschlands nicht vorliegt. Hierbei vermag der Anwendungsvorrang einen wirksamen Vorrang des Unionsrechts zu gewährleisten, aber gleichzeitig die nationale Rechtsordnung zu berücksichtigen. Insofern besteht die Möglichkeit der Teilanwendbarkeit einer kollidierenden Norm und der Inländerdiskriminierung.[535] Die kollidierende Norm wäre somit nur teilweise unanwendbar. Mithin wäre das sparkassenrechtliche Regionalprinzip aus § 1 Abs. 3 HessSparkG hinsichtlich einer grenzüberschreitenden Tätigkeit ins Ausland unanwendbar.[536] Innerhalb Deutschlands würde das sparkassenrechtliche Regionalprinzip weiterhin Geltung beanspruchen. Mit der teilweisen Unanwendbarkeit der Vorschrift wäre der Auftrag an den Landesgesetzgeber verbunden, für die Sparkassentätigkeit im Ausland eine gesetzliche Grundlage zu schaffen.[537]

II. Änderung der kommunalen Selbstverwaltungsgarantie gem. Art. 28 Abs. 2 GG

Der Vorrang des Unionsrechts gilt grundsätzlich ebenfalls gegenüber der Verfassung.[538] Allerdings gilt der Anwendungsvorrang nur soweit der Verfassungskern nicht betroffen ist. Demnach darf nicht das unverzichtbare, zum Grundgefüge der Verfassung gehörende Essentiale in Frage gestellt werden, zu dem auf jeden Fall die Rechtsprinzipien zu zählen sind, die dem Grundrechtsteil des Grundgesetzes zugrunde liegen.[539] Dies sind zumindest die in Art. 79 Abs. 3 GG

---

535 Vgl. *Isensee*, in: FS für Stern (1997), S. 1239, 1242; *Jarass/Beljin*, NVwZ 2004, 1, 4; siehe hierzu *Funke*, DÖV 2007, 733, 737.

536 Vgl. *Purbach*, Die Auswirkungen des Binnenmarktes auf die Sparkassen und ihre öffentlich-rechtliche Verankerung, S. 107; *Schepers*, Internet-Banking und sparkassenrechtliches Regionalprinzip, S. 142 f.; ferner *Gern*, NJW 2002, 2593, 2596; *Walendy*, Theorie kommunaler Wettbewerbsunternehmen, S. 127.

537 Siehe hierzu Kapitel 2: D.

538 Vgl. EuGH, Slg. 1964, 1251, 1269 f. (Costa/Enel); EuGH, Slg. 1970, 1125 Rn. 3 (Internationale Handelsgesellschaft mbH/Einfuhr- und Vorratsstelle für Getreide und Futtermittel); EuGH, Slg. 1978, 629 Rn. 17/18 (Staatliche Finanzverwaltung/Simmenthal); *Broß*, VerwArch 92 (2001), 425, 437; *Ehlers*, JZ 1990, 1089, 1990; *Faber*, DVBl. 1991, 1126, 1130; *Henneke*, in: Schmidt-Bleibtreu/Hofmann/Henneke, GG, Art. 28 Rn. 58; *Nierhaus*, in: Ipsen, Sparkassen im Wandel, S. 65, 72; *Otto*, VR 2015, 273, 275; *Papier*, DVBl. 2003, 686, 687; *Rengeling*, DVBl. 1990, 893, 898; *Schmahl*, DÖV 1999, 852, 857 f.; *Stern*, in: FS für Friauf (1996), S. 75, 81; *Terhechte*, JuS 2008, 403.

539 BVerfGE 37, 271, 279 f., 296; BVerfGE 58, 1, 40; BVerfGE 73, 339, 376; siehe auch BVerfGE 134, 366, 386 f.

genannten Grundsätze (vgl. Art. 23 Abs. 1 S. 3 GG), welche die kommunale Selbstverwaltungsgarantie nicht umfassen.[540] Auch der Versuch, Art. 28 Abs. 2 GG in die Garantie des Art. 20 GG hineinzulesen, damit die Ewigkeitsklausel greift,[541] ist letztlich abzulehnen. Die kommunale Selbstverwaltungsgarantie nach Art. 28 Abs. 2 GG ist somit nicht „europafest".[542] Zwar hat der deutsche Gesetzgeber die Rechte der Gemeinden zu wahren und darf der Europäischen Union infolgedessen keine Befugnis für den Erlass von Maßnahmen erteilen, die das kommunale Selbstverwaltungsrecht in ihrem Kern beeinträchtigen.[543] Dennoch steht Art. 28 Abs. 2 GG grundsätzlich zur Disposition des europäischen Gesetzgebers. Somit bleibt die grundgesetzliche Gewährleistung der kommunalen Selbstverwaltung gegenüber den Vorgaben des Unionsrechts unwirksam,

---

540 Vgl. *Faber*, DVBl. 1991, 1126, 1131 f.; *Groß*, DVBl. 2002, 1182, 1189; *Hellermann*, in: Epping/Hillgruber, BeckOK GG, Art. 28 Rn. 25, 29; *Knopf*, DVBl. 1980, 106, 107; *Kolb*, LKV 2006, 97, 100; *Leidinger*, in: FG für von Unruh (1983), S. 1105; *Mehde*, in: Maunz/Dürig, GG, Art. 28 Abs. 2 Rn. 8; *Nierhaus*, in: Ipsen, Sparkassen im Wandel, S. 65, 72 f.; *Rengeling*, DVBl. 1990, 893, 898; *Steiß*, in: Bennemann u.a., KommunalverfassungsR Hessen, § 1 HGO Erl. 29; *Stern*, in: FS für Friauf (1996), S. 75, 82; *Tettinger*, in: Henneke, Kommunale Perspektiven im zusammenwachsenden Europa, S. 145, 160; *Wenzl*, Das Örtlichkeitsprinzip im europäischen Binnenmarkt, S. 142; siehe ausführlich zum Inhalt der Verfassungsidentität gem. Art. 79 Abs. 3 GG: *Dietz*, AöR 142 (2017), 78, 92 ff.

541 So *Schmidt-Eichstaedt*, KommJur 2009, 249, 253.

542 *Blanke*, DVBl. 2010, 1333, 1334; *Faber*, DVBl. 1991, 1126, 1131 f.; *Henneke*, in: Schmidt-Bleibtreu/Hofmann/Henneke, GG, Art. 28 Rn. 57; *Hobe/Biehl/Schroeter*, DÖV 2003, 803, 808; *Isenburg*, Die Verbundzusammenarbeit der Sparkassen-Finanzgruppe, S. 20; *Mandelartz*, in: FS für Böckenförde (1995), S. 163, 167; *Nierhaus*, in: Ipsen, Sparkassen im Wandel, S. 65, 91; *Papier*, DVBl. 2003, 686, 691; *Schmahl*, DÖV 1999, 852, 857 f.; *Schoch*, VerwArch 81 (1990), 18, 51; *Steiß*, in: Bennemann u.a., KommunalverfassungsR Hessen, § 1 HGO Erl. 29; *Stern*, in: FS für Friauf (1996), S. 75, 83; *Tettinger*, in: GS für Burmeister (2005), S. 439, 454; *Wenzl*, Das Örtlichkeitsprinzip im europäischen Binnenmarkt, S. 142; a.A. *Martini/Müller*, BayVBl. 1993, 161, 166; *Schmidt-Eichstaedt*, KommJur 2009, 249, 253, der die Gemeinden als dritte Säulen im Staatsaufbau der Bundesrepublik Deutschland begreift, welche als solche zum Kernbereich der verfassungsmäßigen Ordnung zählen würden.

543 Vgl. *Birkenfeld*, Kommunalrecht Hessen, Rn. 110; *Gern/Brüning*, Deutsches Kommunalrecht, Rn. 144; *Hellermann*, Örtliche Daseinsvorsorge und gemeindliche Selbstverwaltung, S. 67; *Hobe/Biehl/Schroeter*, DÖV 2003, 803, 808; *Schmahl*, DÖV 1999, 852, 858; zweifelnd *Papier*, DVBl. 2003, 686, 692; a.A. *Faber*, DVBl. 1991, 1126, 1132.

so dass Art. 28 Abs. 2 GG auch keine beschränkende Wirkung hinsichtlich des unionsrechtlichen Anwendungsvorrangs entfalten kann.[544]

Wenn die umfassende Sparkassentätigkeit im Ausland aufgrund des Unionsrechts möglich sein sollte, könnte dies dazu führen, dass Art. 28 GG unionsrechtskonform ausgelegt werden muss.[545] Allerdings legt die kommunale Selbstverwaltungsgarantie nur eine Mindestgarantie fest. Der enthaltene Gesetzgebungsvorbehalt ermöglicht dem Landesgesetzgeber, den Gemeinden auch Betätigungen ohne Gebietsbezug aufzutragen.[546] Im Falle der Unanwendbarkeit des Regionalprinzips zu Gunsten einer Auslandstätigkeit würden die Betätigungsmöglichkeiten der Sparkassen erweitert. Die Sparkassentätigkeit an sich wäre weiterhin möglich. Art. 28 Abs. 2 GG ist für eine solche Ausgestaltung des Selbstverwaltungsrechts grundsätzlich offen.[547] Ansonsten wären die bisherigen Durchbrechungen des sparkassenrechtlichen Regionalprinzips nicht zulässig. Mithin wäre es mit der kommunalen Selbstverwaltungsgarantie vereinbar, wenn das Regionalprinzip hinsichtlich einer Auslandstätigkeit von Sparkassen geöffnet würde.[548] Allenfalls bei einer völligen Beseitigung der örtlichen Verankerung von Sparkassen, also auch innerhalb von Deutschland, wäre eine Unvereinbarkeit mit der kommunalen Selbstverwaltungsgarantie nach Art. 28 Abs. 2 GG anzunehmen.[549] In diesem Fall müsste die kommunale Selbstverwaltungsgarantie vom Verfassungsgeber angepasst werden, was sich allerdings auf die gesamte kommunale Wirtschaftstätigkeit auswirken würde. Da sich der Anwendungsbereich des Unionsrechts allerdings nur auf die grenzüberschreitenden

---

544 *Hellermann*, in: Epping/Hillgruber, BeckOK GG, Art. 28 Rn. 25; siehe auch *Mehde*, in: Maunz/Dürig, GG, Art. 28 Abs. 2 Rn. 8.

545 So jedenfalls *Schwintowski*, NVwZ 2001, 607, 610. Nach seiner Ansicht verstößt das Örtlichkeitsprinzip gegen Unionsrecht, gegen die allgemeine Handlungsfreiheit aus Art. 2 GG, die durch das Gesellschaftsrecht konkretisiert würde, und gegen Art. 3 GG, da die öffentlichen Unternehmen gleichberechtigt am Wettbewerb teilnehmen würden. Ähnlich *Nagel*, Gemeindeordnung als Hürde?, S. 52.

546 *Britz*, NVwZ 2001, 380, 385; *Gern*, NJW 2002, 2593, 2595; *Hauser*, Wirtschaftliche Betätigung von Kommunen, S. 102 f.

547 Siehe Kapitel 2: D.

548 Vgl. zur überörtlichen Wirtschaftstätigkeit *Schepers*, Internet-Banking und sparkassenrechtliches Regionalprinzip, S. 64.

549 Vgl. *Raskin*, Das Regionalprinzip und (neue) elektronische Vertriebswege im Retailbanking, S. 59; *Schepers*, Internet-Banking und sparkassenrechtliches Regionalprinzip, S. 67; *Stern*, Das sparkassenrechtliche Regionalprinzip, S. 61; zum Örtlichkeitsprinzip wohl *Dünchheim/Schöne*, DVBl. 2009, 146, 155.

Sachverhalte bezieht, gilt das Regionalprinzip in jedem Fall weiterhin innerhalb Deutschlands.

III. Ergebnis

Eine Auslandstätigkeit von Sparkassen wäre grundsätzlich mit Art. 28 Abs. 2 GG vereinbar. Hierfür bedürfte es nur einer entsprechenden Ergänzung im Hessischen Sparkassengesetz. Entsprechendes gilt für das Demokratieprinzip gem. Art. 20 Abs. 1, 2 GG, dem eine Ergänzungsfunktion zukommt. Im Übrigen würde sich bei einem Verstoß des sparkassenrechtlichen Regionalprinzips gegen europäische Vorschriften der Anwendungsvorrang des Unionsrechts auswirken und das einfachgesetzlich geregelte Regionalprinzip in § 1 Abs. 3 HessSparkG daher hinsichtlich grenzüberschreitender Sachverhalte unanwendbar sein. Somit wäre die Sparkassentätigkeit im Ausland möglich, auch wenn im Bundesgebiet selbst die örtliche Beschränkung weiterhin Geltung entfalten würde.

E. Zusammenfassung

Ein Verstoß des sparkassenrechtlichen Regionalprinzips gegen europäische Vorschriften hätte Auswirkungen auf die Sparkassentätigkeit dergestalt, dass die Auslandstätigkeit möglich wäre. So wirkt sich der Anwendungsvorrang des Unionsrechts auch auf Art. 28 Abs. 2 GG aus. Die Unberührtheit der Eigentumsordnung gem. Art. 345 AEUV vermag nicht, das sparkassenrechtliche Regionalprinzip aus dem Anwendungsbereich der unionsrechtlichen Vorschriften von vornherein auszunehmen. Zudem gibt es keine unionsrechtliche Selbstverwaltungsgarantie, die einen Schutz der örtlichen Grenze vermitteln könnte.

Kapitel 4: Das sparkassenrechtliche Regionalprinzip und seine Vereinbarkeit mit Vorgaben des Unionsrechts

Fraglich ist, ob die örtliche Beschränkung von kommunalen Sparkassen im Einklang mit Vorgaben des Unionsrechts steht. Dass die wirtschaftliche Betätigung des Staates grundsätzlich mit Unionsrecht vereinbar sein muss, zeigt bereits Art. 106 Abs. 1 AEUV. Nach dieser Vorschrift darf der Staat in Bezug auf öffentliche Unternehmen keine den Verträgen widersprechenden Maßnahmen treffen. Diese Regelung ist nur dann sachdienlich, wenn ansonsten die öffentliche wirtschaftliche Betätigung im Grunde zulässig ist. Überdies ist Art. 345 AEUV zu entnehmen, dass öffentliche Unternehmen eines Mitgliedstaats grundsätzlich zulässig sind.[550] Jedoch enthält Art. 345 AEUV keine Garantie für die Existenz von öffentlichen Unternehmen, da ansonsten die Wettbewerbsvorschrift des Art. 106 AEUV obsolet wäre.[551] Auch wenn damit die wirtschaftliche Betätigung von Kommunen grundsätzlich zulässig erscheint, bedeutet dies noch nicht, dass sich das Unionsrecht nicht auswirkt.

A. Binnenmarktziel des Unionsrechts

Das sparkassenrechtliche Regionalprinzip muss mit der Verwirklichung des Binnenmarktes vereinbar sein. Dieses Ziel der Europäischen Union[552] findet sich in Art. 3 Abs. 3 S. 1 EUV, der die Errichtung eines Binnenmarktes durch die Union vorsieht, sowie in Art. 26 AEUV. Wie aus Art. 26 Abs. 2 AEUV folgt, umfasst der Begriff „Binnenmarkt" einen „Raum ohne Binnengrenzen, in dem der freie Verkehr von Waren, Personen, Dienstleistungen und Kapital gemäß den Bestimmungen der Verträge gewährleistet ist". Der Binnenmarkt setzt nach

---

550 *Becker*, NStZ 2009, 306, 308; *Knauff*, in: Loewenheim u.a., KartellR, Art. 106 AEUV Rn. 15; *Pielow*, JuS 2006, 692, 693; *Weiß*, DVBl. 2003, 564, 569; *Welti*, AöR 130 (2005), 529, 537 in Fn. 541; a.A. *Stern*, Das sparkassenrechtliche Regionalprinzip, S. 125.

551 Vgl. *Kruse*, NVwZ 2000, 721, 723.

552 Vgl. EuGH, Slg. 2000, I-8207 Rn. 23 (Échirolles Distribution/Association du Dauphiné u.a.); *Müller-Graff*, in: Dauses/Ludwigs, Hdb. EU-WirtschaftsR 1, A. I. Rn. 114; *Ruffert*, in: Callies/Ruffert, EUV/AEUV, Art. 3 AEUV Rn. 22.

dieser Legaldefinition die Verwirklichung der Grundfreiheiten voraus. Aber nicht nur die Grundfreiheiten, sondern ebenso Maßnahmen wie die Rechtsangleichung nach Art. 114 AEUV sollen das Binnenmarktziel ermöglichen. So wird in Art. 114 Abs. 1 S. 1 AEUV direkt auf Art. 26 AEUV verwiesen. Weitere den Binnenmarkt verwirklichende Normen sind die Wettbewerbsvorschriften.[553]

Hieran zeigt sich bereits, dass das Binnenmarktziel ein Prinzip des Unionsrechts darstellt, dem andere Vorschriften dienen. Zwar bestimmt Art. 26 Abs. 1 AEUV, dass die Europäische Union Maßnahmen erlässt, um das Binnenmarktziel zu erreichen. Dennoch ist Art. 26 AEUV damit vornehmlich ein Handlungsauftrag an die Europäische Union und nicht selbst die Vorschrift zur Verwirklichung des Binnenmarktes.[554] Art. 3 Abs. 3 S. 1 EUV und Art. 26 Abs. 1 AEUV selbst sind in diesem Sinne keine Vorschriften, die unmittelbar wirken. Vielmehr braucht das Binnenmarktziel zur Verwirklichung u.a. die Grundfreiheiten. Zwischen dem Ziel des Binnenmarktes und den Mitteln zur Durchsetzung ist daher zu differenzieren.[555]

Die örtliche Beschränkung von Sparkassen könnte mit dem Ziel eines Raums ohne Binnengrenzen nicht in Einklang stehen. Jedoch ist das sparkassenrechtliche Regionalprinzip nicht am Binnenmarktziel selbst zu messen, sondern vielmehr an den Vorschriften, die zur Durchsetzung des Binnenmarktziels beitragen. Das Binnenmarktziel kann hierfür als Auslegungshilfe dienen.

B. Grundsatz einer offenen Marktwirtschaft mit freiem Wettbewerb

Das Grundgesetz postuliert kein bestimmtes Wirtschaftssystem und ist nach der ständigen Rechtsprechung des Bundesverfassungsgerichts als wirtschaftspolitisch neutral zu bewerten.[556] Der Gesetzgeber kann die „ihm jeweils

---

553 *Müller-Graff*, in: Dauses/Ludwigs, Hdb. EU-WirtschaftsR 1, A. I. Rn. 134; *Schröder*, in: Streinz, EUV/AEUV, Art. 26 AEUV Rn. 26.

554 *Bast*, in: Grabitz/Hilf/Nettesheim, Recht der EU, Art. 26 AEUV Rn. 8; *Voet van Vormizeele*, in: von der Groeben/Schwarze/Hatje, Europäisches UnionsR Bd. 1, Art. 26 AEUV Rn. 9; siehe auch *Möstl*, EuR 2002, 318, 322 ff.; *Schröder*, in: Streinz, EUV/AEUV, Art. 26 AEUV Rn. 13.

555 Ausführlich hierzu *Schröder*, in: Streinz, EUV/AEUV, Art. 26 AEUV Rn. 21 ff.

556 BVerfGE 4, 7, 17 f.; BVerfGE 7, 377, 400; BVerfGE 12, 341, 347; BVerfGE 30, 292, 315; BVerfGE 40, 196, 222 f.; BVerfGE 50, 290, 336 f.; BVerwGE 39, 329, 336 f.; hierzu *Ehlers*, JZ 1990, 1089; *Hofmann*, in: Schmidt-Bleibtreu/Hofmann/Henneke, GG, Art. 12 Rn. 54; *Scholz*, in: Maunz/Dürig, GG, Art. 12 Rn. 85.

sachgemäße Wirtschaftspolitik" verfolgen, soweit diese mit dem Grundgesetz vereinbar ist.[557] Dies ist im Unionsrecht anders.[558] In Art. 119 Abs. 2, 3, Art. 120 S. 2 und Art. 127 Abs. 1 S. 3 AEUV sowie in Art. 2 ESZB-Satzung findet sich der „Grundsatz einer offenen Marktwirtschaft mit freiem Wettbewerb". Eine örtliche Beschränkung wie bei kommunalen Sparkassen verhindert jedenfalls den Wettbewerb zwischen den Sparkassen und könnte in diesem Sinn mit dieser Vorgabe unvereinbar sein.

Es ist umstritten, wie weit die rechtliche Aussagekraft dieses Grundsatzes reicht.[559] Fest steht, dass sich die Europäische Union zum freien Wettbewerb und der offenen Marktwirtschaft ausdrücklich bekennt. Insofern hat auch der Europäische Gerichtshof mit seinem Urteil vom 3. Oktober 2000 ausgeführt, dass der Grundsatz der offenen Marktwirtschaft mit freiem Wettbewerb einen allgemeinen Grundsatz darstellt, dessen Anwendung eine komplexe wirtschaftliche Beurteilung erfordert und in die Zuständigkeit der Gesetzgebung fällt.[560] Danach stellt der Grundsatz einer offenen Marktwirtschaft mit freiem Wettbewerb ein objektives Prinzip dar und begründet kein eigenständiges subjektives Recht, auf welches sich der Einzelne unmittelbar berufen könnte.[561] Allerdings ist an diesem Grundsatz nicht die Vereinbarkeit des sparkassenrechtlichen Regionalprinzips zu prüfen, denn der Grundsatz einer offenen Marktwirtschaft mit freiem Wettbewerb hat wie das Binnenmarktziel nur die Funktion einer Interpretationshilfe[562].

---

557 BVerfGE 4, 7, 18; BVerfGE 50, 290, 338.

558 *Badura*, ZGR 1997, 291, 292; *Ehlers*, JZ 1990, 1089, 1090; *Häde*, in: Callies/Ruffert, EUV/AEUV, Art. 119 AEUV Rn. 8; *Ruffert*, in: Henneke, Kommunale Perspektiven im zusammenwachsenden Europa, S. 10, 14; siehe auch *Jungbluth*, EuR 2010, 471, der sich mit der Frage auseinandersetzt, ob trotz des Einflusses des Unionsrechts immer noch von einem wirtschaftspolitisch neutralem Grundgesetz auszugehen ist. Im Ergebnis wird dies bejaht.

559 Eine kurze Darstellung der Ansichten findet sich bei *Nowak*, EuR 2009 Beiheft 1, 129, 148 f. m.w.N.

560 EuGH, Slg. 2000, I-8207 Rn. 25 (Échirolles Distribution/Association du Dauphiné u.a.).

561 Vgl. EuGH, Slg. 2000, I-8207 Rn. 25 (Échirolles Distribution/Association du Dauphiné u.a.); *Bandilla*, in: Grabitz/Hilf/Nettesheim, Recht der EU, Art. 119 AEUV Rn. 24; *Häde*, in: Callies/Ruffert, EUV/AEUV, Art. 119 AEUV Rn. 9.

562 *Bandilla*, in: Grabitz/Hilf/Nettesheim, Recht der EU, Art. 119 AEUV Rn. 23; als „Leitlinie" bezeichnend *Badura*, ZGR 1997, 291, 294.

C. Unionsrechtlicher allgemeiner Gleichheitssatz

Das Regionalprinzip könnte gegen einen unionsrechtlichen allgemeinen Gleichheitssatz verstoßen, indem der deutsche Gesetzgeber durch das Grundgesetz sowie der hessische Gesetzgeber durch die Hessische Verfassung und das hessische Sparkassenrecht die Sparkassentätigkeit grundsätzlich auf das Gebiet des kommunalen Trägers beschränken. Hiermit könnte ein Unterschied zu anderen Kreditinstituten bestehen, wodurch ein Verstoß gegen den unionsrechtlichen allgemeinen Gleichheitssatz vorliegen könnte.

I. Rechtsgrundlage des allgemeinen Gleichheitssatzes

Es ist zweifelhaft, welche Grundlage für den allgemeinen Gleichheitssatz heranzuziehen ist. Womöglich kann auf Art. 8 AEUV zurückgegriffen werden,[563] nach welchem die Europäische Union darauf hinzuwirken hat, Ungleichheiten zu beseitigen. So könnte – unter zusätzlicher Bezugnahme auf Art. 3 Abs. 1 der Richtlinie für den Binnenmarkt für Elektrizität[564] und Gas[565] – abgeleitet werden, dass die Mitgliedstaaten bei ihrer Gesetzgebung private und öffentliche Unternehmen nicht diskriminieren dürfen und bereits bestehende Diskriminierungen zu beseitigen sind.[566] Allerdings ist Art. 8 AEUV auf die Beseitigung von Ungleichheiten zwischen Männern und Frauen angelegt und enthält kein allgemeines Gleichheitsgebot.[567] Zudem bezieht sich die Richtlinie nur auf die Strom- und Gasmärkte. Ihr Anwendungsbereich kann nicht problemlos auf Sparkassen ausgeweitet werden, zumal es durchaus unionsrechtliche Vorschriften für die Kreditinstitute in den Mitgliedstaaten der Europäischen Union gibt. Der allgemeine Gleichheitssatz könnte seine Verankerung ferner in Art. 20 GRCh haben.[568] Juristische Personen des öffentlichen Rechts sind allerdings als

---

563 So jedenfalls *Becker*, ZNER 2000, 259, 261; *Nagel*, ZNER 1999, 73, 79 f.

564 RL 96/92/EG des Europäischen Parlaments und des Rates v. 19. Dezember 1996 betreffend gemeinsame Vorschriften für den Elektrizitätsbinnenmarkt, ABl. 1997 L 27/20.

565 RL 98/30/EG des Europäischen Parlaments und des Rates v. 22. Juni 1998 betreffend gemeinsame Vorschriften für den Erdgasbinnenmarkt, ABl. 1998 L 204/1.

566 So jedenfalls *Becker*, ZNER 2000, 259, 261; *Nagel*, ZNER 1999, 73, 80.

567 *Eichenhofer*, in: Streinz, EUV/AEUV, Art. 8 AEUV Rn. 2; *Rossi*, in: Callies/Ruffert, EUV/AEUV, Art. 8 AEUV Rn. 4; *Schorkopf*, in: Grabitz/Hilf/Nettesheim, Recht der EU, Art. 8 AEUV Rn. 24; vgl. *Scheps*, Das Örtlichkeitsprinzip im kommunalen Wirtschaftsrecht, S. 172.

568 So *Jarass*, GRCh, Art. 20 Rn. 2; *Rossi*, in: Callies/Ruffert, EUV/AEUV, Art. 20 GRCh Rn. 1; *Schorkopf*, in: Grabitz/Hilf/Nettesheim, Recht der EU, Art. 8 AEUV Rn. 24;

Teil des Staates Grundrechtsverpflichtete[569] und können daher als solche nicht durch Art. 20 GRCh geschützt werden[570].

Der allgemeine Gleichheitssatz könnte aus Art. 106 Abs. 1 AEUV folgen,[571] da dieser auf die Gleichstellung von privaten und öffentlichen Unternehmen hinzuwirken scheint. Jedoch geht es bei den kartellrechtlichen Vorschriften der Art. 101 ff. AEUV darum, Vorteile für Unternehmen zu beseitigen, die den Wettbewerb verfälschen. Das Unionsrecht behandelt öffentliche Unternehmen schlechter als private, indem öffentliche Unternehmen als staatliche Adressaten weitgehenden, indirekten Bindungen unterliegen.[572] Der Zweck des Art. 106 Abs. 1 AEUV besteht daher darin, eine Besserstellung von öffentlichen Unternehmen zu verhindern.[573] Es sollen Wettbewerbsverfälschungen zulasten und

---

siehe ferner *Dünchheim*, Die Vereinbarkeit des kommunalen Wirtschaftsrechts des Saarlandes mit dem Recht der Europäischen Union, S. 125.

569 Vgl. *Hösch*, DÖV 2000, 393 f.; *Rossi*, in: Callies/Ruffert, EUV/AEUV, Art. 20 GRCh Rn. 5; ferner *Storr*, Der Staat als Unternehmer, S. 294 ff.; zu Grundrechtsträgern und -adressaten siehe auch *Hölscheidt*, in: Meyer/Hölscheidt, GRGh, Art. 20 Rn. 14.

570 *Jarass*, GRCh, Art. 20 Rn. 6; vgl. auch *Rossi*, in: Callies/Ruffert, EUV/AEUV, Art. 20 GRCh Rn. 4; a.A. wohl *Wenzl*, Das Örtlichkeitsprinzip im europäischen Binnenmarkt, S. 151 ff., der annimmt, dass kommunale Unternehmen Träger der Gemeinschaftsgrundrechte sein können; wohl auch *Dünchheim*, Die Vereinbarkeit des kommunalen Wirtschaftsrechts des Saarlandes mit dem Recht der Europäischen Union, S. 123 f.

571 So *Badura*, ZGR 1997, 291, 298; *Becker*, NStZ 2009, 306, 308; *Berg*, in: Berg/Mäsch, Deutsches und Europäisches KartellR, Art. 106 AEUV Rn. 4; *von Danwitz*, in: Stiftung Gesellschaft für Rechtspolitik, Jahrbuch 2002/I, S. 73, 76; *Geerlings*, NWVBl. 2008, 90, 96; *Hellermann*, Örtliche Daseinsvorsorge und gemeindliche Selbstverwaltung, S. 82; *Jung*, in: Callies/Ruffert, EUV/AEUV, Art. 106 AEUV Rn. 3; Monopolkommission, XX. Hauptgutachten v. 1. Juli 2014, Rn. 1932; wohl auch *Schneider*, DVBl. 2000, 1250, 1252 f.; a.A. *Hauser*, Wirtschaftliche Betätigung von Kommunen, S. 19; *Storr*, Der Staat als Unternehmer, S. 292 ff.

572 *Stern*, Das sparkassenrechtliche Regionalprinzip, S. 89.

573 *Bunte*, WM 2016, 905, 909; *Guckelberger*, BayVBl. 2006, 293, 299 f.; *Isenburg*, Die Verbundzusammenarbeit der Sparkassen-Finanzgruppe, S. 73; *Knauff*, in: Loewenheim u.a., KartellR, Art. 106 AEUV Rn. 7; *Kühling*, in: Streinz, EUV/AEUV, Art. 106 AEUV Rn. 2; *Scharpf*, NVwZ 2005, 148, 153; *Scheps*, Das Örtlichkeitsprinzip im kommunalen Wirtschaftsrecht, S. 174 f.; *Stern*, Das sparkassenrechtliche Regionalprinzip, S. 87; *Thomas*, Die kartellrechtliche Bewertung des sparkassenrechtlichen Regionalprinzips, S. 16; *Weiß*, EuR 2003, 165, 173; *ders.*, DVBl. 2003, 564, 566; *Wolff*, DÖV 2011, 721, 726; *dies.*, in: Schneider/Theobald, Recht der Energiewirtschaft, § 5 Rn. 120; vgl. *Hauser*, Wirtschaftliche Betätigung von Kommunen, S. 18; a.A. *Wenzl*, Das Örtlichkeitsprinzip im europäischen Binnenmarkt, S. 161; ferner *Dünchheim*, Die Vereinbarkeit

Vorteile gegenüber Privaten verhindert werden.[574] Somit lässt sich Art. 106 Abs. 1 AEUV kein Gleichbehandlungsgrundsatz entnehmen, sondern nur ein Verbot der Besserstellung von öffentlichen Unternehmen, welches zugunsten privater Unternehmen wirkt.[575]

Zumindest ist vom Bestehen eines unionsrechtlichen allgemeinen Gleichheitssatzes auszugehen, wie dies durch die Rechtsprechung des Europäischen Gerichtshofs vielfach bestätigt wurde.[576] Unabhängig von der rechtlichen Grundlage des allgemeinen Gleichheitssatzes, bestehen keine Unterschiede hinsichtlich seiner Voraussetzungen, weshalb die konkrete Rechtsgrundlage dahinstehen kann. Demnach ist festzuhalten, dass der allgemeine Gleichheitssatz einen der tragenden Grundsätze des Unionsrechts darstellt.[577]

II. Ungleiche Behandlung vergleichbarer Sachverhalte

Der allgemeine Gleichheitssatz verbietet es, dass vergleichbare Sachverhalte unterschiedlich behandelt werden.[578] Der deutsche und hessische Gesetzgeber müsste also Banken unterschiedlich behandeln. Die Sparkassentätigkeit wird durch die Verfassungen sowie das hessische Sparkassenrecht grundsätzlich auf das Gebiet des kommunalen Trägers beschränkt. Private Kreditinstitute können hingegen grenzunabhängig tätig werden.

---

des kommunalen Wirtschaftsrechts des Saarlandes mit dem Recht der Europäischen Union, S. 132 f.

574 *Scharpf*, NVwZ 2005, 148, 152 f.; *Wolff*, DÖV 2011, 721, 726.

575 Siehe *Ehlers*, Verhandlungen zum 64. Deutschen Juristentages I (2002), Gutachten E, S. 42; *Kühling*, in: Streinz, EUV/AEUV, Art. 106 AEUV Rn. 2; *Scheps*, Das Örtlichkeitsprinzip im kommunalen Wirtschaftsrecht, S. 174 f.; *Weiß*, EuR 2003, 165, 173; DVBl. 2003, 564, 566; *Wolff*, DÖV 2011, 721, 726; *dies.*, in: Schneider/Theobald, Recht der Energiewirtschaft, § 5 Rn. 120.

576 Siehe EuGH, Slg. 1977, 1753 Rn. 7 (Ruckdeschel); EuGH, Slg. 1982, 2745 Rn. 11 (Edeka); EuGH, Slg. 1984, 3791 Rn. 7 (Racke/Hauptzollamt Mainz); EuGH, Slg. 1988, 4563 Rn. 25 (Spanien/Rat); EuGH, Slg. 1997, I-1961 Rn. 35 (EARL de Kerlast/Unicopa and Coopérative du Trieux); EuGH, Slg. 2000, I-2737 Rn. 38 f. (Karlsson).

577 EuGH, Slg. 1999, I-6983 Rn. 46 (Atlanta); EuGH, Slg. 2000, I-2737 Rn. 38 f. (Karlsson); *Hölscheidt*, in: Meyer/Hölscheidt, GRCh, Art. 20 Rn. 2; *Jarass*, GRCh, Art. 20 Rn. 2; *Rossi*, in: Callies/Ruffert, EUV/AEUV, Art. 20 GRCh Rn. 2; *Pieper*, in: Dauses/Ludwigs, Hdb. EU-WirtschaftsR 1, B. I. Rn. 111.

578 Vgl. EuGH, Slg. 1982, 2745 Rn. 11 (Edeka); EuGH, Slg. 1993, I-3923 Rn. 37 (Kommission/Spanien); EuGH, Slg. 1997, I-1961 Rn. 35 (EARL de Kerlast/Unicopa and Coopérative du Trieux); *Hölscheidt*, in: Meyer/Hölscheidt, GRCh, Art. 20 Rn. 2; *Pieper*, in: Dauses/Ludwigs, Hdb. EU-WirtschaftsR 1, B. I. Rn. 111.

Genossenschaftsbanken wiederum sind von der deutschen Rechtslage ebenfalls nicht örtlich beschränkt, allerdings beschränken sie sich selbst auf bestimmte Gebiete. Somit werden private Kreditinstitute – auch solche mit Sitz im europäischen Ausland – und Genossenschaftsbanken vom deutschen Gesetzgeber anders behandelt als die Sparkassen. Dabei üben alle Kreditinstitute grundsätzlich die gleichen Bankgeschäfte aus. Obwohl die ausgeübten Tätigkeiten demnach vergleichbar sind, behandelt der deutsche Staat die Kreditinstitute unterschiedlich.

Daher ist zu fragen, ob sich öffentliche Unternehmen, zu denen die Sparkassen zählen, auf einen unionsrechtlichen Gleichbehandlungsgrundsatz überhaupt berufen können.[579] Womöglich sind nur Regelungen des Unionsrechts an dem allgemeinen Gleichheitssatz zu messen,[580] so dass das Regionalprinzip als Regelung eines Mitgliedstaats nicht geprüft werden könnte. Wenn das sparkassenrechtliche Regionalprinzip nicht an dem unionsrechtlichen allgemeinen Gleichheitssatz gemessen werden könnte, wäre eine deutsche Regelung, die ausländische Banken gegenüber deutschen Banken ungleich behandelt, ebenfalls nicht am allgemeinen Gleichheitssatz messbar. Bei dieser Schlussfolgerung würden die Ziele der Union jedoch nicht erreicht. Unter Berücksichtigung des Binnenmarktziels und des Grundsatzes einer offenen Marktwirtschaft mit freiem Wettbewerb ist daher anzunehmen, dass sowohl nationale als auch mitgliedstaatliche Regelungen am unionsrechtlichen Gleichheitssatz gemessen werden können. Ebenso wenig ersichtlich ist, weshalb für ein öffentliches Unternehmen wie die Sparkasse das unionsrechtliche Gleichheitsgebot keine Anwendung finden sollte, denn dann könnten sich öffentliche Unternehmen nicht auf den Gleichheitssatz berufen, wenn eine Tätigkeit die nationalen Grenzen überschreitet und ein anderer Mitgliedstaat die deutschen Unternehmen anders behandelt als die inländischen. Zu denken ist hierbei an die mögliche Auslandskreditgewährung der Sparkassen.[581] Auch aus diesem Grund ist davon auszugehen, dass der allgemeine Gleichheitssatz auf die Sparkassen Anwendung findet. Der deutsche Mitgliedstaat behandelt durch das

---

579 So jedenfalls *Storr*, Der Staat als Unternehmer, S. 294 ff.; *Wolff*, in: Schneider/Theobald, Recht der Energiewirtschaft, § 5 Rn. 120; siehe auch *Hösch*, DÖV 2000, 393, 406, der davon ausgeht, dass der europarechtliche Gleichheitssatz nicht für nationale Unternehmen gilt, die sich nach innerstaatlichem Recht nicht am Wettbewerb beteiligen dürfen.

580 So *Nierhaus/Stern*, Regionalprinzip und Sparkassenhoheit im europäischen Bankenbinnenmarkt, S. 134.

581 Kapitel 2: C. III.

sparkassenrechtliche Regionalprinzip die Sparkassen anders als private Kreditinstitute und Genossenschaftsbanken, so dass eine Ungleichbehandlung von Sparkassen vorliegt.[582]

III. Rechtfertigung

Eine Ungleichbehandlung zwischen privaten und öffentlichen Unternehmen bedeutet nicht zugleich einen Verstoß gegen den allgemeinen Gleichbehandlungsgrundsatz. Ein Verstoß liegt dann nicht vor, wenn die Ungleichbehandlung auf einen sachlichen Grund zurückzuführen ist.[583] Das deutsche Recht erlaubt die wirtschaftliche Betätigung von Kommunen nur beschränkt. Es ist die Entscheidung des Mitgliedstaats, überhaupt kommunale Unternehmen zu haben.[584] Die öffentliche Hand kann nur kompetenzgebunden handeln und bedarf stets der demokratischen Legitimation. Indem öffentliche Unternehmen also zunächst einer Legitimation durch den Mitgliedstaat bedürfen, liegt ein sachlicher Differenzierungsgrund zwischen privaten und öffentlichen Unternehmen vor.[585] Die Sparkassentätigkeit wird ebenfalls erst durch Gesetze ermöglicht. Dabei soll die Sparkassentätigkeit gerade als staatliches Instrument der Erfüllung öffentlicher Aufgaben dienen,[586] so dass ein wesentlicher Unterschied zu privaten Kreditinstituten und Genossenschaftsbanken besteht. Ein sachlicher Differenzierungsgrund ist daher gegeben. Hierbei ist von der

---

582 So auch hinsichtlich einer Ungleichbehandlung zwischen öffentlichen und privaten Unternehmen: *Becker*, ZNER 2000, 259, 261; *Ehricke*, Die Vereinbarkeit des kommunalen Örtlichkeitsprinzips mit dem EG-Recht, S. 109 f.; *Nagel*, Gemeindeordnung als Hürde?, S. 49; *ders.*, NVwZ 2000, 758, 761; *Weiß*, DVBl. 2003, 564, 572; *Wenzl*, Das Örtlichkeitsprinzip im europäischen Binnenmarkt, S. 155; wohl auch *Schwintowski*, NVwZ 2001, 607, 610.

583 *Schorkopf*, in: Grabitz/Hilf/Nettesheim, Recht der EU, Art. 8 AEUV Rn. 24; *Weiß*, DVBl. 2003, 564, 572; vgl. *Pieper*, in: Dauses/Ludwigs, Hdb. EU-WirtschaftsR 1, B. I. Rn. 111; siehe hierzu EuGH, Slg. 1982, 2745 Rn. 11 (Edeka); EuGH, Slg. 1984, 3791 Rn. 7 (Racke/Hauptzollamt Mainz); EuGH, Slg. 1997, I-1961 Rn. 35 (EARL de Kerlast/Unicopa and Coopérative du Trieux); EuGH, Slg. 2000, I-2737 Rn. 38 f. (Karlsson).

584 *Hösch*, DÖV 2000, 393, 406; *Scharpf*, NVwZ 2005, 148, 153; *ders.*, EuZW 2005, 295, 296.

585 *Weiß*, DVBl. 2003, 564, 572; a.A. *Sauer/Heller/Glass*, in: FG für Schwintowski (2012), S. 187, 239.

586 *von Usslar*, BKR 2008, 177, 178.

Verhältnismäßigkeit[587] auszugehen. Ein Verstoß gegen einen unionsrechtlichen allgemeinen Gleichheitssatz liegt demnach nicht vor.[588]

IV. Ergebnis

Das sparkassenrechtliche Regionalprinzip verstößt nicht gegen einen unionsrechtlichen allgemeinen Gleichheitssatz.

D. Niederlassungsfreiheit von kommunalen Sparkassen

Das sparkassenrechtliche Regionalprinzip verhindert das Errichten von Zweigstellen einer Sparkasse in trägerfremdem Gebiet, womit auch andere Mitgliedstaaten der Europäischen Union umfasst werden. Daher könnte das sparkassenrechtliche Regionalprinzip mit den Grundfreiheiten[589] und hierbei insbesondere mit der Niederlassungsfreiheit (Art. 49 ff. AEUV) in Konflikt stehen. Die Dienstleistungsfreiheit (Art. 56 ff. AEUV) und die Kapitalverkehrsfreiheit (Art. 63 ff. AEUV) werden im Anschluss an diese Prüfung untersucht.

Dass die Grundfreiheiten Auswirkungen auf deutsche Unternehmen haben können, zeigte sich schon im Sparkassenwesen: Die Europäische Kommission zweifelte die Vereinbarkeit des Bezeichnungsschutzes von Sparkassen nach § 40 KWG mit der Niederlassungs- und der Kapitalverkehrsfreiheit an. Der Anlass hierzu war der Fall der „Berliner Sparkasse" im Jahr 2006, welche bei einer

---

587 Siehe zu der im Rahmen des unionsrechtlichen Gleichheitssatzes zu beachtenden Verhältnismäßigkeit EuGH, Slg. 1986, 1663 Rn. 38 (Johnston/Royal Ulster Constabulary).

588 Im Ergebnis ebenso *Nierhaus/Stern*, Regionalprinzip und Sparkassenhoheit im europäischen Bankenbinnenmarkt, S. 135; *Stern*, Das sparkassenrechtliche Regionalprinzip, S. 94. Hinsichtlich einer Ungleichbehandlung zwischen privaten und öffentlichen Unternehmen: *Weiß*, DVBl. 2003, 564, 572; im Hinblick auf Art. 3 Abs. 1 GG: *Püttner/Gerber*, Zur Eigenkapitalausstattung der Sparkassen, S. 14 ff.; *von Usslar*, BKR 2008, 177, 178; a.A. hinsichtlich kommunaler Unternehmen: *Becker*, ZNER 2000, 259, 261; *Ehricke*, Die Vereinbarkeit des kommunalen Örtlichkeitsprinzips mit dem EG-Recht, S. 109 f.; *Nagel*, NVwZ 2000, 758, 761; *Sauer/Heller/Glass*, in: FG für Schwintowski (2012), S. 187, 240; *Wenzl*, Das Örtlichkeitsprinzip im europäischen Binnenmarkt, S. 155 ff.

589 Die Grundfreiheiten gelten nicht nur für die Mitgliedstaaten der Europäischen Union, sondern durch das Abkommen über den Europäischen Wirtschaftsraum (EWR) grundsätzlich auch für Island, Liechtenstein und Norwegen. Im Folgenden wird aber nur vom Binnenmarkt der Europäischen Union und seinen Mitgliedstaaten gesprochen.

Veräußerung an private Investoren ihre Bezeichnung als „Sparkasse" gem. § 40 KWG nicht hätte behalten dürfen.[590] Nach dem Wortlaut der Vorschrift können private Investoren bei dem Erwerb einer Sparkasse diesen Namen nicht miterwerben, so dass sie vom Geschäftswert des Namens und der positiven Außendarstellung nicht profitieren können.[591] Dies wiederum kann private Bieter abschrecken, da sie etwa die „Berliner Sparkasse" nicht zu den gleichen Bedingungen erwerben können. Nach Ansicht der Europäischen Kommission stellt dies daher eine Verletzung der Niederlassungs- und der Kapitalverkehrsfreiheit dar.[592] Letztlich einigten sich die Europäische Union und die Bundesregierung 2006 auf eine europarechtskonforme Auslegung des § 40 KWG, wodurch eine Sparkasse im Falle einer Privatisierung ihren Namen weiter verwenden darf.[593] Trotz der Einigung wurde nicht abschließend geklärt, ob die Europäische Kommission die nationale Vorschrift für vereinbar mit den Grundfreiheiten hält oder nicht, wobei letzteres wahrscheinlicher ist.[594]

I. Ausschluss der Anwendbarkeit nach Art. 51 AEUV

Zunächst ist die Anwendbarkeit der Niederlassungsfreiheit nach Art. 49 AEUV auf Sparkassen zu erörtern. So könnte die Anwendbarkeit des Niederlassungsrechts

---

590 Vgl. Europäische Kommission, Pressemitteilung IP/06/870 v. 28. Juni 2006; *Meier*, VR 2005, 193, 196. Eine ausführliche Darstellung des Streits mit der Europäischen Kommission über den Bezeichnungsschutz von Sparkassen findet sich bei *Henneke*, Kommunale Sparkassen, S. 148 ff.

591 Europäische Kommission, Pressemitteilung IP/06/870 v. 28. Juni 2006; Europäische Kommission, Pressemitteilung IP/06/1692 v. 6. Dezember 2006.

592 Europäische Kommission, Pressemitteilung IP/06/870 v. 28. Juni 2006. Ausführliche rechtliche Bewertungen hinsichtlich der Europarechtskonformität des § 40 KWG findet sich u.a. bei *Brenncke*, ZBB 2007, 1; *Geschwandtner/Bach*, NJW 2007, 129; *Vogel*, ZBB 2007, 130 und *Witte/Gregoritza*, WM 2007, 151, die zu teilweise unterschiedlichen Bewertungen kommen.

593 Vgl. Europäische Kommission, Pressemitteilung IP/06/1692 v. 6. Dezember 2006. Nach der Verständigung der Europäischen Kommission und der Bundesregierung im Jahr 2006 hätte die Berliner Sparkasse ihre Bezeichnung auch bei einer Veräußerung an einen privaten Träger beibehalten dürfen. Die „Berliner Sparkasse" wurde letztlich von der Sparkassen-Finanzgruppe und nicht von Privatinvestoren erworben. Somit wirkte sich in diesem Fall die europarechtskonforme Auslegung des § 40 KWG nicht aus.

594 Ausführlich *Brenncke*, ZBB 2007, 1, 3; *Henneke*, Kommunale Sparkassen, S. 158; *ders.*, in: Mann/Püttner, Hdb. kommunale Wissenschaft und Praxis 2, § 53a Rn. 252; *Wohltmann*, ZG 2007, 259, 270 f.

nach Art. 51 AEUV ausgeschlossen sein.[595] Nach dessen Abs. 1 sind diejenigen Tätigkeiten vom Schutzbereich ausgenommen, die dauernd oder zeitweise mit der Ausübung öffentlicher Gewalt verbunden sind. Dies müsste auf die kommunalen Sparkassen zutreffen. Dabei ist diese Ausnahmevorschrift aufgrund der Bedeutung der Niederlassungsfreiheit eng auszulegen.[596]

1. *Ausübung öffentlicher Gewalt*

Die Mitgliedstaaten können nicht selbst entscheiden, welche Aufgaben sie als Ausübung öffentlicher Gewalt ansehen.[597] Die Einordnung erfolgt nach dem Unionsrecht,[598] wobei eine Definition dieser Voraussetzung durch den Europäischen Gerichtshof bisher nicht existiert.[599] Jedenfalls unterfallen nach seiner ständigen Rechtsprechung diesem Begriff nur solche Tätigkeiten, die eine „unmittelbare und spezifische Ausübung öffentlicher Gewalt vorsehen".[600] Da Art. 51 Abs. 2 AEUV eine restriktive Ausnahmevorschrift ist, werden von dieser

595 Nach h.M. stellt Art. 51 AEUV eine Ausnahmevorschrift der Kapitel über die Niederlassungs- und Dienstleistungsfreiheit dar (arg. Wortlaut „[...] findet dieses Kapitel in dem betreffenden Mitgliedstaat keine Anwendung"), vgl. *Forsthoff*, in: Grabitz/Hilf/Nettesheim, Recht der EU, Art. 51 AEUV Rn. 6; *Henssler/Kilian*, EuR 2005, 192, 193; *dies.*, NJW 2012, 481; *Karpenstein/Liebach*, EuZW 2009, 161, 162; *Korte*, in: Callies/Ruffert, EUV/AEUV, Art. 51 AEUV Rn. 3; a.A. *Jarass*, EuR 2000, 705, 717, der Art. 51 AEUV als Rechtfertigungsgrund qualifiziert.

596 *Henssler/Kilian*, EuR 2005, 192, 194; *Korte*, in: Callies/Ruffert, EUV/AEUV, Art. 51 AEUV Rn. 3; *Korte/Steiger*, NVwZ 2011, 1243, 1244; *Krausnick*, VerwArch 102 (2011), 359, 364; vgl. *Jarass*, Kommunale Wirtschaftsunternehmen im Wettbewerb, S. 45; siehe ferner EuGH, NJW 1975, 1096 (Bonsignore/Stadt Köln), nach welchem „Abweichungen von den Regeln über die Freizügigkeit eng auszulegende Ausnahmevorschriften sind".

597 *Tiedje*, in: von der Groeben/Schwarze/Hatje, Europäisches UnionsR Bd. 1, Art. 51 AEUV Rn. 5; vgl. *Stumpf*, in: Dauses/Ludwigs, Hdb. EU-WirtschaftsR 1, E. II. Rn. 52.

598 *Forsthoff*, in: Grabitz/Hilf/Nettesheim, Recht der EU, Art. 51 AEUV Rn. 11; *Korte*, in: Callies/Ruffert, EUV/AEUV, Art. 51 AEUV Rn. 7; *Müller-Graff*, in: Streinz, EUV/AEUV, Art. 51 AEUV Rn. 4.

599 *Müller-Graff*, in: Streinz, EUV/AEUV, Art. 51 AEUV Rn. 5; eine genaue Auseinandersetzung mit der Literatur und der Rechtsprechung zum Merkmal Ausübung öffentlicher Gewalt findet sich bei *Henssler/Kilian*, EuR 2005, 192, 195 ff.

600 EuGH, Slg. 1974, 631 Rn. 44 f. (Reyners/Belgien); EuGH, Slg. 1993, I-4047 Rn. 8 (Thijssen); EuGH, Slg. 1998, I-6717 Rn. 35 (Komission/Spanien); EuGH, Slg. 2000, I-1221 Rn. 25 (Komission/Belgien); EuGH, Slg. 2009, I-10219 Rn. 37 (Kommission/Portugal); EuGH, Slg. 2011, I-4355 Rn. 42 (Kommission/Deutschland).

Vorschrift nur die Kernbereiche hoheitlicher Tätigkeit erfasst,[601] so dass die Ausübung von Sonderrechten oder sonstigen Hoheitsprivilegien nicht immer ausreichend ist.[602] Sie stellen vielmehr lediglich Indizien für die Ausübung öffentlicher Gewalt dar. Ein wichtiges Kriterium für das Vorliegen des Merkmals ist der Kontrahierungszwang. Wenn sich der Handelnde seine Vertragspartner nicht frei aussuchen kann und gebunden ist, dann kann dies eine Ausübung öffentlicher Gewalt darstellen.[603] Ebenso ist ein Indiz für die öffentliche Gewalt, wenn bei der betreffenden Tätigkeit Zwangsbefugnisse ausgeübt werden.[604] Ist die Tätigkeit jedoch auf Hilfs- und Vorbereitungstätigkeiten bei der Ausübung öffentlicher Gewalt beschränkt, so ist dies für das Vorliegen des Merkmals nicht ausreichend.[605]

2. *Kontrahierungspflichten*

Ein bedeutender Unterschied zu Privatkreditinstituten könnte im Kontrahierungszwang hinsichtlich des Einrichtens eines Basiskontos liegen. Ein Basiskonto für Jedermann ermöglicht auch sozial schwächeren Bürgern, am wirtschaftlichen Leben vollständig teilzunehmen.[606] Ein Girokonto ist für die Teilnahme am bargeldlosen Zahlungsverkehr essentiell, u.a. im Hinblick auf die Begleichung von Mieten, Telefongebühren oder anderen Rechnungen.[607] Ein Kontrahierungszwang könnte als Indiz für das Vorliegen der Ausübung öffentlicher Gewalt herangezogen werden. Derartige Kontrahierungspflichten sind teilweise in den Sparkassengesetzen und Sparkassenverordnungen der

---

601 *Korte*, in: Callies/Ruffert, EUV/AEUV, Art. 51 AEUV Rn. 3.

602 *Forsthoff*, in: Grabitz/Hilf/Nettesheim, Recht der EU, Art. 51 AEUV Rn. 14.

603 *Tiedje*, in: von der Groeben/Schwarze/Hatje, Europäisches UnionsR Bd. 1, Art. 51 AEUV Rn. 6.

604 Vgl. EuGH, Slg. 1998, I-6717 Rn. 37 (Komission/Spanien); EuGH, Slg. 2011, I-4355 Rn. 42 (Kommission/Deutschland); *Forsthoff*, in: Grabitz/Hilf/Nettesheim, Recht der EU, Art. 51 AEUV Rn. 14; *Tiedje*, in: von der Groeben/Schwarze/Hatje, Europäisches UnionsR Bd. 1, Art. 51 AEUV Rn. 7.

605 EuGH, Slg. 1993, I-4047 Rn. 22 (Thijssen); EuGH, Slg. 1998, I-2941 Rn. 47 (Ausiliari Dottori Commercialisti); EuGH, Slg. 1998, I-6717 Rn. 38 (Komission/Spanien); EuGH, Slg. 2009, I-10219 Rn. 36 (Kommission/Portugal); EuGH, Slg. 2011, I-4355 Rn. 87 (Kommission/Deutschland); siehe hierzu *Karpenstein/Liebach*, EuZW 2009, 161, 166 f.

606 Vgl. *Eufinger*, EWS 2014, 253, 256; siehe auch *Koch*, WM 2006, 2242.

607 BGH, NJW 2003, 1658, 1659; BGH, NJW 2004, 1031, 1032; *Koch*, WM 2006, 2242; siehe auch VG Frankfurt a. M., LKRZ 2011, 187, 188.

Länder normiert. In § 2 Abs. 4 HessSparkG ist hierzu festgelegt, dass die Sparkassen jedem Einwohner im Gebiet des kommunalen Trägers auf Verlangen ein Girokonto auf Guthabenbasis einrichten „sollen". Manche Sparkassengesetze und Sparkassenverordnungen sehen keine Kontrahierungsvorschriften vor. Jedoch haben die Sparkassen am 26. September 2012 eine Erklärung zum Bürgerkonto veröffentlicht und sich grundsätzlich selbst zur Errichtung eines Guthabenkontos auf Antrag jeder Privatperson in ihrem Geschäftsgebiet verpflichtet.[608]

§ 2 Abs. 4 HessSparkG ist zwar als Sollvorschrift ausgestaltet, allerdings muss diese Vorschrift im Lichte der Grundrechtsbindung ausgelegt werden. Daher besteht grundsätzlich eine Kontrahierungspflicht für die Sparkassen zur Kontoführung. Eine kommunale Sparkasse hat demnach für jeden ein Girokonto zu führen, auch wenn dieses im Einzelfall nicht kostendeckend ist und keine anschließenden Geschäfte zu erwarten sind.[609] Dasselbe gilt für ein Sparbuch mit sehr geringem Guthaben.[610] Die Kontrahierungspflicht ist in der Mustersatzung für kommunale Sparkassen in Hessen[611] ebenfalls enthalten. Mögliche Ausnahmen von dieser Verpflichtung finden sich in § 4 S. 2 MuSa Hess (beispielsweise Missbrauch der Dienstleistungen, umsatzlos geführtes Konto). Wie aus dem Wortlaut des § 2 Abs. 4 HessSparkG folgt, gilt diese Kontrahierungspflicht nur für natürliche Personen und ist nicht auf Parteien übertragbar.[612]

---

608 Vgl. Deutsche Sparkassen- und Giroverband (DSGV), Pressemitteilung Nr. 97 v. 26. September 2012. Im DSGV sind alle öffentlich-rechtlichen Sparkassen, Landesbanken und Landesbausparkassen über ihre regionalen Verbände vertreten.

609 *Gerlach*, in: Mann/Püttner, Hdb. kommunale Wissenschaft und Praxis 2, § 53b Rn. 4; siehe zudem den Vergleich zu privaten Banken bei *Kerber*, JZ 2014, 1044, 1045 f.; allgemein *Koch*, WM 2006, 2242.

610 Vgl. § 3 Abs. 1 MuSa Hess; *Gerlach*, in: Mann/Püttner, Hdb. kommunale Wissenschaft und Praxis 2, § 53b Rn. 4; *Quardt*, EuZW 2002, 424, 426; siehe auch LG Bremen, WM 2005, 2137, 2139: „Unzweifelhaft ist die Kontoführung eines solchen Kontos für die Bank mit Mehraufwand verbunden, da ggf. Sperrvermerke oder ähnliches eingetragen werden müssen. Dies macht es für die Bank aber im Hinblick auf die elementare Bedeutung eines Girokontos für den Einzelnen noch nicht schlechthin unzumutbar."

611 Erlass über die Mustersatzungen für kommunale Sparkassen in Hessen vom 27. Januar 2010, StAnz. Nr. 8/2010, S. 346.

612 Vgl. VG Gießen, Urt. v. 31. Mai 2011 – 8 K 1139/10.GI –, juris Rn. 49; siehe auch BGH, NJW 2003, 1658, 1659 zu § 5 SächsSpkVO; VG Frankfurt (Oder), KommJur 2009, 228, 229 zu § 5 Abs. 1 BbgSpkVO.

Mittlerweile liegt zudem bundesrechtlich § 31 ZKV die Verpflichtung zur Führung eines Basiskontos fest, weshalb aufgrund der konkurrierenden Gesetzgebungskompetenz des Bundes die Anwendbarkeit der landesrechtlichen Vorschrift fraglich ist.[613] Nach § 31 Abs. 1 S. 1 ZKV hat jedes Institut, das Zahlungskonten für Verbraucher anbietet, auf sein Verlangen hin ein Basiskonto anzubieten. Der Berechtigte muss gem. § 31 Abs. 1 S. 2 ZKV lediglich Verbraucher mit rechtmäßigem Aufenthalt in der Europäischen Union sein. Mitumfasst sind hiervon Personen ohne festen Wohnsitz, Asylsuchende sowie Personen ohne Aufenthaltstitel, die aber aus rechtlichen oder tatsächlichen Gründen nicht abgeschoben werden können. § 31 ZKG betrifft nicht nur die öffentlich-rechtlichen Banken. Diese Pflicht, jeder natürlichen Person auf Antrag ein Basiskonto zur Verfügung zu stellen, gilt seit der Richtlinie zu Zahlungskonten,[614] die in § 31 ZKG in innerdeutsches Recht umgesetzt wurde, auch für Privatbanken und Genossenschaftsbanken.[615] Mithin ist der Kontrahierungszwang für natürliche Personen keine sparkassenspezifische Pflicht mehr. Dennoch haben im Verhältnis zur Bevölkerung weiterhin überdurchschnittlich viele Sparkassenkunden ein Nettomonatseinkommen von weniger als 1.500 Euro.[616] Arbeitslose stellen ebenfalls einen erhöhten Anteil an Sparkassenkunden dar.[617] Somit ist anzunehmen, dass insbesondere Sparkassen der Verpflichtung eines Girokontos für jedermann nachkommen.

Überdies findet § 31 ZKG keine Anwendung auf Parteien oder Unternehmen. Dabei ist auch für diese ein Girokonto für die Wirtschaftsteilnahme, z.B. zur Begleichung von Rechnungen, sowie bei Parteien für den Empfang der staatlichen Parteienfinanzierung nach §§ 18 ff. PartG und von Spendengeldern über 1.000 € (vgl. § 25 Abs. 1 S. 2 PartG) unabdingbar. Private Banken können sich abseits des § 31 ZKV auf ihre durch Art. 2 Abs. 1 GG garantierte Privatautonomie berufen, ohne durch die Grundrechte unmittelbar gebunden zu sein.

---

613 Siehe *Biesok*, WM 2020, 75, 77; allgemein *Seiler*, in: Epping/Hillgruber, BeckOK GG, Art. 72 Rn. 3 f.

614 RL 2014/92/EU des Europäischen Parlaments und des Rates v. 23. Juli 2014 über die Vergleichbarkeit von Zahlungskontoentgelten, den Wechsel von Zahlungskonten und den Zugang zu Zahlungskonten mit grundlegenden Funktionen, ABl. 2014 L 257/214.

615 Eine kritische Würdigung dieser Entwicklung findet sich bei *Held*, BKR 2016, 353 ff.

616 VuMA, Sparkassen-Kunden in Deutschland nach Netto-Einkommen im Vergleich mit der Bevölkerung im Jahr 2019, Statista v. November 2019 (online, s. Literaturverzeichnis).

617 VuMA, Sparkassen-Kunden in Deutschland nach Berufstätigkeit im Vergleich mit der Bevölkerung im Jahr 2019, Statista v. November 2019 (online, s. Literaturverzeichnis).

Kommunale Sparkassen gehören hingegen zur öffentlichen Verwaltung[618] und als Teil der Exekutive gelten für sie die verfassungsrechtlichen Bindungen[619]. Für die Sparkassen besteht also die unmittelbare Bindung an die Grundrechte.[620] Art. 3 Abs. 1 GG legt fest, dass die Sparkassen Kunden nicht ungleich behandeln dürfen, soweit nicht ein sachlich rechtfertigender Grund vorliegt.[621] Wenn bei einer Gesamtwürdigung aller Umstände des Einzelfalls und einer Abwägung der Interessen beider Vertragsparteien diese Geschäftsbeziehung der Sparkasse nicht zugemutet werden kann, besteht ein sachlicher Grund für eine Ungleichbehandlung.[622] Bereits aus diesem Gleichheitsgebot folgt ein Anspruch auf Führung eines Girokontos.[623] Hierbei hat die Rechtsprechung immer wieder festgehalten,

---

618 Vgl. VerfGH NRW, NVwZ 1987, 211, 212; VGH Kassel, ESVGH 16, 151, 153; *Henneke*, Kommunale Sparkassen, S. 95; *Isenburg*, Die Verbundzusammenarbeit der Sparkassen-Finanzgruppe, S. 21; *Kemmler*, Die Verwaltung 49 (2016), 397, 400; *Lepper*, BKR 2004, 175, 176; *Lohmiller*, Kapitalbeteiligungsgesellschaften der Sparkassen, S. 40; *Merten*, DVBl. 1983, 1140; *Oebbecke*, LKV 2006, 145, 146; *Pautsch*, DÖV 2005, 990, 991; *Schmidt-Aßmann*, AöR 116 (1991), 329, 343 f.; *Stern*, Das sparkassenrechtliche Regionalprinzip, S. 98.

619 Vgl. OVG Koblenz, NVwZ-RR 1992, 240, 241; OVG Lüneburg, BKR 2010, 347, 350; VG Frankfurt a. M., LKRZ 2011, 187, 189; *Biesok*, WM 2020, 75; *Goldhammer*, DÖV 2013, 416, 423; *Oebbecke*, LKV 2006, 145, 146.

620 BGH, NJW 2003, 1658, 1659; OVG Lüneburg, BKR 2010, 347, 350; VG Frankfurt a. M., LKRZ 2011, 187, 188; VG Darmstadt, Urt. v. 30. August 2011 – 5 K 1554/09. DA –, juris Rn. 28; *Biesok*, WM 2020, 75; *Gern/Brüning*, Deutsches Kommunalrecht, Rn. 1052; *Goldhammer*, DÖV 2013, 416, 418; *Lepper*, BKR 2004, 175, 178; *Oebbecke*, LKV 2006, 145, 146; *von Usslar*, BKR 2008, 177, 178; ferner *Tieben*, Das Drei-Säulen-System des Bankenmarktes als regulierungsrechtliche Steuerungsressource, S. 200 ff.

621 BGH, NJW 2003, 1658, 1659; BGH, NVwZ 2015, 2412, 2413; OVG Lüneburg, BKR 2010, 347, 350; VG Frankfurt a. M., LKRZ 2011, 187, 188; *Fischer*, in: Fischer/Klanten, BankR, Kap. 1 Rn. 1.109; *Goldhammer*, DÖV 2013, 416, 418; *Schlierbach/Püttner*, Das Sparkassenrecht in der Bundesrepublik Deutschland, S. 121; *von Usslar*, BKR 2008, 177, 178.

622 Vgl. BGH, NJW 2003, 1658, 1659; siehe hierzu die Abwägung bei VG Frankfurt a. M., LKRZ 2011, 187, 188 f.; VG Gießen, Urt. v. 31. Mai 2011 – 8 K 1139/10.GI –, juris Rn. 16 ff.; *Neiseke*, jurisPR-BKR 10/2012, Anm. 2.

623 OVG Lüneburg, BKR 2010, 347, 350; VG Frankfurt a. M., LKRZ 2011, 187 f.; VG Frankfurt (Oder), KommJur 2009, 228; VG Gießen, Urt. v. 31. Mai 2011 – 8 K 1139/10. GI –, juris Rn. 16; *Fischer*, in: Fischer/Klanten, BankR, Kap. 1 Rn. 1.109; *Goldhammer*, DÖV 2013, 416, 418; siehe auch *Biesok*, WM 2020, 75, 76; *Oebbecke*, DVBl. 2017, 397, 402; *Tieben*, Das Drei-Säulen-System des Bankenmarktes als regulierungsrechtliche Steuerungsressource, S. 326 ff.

dass öffentlich-rechtliche Banken wie die Sparkassen dazu verpflichtet sind, für jede politische Partei – auch für möglicherweise verfassungswidrige – Konten zu führen.[624] Demnach kann eine Sparkasse nicht das Führen eines Girokontos untersagen, nur wenn sie die politische Gesinnung einer Partei ablehnt, diese aber durch das Bundesverfassungsgericht noch nicht verboten wurde.[625] Eine Kontoführung kann beispielsweise abgelehnt werden, wenn ein Imageschaden der Sparkasse bevorstehen könnte. Dieser ist zu befürchten, wenn die Kontoführung vermutlich für rechtswidrige Handlungen verwendet werden soll, wobei starke Indizien für diese Annahme ausreichen.[626] Hiermit liegt ein sachlicher Differenzierungsgrund vor. Ein Anspruch aus der Aufgabenvorschrift des § 2 Abs. 1 HessSparkG ist hingegen abzulehnen.[627]

Grundsätzlich besteht somit ein umfassender Kontrahierungszwang für Sparkassen. Der Kontrahierungspflicht aus Art. 3 Abs. 1 GG folgend darf eine Sparkasse ein Konto auch nur aus sachlichen Gründen kündigen.[628] Diese Rechtsprechung ist auf private Kreditinstitute nicht übertragbar.[629] Der Kontrahierungszwang bei Sparkassen geht weiter als bei privaten Banken, womit ein Indiz für die Ausübung öffentlicher Gewalt gegeben ist. Die Kontoeröffnung bei einer Sparkasse ist jedoch ein Realakt und kein Verwaltungsakt, denn letzterer ist im Hessischen Sparkassengesetz nicht vorgesehen.[630] Überdies prägt dieser Kontrahierungszwang nicht die Tätigkeit einer Sparkasse, so dass aus dem Kontrahierungszwang nicht auf das Vorliegen einer Ausübung öffentlicher Gewalt geschlossen werden kann. Vergleichbar ist dies mit dem Fall spanischer Schiffskapitäne vor dem Europäischen Gerichtshof, in welchem die notariellen und personenstandsrechtlichen Zuständigkeiten als Ausübung öffentlicher Gewalt

---

624 Vgl. BGH, NJW 2003, 1658; BGH, NJW 2004, 1031; VG Frankfurt (Oder), KommJur 2009, 228; VG Gießen, BeckRS 2011, 45179; siehe hierzu auch *Lepper*, BKR 2004, 175 ff.; *Neiseke*, jurisPR-BKR 10/2012, Anm. 2; *Oebbecke*, LKV 2006, 145, 146.

625 BGH, NJW 2003, 1658, 1659; VG Gießen, BeckRS 2011, 45179; vgl. auch BGH, NJW 2004, 1031.

626 Vgl. OVG Lüneburg, BKR 2010, 347, 350; VG Frankfurt a. M., LKRZ 2011, 187, 188 f.; VG Gießen, Urt. v. 31. Mai 2011 – 8 K 1139/10.GI –, juris Rn. 17; *Neiseke*, jurisPR-BKR 3/2012, Anm. 6; hierzu ferner *Lepper*, BKR 2004, 175, 179 ff.

627 Siehe hierzu VG Frankfurt a. M., LKRZ 2011, 187, 188; VG Gießen, Urt. v. 31. Mai 2011 – 8 K 1139/10.GI –, juris Rn. 15; VG Darmstadt, Urt. v. 30. August 2011 – 5 K 1554/09. DA –, juris Rn. 30; vgl. ferner *Biesok*, WM 2020, 75, 76.

628 Vgl. BGH, NVwZ 2015, 2412, 2413; hierzu *Oebbecke*, DVBl. 2017, 397, 402.

629 *Neuner*, LMK 2003, 100, 101.

630 VG Frankfurt a. M., LKRZ 2011, 187, 188; siehe auch VG Gießen, Urt. v. 31. Mai 2011 – 8 K 1139/10.GI –, juris Rn. 11.

angesehen wurden.[631] Nach spanischem Recht können die Schiffskapitäne personenstandsrechtliche Zuständigkeiten und notarielle Kompetenzen ausüben, wie z.B. die Entgegennahme von Testamenten. Es genügt allerdings nicht, wenn nach nationalen Vorschriften hoheitliche Befugnisse zugewiesen sind, denn zusätzlich hierzu müssen diese Befugnisse vom Inhaber tatsächlich regelmäßig ausgeübt werden und dürfen nicht nur einen sehr geringen Teil der Tätigkeit ausmachen.[632] Da die notariellen und personenstandsrechtlichen Befugnisse von spanischen Schiffskapitänen nur ausnahmsweise ausgeübt werden und nur einen geringen Teil der Tätigkeit ausmachen, aber Art. 51 Abs. 1 AEUV die tatsächliche regelmäßige Ausübung öffentlicher Gewalt erfordert, ist in diesem Fall die Anwendbarkeit der Bereichsausnahme im Ergebnis verneint worden. Dasselbe gilt für Sparkassen, die ein Kontrahierungszwang treffen kann, der aber nicht die regelmäßige und tatsächliche Sparkassentätigkeit ausmacht. Selbst wenn der Vorbehalt einschlägig wäre, würde sich dieser nur auf die konkrete Tätigkeit beziehen, welche die Ausübung öffentlicher Gewalt zum Inhalt hat, und nicht auf den gesamten Bereich.[633] Für Sparkassen bedeutet dies, dass – wenn überhaupt – nur ihre Kontrahierungspflicht Ausübung öffentlicher Gewalt darstellt und von Art. 51 AEUV erfasst ist.

3. *Andere hoheitliche Aufgaben*

Die Aufgaben von Sparkassen könnten eine Teilnahme an der Ausübung hoheitlicher Befugnisse zur Wahrung der örtlichen Bedürfnisse darstellen. So können der Sparkasse öffentlich-rechtliche Handlungsbefugnisse verliehen werden,[634] aber diese Befugnisse sind für die Sparkassentätigkeit nicht prägend. Die Sparkassen sind vom Markt abhängig und müssen ihre Kunden werben; dabei sind die Sparkassengeschäfte mit den Bankkunden privatrechtlicher Natur.[635] Der

631 Siehe EuGH, Slg. 2003, I-10391 Rn. 42 (Marina Mercante Española); hierzu *Karpenstein/Liebach*, EuZW 2009, 161, 164 f.; *Schill*, NJW 2007, 2014, 2017 f.

632 Vgl. EuGH, Slg. 2003, I-10391 Rn. 44 (Marina Mercante Española).

633 *Forsthoff*, in: Grabitz/Hilf/Nettesheim, Recht der EU, Art. 51 AEUV Rn. 12; *Tiedje*, in: von der Groeben/Schwarze/Hatje, Europäisches UnionsR Bd. 1, Art. 51 AEUV Rn. 9; vgl. hierzu EuGH, Slg. 2007, I-10195 Rn. 46 (Kommission/Österreich); EuGH, Slg. 2007, I-10239 Rn. 48 (Kommission/Deutschland).

634 *Hellermann*, in: Hoppe/Uechtritz/Reck, Hdb. Kommunale Unternehmen, § 7 Rn. 82; vgl. *Engelhardt*, in: Schneider u.a., HGO, § 121 HGO Rn. 16.

635 VG Frankfurt a. M., LKRZ 2011, 187, 188; VG Gießen, Urt. v. 31. Mai 2011 – 8 K 1139/10.GI –, juris Rn. 11; *Kirchhof*, DVBl. 1983, 921, 922; *Lohmiller*, Kapitalbeteiligungsgesellschaften der Sparkassen, S. 40; *Merten*, DVBl. 1983, 1140; *Pautsch*, DÖV 2005, 990, 991; *Seiffert*, in: Kümpel u.a., Bank- und KapitalmarktR, 14. Teil: Börsen und

Tätigkeitsschwerpunkt der Sparkassen liegt bei den bankspezifischen Leistungen, die auch andere Kreditinstitute erbringen. Die Sparkassen regeln nicht einseitig und verfügen über keine Hoheitsgewalt.[636] Damit unterscheidet sich die Arbeit einer Sparkasse zum Großteil nicht von der privater Kreditinstitute. Die Sparkassen handeln vielmehr aufgabenorientiert und unterstützen dadurch die hoheitliche Aufgabenerfüllung der Gemeinde.

Auch die Europäische Kommission ging davon aus, dass die Ausnahmevorschrift des Art. 51 Abs. 1 AEUV auf Sparkassen keine Anwendung findet, denn sonst hätte sie nicht den Bezeichnungsschutz von Sparkassen nach § 40 KWG an der Niederlassungsfreiheit überprüfen können. Bislang hat die Ausnahmevorschrift des Art. 51 Abs. 1 AEUV in der Rechtsprechung des Europäischen Gerichtshofs keine Anwendung gefunden.[637] So unterfielen die Rechtsanwälte[638], TÜV-Prüfstellen[639] und Notare[640] nicht der Bereichsausnahme. Beispielsweise fehlte es bei den Notaren an der Ausübung von Zwang bzw. der einseitigen Auferlegung von Pflichten, da sie mit Auftrag und Willen des Kunden tätig werden, im Wettbewerb zu anderen Notaren stehen sowie für Fehler persönlich haften.[641] Die Verfolgung von im Allgemeininteresse liegenden Aufgaben genügt demnach nicht, um die unmittelbare und spezifische Teilhabe an der Ausübung öffentlicher Gewalt zu begründen.[642] Sparkassen werden ebenfalls wie die Notare auf Wunsch ihrer Kunden tätig, sie stehen im Wettbewerb zu privaten Kreditinstituten sowie Genossenschaftsbanken und üben keinen Zwang aus. Vergleichbar mit den Notaren handelt es sich bei der Sparkassentätigkeit um keine unmittelbare und spezifische Tätigkeit öffentlicher Gewalt. In Bezug auf die sehr enge

---

andere Handelssyssteme Rn. 14.433; *Stern*, Das sparkassenrechtliche Regionalprinzip, S. 81; siehe auch BGH, NJW 2003, 1658, 1659; OVG Lüneburg, BKR 2010, 347, 350.

636 *Kirchhof*, DVBl. 1983, 921, 922; vgl. zum vergleichbaren Fall von Notaren, die ebenso wenig einseitig hoheitlich handeln *Haeder*, ZEuS 2007 (Heft 1), 117, 138 f.

637 *Forsthoff*, in: Grabitz/Hilf/Nettesheim, Recht der EU, Art. 51 AEUV Rn. 17.

638 EuGH, Slg. 1974, 631 Rn. 51, 53 (Reyners/Belgien).

639 EuGH, Slg. 2009, I-10219 Rn. 37 (Kommission/Portugal).

640 EuGH, Slg. 2011, I-4355 Rn. 116 (Kommission/Deutschland); eine ausführliche Auseinandersetzung mit Art. 51 Abs. 1 AEUV und dem Notariat findet sich bei *Henssler/Kilian*, NJW 2012, 481 ff.; *Karpenstein/Liebach*, EuZW 2009, 161 ff.; *Korte/Steiger*, NVwZ 2011, 1243 ff.; siehe bereits zuvor *Haeder*, ZEuS 2007 (Heft 1), 117 ff.

641 EuGH, Slg. 2011, I-4355 Rn. 91 ff. (Kommission/Deutschland); *Henssler/Kilian*, NJW 2012, 481, 483.

642 *Henssler/Kilian*, NJW 2012, 481, 483.

Auslegung der Bereichsausnahme unterfällt die Sparkassentätigkeit der Kommunen daher nicht Art. 51 Abs. 1 AEUV.[643]

4. *Ergebnis*

Die Anwendbarkeit des Niederlassungsrechts ist nicht von vornherein durch Art. 51 Abs. 1 AEUV ausgeschlossen. Eine Ausnahme nach Art. 51 Abs. 2 AEUV kommt ebenfalls nicht in Betracht.

II. Persönlicher Schutzbereich

Die Sparkassen selbst sind durch das Regionalprinzip in ihrer Handlungsweise eingeschränkt. Ihre Kunden oder andere Kreditinstitute könnten sich bezüglich des Regionalprinzips nicht auf die Grundfreiheit berufen, da nicht sie durch das Regionalprinzip eingeschränkt werden.[644] Letztlich könnten daher nur die Sparkassen selbst eine mögliche Verletzung ihrer Niederlassungsfreiheit geltend machen. Zwar ist zweifelhaft, ob sich die Sparkassen gegenüber ihrer Trägergemeinde auf die Niederlassungsfreiheit berufen wollen, da sie selbst das Regionalprinzip verteidigen.[645] Allerdings wird bisweilen vertreten, dass Sparkassen die Möglichkeiten der Niederlassungsfreiheit nutzen würden, wenn sie dies dürften.[646] Diese Möglichkeit kann mithin nicht ausgeschlossen werden. Auch die Gemeinden hätten schließlich ein Interesse daran und könnten in der Sparkassentätigkeit im europäischen Ausland Gewinnchancen sehen. Diese Möglichkeit eröffnet sich nur dann, wenn der persönliche Schutzbereich der Niederlassungsfreiheit für die Sparkassen betroffen ist.

1. *Grundfreiheitsträgerschaft nach Art. 54 Abs. 2 AEUV*

Der persönliche Schutzbereich der Niederlassungsfreiheit richtet sich nach Art. 54 Abs. 2 AEUV. Nach Art. 54 AEUV werden die dort aufgeführten

---

643 Die Ausübung öffentlicher Gewalt ebenfalls verneinend *Nierhaus/Stern*, Regionalprinzip und Sparkassenhoheit im europäischen Bankenbinnenmarkt, S. 152.

644 Vgl. *Stern*, Das sparkassenrechtliche Regionalprinzip, S. 91 f.

645 Vgl. Deutsche Landkreistag (DLT) und Deutsche Sparkassen- und Giroverband (DSGV), Gemeinsame Erklärung von DLT und DSGV zur Notwendigkeit der öffentlich-rechtlichen Struktur der kommunalen Sparkassen v. 20. Januar 2004, abgedruckt in: Der Landkreis 2004, 67, 68; Deutsche Sparkassen- und Giroverband (DSGV), Pressemitteilung Nr. 52 v. 9. Juli 2014.

646 *Gimple*, Das Regionalprinzip der deutschen kommunalen Sparkassen bei der Zweigstellenerrichtung im EG-Ausland, S. 153.

Gesellschaften einer natürlichen Person gleichgestellt, wenn sie einen Erwerbszweck verfolgen. Die Sparkassen stellen nach den deutschen Rechtsvorschriften gegründete Gesellschaften dar, „die ihren satzungsmäßigen Sitz, ihre Hauptverwaltung oder ihre Hauptniederlassung innerhalb der Union haben". Das entscheidende Kriterium, welches die Sparkassen somit erfüllen müssen, ist der Erwerbszweck.[647]

Gegen das Vorliegen dieses Merkmals könnte sprechen, dass Sparkassen gemeinwohlorientiert handeln und nicht die Gewinnerzielung als vorrangiges Ziel haben. Aus dem Anwendungsbereich der Vorschrift können Gesellschaften herausfallen, die rein kulturelle oder soziale Ziele verfolgen.[648] Solche Einrichtungen sind durch das Erfordernis eines Erwerbszwecks von den privatnützigen Marktteilnehmern abzugrenzen. Jedoch ist das Merkmal nicht zu eng auszulegen. Unprofitable Unternehmen sollen wiederum nicht vom persönlichen Schutzbereich ausgenommen sein.[649] Ebenso sind juristische Personen des öffentlichen Rechts nicht grundsätzlich ausgeschlossen, solange sie einen Erwerbszweck verfolgen und kein Hoheitsrecht ausüben.[650] Eine untergeordnete Gewinnerzielungsabsicht ist für das Vorliegen des Erwerbszwecks ausreichend.[651] Indem Sparkassen Gewinne anstreben und ihre bankspezifischen Leistungen ebenso wie andere Kreditinstitute am Markt anbieten und erbringen, verfolgen Sparkassen einen Erwerbszweck.[652] Zwangsbefugnisse und Hoheitsrechte stehen einer Sparkasse dabei nicht zu. Der persönliche Schutzbereich ist nach Art. 54 Abs. 2 AEUV eröffnet.

2. *Konfusion zwischen Grundfreiheitsberechtigung und -verpflichtung*

Dennoch ist zu fragen, ob Sparkassen als kommunale Unternehmen überhaupt grundfreiheitsberechtigt sein können. Der persönliche Schutzbereich der

---

647 Siehe hierzu *Stern*, Das sparkassenrechtliche Regionalprinzip, S. 91 ff.; allgemeine Ausführungen zum Erwerbszweck von kommunalen Unternehmen finden sich bei *Ehricke*, Die Vereinbarkeit des kommunalen Örtlichkeitsprinzips mit dem EG-Recht, S. 24 f.; ferner *Frenz*, GewArch 2006, 100, 104 f.

648 *Frenz*, WRP 2008, 73, 84; *Korte*, in: Callies/Ruffert, EUV/AEUV, Art. 54 AEUV Rn. 24; *Müller-Graff*, in: Streinz, EUV/AEUV, Art. 54 AEUV Rn. 3.

649 *Ehricke*, Die Vereinbarkeit des kommunalen Örtlichkeitsprinzips mit dem EG-Recht, S. 25; *Reck*, DVBl. 2009, 1546, 1552.

650 *Müller-Graff*, in: Streinz, EUV/AEUV, Art. 54 AEUV Rn. 5.

651 *Ehricke*, Die Vereinbarkeit des kommunalen Örtlichkeitsprinzips mit dem EG-Recht, S. 25; vgl. ferner *Forsthoff*, in: Grabitz/Hilf/Nettesheim, Recht der EU, Art. 54 AEUV Rn. 12.

652 *Stern*, Das sparkassenrechtliche Regionalprinzip, S. 92.

Niederlassungsfreiheit erstreckt sich gem. Art. 54 Abs. 2 AEUV grundsätzlich auf juristische Personen des öffentlichen Rechts. Damit besteht ein wesentlicher Unterschied zu dem persönlichen Schutzbereich von Grundrechten nach dem Grundgesetz. Als Abwehrrechte gegenüber dem Staat gewähren die Grundrechte in der Regel keinen Schutz für juristische Personen des öffentlichen Rechts, soweit diese öffentliche Aufgaben wahrnehmen.[653] Nach dem sog. Konfusionsargument aus der Grundrechtsdogmatik können der Staat und seine Kommunen als dessen integrierte Verwaltungskörper nicht Grundrechtsberechtigter und -verpflichteter gleichzeitig sein. Der Staat ist an die Grundrechte gebunden und kann daher durch sie nicht zugleich berechtigt sein.[654] Die Sparkassen verfolgen öffentliche Aufgaben in Form der juristischen Person des öffentlichen Rechts, und ihnen steht kein Schutz durch die Grundrechte zu.[655]

Dies könnte bei den Grundfreiheiten anders sein, so dass kommunale Unternehmen Grundfreiheitsträger aufgrund des Art. 54 AEUV sind. In diesem Fall dürfte das Konfusionsargument nicht auf die Grundfreiheiten übertragen werden, nach welchem die Mitgliedstaaten der Europäischen Union die Adressaten der Grundfreiheiten sind und als solche nicht zugleich

---

653 St. Rspr. des Bundesverfassungsgerichts: BVerfGE 15, 256, 262; BVerfGE 21, 362, 369; BVerfGE 31, 314, 322; BVerfGE 39, 302, 312 f.; BVerfGE 59, 231, 254; BVerfGE 61, 82, 101; BVerfGE 78, 101, 102; BVerfGE 107, 299, 309 f.; kritisch *Ludwigs/Friedmann*, NVwZ 2018, 22 ff., die u.a. Bezug nehmen auf ein Urteil des Bundesverfassungsgerichts aus dem Jahr 2016, nach dem sich eine inländische juristische Person des Privatrechts, die von einem Mitgliedstaat der Europäischen Union beherrscht wird, teilweise auf die Grundrechte berufen kann (BVerfGE 143, 246, 315 ff.).

654 Vgl. BVerfGE 15, 256, 262; BVerfGE 21, 362, 369 f.; BVerfGE 128, 262, 247; BVerfGE 143, 246, 313; ausführliche Darstellung zur Grundrechtsberechtigung und Grundrechtsverpflichtung: *Muckel*, JA 2020, 411 ff.

655 Zur fehlenden Grundrechtsfähigkeit von kommunalen Sparkassen: BVerfGE 75, 192, 197 ff.; BVerfG, NJW 1995, 582 f.; VG Frankfurt a. M., LKRZ 2011, 187, 188; *Bredow/Schick/Liebscher*, BKR 2004, 102, 104; *Gern/Brüning*, Deutsches Kommunalrecht, Rn. 1052; *Hofmann*, in: Schmidt-Bleibtreu/Hofmann/Henneke, GG, Art. 19 Rn. 23; *Kolm*, Das sparkassenrechtliche Regionalprinzip, S. 78 f.; *Lepper*, BKR 2004, 175, 178; *Oebbecke*, DVBl. 2017, 397, 398 f.; *Pautsch*, DÖV 2005, 990, 993; *Remmert*, in: Maunz/Dürig, GG, Art. 19 Abs. 3 Rn. 45; *Stern/Nierhaus*, Rechtsfragen der Neuordnung des Sparkassenwesens als Folge kommunaler Neugliederung, S. 61 ff.; zu juristischen Personen des öffentlichen Rechts: BVerfGE 15, 256, 262; BVerfGE 21, 362, 369; BVerfGE 31, 314, 322; BVerfGE 39, 302, 312 f.; BVerfGE 59, 231, 254; BVerfGE 61, 82, 101; BVerfGE 78, 101, 102; BVerfGE 107, 299, 309 f.; BVerfGE 143, 246, 313; *Hösch*, DÖV 2000, 393 f.; kritisch *Ludwigs/Friedmann*, NVwZ 2018, 22 ff.; siehe ferner *Muckel*, JA 2020, 411, 412 ff.

Grundfreiheitsträger sein können.[656] Gleichfalls werden die öffentlichen Unternehmen der Mitgliedstaaten durch die Grundfreiheiten verpflichtet.[657] So werden die Grundfreiheiten zuweilen als Grundrechte qualifiziert.[658] Demnach könnte den Mitgliedstaaten ein Vorbehalt dahingehend zustehen, die von ihnen beherrschten Unternehmen dem persönlichen Schutzbereich der Grundfreiheiten zu entziehen. Ein kommunales Unternehmen könnte sich indes nur auf die Grundfreiheiten berufen, wenn der Mitgliedstaat ihm diese zuweist.[659] Der Mitgliedstaat würde somit den Umfang der Rechte eines öffentlichen Unternehmens regeln.[660] Relevant wären die Grundfreiheiten dann nur, wenn die öffentlichen Unternehmen berechtigt wären, grenzüberschreitend tätig zu werden.

Dies steht jedoch im Widerspruch zu Art. 54 Abs. 2 AEUV, der die Anwendbarkeit der Grundfreiheiten auf öffentliche Unternehmen gegenüber ihrem Mitgliedstaat festlegt. Die Grundfreiheiten sind relevant für die Beziehung von öffentlichen Unternehmen zu anderen Unternehmen und ihr Schutzbereich ist nicht deckungsgleich mit den Grundrechten des Grundgesetzes.[661] Dabei wirken die Grundfreiheiten als Integrationsnormen.[662] So steht die Niederlassungsfreiheit für einen Binnenmarkt ohne Grenzen, wovon auch öffentliche Unternehmen nicht ausgeschlossen sind. Indem die Zielsetzung von Grundfreiheiten und Grundrechten unterschiedlich ist, kann das Konfusionsargument nicht auf die Niederlassungsfreiheit übertragen werden.[663] Vielmehr besteht keine inhaltliche

656 Vgl. hierzu *Weiß*, EuR 2003, 165, 173 f.; *ders.*, DVBl. 2003, 564, 568.

657 *Ehlers*, Verhandlungen zum 64. Deutschen Juristentages I (2002), Gutachten E, S. 37; *Weiß*, EuR 2003, 165, 178; *Wenzl*, Das Örtlichkeitsprinzip im europäischen Binnenmarkt, S. 118; ferner *Peters*, Die Dogmatik der Kommunalwirtschaft zwischen national- und europäisch-normativer Konzeption, S. 231; *Scheps*, Das Örtlichkeitsprinzip im kommunalen Wirtschaftsrecht, S. 197.

658 So jedenfalls *Bleckmann*, EuGRZ 1981, 257; *Gornig*, NJW 1998, 1120.

659 *Scharpf*, NVwZ 2005, 148, 153; vgl. hierzu *Ehricke*, Die Vereinbarkeit des kommunalen Örtlichkeitsprinzips mit dem EG-Recht, S. 43; *Nierhaus/Stern*, Regionalprinzip und Sparkassenhoheit im europäischen Bankenbinnenmarkt, S. 207 ff.

660 Vgl. *Scharpf*, NVwZ 2005, 148, 153.

661 *Weiß*, DVBl. 2003, 564, 568; *Wenzl*, Das Örtlichkeitsprinzip im europäischen Binnenmarkt, S. 118; vgl. *Scheps*, Das Örtlichkeitsprinzip im kommunalen Wirtschaftsrecht, S. 184; a.A. wohl *Bleckmann*, EuGRZ 1981, 257; *Gornig*, NJW 1998, 1120.

662 *Korte*, in: Callies/Ruffert, EUV/AEUV, Art. 54 AEUV Rn. 24.

663 Siehe auch *Kolm*, Das sparkassenrechtliche Regionalprinzip, S. 121; *Scheps*, Das Örtlichkeitsprinzip im kommunalen Wirtschaftsrecht, S. 183 f.; *Storr*, Der Staat als

Konfusion, denn die öffentlichen Unternehmen sind durch die Grundfreiheiten gegenüber dem eigenen Mitgliedstaat berechtigt und gegenüber Privaten durch die Grundfreiheiten verpflichtet.[664] Dem entspricht, dass die Europäischen Verträge die Mitgliedstaaten und ihre öffentlichen Unternehmen gerade nicht als Einheit auffassen, sondern zwischen beiden differenzieren wie dies auch Art. 106 Abs. 1 AEUV zeigt,[665] weshalb hieraus auch kein Widerspruch gegeben ist.

Dem Mitgliedstaat kann kein Vorbehalt hinsichtlich der Grundfreiheiten zustehen. Aus der Sicht der Europäischen Union besteht ein Interesse daran, dass die kommunalen Unternehmen jedenfalls potenziell die Möglichkeit haben, die Grundfreiheiten zu nutzen.[666] Wenn die Anwendung der Grundfreiheiten bereits von der Entscheidung des beschränkenden Mitgliedstaates abhinge, würden die unionsrechtlichen Ziele ad absurdum geführt.[667] Soweit der persönliche Schutzbereich nach Art. 54 AEUV eröffnet ist, können sich die kommunalen Unternehmen damit grundsätzlich auf die Niederlassungsfreiheit gegenüber ihrem Mitgliedstaat berufen. Dies entspricht auch der Bereichsausnahme nach Art. 51 Abs. 1 AEUV, der die Anwendbarkeit der Niederlassungsfreiheit nur für bestimmte öffentliche Tätigkeitsfelder ausschließen möchte.[668] Die Grundfreiheitsträgerschaft von kommunalen Unternehmen wird deshalb zu Recht allgemein bejaht.[669]

Unternehmer, S. 298 ff.; *Wenzl*, Das Örtlichkeitsprinzip im europäischen Binnenmarkt, S. 118.

664 *Frenz*, GewArch 2006, 100, 105; *ders.*, WRP 2008, 73, 84; *Wenzl*, Das Örtlichkeitsprinzip im europäischen Binnenmarkt, S. 118; ausführlich *Weiß*, EuR 2003, 165, 169 ff.; siehe auch *Peters*, Die Dogmatik der Kommunalwirtschaft zwischen national- und europäisch-normativer Konzeption, S. 231; zustimmend *Dünchheim*, Die Vereinbarkeit des kommunalen Wirtschaftsrechts des Saarlandes mit dem Recht der Europäischen Union, S. 81.

665 Ausführlich hierzu Kapitel 4: D. IV.

666 *Ehricke*, Die Vereinbarkeit des kommunalen Örtlichkeitsprinzips mit dem EG-Recht, S. 45 f.; *Wenzl*, Das Örtlichkeitsprinzip im europäischen Binnenmarkt, S. 124 f.

667 Ähnlich *Ehricke*, Die Vereinbarkeit des kommunalen Örtlichkeitsprinzips mit dem EG-Recht, S. 46; *Frenz*, GewArch 2006, 100, 105.

668 *Ehricke*, Die Vereinbarkeit des kommunalen Örtlichkeitsprinzips mit dem EG-Recht, S. 46.

669 *Badura*, ZGR 1997, 291, 299; *Dünchheim*, Die Vereinbarkeit des kommunalen Wirtschaftsrechts des Saarlandes mit dem Recht der Europäischen Union, S. 78; *Ehlers*, Verhandlungen zum 64. Deutschen Juristentages I (2002), Gutachten E, S. 42; *Frenz*, GewArch 2006, 100, 104; *ders.*, WRP 2008, 73, 83; *Guckelberger*, BayVBl. 2006, 293, 299; *Isenburg*, Die Verbundzusammenarbeit der Sparkassen-Finanzgruppe, S. 66; *Jarass*, Kommunale Wirtschaftsunternehmen im Wettbewerb, S. 45; *Junker*, ZGR 1990,

Dabei ist ferner zu berücksichtigen, dass die Grundfreiheitsträgerschaft kommunaler Unternehmen nicht von ihrer Rechtsform abhängt. Ein größeres und kleineres Maß an rechtlicher Unabhängigkeit, die sich durch unterschiedliche Rechtsformen ergibt, ist nicht ausschlaggebend. Art. 54 Abs. 2 AEUV umfasst alle Arten von Gesellschaften, sofern diese einen Erwerbszweck verfolgen. Es ist somit unerheblich, welche Rechtsform ein Unternehmen hat und ob dieses staatlich beherrscht ist oder nicht.[670] Zudem kann die Grundfreiheitsträgerschaft öffentlicher Unternehmen nicht von der Rechtsform abhängen, da der Mitgliedstaat die Grundfreiheitsträgerschaft ansonsten in der Hand hätte. Vergleichbar ist dies mit der Erkenntnis, dass auch die Bindungswirkung von Kompetenzgrenzen nicht durch die Übertragung auf eine private Rechtsform umgangen werden kann.[671]

3. *Ergebnis*

Die Sparkassen sind nach Art. 54 Abs. 2 AEUV grundfreiheitsberechtigt.[672]

249, 277; *Krausnick*, VerwArch 102 (2011), 359, 363; *Langner*, Die örtliche Begrenzung kommunaler Wirtschaftstätigkeit und die Grundfreiheiten des EG-Vertrages, 133 ff.; *Manthey*, Bindung und Schutz öffentlicher Unternehmen durch die Grundfreiheiten des Europäischen Gemeinschaftsrechts, S. 115; *Peters*, Die Dogmatik der Kommunalwirtschaft zwischen national- und europäisch-normativer Konzeption, S. 231; *Reck*, DVBl. 2009, 1546, 1552; *Schepers*, Internet-Banking und sparkassenrechtliches Regionalprinzip, S. 140 f.; *Scheps*, Das Örtlichkeitsprinzip im kommunalen Wirtschaftsrecht, S. 184; *Storr*, Der Staat als Unternehmer, S. 298 ff.; *Weiß*, EuR 2003, 165, 171; *Welti*, AöR 130 (2005), 529, 536; *Wenzl*, Das Örtlichkeitsprinzip im europäischen Binnenmarkt, S. 118. Irreführend ist hierbei allerdings die Aussage von *Manthey*, Bindung und Schutz öffentlicher Unternehmen durch die Grundfreiheiten des Europäischen Gemeinschaftsrechts, S. 105 und der Zustimmung von *Langner*, Die örtliche Begrenzung kommunaler Wirtschaftstätigkeit und die Grundfreiheiten des EG-Vertrages, S. 133, dass die Grundfreiheitsberechtigung von öffentlichen Unternehmen unbestritten sei. Diese wird sehr wohl mit Verweis auf das Konfusionsargument angezweifelt, auch wenn diese Diskussion nicht immer explizit unter dem persönlichen Schutzbereich verortet wird.

670 Vgl. *Korte*, in: Callies/Ruffert, EUV/AEUV, Art. 54 AEUV Rn. 24; ferner *Forsthoff*, in: Grabitz/Hilf/Nettesheim, Recht der EU, Art. 54 AEUV Rn. 5 f., 12.

671 *Mehde*, in: Maunz/Dürig, GG, Art. 28 Abs. 2 Rn. 95; *Remmert*, in: Maunz/Dürig, GG, Art. 19 Abs. 3 Rn. 57.

672 *Brenncke*, ZBB 2007, 1, 8; *Kolm*, Das sparkassenrechtliche Regionalprinzip, S. 121; *Nierhaus*, in: Ipsen, Sparkassen im Wandel, S. 65, 73; *Schepers*, Internet-Banking und sparkassenrechtliches Regionalprinzip, S. 140 f.; *Stern*, Das sparkassenrechtliche

III. Sachlicher Schutzbereich

Neben dem persönlichen müsste der sachliche Schutzbereich für die Sparkassen eröffnet sein. Aus Art. 49 Abs. 2 AEUV folgt, dass die Niederlassungsfreiheit die Aufnahme und Ausübung selbstständiger wirtschaftlicher Erwerbstätigkeiten sowie die Gründung und Leitung von Unternehmen schützt. Letztlich soll die Niederlassungsfreiheit die wirtschaftliche und soziale Verflechtung innerhalb der Europäischen Union im Bereich der selbstständigen Tätigkeiten fördern, indem die Möglichkeit gegeben ist, „in stabiler und kontinuierlicher Weise am Wirtschaftsleben eines anderen Mitgliedstaats als seines Herkunftsstaats teilzunehmen und daraus Nutzen zu ziehen“.[673]

1. Grenzüberschreitender Sachverhalt

Wie jede Grundfreiheit verlangt die Niederlassungsfreiheit einen grenzüberschreitenden Bezug, was aus dem Wortlaut des Art. 49 Abs. 1 S. 1 AEUV selbst folgt. Der Sachverhalt muss demnach in einigen Aspekten über die Grenzen eines Mitgliedstaats hinausgehen[674] und einen Bezug zum Unionsrecht aufweisen.[675] Es darf nicht nur ein rein innerstaatlicher Sachverhalt vorliegen. In einem solchen Fall fehlt es an einem grenzüberschreitenden Bezug.[676] Auch wenn bei einem rein innerstaatlichen Sachverhalt ein Inländer gegenüber EU-Ausländern diskriminiert würde, wäre hierdurch die Niederlassungsfreiheit nicht betroffen. Die Inländerdiskriminierung ist insoweit grundsätzlich

---

Regionalprinzip, S. 91 ff.; *Purbach*, Die Auswirkungen des Binnenmarktes auf die Sparkassen und ihre öffentlich-rechtliche Verankerung, S. 87.

673 EuGH, Slg. 2007, I-8251 Rn. 63 (ELISA).

674 EuGH, Slg. 1991, I-1979 Rn. 37 (Höfner und Elser/Macrotron GmbH); EuGH, Slg. 1992, I-341 Rn. 9 (Steen); EuGH, Slg. 1995, I-301 Rn. 9 (Aubertin u.a.); EuGH, Slg. 1997, I-195 Rn. 19 (USSL).

675 EuGH, Slg. 1998, I-4239 Rn. 22 (Kapasakalis u.a.); *Jarass*, EuR 2000, 705, 707; *Ludwigs*, in: Dauses/Ludwigs, Hdb. EU-WirtschaftsR 1, E. I. Rn. 36; *Sauer*, JuS 2017, 310, 311.

676 EuGH, Slg. 1984, 2539 Rn. 14 ff. (Moser); EuGH, Slg. 1987, 4879 Rn. 12 (Gauchard); EuGH, Slg. 1988, 2029 Rn. 12 (Bekaert); EuGH, Slg. 1995, I-4353 Rn. 24, 26 (Gervais); EuGH, Slg. 2008, I- 97 Rn. 21 f. (Kurt); EuGH, ECLI: EU: C:2014:81 Rn. 36 (Crono Service u.a.); *Ehlers*, in: Ehlers, Europäische Grundrechte und Grundfreiheiten, § 7 Rn. 23; *Ludwigs*, in: Dauses/Ludwigs, Hdb. EU-WirtschaftsR 1, E. I. Rn. 37; *Reck*, DVBl. 2009, 1546, 1553; *Tiedje*, in: von der Groeben/Schwarze/Hatje, Europäisches UnionsR Bd. 1, Art. 49 Rn. 122; a.A. *Kewenig*, JZ 1990, 20, 23.

zulässig.[677] So schützen die Grundfreiheiten nur einseitig grenzüberschreitende Vorgänge.[678] Inländische bzw. im Inland ansässige Personen und Gesellschaften können daher schlechter gestellt werden als die Personen und Gesellschaften, die eine innergemeinschaftliche Grenze überschreiten.

Problematisch könnte sein, dass Sparkassen bisher keine Niederlassungen in anderen Mitgliedstaaten der Europäischen Union haben. Das Regionalprinzip verhindert diese, so dass sich die Sparkassen grundsätzlich nur in dem Gebiet ihres kommunalen Trägers Zweigstellen haben können. Das Regionalprinzip betrifft nur Sparkassen und damit inländische juristische Personen. Andere inländische und ausländische Kreditinstitute können frei entscheiden, ob sie Zweigstellen im In- und Ausland errichten. Dennoch könnte kein Fall der Inländerdiskriminierung vorliegen.[679] Das Hessische Sparkassengesetz erlaubt nicht, dass eine wirtschaftliche Tätigkeit überhaupt über die inländischen Grenzen hinaus entfaltet werden kann. So sind die Sparkassen daran gehindert, grenzüberschreitend Niederlassungen zu eröffnen und tätig zu werden. Dadurch liegt nicht nur ein rein innerstaatlicher Sachverhalt vor.[680] Durch die Beeinträchtigung

---

677 *Frenz*, Hdb. EuropaR 1, Rn. 2255; *Korte*, in: Callies/Ruffert, EUV/AEUV, Art. 49 AEUV Rn. 22 f.; *Müller-Graff*, in: Streinz, EUV/AEUV, Art. 49 AEUV Rn. 20; *Riese/Noll*, NVwZ 2007, 516, 518 ff.; *Sauer*, JuS 2017, 310, 311; vgl. hierzu EuGH, Slg. 1982, 3723 Rn. 14 f. (Morson und Jhanjan); EuGH, Slg. 1995, I-301 Rn. 9 f. (Aubertin u.a.).

678 *Jarass*, EuR 2000, 705, 714; *Tiedje*, in: von der Groeben/Schwarze/Hatje, Europäisches UnionsR Bd. 1, Art. 49 Rn. 125.

679 So zum Örtlichkeitsprinzip: *Burmeister/Staebe*, EuR 2004, 810, 812 f.; *Sauer/Heller/Glass*, in: FG für Schwintowski (2012), S. 187, 229; a.A. *Nierhaus*, in: Ipsen, Sparkassen im Wandel, S. 65, welcher die Wegzugsfälle und die Inländerdiskriminierung nicht getrennt behandelt.

680 Vgl. *Burmeister/Staebe*, EuR 2004, 810, 813; *Isenburg*, Die Verbundzusammenarbeit der Sparkassen-Finanzgruppe, S. 67; *Stern*, Das sparkassenrechtliche Regionalprinzip, S. 93; zum Örtlichkeitsprinzip: *Manthey*, Bindung und Schutz öffentlicher Unternehmen durch die Grundfreiheiten des Europäischen Gemeinschaftsrechts, S. 122; *Wenzl*, Das Örtlichkeitsprinzip im europäischen Binnenmarkt, S. 120; ausführlich *Ehricke*, Die Vereinbarkeit des kommunalen Örtlichkeitsprinzips mit dem EG-Recht, S. 29, der zwischen den beschränkten Tätigkeiten für öffentliche Unternehmen differenziert: So liege ein innerstaatlicher Sachverhalt und damit eine zulässige Inländerdiskriminierung vor, solange ein kommunales Unternehmen innerhalb Deutschlands außerhalb seines Geschäftsgebiets tätig werden wolle; der grenzüberschreitende Bezug sei erst gegeben, wenn es um die Errichtung von Zweigstellen in anderen Mitgliedstaaten der Europäischen Union ginge. Dem ist zuzustimmen, womit jedenfalls das Regionalprinzip mit seiner Geltung innerhalb Deutschlands mit der Niederlassungsfreiheit vereinbar ist.

von grenzüberschreitenden Tätigkeiten ist der hinreichende inhaltliche Unionsbezug gegeben.[681]

2. *Vorliegen einer Niederlassung*

Als Voraussetzung für die Eröffnung des sachlichen Schutzbereichs der Niederlassungsfreiheit müsste eine Sparkassenniederlassung bestehen. Eine Niederlassung wird definiert als eine feste Einrichtung in einem anderen Mitgliedstaat, die der dauerhaften Teilnahme am Wirtschaftsleben in diesem Staat zu dienen bestimmt ist.[682] Die einzelnen Merkmale müssten hinsichtlich der Sparkassen vorliegen.

a) Selbstständige Erwerbstätigkeit

Der sachliche Schutzbereich der Niederlassungsfreiheit ist eröffnet, wenn eine selbstständige Erwerbstätigkeit gegeben ist. Eine genaue Definition zum Begriff der Erwerbstätigkeit durch den Europäischen Gerichtshof existiert bisher nicht. Unabhängig davon ist dieser Begriff weit auszulegen und umfasst jede wirtschaftliche Tätigkeit.[683] Voraussetzungen sind demnach nur, dass die Tätigkeit Teil des Wirtschaftslebens ist und mit Erwerbscharakter sowie gegen Entgelt ausgeübt wird; eine Gewinnerzielung ist wiederum nicht erforderlich.[684] Für das Vorliegen des Erwerbszwecks kann auf die obigen Ausführungen im Zusammenhang mit der Eröffnung des persönlichen Schutzbereichs zurückgegriffen werden.[685] Die Leistungen von Sparkassen stellen eine Erwerbstätigkeit dar.

Das Merkmal der Selbstständigkeit dient als Abgrenzung zu abhängig Beschäftigten, die der Arbeitnehmerfreizügigkeit nach Art. 45 AEUV

---

681 *Frenz*, Hdb. EuropaR 1, Rn. 267; siehe auch *Becker*, VR 2018, 329, 333; *Korte*, in: Callies/Ruffert, EUV/AEUV, Art. 49 AEUV Rn. 20; *Sauer/Heller/Glass*, in: FG für Schwintowski (2012), S. 187, 229.

682 EuGH, Slg. 1991, I-3905 Rn. 20 (Factortame II); EuGH, Slg. 1995, I-4165 Rn. 25 (Gebhard); EuGH, Slg. 2006, I-7995 Rn. 54 (Cadbury Schweppes); *Forsthoff*, in: Grabitz/Hilf/Nettesheim, Recht der EU, Art. 49 AEUV Rn. 16; *Ludwigs*, in: Dauses/Ludwigs, Hdb. EU-WirtschaftsR 1, E. I. Rn. 57.

683 *Frenz*, Hdb. EuropaR 1, Rn. 2201; vgl. *Korte*, in: Callies/Ruffert, EUV/AEUV, Art. 49 AEUV Rn. 12; *Ludwigs*, in: Dauses/Ludwigs, Hdb. EU-WirtschaftsR 1, E. I. Rn. 64.

684 *Korte*, in: Callies/Ruffert, EUV/AEUV, Art. 49 AEUV Rn. 12; *Ludwigs*, in: Dauses/Ludwigs, Hdb. EU-WirtschaftsR 1, E. I. Rn. 64; *Müller-Graff*, in: Streinz, EUV/AEUV, Art. 49 AEUV Rn. 12 f.; ausführlich *Frenz*, Hdb. EuropaR 1, Rn. 2201 ff.

685 Kapitel 4: D. II.

unterfallen.[686] Sparkassen stellen selbstständige kommunale Einrichtungen dar.[687] Eine weisungsgebundene abhängige Tätigkeit, die dem Schutzbereich der Arbeitnehmerfreizügigkeit unterfallen würde, liegt nicht vor. Die Selbstständigkeit der Sparkassentätigkeit ist anzunehmen.

b) Feste dauerhafte Einrichtung

Die Sparkassen müssten feste und dauerhafte Einrichtungen vorweisen. Die Dauerhaftigkeit der Tätigkeit ist wichtig für die Abgrenzung von der Dienstleistungsfreiheit, der nur vorübergehende grenzüberschreitende Tätigkeiten unterfallen.[688] Die Sparkassen haben Filialen in dem Gebiet ihres kommunalen Trägers. Auch beim Direktbanking oder Smartphone-Apps stehen jeweils Sparkassen mit einem Geschäftsgebiet dahinter, die ihre Leistungen anbieten. Die Tätigkeit der Sparkassen ist auf unbestimmte Dauer ausgelegt und Filialen bzw. Zweigstellen von Kreditinstituten stellen feste, auf Dauer angelegte Einrichtungen dar.[689]

c) Sekundäre Niederlassung in einem anderen Mitgliedstaat

Die Niederlassungsfreiheit verlangt das Vorhandensein von dauerhaften festen Einrichtungen in einem anderen Mitgliedstaat. Das Errichten von Zweigstellen in anderen Mitgliedstaaten ist als von dem Hauptsitz abhängige sekundäre Niederlassungsform grundsätzlich von der Niederlassungsfreiheit geschützt.[690] Der berufliche Sitz muss nicht verlegt werden, wie dies bei der primären Niederlassungsform Voraussetzung ist. Es bestehen allerdings keine Filialen von

---

686 *Forsthoff*, in: Grabitz/Hilf/Nettesheim, Recht der EU, Art. 49 AEUV Rn. 51; *Korte*, in: Callies/Ruffert, EUV/AEUV, Art. 49 AEUV Rn. 34; *Tiedje*, in: von der Groeben/Schwarze/Hatje, Europäisches UnionsR Bd. 1, Art. 49 Rn. 55.

687 BVerfGE 75, 192, 198; SächsVerfGH, LKV 2001, 216, 217; *Hofmann*, BayVBl. 1990, 641, 646; *Lepper*, BKR 2004, 175, 177; *Nierhaus*, DÖV 1984, 662, 663; *Schlierbach/Püttner*, Das Sparkassenrecht in der Bundesrepublik Deutschland, S. 238; *Stern*, Das sparkassenrechtliche Regionalprinzip, S. 22; *Stern/Burmeister*, Die kommunalen Sparkassen, S. 66; vgl. auch BVerwGE 69, 11, 22.

688 *Frenz*, Hdb. EuropaR 1, Rn. 2227; vgl. *Forsthoff*, in: Grabitz/Hilf/Nettesheim, Recht der EU, Art. 49 AEUV Rn. 33; *Kluth*, in: Callies/Ruffert, EUV/AEUV, Art. 57 AEUV Rn. 15; *Müller-Graff*, in: Streinz, EUV/AEUV, Art. 49 AEUV Rn. 16.

689 Vgl. *Nierhaus/Stern*, Regionalprinzip und Sparkassenhoheit im europäischen Bankenbinnenmarkt, S. 80.

690 *Forsthoff*, in: Grabitz/Hilf/Nettesheim, Recht der EU, Art. 49 AEUV Rn. 52; *Müller-Graff*, in: Streinz, EUV/AEUV, Art. 49 AEUV Rn. 23; siehe hierzu EuGH, Slg. 1986, 273 Rn. 13 (Kommission/Frankreich); EuGH, Slg. 1986, 2375 Rn. 13 (Segers); EuGH,

Sparkassen in anderen Mitgliedstaaten der Europäischen Union. Ihren Hauptsitz sowie Zweigstellen haben die Sparkassen in dem Gebiet ihres kommunalen Trägers. Aufgrund des Regionalprinzips können die Sparkassen keine Zweigstellen außerhalb ihres Geschäftsgebiets in anderen Mitgliedstaaten der Europäischen Union gründen, selbst wenn sie es möchten.

Damit können die Sparkassen grundsätzlich nie diese Voraussetzung erfüllen und ihre Niederlassungsfreiheit nicht geltend machen, auch wenn der persönliche Schutzbereich einschlägig ist. Deshalb ist die Frage zu klären, ob die Niederlassungsfreiheit ein Wegzugsrecht für kommunale Unternehmen gegenüber dem eigenen Mitgliedstaat beinhaltet. Schließlich soll die Niederlassungsfreiheit Unternehmen ermöglichen, Zweigstellen in anderen Mitgliedstaaten der Europäischen Union zu eröffnen und Gebrauch von der Niederlassungsfreiheit zu machen. Wenn die Niederlassungsfreiheit ein Wegzugsrecht für die Sparkassen beinhaltet, könnte dieses durch das Regionalprinzip verletzt und die Niederlassungsfreiheit betroffen sein.

3. *Wegzugsrecht*

Zunächst ist zu klären, inwieweit der Europäische Gerichtshof den Staatsangehörigen und Gesellschaften eines Mitgliedstaats überhaupt ein Wegzugsrecht im Rahmen der Niederlassungsfreiheit zubilligt. Erst in einem weiteren Schritt kann dann geklärt werden, inwieweit diese Rechtsprechung auf Sparkassen als öffentliche Unternehmen übertragbar ist. Das Wegzugsrecht wird dann relevant, wenn der Wegzug eines Staatsangehörigen oder einer Gesellschaft in einen anderen Mitgliedstaat der Europäischen Union durch den eigenen Mitgliedstaat verhindert oder beschränkt wird. Das Wegzugsrecht wird auch unter dem Aspekt „Marktaustrittsrecht" diskutiert.

Der Europäische Gerichtshof unterscheidet in seiner Rechtsprechung zwischen „Zuzugsfällen" und „Wegzugsfällen".[691] Diese Differenzierung wird bisweilen stark kritisiert,[692] da bei anderen Grundfreiheiten eine solche Differenzierung

---

Slg. 1988, 5483 Rn. 17 (Daily Mail); EuGH, Slg. 1998, I-4695 Rn. 21 (ICI); EuGH, Slg. 1999, I-1459 Rn. 20 (Centros).

691 Siehe EuGH, Slg. 2003, I-10155 Rn. 103 (Inspire Art); EuGH, Slg. 2008, I-9641 Rn. 123 (Cartesio); *Ebke*, JZ 2003, 927, 932; *von Hein*, in: Säcker u.a., MüKO BGB Bd. 10, Art. 3 EGBGB Rn. 102; *Roth*, IPrax 2003, 117, 121.

692 Vgl. *Hennrichs/Pöschke/von der Laage/Klavina*, WM 2009, 2009; *Kainer/Herzog*, EuR 2018, 405, 417 ff.; *Leible/Hoffmann*, BB 2009, 58; *Zimmer*, NJW 2003, 3585, 3592; *Zimmer/Naendrup*, NJW 2009, 545, 546.

nicht erfolgt.[693] Der Zuzug von Banken aus anderen Mitgliedstaaten der Europäischen Union nach Deutschland ist durch das Regionalprinzip nicht betroffen. Nur der Wegzug von Sparkassen in andere Mitgliedstaaten ist behindert. Die Rechtsprechung des Europäischen Gerichtshofs zu den „Zuzugsfällen“[694] kann daher unbeachtet bleiben. Wegzugshindernisse bedeuten ohnehin eine stärkere Beeinträchtigung der Niederlassungsfreiheit als vergleichbare Zuzugshindernisse, da sie die Niederlassung in jedem anderen Mitgliedstaat verhindern und nicht nur ein einzelner Mitgliedstaat den Zuzug einer Gesellschaft verhindert.[695] Für natürliche Personen besteht unbestritten ein Ausreiserecht aus der Niederlassungsfreiheit,[696] wobei sie sich auch auf die sog. „Freizügigkeitsrichtlinie“[697] berufen können.[698] Bei Gesellschaften ist die Frage nach einem Wegzugsrecht schwieriger gestaltet. Zumindest folgt aus der Richtlinie nur ein Wegzugsrecht für natürliche Personen.[699]

a) *Wegzugsfälle in der Rechtsprechung des Europäischen Gerichtshofs*

Es gibt verschiedene Möglichkeiten, wie ein Mitgliedstaat inländische Gesellschaften, aber auch natürliche Personen von einem Wegzug in einen anderen Mitgliedstaat der Europäischen Union abhalten kann. So gab es bereits Beschränkungen durch Wegzugssteuern[700] oder durch die Voraussetzungen des inländischen Rechts, welche an die Gesellschaftsform[701] gestellt wurden. Das

---

693 *Roth*, IPrax 2003, 117, 121.

694 Bspw. EuGH, Slg. 1999, I-1459 (Centros); EuGH, Slg. 2002, I-9919 (Überseering); EuGH, Slg. 2003, I-10155 (Inspire Art); siehe hierzu die Darstellung bei *Bergmann*, ZEuS 2012 (Heft 2), 233 ff.; ferner *Ebke*, JZ 2003, 927 ff.

695 *Zimmer*, BB 2003, 1, 3; *ders.*, NJW 2003, 3585, 3592.

696 Siehe nur EuGH, Slg. 2004, I-2409 Rn. 42 (De Lasteyrie du Saillant); *Frenz*, Hdb. EuropaR 1, Rn. 2257.

697 RL 2004/38/EG des Europäischen Parlaments und des Rates v. 29. April 2004, ABl. 2004 L 158/77 über das Recht der Unionsbürger und ihrer Familienangehörigen, sich im Hoheitsgebiet der Mitgliedstaaten frei zu bewegen und aufzuhalten, berichtigt durch ABl. 2004 L 229/35.

698 Vgl. EuGH, Slg. 1988, 5483 Rn. 27 f. (Daily Mail), der sich auf die RL 73/148/EWG des Rates v. 21. Mai 1973 zur Aufhebung der Reise- und Aufenthaltsbeschränkungen für Staatsangehörige der Mitgliedstaaten innerhalb der Gemeinschaft auf dem Gebiet der Niederlassung und des Dienstleistungsverkehrs, ABl. 1973 L 172/14, bezieht.

699 EuGH, Slg. 1988, 5483 Rn. 27 f. (Daily Mail); *Bergmann*, ZEuS 2012 (Heft 2), 233, 239 f.

700 EuGH, Slg. 2011, I-12273 (National Grid Indus).

701 Im Fall EuGH, Slg. 2008, I-9641 (Cartesio) war die Sitzverlegung von Ungarn nach Italien nicht möglich, da die Gesellschaft nach ungarischem Recht die Eintragung eines ungarischen Verwaltungssitzes im Handelsregister erforderte. In EuGH, NJW

Regionalprinzip behindert ebenfalls den Wegzug von Sparkassen als öffentlichen Unternehmen, indem deren Tätigkeitsfeld örtlich beschränkt ist.

Zur Niederlassungsfreiheit von Gesellschaften sind Urteile des Europäischen Gerichtshofs ergangen. Dabei ist wiederum zu unterscheiden zwischen Urteilen zur Primärniederlassung und zur Sekundärniederlassung.[702] So gibt es vereinzelt Urteile des Europäischen Gerichtshofs, welche die Sitzverlegung von Gesellschaften und damit die Primärniederlassung zum Gegenstand haben.[703] In diesen Fällen hat der Europäische Gerichtshof entschieden, dass der Mitgliedstaat den Wegzug grundsätzlich nicht verhindern darf. So ging es in der die Rechtsprechung prägenden *Daily Mail*-Entscheidung darum, dass einer Limited Company englischen Rechts die notwendige Wegzugsgenehmigung des innerstaatlichen Steuerrechts für den Wegzug in die Niederlande verweigert wurde.[704] Diese Regelung war indes rechtmäßig, denn nach Ansicht des Europäischen Gerichtshofs können die EU-Mitgliedstaaten die Niederlassungsfreiheit durch identitätswahrende Vorschriften beschränken.

Diese Aussage wurde in der Rechtssache *Cartesio* erneut aufgegriffen und dahingehend konkretisiert, dass ein Mitgliedstaat zwar eine innerstaatliche Gesellschaftsform vom Erfordernis eines Sitzes im Inland abhängig machen, der Herkunftsstaat aber nicht den Wegzug verhindern darf, wenn die Gesellschaft ihre Rechtsform ändert.[705] Das Bedeutende im *Daily Mail*-Urteil war jedoch die Aussage, dass privaten Unternehmen grundsätzlich ein Wegzugsrecht zustünde. So verbiete die Niederlassungsfreiheit, dass Staatsangehörige oder Gesellschaften an Niederlassungen in anderen Mitgliedstaaten der Europäischen Union

---

2017, 3639 (Polbud) erforderte eine polnische Regelung vor der Löschung aus dem polnischen Handelsregister zunächst die Auflösung der ursprünglichen Gesellschaft, nachdem diese ihren satzungsmäßigen Gesellschaftssitz nach Luxemburg verlegt hatte.

702 Vgl. *Ehricke*, Die Vereinbarkeit des kommunalen Örtlichkeitsprinzips mit dem EG-Recht, S. 31 ff.; *Kieninger*, ZGR 1999, 724, 738; *Korte*, in: Callies/Ruffert, EUV/AEUV, Art. 54 AEUV Rn. 27.

703 EuGH, Slg. 2008, I-9641 (Cartesio); EuGH, Slg. 2011, I-12273 (National Grid Indus); EuGH, NJW 2012, 2715 (VALE); EuGH, NJW 2017, 3639 (Polbud); siehe auch *Verse*, ZEuP 2013, 458ff., der sich insbesondere mit den Urteilen *National Grid Indus* und *Vale* des Europäischen Gerichtshofs zur rechtsformwahrenden und rechtsformwechselnden Sitzverlegung auseinandersetzt. Zu *Polbud*: *Kieninger*, NJW 2017, 3624 ff.

704 EuGH, Slg. 1988, 5483 (Daily Mail).

705 EuGH, Slg. 2008, I-9641 Rn. 112 (Cartesio); siehe auch die Urteilsbesprechung bei *Zimmer/Naendrup*, NJW 2009, 545, 547; bestätigend EuGH, NJW 2017, 3639 Rn. 43, 65 (Polbud).

behindert werden.[706] Ansonsten wären die in Art. 49 ff. AEUV gewährten Rechte „sinnentleert“, wenn der Herkunftsstaat die Abwanderung von Unternehmen in andere Mitgliedstaaten verhindern könnte.[707] Die herrschende Meinung im Schrifttum geht ebenfalls von einem Wegzugsrecht für private Unternehmen aus.[708]

Diese Fälle sind allerdings nicht auf die Sparkassen übertragbar. Indem das Regionalprinzip die Gründung von Zweigstellen in anderen Mitgliedstaaten verhindert, ist die Sekundärniederlassungsfreiheit betroffen.[709] Es geht den Sparkassen nicht um die Verlegung ihres Sitzes in einen anderen Mitgliedstaat der Europäischen Union. Zudem geht es nicht wie bei den Rechtssachen *Daily Mail* und *Cartesio* um rechtsformwahrende Vorschriften. Zwar ist daran zu denken, dass eine Auslandstätigkeit mit der Rechtsform der Anstalt des öffentlichen Rechts nicht vereinbar sein könnte und es doch um eine rechtsformwahrende Vorschrift ginge. Dass dieses Argument nicht tragen kann, zeigt jedoch ein Vergleich zur Abschaffung der Anstalts- und Gewährträgerhaftung: Diese beiden Haftungsinstrumente sind prägende Merkmale der kommunalen Anstalt. Daher ging die herrschende Literatur vor Abschaffung

---

706 EuGH, Slg. 1988, 5483 Rn. 16 (Daily Mail).

707 EuGH, Slg. 1988, 5483 Rn. 16 (Daily Mail). Die nachfolgende Rechtsprechung des Europäischen Gerichtshofs erging ebenfalls in dem Sinn, dass die Niederlassungsfreiheit durch mitgliedschaftliche Regelungen nicht behindert werden darf, vgl. EuGH, Slg. 1999, I-8261 Rn. 26 (X und Y); EuGH, Slg. 2000, I-2787 Rn. 28 (Baars).

708 *Bergmann*, ZEuS 2012 (Heft 2), 233, 240, 242; *Ebke*, JZ 2003, 927, 932; *Ehlers*, Verhandlungen zum 64. Deutschen Juristentages I (2002), Gutachten E, S. 42; *ders.*, in: Ehlers, Europäische Grundrechte und Grundfreiheiten, § 7 Rn. 44; *Frenz*, Hdb. EuropaR 1, Rn. 2257; *Manthey*, Bindung und Schutz öffentlicher Unternehmen durch die Grundfreiheiten des Europäischen Gemeinschaftsrechts, S. 116; *Nave*, BB 2008, 1410, 1413; *Scharpf*, NVwZ 2005, 148, 153; *ders.*, EuZW 2005, 295, 296; *Stern*, Das sparkassenrechtliche Regionalprinzip, S. 94; *Wolff*, in: Schneider/Theobald, Recht der Energiewirtschaft, § 5 Rn. 119; a.A. *Körner*, IStR 2004, 424, 430.

709 Siehe auch *Lanzke*, in: Ipsen, Sparkassen im Wandel, S. 93, 98; *Purbach*, Die Auswirkungen des Binnenmarktes auf die Sparkassen und ihre öffentlich-rechtliche Verankerung, S. 90. *Ehricke*, Die Vereinbarkeit des kommunalen Örtlichkeitsprinzips mit dem EG-Recht, S. 32 ff. prüft für das Örtlichkeitsprinzip von kommunalen Unternehmen auch die Primärniederlassungsfreiheit und stellt die Frage, ob ein kommunales Unternehmen seinen Sitz in einen anderen Mitgliedstaat der Europäischen Union verlegen könnte. *Ehricke* kommt zur Vereinbarkeit des Örtlichkeitsprinzips mit der Primärniederlassungsfreiheit. Im Folgenden soll nur auf die Sekundärniederlassungsfreiheit eingegangen werden, da diese für die Sparkassen relevant ist.

dieser Haftungsinstrumente bei den Sparkassen davon aus, dass diese mit der Rechtsform als Anstalt des öffentlichen Rechts unvereinbar sei.[710] Dennoch sind die Sparkassen heutzutage weiterhin als Anstalten des öffentlichen Rechts organisiert, ohne dass ihnen die Anstaltslast und Gewährträgerhaftung zugutekommt. Ein rechtsformwahrender Inhalt ist dem Regionalprinzip nicht zu entnehmen, weshalb die Vereinbarkeit einer Auslandstätigkeit mit der Rechtsform anzunehmen ist.

b) Wegzugsrecht hinsichtlich Sekundärniederlassungen

Bisher sind keine Urteile des Europäischen Gerichtshofs ergangen, welche die Sekundärniederlassungsfreiheit im Hinblick auf Beeinträchtigungen durch den Herkunftsstaat betreffen. Namentlich kann nicht die Entscheidung zu *Centros*[711] herangezogen werden. Diese betrifft zwar Beschränkungen der Sekundärniederlassungsfreiheit, allerdings durch den Zuzugsstaat.[712] Im Schrifttum werden die Urteile des Europäischen Gerichtshofs ausführlich diskutiert. Dabei geht es um die Rechtsprechung zu Zuzugsfällen oder bei Wegzugsfällen um die Primärniederlassungsfreiheit. Die Sekundärniederlassungsfreiheit wird dagegen kaum behandelt.[713] Die Rechtsprechung des Europäischen Gerichtshofs zur Primärniederlassungsfreiheit kann auf die Sekundärniederlassungsfreiheit nicht problemlos übertragen werden. So ist bei der Bewertung der Wegzugsfreiheit zu berücksichtigen, dass sich der tatsächliche Wegzug einer Gesellschaft viel stärker auf den Herkunftsstaat auswirkt als lediglich die Errichtung von Zweigstellen in einem anderen Mitgliedstaat der Europäischen

---

710 *Henneke*, NdsVBl. 2000, 129, 137; *Kemmler*, DVBl. 2003, 100, 103 ff.; *Möschel*, WM 2001, 1009, 1013; *Oebbecke*, Der Gemeindehaushalt 2001, 169, 172; *Thode/Peres*, BB 1997, 1749, 1750; *Witte/Rafiqpoor*, WM 2003, 1885, 1888; wohl auch *Vogel*, ZBB 2001, 103, 111; siehe zudem *von Friesen*, EuZW 1999, 581, 585; a.A. *Kluth*, in: Stiftung Gesellschaft für Rechtspolitik, Jahrbuch 2002/I, S. 111, 140; *Kokott/Schick*, in: Stiftung Gesellschaft für Rechtspolitik, Jahrbuch 2002/I, S. 53, 56 f.

711 EuGH, Slg. 1999, I-1459 (Centros); hierzu *Ebke*, JZ 1999, 656 ff.; *Kieninger*, ZGR 1999, 724, 725 f., 729, die allerdings die Einordnung des Sachverhalts zu *Centros* unter die Sekundärniederlassungsfreiheit durch den Europäischen Gerichtshof kritisiert.

712 *Ehricke*, Die Vereinbarkeit des kommunalen Örtlichkeitsprinzips mit dem EG-Recht, S. 39.

713 Siehe nur beispielhaft *Franz*, EuZW 2016, 930, der sich ausführlich mit den Urteilen des Europäischen Gerichtshofs zu Wegzugs- und Zuzugsfällen auseinandersetzt, dabei offene Fragen erläutert, aber nicht auf die Sekundärniederlassungsfreiheit im Hinblick auf den Wegzug von Gesellschaften eingeht.

Union.[714] Demnach folgt aus der Rechtsprechung des Europäischen Gerichtshofs ein höherer Schutz für die Sekundärniederlassungsfreiheit.[715]

Grundsätzlich gilt auch bei der Sekundärniederlassungsfreiheit, dass der Herkunftsstaat die Gründung von Agenturen, Zweigniederlassungen und Tochtergesellschaften nicht behindern darf.[716] Dies entspricht dem Wortlaut von Art. 49 Abs. 2 i.V.m. Abs. 1 S. 2 AEUV.[717] Das Recht zur Gründung von Agenturen, Zweigniederlassungen und Tochtergesellschaften betont der Europäische Gerichtshof immer wieder in seiner Rechtsprechung.[718] Demnach betrachtet der Europäische Gerichtshof sogar die sekundäre Niederlassung „als die typische Form der grenzüberschreitenden Niederlassung von Gesellschaften".[719] Dementsprechend ist davon auszugehen, dass bei der Verlegung von sekundären Niederlassungen der Schutzbereich der Niederlassungsfreiheit uneingeschränkt gilt.[720] Sekundärniederlassungen wirken sich geringer auf den Herkunftsstaat einer Gesellschaft aus, weshalb es nicht konsistent wäre, wenn ein Mitgliedstaat die Sekundärniederlassungsfreiheit stärker beschränken könnte als den Wegzug einer Gesellschaft zur Gründung einer Primärniederlassung. Außerdem gilt für Regelungen, die lediglich Beschränkungen für die Niederlassungen in anderen Mitgliedstaaten darstellen, ein umfassendes Beschränkungsverbot.[721] Dies bedeutet, dass sowohl Beschränkungen durch den Zuzugsstaat als auch Beschränkungen durch den Wegzugsstaat infolge der Niederlassungsfreiheit

---

714 *Paefgen*, WM 2009, 529, 534; *Zimmer*, BB 2000, 1361, 1364.

715 Siehe hierzu *Paefgen*, WM 2009, 529, 534, der ein einheitliches Schutzniveau befürwortet.

716 *Müller-Graff*, in: Streinz, EUV/AEUV, Art. 54 AEUV Rn. 23; vgl. *Forsthoff*, in: Grabitz/Hilf/Nettesheim, Recht der EU, Art. 49 AEUV Rn. 52 f.; hierzu EuGH, Slg. 1986, 273 Rn. 13 (Kommission/Frankreich); EuGH, Slg. 1993, I-4017 Rn. 13 (Commerzbank); EuGH, Slg. 1998, I-4695 Rn. 21 (ICI).

717 *Forsthoff*, EuR 2000, 167, 188; siehe hierzu EuGH, Slg. 1988, 5483 Rn. 17 (Daily Mail): „Eine Gesellschaft macht vom Niederlassungsrecht im allgemeinen durch die Gründung von Agenturen, Zweigniederlassungen und Tochtergesellschaften Gebrauch […]".

718 Vgl. EuGH, Slg. 1986, 273 Rn. 18 (Kommission/Frankreich); EuGH, Slg. 1986, 2375 Rn. 13 (Segers); EuGH, Slg. 1988, 5483 Rn. 17 (Daily Mail); EuGH, Slg. 1998, I-4695 Rn. 20 (ICI).

719 Vgl. EuGH, Slg. 1988, 5483 Rn. 17 (Daily Mail); *Forsthoff*, EuR 2000, 167, 188.

720 *Körner*, IStR 2004, 424, 431; *Mülbert*, WM 2001, 2085, 2090; *Wenzl*, Das Örtlichkeitsprinzip im europäischen Binnenmarkt, S. 129 f.

721 *Forsthoff*, in: Grabitz/Hilf/Nettesheim, Recht der EU, Art. 49 AEUV Rn. 117.

verboten sind.[722] Mithin besteht ein Wegzugsrecht von privaten Gesellschaften hinsichtlich Sekundärniederlassungen.

c) Wegzugsrecht von öffentlichen Unternehmen

Der Europäische Gerichtshof hat bisher noch keine Entscheidung zum Wegzugsrecht von kommunalen Unternehmen getroffen, weder im Hinblick auf Primärniederlassungen noch hinsichtlich Sekundärniederlassungen. Es ist zu überlegen, ob das Unionsrecht die Entscheidung über die Handlungsmöglichkeiten eines öffentlichen Unternehmens den einzelnen EU-Mitgliedstaaten überlässt.[723] So interessiert das Unionsrecht womöglich nicht die Organisation der Mitgliedstaaten und behandelt die Untergliederungen des Staates als Einheit.[724] Dann könnte kommunalen Unternehmen nur dann ein Wegzugsrecht zustehen, wenn es „das kommunale Unternehmensrecht" des Herkunftsstaats zulässt.[725] Damit könnten die Grundfreiheiten nicht gegen den eigenen Staat wirken.[726]

Allerdings kommt es bei der Beurteilung eines Wegzugsrechts nicht auf das Recht des Mitgliedstaats an, sondern auf die Niederlassungsfreiheit selbst und die Frage, ob das mitgliedstaatliche Recht mit dem Unionsrecht vereinbar ist. Die Interessen des Mitgliedstaats können bei der Rechtfertigung berücksichtigt werden. So besteht der Schutzbereich der Niederlassungsfreiheit ausdrücklich nach Art. 54 AEUV für öffentliche Unternehmen. Diese Vorschrift sieht – im Gegensatz zu den Grundrechten – den Schutz der Grundfreiheiten für die öffentlichen Unternehmen vor. Eine Ausnahme der Anwendbarkeit findet sich in Art. 51 AEUV, wenn eine Ausübung öffentlicher Gewalt vorliegt. Demnach sollen kommunale Unternehmen teilweise bei Maßnahmen des eigenen Mitgliedstaats geschützt sein. Zwar geht es bei den Grundfreiheiten nach wie vor

---

722 *Ehricke*, Die Vereinbarkeit des kommunalen Örtlichkeitsprinzips mit dem EG-Recht, S. 39.

723 *Ehlers*, in: Ehlers, Europäische Grundrechte und Grundfreiheiten, § 7 Rn. 44; *Scharpf*, NVwZ 2005, 148, 153; *ders.*, EuZW 2005, 295 f.; *Wolff*, in: Schneider/Theobald, Recht der Energiewirtschaft, § 5 Rn. 119.

724 *Ehlers*, in: Ehlers, Europäische Grundrechte und Grundfreiheiten, § 7 Rn. 44; *Henneke*, ZVglRWiss 113 (2014), 535, 549; *Isenburg*, Die Verbundzusammenarbeit der Sparkassen-Finanzgruppe, S. 68.

725 *Scharpf*, NVwZ 2005, 148, 153; *ders.*, EuZW 2005, 295, 296.

726 *Stern*, Das sparkassenrechtliche Regionalprinzip, S. 94; a.A. zuletzt *Dünchheim*, Die Vereinbarkeit des kommunalen Wirtschaftsrechts des Saarlandes mit dem Recht der Europäischen Union, S. 91.

insbesondere um Inländergleichbehandlung, aber wie die Rechtsprechung des Europäischen Gerichtshofs zeigt, insbesondere auch um die effektive Durchsetzung der Grundfreiheiten.[727]

Die Grundfreiheiten sollen staatlich verursachte Hemmnisse abbauen und verhindern, damit der Wirtschaftsverkehr zwischen den Mitgliedstaaten gefördert wird und sich möglichst unbeschränkt entfalten kann.[728] Für grenzüberschreitende Wirtschaftsaktivitäten bedarf es eines offenen Marktes für Waren, Personen, Dienstleistungen und Kapital. Anders als Art. 28 Abs. 2 GG, welcher das Örtlichkeitsprinzip für die Betätigung von Gemeinden und Landkreisen festlegt, zielen die Grundfreiheiten grundsätzlich auf eine über die Ländergrenzen hinausgehende Tätigkeit von öffentlichen Unternehmen ab. Hierbei kann die Aussagekraft von Art. 35 AEUV herangezogen werden, der mengenmäßige Ausfuhrbeschränkungen sowie alle Maßnahmen gleicher Wirkung zwischen den Mitgliedstaaten verbietet. Danach dürfen die Mitgliedstaaten keinen Einfluss auf ihre öffentlichen Unternehmen ausüben, um den Warenexport ins europäische Ausland zu unterbinden.[729] Hierdurch soll die Sättigung heimischer Märkte durch heimische Produkte verhindert, aber ebenso die Marktöffnung gefördert werden.[730]

Somit bezwecken Grundfreiheiten nicht nur die Bewahrung bestehender Rechte. Vielmehr zeigen die verschiedenen Urteile des Europäischen Gerichtshofs, dass die Grundfreiheiten Befugnis erweiternd wirken können. Wenn Maßnahmen eines Mitgliedstaats gegen die Grundfreiheiten verstoßen, dann folgt aus den Grundfreiheiten zwangsläufig eine Befugniserweiterung. Demnach widerspricht ein Wegzugsrecht, welches befugniserweiternd wirkt, nicht dem Sinn und Zweck der Grundfreiheiten.[731] Letztlich bedeutet ein Wegzugsrecht zudem nicht die Verpflichtung eines öffentlichen Unternehmens, von diesem Recht Gebrauch zu machen.[732]

---

727 EuGH, Slg. 1988, 5483 Rn. 16 (Daily Mail).

728 *Nowak*, EuR 2009, 129, 151; siehe auch *Müller-Graff*, in: von der Groeben/Schwarze/Hatje, Europäisches UnionsR Bd. 1, Vorb. Art. 34–37 AEUV Rn. 3.

729 *Walendy*, Theorie kommunaler Wettbewerbsunternehmen, S. 103; *Weiß*, DVBl. 2003, 564, 569; *ders.*, EuR 2003, 165.

730 *Walendy*, Theorie kommunaler Wettbewerbsunternehmen, S. 103.

731 So aber *Scheps*, Das Örtlichkeitsprinzip im kommunalen Wirtschaftsrecht, S. 198.

732 *Ehricke*, Die Vereinbarkeit des kommunalen Örtlichkeitsprinzips mit dem EG-Recht, S. 42; allgemein *Walendy*, Theorie kommunaler Wettbewerbsunternehmen, S. 102; a.A. wohl *Scheps*, Das Örtlichkeitsprinzip im kommunalen Wirtschaftsrecht, S. 188; *Weiß*, EuR 2003, 165, 175.

Die Entscheidungen des Europäischen Gerichtshofs zu den Wegzugs- sowie Zuzugsfällen sind grundsätzlich zugunsten der Niederlassungsfreiheit ausgefallen. Zwar hat vor Gericht nicht immer die Gesellschaft gewonnen, wie beispielsweise in der berühmten *Daily Mail*-Entscheidung, aber in jedem Urteil hat sich der Europäische Gerichtshof gegen die Beschränkungen der Niederlassungsfreiheit gewandt. Es ist somit erkennbar, dass der Europäische Gerichtshof der Niederlassungsfreiheit einen sehr hohen Schutz zuweist. Infolgedessen ist von einem Wegzugsrecht für öffentliche Unternehmen auszugehen. Alles andere würde der Dogmatik der Grundfreiheiten und der Rechtsprechung des Europäischen Gerichtshofs widersprechen. Das Wegzugsrecht gilt dann ebenso für andere öffentliche Unternehmen in der Europäischen Union. Dies sagt aber noch nichts darüber aus, ob das Örtlichkeitsprinzip gegen die Niederlassungsfreiheit verstößt oder ob es eine zulässige Selbstbeschränkung darstellt. Vielmehr ist dies eine Frage der Beschränkung der Niederlassungsfreiheit.

d) Wegzugsrecht von kommunalen Sparkassen

Den Sparkassen als besonderen kommunalen Wirtschaftsunternehmen müsste ebenso ein Wegzugsrecht zustehen. Bereits aus Art. 33 der Eigenkapitalrichtlinie[733] könnte das Recht jedes in einem Mitgliedstaat zugelassenen Kreditinstituts folgen, ohne jede Beschränkung auf dem Markt eines anderen Mitgliedstaats tätig zu werden. Allerdings folgt aus der Vorschrift nur, dass ein Mitgliedstaat in seinem Hoheitsgebiet die Tätigkeiten von Kreditinstitute „eines anderen Mitgliedstaats“ zulassen muss. Somit enthält die Richtlinie ein Zuzugsrecht von Kreditinstituten, jedoch kein Wegzugsrecht.[734] Selbst wenn sich ein solches

733 RL 2013/36/EU des Europäischen Parlaments und des Rates v. 26. Juni 2013 über den Zugang zur Tätigkeit von Kreditinstituten und die Beaufsichtigung von Kreditinstituten und Wertpapierfirmen, ABl. 2013 L 176/338.

734 Zum Art. 18 Abs. 1 der Zweiten Richtlinie 89/646/EWG des Rates vom 15. Dezember 1989 zur Koordinierung der Rechts- und Verwaltungsvorschriften über die Aufnahme und Ausübung der Tätigkeit der Kreditinstitute und zur Änderung der RL 77/780/EWG, ABl. 1989 L 386/1, welcher überwiegend dem heutigen Art. 33 der Eigenkapitalrichtlinie entspricht, ebenso: *Bader*, EuZW 1990, 117, 120 f.; *Eilmansberger*, EuZW 1991, 691, 694; *Lanzke*, in: Ipsen, Sparkassen im Wandel, S. 93, 95; *Nierhaus*, in: Ipsen, Sparkassen im Wandel, S. 65, 74; *Nierhaus/Stern*, Regionalprinzip und Sparkassenhoheit im europäischen Bankenbinnenmarkt, S. 43 ff.; *Purbach*, Die Auswirkungen des Binnenmarktes auf die Sparkassen und ihre öffentlich-rechtliche Verankerung, S. 83 f.

Wegzugsrecht aus Art. 33 der Eigenkapitalrichtlinie ergeben sollte, wäre dieses Recht nicht grenzenlos, denn die Vorschrift enthält bereits in ihrem Wortlaut Einschränkungen. Kreditinstituten sind demnach die aufgeführten Tätigkeiten nur erlaubt, soweit diese durch die mitgliedstaatliche Zulassung abgedeckt sind. Insofern kann der Mitgliedstaat selbst über die Reichweite der Tätigkeiten der Kreditinstitute entscheiden, womit nach der Richtlinie die Möglichkeit der Beschränkung besteht. Das Regionalprinzip der Sparkasse steht demnach im Einklang mit Art. 33 der Eigenkapitalrichtlinie.

Aus der Niederlassungsfreiheit könnte ein Wegzugsrecht der Sparkassen folgen wie bei anderen öffentlichen Kommunalunternehmen. Dabei gelten die Argumente, die ein Wegzugsrecht von öffentlichen Unternehmen begründen, entsprechend für die Sparkassen als besonderen Kommunalunternehmen. Auch hierbei ist wieder die Abgrenzung zwischen Primär- und Sekundärniederlassungen zu beachten und differenziert auf die Urteile des Europäischen Gerichtshofs zur Primärniederlassungsfreiheit zurückzugreifen. Es könnte allerdings ein Unterschied zwischen öffentlichen Unternehmen und den Sparkassen im Besonderen dadurch bestehen, dass Sparkassen in der Rechtsform einer Anstalt des öffentlichen Rechts organisiert sind. Öffentliche Unternehmen können im Gegensatz dazu sowohl öffentlich-rechtlich als auch privat-rechtlich organisiert sein. Aus der *Daily Mail*-Entscheidung – auch wenn diese zur Primärniederlassungsfreiheit erging – folgt der Gedanke, dass eine Gesellschaft „[j]enseits der jeweiligen nationalen Rechtsordnung, die ihre Gründung und Existenz regelt" keine Realität hat.[735] So ist in Wegzugskonstellationen die Niederlassungsfreiheit nur einschlägig, wenn der Herkunftsstaat den Wegzug der Gesellschaft unter Wahrung ihrer Rechtsform überhaupt ermöglicht.[736]

Die Sparkassen bestehen „ausschließlich aufgrund deutscher Gesetze und darauf beruhender nationaler Gründungs- und Genehmigungsakte, die ihnen einen Tätigkeitsbereich zuweisen".[737] Es ist somit die Entscheidung des Mitgliedstaats, ob kommunale Unternehmen überhaupt existieren.[738] Die *Daily Mail*-Entscheidung des Europäischen Gerichtshofs bezog sich auf die Problematik, welche sich aus der „Sitztheorie" in einigen Mitgliedstaaten[739] ergibt. Bei der

735 EuGH, Slg. 1988, 5483 Rn. 19 (Daily Mail).

736 *Hennrichs/Pöschke/von der Laage/Klavina*, WM 2009, 2009, 2012.

737 *Stern*, Das sparkassenrechtliche Regionalprinzip, S. 94.

738 *Hösch*, DÖV 2000, 393, 406; *Scharpf*, NVwZ 2005, 148, 153; *ders.*, EuZW 2005, 295, 296; zu Sparkassen: *Nierhaus*, in: Ipsen, Sparkassen im Wandel, S. 65, 83.

739 Zur „Sitztheorie" und „Gründungstheorie" sowie zur Rechtsprechung des Europäischen Gerichtshofs, vgl. *Ahrens*, RNotZ 2003, 32; *Paefgen*, WM 2009, 529.

Sparkasse würde der Ort ihres Sitzes jedoch derselbe bleiben, denn die Gründung einer Zweigstelle ist keine Sitzverlegung der Primärniederlassung. Lediglich der Wirkungskreis des kommunalen Trägers wird erweitert. Als Anstalt des öffentlichen Rechts sind Sparkassen grundsätzlich in ihrer Handlungsweise selbstständig. Die Kommune ist der Träger der Sparkasse und übt ihre Kontrolle insbesondere über den Verwaltungsrat aus. Ansonsten ergibt sich allein aus der Rechtsform der Sparkassen keine örtliche Begrenzung.[740] Diese ist auf die gesetzlichen Regelungen zurückzuführen. Die Zweckbindung an einen öffentlichen Auftrag und die geforderte Kontrolle durch die Kommune könnten einer grenzüberschreitenden Tätigkeit entgegenstehen. Allerdings muss beides nicht fehlen, wenn Zweigstellen außerhalb des Gemeindegebiets existieren. Dementsprechend sind grenzüberschreitende Tätigkeiten grundsätzlich mit der Rechtsform einer Anstalt des öffentlichen Rechts vereinbar. Letztlich gilt daher für Sparkassen nichts anderes als für öffentliche Unternehmen. Ein Wegzugsrecht für Sparkassen im Hinblick auf Sekundärniederlassungen im europäischen Ausland ist anzunehmen.[741]

4. *Ergebnis*

Es existiert ein durch die Niederlassungsfreiheit geschütztes Wegzugsrecht für Sparkassen hinsichtlich Sekundärniederlassungen. Dieses könnte durch das Regionalprinzip beeinträchtigt sein.

IV. Beschränkung der Niederlassungsfreiheit

Die Grundfreiheiten waren zunächst als Diskriminierungsverbote gedacht. Nur bei der Warenverkehrsfreiheit wird in Art. 34 AEUV ausdrücklich von „Maßnahmen gleicher Wirkung" gesprochen. Doch auch die anderen Grundfreiheiten

---

740 Siehe bereits Kapitel 2: B. V.

741 Im Ergebnis ebenso *Purbach*, Die Auswirkungen des Binnenmarktes auf die Sparkassen und ihre öffentlich-rechtliche Verankerung, S. 96; *Raskin*, Das Regionalprinzip und (neue) elektronische Vertriebswege im Retailbanking, S. 96; wohl auch *Gimple*, Das Regionalprinzip der deutschen kommunalen Sparkassen bei der Zweigstellenerrichtung im EG-Ausland, S. 114, der insoweit vom „Freizügigkeitsgebot gegenüber dem Herkunftsstaat" spricht; a.A. *Isenburg*, Die Verbundzusammenarbeit der Sparkassen-Finanzgruppe, S. 69; *Kolm*, Das sparkassenrechtliche Regionalprinzip, S. 124; *Nierhaus*, in: Ipsen, Sparkassen im Wandel, S. 65, 83 f.; *Nierhaus/Stern*, Regionalprinzip und Sparkassenhoheit im europäischen Bankenbinnenmarkt, S. 188; *Stern*, Das sparkassenrechtliche Regionalprinzip, S. 94; *Thiemann*, Rechtsprobleme der Marke Sparkasse, S. 93.

wurden durch die Rechtsprechung des Europäischen Gerichtshofs weiter entwickelt hin zu allgemeinen Beschränkungsverboten.[742] In dem Urteil *Dassonville* entschied der Europäische Gerichtshof zur Warenverkehrsfreiheit, dass unter einer Maßnahme gleicher Wirkung „jede Handelsregelung der Mitgliedstaaten [zu verstehen ist], die geeignet ist, den innergemeinschaftlichen Handel unmittelbar oder mittelbar, tatsächlich oder potenziell zu behindern".[743] Diese Rechtsprechung wurde auf die anderen Grundfreiheiten übertragen. Die Niederlassungsfreiheit kann demnach beeinträchtigt sein sowohl durch Diskriminierungen als auch durch unterschiedslos wirkende Maßnahmen. Eine Beschränkung liegt nach der Rechtsprechung des Europäischen Gerichtshofs schon dann vor, wenn die Ausübung der Grundfreiheiten weniger attraktiv gemacht wird.[744] Damit ein Eingriff vorliegt, genügen bereits potenzielle Beschränkungen.[745] Aufgrund des Regionalprinzips können Sparkassen nicht außerhalb ihres Geschäftsgebiets tätig werden und somit nicht in andere Mitgliedstaaten der Europäischen Union expandieren. Diese Maßnahme müsste eine Diskriminierung oder eine Beschränkung der Niederlassungsfreiheit darstellen.

Wenn ein EU-Mitgliedstaat private Unternehmen örtlich beschränkt, liegt darin ein Verstoß gegen die gewährleistete sekundäre Niederlassungsfreiheit. Das Regionalprinzip als örtliche Beschränkung bei öffentlichen Unternehmen müsste gleichfalls einen Verstoß darstellen. Dementsprechend müsste die Sparkasse in einer vergleichbaren Lage wie ein privates Unternehmen sein, welches Maßnahmen des eigenen Mitgliedstaats ausgesetzt ist. Hierbei geht es um die Frage, ob sich die Sparkasse gegenüber ihrem Mitgliedstaat auf die Grundfreiheiten berufen und eine örtliche Beschränkung geltend machen kann oder ob im Vorhinein eine zulässige Selbstbeschränkung der Sparkassen anzunehmen ist. Zumindest private Unternehmen können derartige Selbstbeschränkungen, welche zulässig sind, vornehmen.[746]

---

742 *Weiß*, DVBl. 2003, 564, 571; vgl. *Brenncke*, ZBB 2007, 1, 21; *Wernicke*, in: Grabitz/Hilf/Nettesheim, Recht der EU, Art. 106 AEUV Rn. 108.

743 EuGH, Slg. 1974, 837 Rn. 5 (Dassonville); siehe hierzu *Kingreen*, in: Callies/Ruffert, EUV/AEUV, Art. 34 AEUV Rn. 37 ff.; *Manger-Nestler/Noack*, JuS 2013, 503; *Sauer*, JuS 2017, 310, 312.

744 EuGH, Slg. 1995, I-4165 Rn. 37 (Gebhard).

745 *Körner*, IStR 2004, 424; *Krausnick*, VerwArch 102 (2011), 359, 363.

746 *Henneke*, ZVglRWiss 113 (2014), 535, 549; *Isenburg*, Die Verbundzusammenarbeit der Sparkassen-Finanzgruppe, S. 68; *Kolm*, Das sparkassenrechtliche Regionalprinzip, S. 123; *Stern*, Das sparkassenrechtliche Regionalprinzip, S. 94.

Eine zulässige Selbstbeschränkung könnte vorliegen, wenn das Unionsrecht den Mitgliedstaat und seine öffentlichen Unternehmen als Einheit betrachtet.[747] Dementsprechend könnte die Befugnis eines Mitgliedstaats, über den Umfang der Tätigkeit von öffentlichen Unternehmen zu bestimmen, aus der Entscheidung des Mitgliedstaats für öffentliche Unternehmen stammen.[748] Allerdings differenziert Art. 106 Abs. 1 AEUV ausdrücklich zwischen Mitgliedstaaten und ihren öffentlichen Unternehmen.[749] Somit scheint das Unionsrecht die kommunalen Unternehmen als einzelne Organisationseinheit anzusehen. Wenn der Mitgliedstaat und seine öffentlichen Unternehmen eine Einheit wären, dann hätte letztlich jedes öffentliche Unternehmen denselben Träger.[750] Dabei haben öffentliche Unternehmen unterschiedliche Träger. Zudem würde die Annahme einer Einheit dazu führen, dass kartellrechtliche Vorschriften unanwendbar werden.[751] Widersprüchlich wäre es bezüglich der Grundfreiheitsverpflichtung von einer Einheit des Mitgliedstaats und des von ihm beherrschten öffentlichen Unternehmens auszugehen, nicht jedoch bei der Grundfreiheitsberechtigung.[752] Es wäre sinnwidrig, bei verschiedenen Anwendungsfällen einer Norm eine unterschiedliche Auslegung eines Begriffs zugrunde zu legen. Öffentliche

---

747 So jedenfalls *Ehlers*, Verhandlungen zum 64. Deutschen Juristentages I (2002), Gutachten E, S. 42; *ders.*, Ehlers, Europäische Grundrechte und Grundfreiheiten, § 7 Rn. 44; *Isenburg*, Die Verbundzusammenarbeit der Sparkassen-Finanzgruppe, S. 68; *Manthey*, Bindung und Schutz öffentlicher Unternehmen durch die Grundfreiheiten des Europäischen Gemeinschaftsrechts, S. 123; *Stern*, Das sparkassenrechtliche Regionalprinzip, S. 94; *Wolff*, in: Schneider/Theobald, Recht der Energiewirtschaft, § 5 Rn. 119; *dies.*, DÖV 2011, 721, 727.

748 *Scharpf*, EuZW 2005, 295, 296.

749 Vgl. *Ehricke*, Die Vereinbarkeit des kommunalen Örtlichkeitsprinzips mit dem EG-Recht, S. 44; *Frenz*, GewArch 2006, 100, 105; *ders.*, WRP 2008, 73, 84; *Langner*, Die örtliche Begrenzung kommunaler Wirtschaftstätigkeit und die Grundfreiheiten des EG-Vertrages, S. 182 f.; *Walendy*, Theorie kommunaler Wettbewerbsunternehmen, S. 103; *Weiß*, DVBl. 2003, 564, 569; *Wenzl*, Das Örtlichkeitsprinzip im europäischen Binnenmarkt, S. 123; zustimmend *Dünchheim*, Die Vereinbarkeit des kommunalen Wirtschaftsrechts des Saarlandes mit dem Recht der Europäischen Union, S. 91; siehe auch *Peters*, Die Dogmatik der Kommunalwirtschaft zwischen national- und europäisch-normativer Konzeption, S. 219 ff.

750 *Langner*, Die örtliche Begrenzung kommunaler Wirtschaftstätigkeit und die Grundfreiheiten des EG-Vertrages, S. 185; *Sauer/Heller/Glass*, in: FG für Schwintowski (2012), S. 187, 228.

751 *Langner*, Die örtliche Begrenzung kommunaler Wirtschaftstätigkeit und die Grundfreiheiten des EG-Vertrages, S. 185 f.

752 So aber *Wenzl*, Das Örtlichkeitsprinzip im europäischen Binnenmarkt, S. 123.

Unternehmen sind Teil des Staates; die Sparkassen gehören zur mittelbaren Staatsverwaltung.[753] Daher ist der Begriff „Mitgliedstaat“ in den Verträgen weit auszulegen, so dass er sämtliche Ebenen des Staates erfasst, also auch die einzelne Kommune und ihre Unternehmen.[754] Ansonsten könnten öffentliche Unternehmen nicht grundfreiheitsverpflichtet sein. Die Begriffe sind somit jeweils nach dem Unionsrecht selbst zu bestimmen, da ansonsten verschiedene Begriffsbestimmungen je nach unterschiedlicher Staatsorganisation und unterschiedlichem Staatsaufbau des jeweiligen Mitgliedstaats entstehen würden.[755] Das ist jedoch nicht gleichbedeutend damit, dass alle staatlichen Ebenen als Einheit zu betrachten sind. Art. 106 Abs. 1 AEUV zeigt, dass durchaus zwischen öffentlichen Unternehmen und den Mitgliedstaaten unterschieden wird. Ansonsten wäre die Grundfreiheitsberechtigung von öffentlichen Unternehmen nach Art. 54 Abs. 2 AEUV widersinnig, denn der Mitgliedstaat kann kein Berechtigter aus den Grundfreiheiten sein.

Auch wenn zwischen den Sparkassen und den Mitgliedstaaten zu trennen ist, könnte das Regionalprinzip dennoch eine zulässige Selbstbeschränkung darstellen. Zwar ist es die freiwillige Entscheidung einer Kommune, eine Sparkassentätigkeit auszuüben.[756] So besteht auch keine Pflicht zur Sparkassentätigkeit.[757] In Hessen ist die Auflösung von Sparkassen sogar in § 19 HessSparkG geregelt.[758] Allerdings basiert das Regionalprinzip nicht auf einer Entscheidung des Sparkassenträgers oder der Sparkasse selbst. Vielmehr folgt das Regionalprinzip aus den verfassungsrechtlichen Vorgaben sowie aus dem Hessischen Sparkassengesetz. Demnach geht die kommunalrechtliche

---

753 *Goldhammer*, DÖV 2013, 416, 418; *Schraml*, in: Mann/Püttner, Hdb. kommunale Wissenschaft und Praxis 2, § 45 Rn. 5.

754 *Kolm*, Das sparkassenrechtliche Regionalprinzip, S. 124 mit Verweis auf EuGH, Slg. 1988, 2479 Rn. 33 (Bodson/Pompes Funebres).

755 Vgl. *Weiß*, EuR 2003, 165, 168.

756 *Henneke*, Der Landkreis 2014, 527, 531 f.; *Schneider/Raskin*, Kreditwesen 2000, 1270, 1271.

757 *Bredow/Schick/Liebscher*, BKR 2004, 102, 104; *Gerick*, BB 1997, 494, 495; *Meier*, VR 2005, 193, 196; vgl. *Oebbecke*, LKV 2006, 145, 146; *Pautsch*, DÖV 2005, 990, 993 f.; a.A. *Stern/Burmeister*, Die kommunalen Sparkassen, S. 95 ff.

758 Die Frage, ob eine Gemeinde ihre Sparkassentätigkeit aufgeben darf, ist umstritten. So nimmt *Burgard*, WM 2008, 1997, 2001 eine „Art Selbstbindung der Verwaltung“ an; siehe zudem *Bredow/Schick/Liebscher*, BKR 2004, 102, 104; *Henneke*, Der Landkreis 2014, 527, 532; *Oebbecke*, LKV 2006, 145, 147; vgl. ferner BVerwG, NVwZ 2009, 1305, 1306; *Katz*, NVwZ 2010, 405, 407; *Niedzwicki*, KommJur 2011, 450, 455; *Schoch*, DVBl. 2009, 1533, 1535.

Beschränkung nicht von den Gemeinden als den Trägern aus, sondern ergibt sich aufgrund gesetzlicher Vorschriften.[759] Es ist darauf hinzuweisen, dass die Gemeinden selbst in ihrem Handeln beschränkt sind. Der Vergleich zu Volksbanken lässt einen bedeutenden Unterschied erkennen. Deren regionale Ausrichtung dient ihrem Förderauftrag und damit der wirtschaftlichen Förderung ihrer in der Region ansässigen Mitglieder. Der Aufbau von Volksbanken ist somit ein anderer als der von Sparkassen, für welche der Gesetzgeber die Regelungen trifft. Dass erst aufgrund der Selbstverwaltungsgarantie aus Art. 28 Abs. 2 GG die Sparkassentätigkeit überhaupt möglich ist, kann einer gegebenen Beschränkung der Niederlassungsfreiheit nicht entgegenhalten werden. Dies ist ein innerstaatlicher Aufbau, der an dieser Stelle bei den Grundfreiheiten keine Bedeutung hat, aber als Argument für eine Rechtfertigung herangezogen werden kann.

Das Regionalprinzip ist keine zulässige Selbstbeschränkung.[760] Somit kann sich ein öffentliches Unternehmen gegenüber seinem eigenen Mitgliedstaat

---

759 *Jarass*, Kommunale Wirtschaftsunternehmen im Wettbewerb, S. 46; *Krausnick*, VerwArch 102 (2011), 359, 362; *Reck*, DVBl. 2009, 1546, 1553; *Sauer/Heller/Glass*, in: FG für Schwintowski (2012), S. 187, 227; *Weiß*, DVBl. 2003, 564, 569; ferner *Ehricke*, Die Vereinbarkeit des kommunalen Örtlichkeitsprinzips mit dem EG-Recht, S. 44; *Gimple*, Das Regionalprinzip der deutschen kommunalen Sparkassen bei der Zweigstellenerrichtung im EG-Ausland, S. 153 ff.; *Wenzl*, Das Örtlichkeitsprinzip im europäischen Binnenmarkt, S. 123; zuletzt *Dünchheim*, Die Vereinbarkeit des kommunalen Wirtschaftsrechts des Saarlandes mit dem Recht der Europäischen Union, S. 91.

760 Im Ergebnis ebenso *Gimple*, Das Regionalprinzip der deutschen kommunalen Sparkassen bei der Zweigstellenerrichtung im EG-Ausland, S. 153 ff.; zum Örtlichkeitsprinzip: *Ehricke*, Die Vereinbarkeit des kommunalen Örtlichkeitsprinzips mit dem EG-Recht, S. 44; *Jarass*, Kommunale Wirtschaftsunternehmen im Wettbewerb, S. 46; *Krausnick*, VerwArch 102 (2011), 359, 362; *Weiß*, DVBl. 2003, 564, 569; *Wenzl*, Das Örtlichkeitsprinzip im europäischen Binnenmarkt, S. 123; a.A. zum Regionalprinzip: *Isenburg*, Die Verbundzusammenarbeit der Sparkassen-Finanzgruppe, S. 68; *Kolm*, Das sparkassenrechtliche Regionalprinzip, S. 123; *Meyer-Horn*, StGB 1989, 306, 308; *Nierhaus/Stern*, Regionalprinzip und Sparkassenhoheit im europäischen Bankenbinnenmarkt, S. 127, 210; *Raskin*, Das Regionalprinzip und (neue) elektronische Vertriebswege im Retailbanking, S. 97 f.; *Schepers*, Internet-Banking und sparkassenrechtliches Regionalprinzip, S. 142; *Schneider/Raskin*, Kreditwesen 2000, 1270, 1271; *Stern*, Das sparkassenrechtliche Regionalprinzip, S. 94; zum Örtlichkeitsprinzip: *Ehlers*, in: Ehlers, Europäische Grundrechte und Grundfreiheiten, § 7 Rn. 44; *Scheps*, Das Örtlichkeitsprinzip im kommunalen Wirtschaftsrecht, S. 188 f.; *Wolff*, DÖV 2011, 721, 727.

wegen einer örtlichen Beschränkung auf die Grundfreiheiten berufen.[761] Hierfür spricht ebenso ein Urteil des Europäischen Gerichtshofs, nach dem sich öffentliche Unternehmen in den Niederlanden gegenüber dem eigenen Staat auf die Kapitalverkehrsfreiheit berufen können.[762] Indem das Regionalprinzip Unternehmen aus anderen Mitgliedstaaten der Europäischen Union nicht schlechter behandelt und somit nicht an die Staatsangehörigkeit oder ein ähnliches Kriterium anknüpft, ist dabei von einer Maßnahme gleicher Wirkung und nicht von einer Diskriminierung auszugehen.[763] Eine Beschränkung der sekundären Niederlassungsfreiheit ist zu bejahen.[764]

V. Rechtfertigung der Beschränkung

Den Sparkassen steht ein Wegzugsrecht aus der sekundären Niederlassungsfreiheit gem. Art. 49 AEUV zu, welches durch das Regionalprinzip beeinträchtigt ist. Diese Beeinträchtigung könnte gerechtfertigt sein. Im Folgenden ist auf den geschriebenen Rechtfertigungsgrund aus Art. 52 Abs. 1 AEUV und den ungeschriebenen Rechtfertigungsgrund aus zwingenden Gründen des Allgemeininteresses einzugehen. Auf den Rechtfertigungsgrund aus Art. 106 Abs. 2 AEUV wird vorliegend nicht eingegangen, da dieser insbesondere im Zusammenhang mit einem Verstoß gegen Art. 106 Abs. 1 AEUV i.V.m. Art. 101 Abs. 1 AEUV relevant wird und daher an dieser Stelle geprüft wird. Trotzdem ist

---

761 Ebenfalls *Becker*, VR 2018, 329, 334; *Langner*, Die örtliche Begrenzung kommunaler Wirtschaftstätigkeit und die Grundfreiheiten des EG-Vertrages, S. 164 f.; *Reck*, DVBl. 2009, 1546, 1553; *Sauer/Heller/Glass*, in: FG für Schwintowski (2012), S. 187, 228; *Walendy*, Theorie kommunaler Wettbewerbsunternehmen, S. 102 f.; *Weiß*, DVBl. 2003, 564, 568; zuletzt *Dünchheim*, Die Vereinbarkeit des kommunalen Wirtschaftsrechts des Saarlandes mit dem Recht der Europäischen Union, S. 89.

762 EuGH, EuZW 2014, 61 (Staat der Niederlanden/Essent NV u.a.); hierzu *Dünchheim*, Die Vereinbarkeit des kommunalen Wirtschaftsrechts des Saarlandes mit dem Recht der Europäischen Union, S. 93 ff.

763 So im Ergebnis auch zum Örtlichkeitsprinzip: *Frenz*, GewArch 2006, 100, 103 f.; a.A. *Becker*, ZNER 2000, 259.

764 Im Ergebnis auch *Gimple*, Das Regionalprinzip der deutschen kommunalen Sparkassen bei der Zweigstellenerrichtung im EG-Ausland, S. 114 f.; *Purbach*, Die Auswirkungen des Binnenmarktes auf die Sparkassen und ihre öffentlich-rechtliche Verankerung, S. 87 ff.; zum Örtlichkeitsprinzip: *Ehricke*, Die Vereinbarkeit des kommunalen Örtlichkeitsprinzips mit dem EG-Recht, S. 46; *Krausnick*, VerwArch 102 (2011), 359, 362; *Wenzl*, Das Örtlichkeitsprinzip im europäischen Binnenmarkt, S. 131; siehe auch *Becker*, VR 2018, 329, 334 f.; *Dünchheim*, Die Vereinbarkeit des kommunalen Wirtschaftsrechts des Saarlandes mit dem Recht der Europäischen Union, S. 105 f.

darauf hinzuweisen, dass der Europäische Gerichtshof Art. 106 Abs. 2 AEUV als Rechtfertigungsgrund für Verstöße gegen die Grundfreiheiten annimmt.[765] Einschränkend kommt diese Ausnahmeklausel aber nur zur Anwendung, wenn die spezifischen Rechtfertigungsgründe zur Niederlassungsfreiheit nicht einschlägig sind.[766]

1. *Rechtfertigung nach Art. 52 Abs. 1 AEUV*

Der geschriebene Rechtfertigungsgrund aus Art. 52 Abs. 1 AEUV findet auf jegliche Form der Beschränkung Anwendung.[767] Somit können – entgegen des einschränkenden Wortlauts „Sonderregelungen für Ausländer" auf offene Diskriminierungen – sowohl diskriminierende als auch nichtdiskriminierende Einschränkungen der Niederlassungsfreiheit danach gerechtfertigt sein.[768] Insofern wird auch angenommen, dass Vorschriften außerhalb des Ausländerrechts umfasst sein könnten.[769] Dabei gilt der Rechtfertigungsgrund über Art. 54 AEUV auch für juristische Personen. Es sind jedenfalls Zuzugsbeschränkungen von der Rechtfertigungsnorm erfasst.[770] Für Wegzugsfälle, die gerade Inländer betreffen, ist dies sehr fraglich, denn bei der Rechtfertigungsvorschrift geht es schließlich vom Wortlaut her um den Erlass von Regelungen für Ausländer, die nicht gegenüber Staatsangehörigen getroffen werden dürfen.[771] Insofern gilt

---

765 St. Rspr. des Europäischen Gerichtshofs: EuGH, Slg. 1984, 2727 Rn. 19 (Campus Oil); EuGH, Slg. 1997, I-5699 Rn. 26 ff. (Kommission/Niederlande); EuGH, Slg. 1997, I-5815 Rn. 49 (Kommission/Frankreich); EuGH, Slg. 1998, I-3949 Rn. 59 (Corsica Ferries); siehe auch *Berg*, in: Berg/Mäsch, Deutsches und Europäisches KartellR, Art. 106 AEUV Rn. 37; *Emmerich/Hoffmann*, in: Dauses/Ludwigs, Hdb. EU-Wirtschaftsrechts 1, H. II. Rn. 67, 188; *Wernicke*, in: Grabitz/Hilf/Nettesheim, Recht der EU, Art. 106 AEUV Rn. 108.

766 Vgl. *Klotz*, in: von der Groeben/Schwarze/Hatje, Europäisches UnionsR Bd. 1, Art. 106 AEUV Rn. 57; a.A. *Wenzl*, Das Örtlichkeitsprinzip im europäischen Binnenmarkt, S. 157 in Fn. 705.

767 *Forsthoff*, in: Grabitz/Hilf/Nettesheim, Recht der EU, Art. 49 AEUV Rn. 123; *Ludwigs*, in: Dauses/Ludwigs, Hdb. EU-WirtschaftsR 1, E. I. Rn. 104.

768 *Forsthoff*, in: Grabitz/Hilf/Nettesheim, Recht der EU, Art. 52 AEUV Rn. 3; *Müller-Graff*, in: Streinz, EUV/AEUV, Art. 52 AEUV Rn. 3.

769 Siehe hierzu *Forsthoff*, in: Grabitz/Hilf/Nettesheim, Recht der EU, Art. 52 AEUV Rn. 7, 16.

770 *Korte*, in: Callies/Ruffert, EUV/AEUV, Art. 52 AEUV Rn. 2; *Müller-Graff*, in: Streinz, EUV/AEUV, Art. 52 AEUV Rn. 3.

771 *Korte*, in: Callies/Ruffert, EUV/AEUV, Art. 52 AEUV Rn. 2.

grundsätzlich, dass die Norm eng auszulegen[772] und nicht analogiefähig[773] ist, da sie eine Ausnahme zur umfassenden Gewährleistung der Niederlassungsfreiheit darstellt[774] und es einer realen und hinreichend qualifizierten Gefährdung bedarf. Allerdings könnte ausnahmsweise Art. 52 Abs. 1 AEUV auch auf Vorschriften Anwendung finden, die gerade Inländer signifikant wie Ausländer beschränkt.[775] Insofern wandte das Bundesverwaltungsgericht den geschriebenen Rechtfertigungsgrund für Ausreisebeschränkungen an, welche der Durchsetzung der Wehrpflicht dienten.[776]

Selbst wenn daher von einem weiten Verständnis des geschriebenen Rechtfertigungsgrunds auszugehen ist, erfasst dieser jedenfalls nicht das Regionalprinzip. Die beiden Begriffe Ordnung und Sicherheit sind unionsrechtlich nicht definiert und der Europäische Gerichtshof hat bislang keine Definition angeführt.[777] Damit verbleibt den Mitgliedstaaten bei der Bestimmung der Gründe der öffentlichen Sicherheit und Ordnung ein Beurteilungsspielraum.[778] Zumindest sind nur die im Grundinteresse der zivilen und politischen Struktur der Gesellschaft liegenden und vom Mitgliedstaat erlassenen elementaren unverzichtbaren Grundregeln als Gründe anzuerkennen.[779] Darüber hinaus muss eine tatsächliche und hinreichend schwere Gefährdung eines Grundinteresses des betreffenden Mitgliedstaats vorliegen.[780] Als Grund der öffentlichen Sicherheit ist etwa das Bedürfnis nach Versorgungssicherheit im Bereich der

---

772 EuGH, NJW 1975, 1096 Rn. 6 (Bonsignore/Stadt Köln); EuGH, Slg. 1999, I-11 Rn. 23 (Calfa); *Korte*, in: Callies/Ruffert, EUV/AEUV, Art. 52 AEUV Rn. 2; *Ludwigs*, in: Dauses/Ludwigs, Hdb. EU-WirtschaftsR 1, E. I. Rn. 100; *Manger-Nestler/Noack*, JuS 2013, 503, 504; *Sauer*, JuS 2017, 310, 313.

773 *Korte*, in: Callies/Ruffert, EUV/AEUV, Art. 52 AEUV Rn. 2.

774 Vgl. *Tiedje*, in: von der Groeben/Schwarze/Hatje, Europäisches UnionsR Bd. 1, Art. 52 AEUV Rn. 15.

775 *Forsthoff*, in: Grabitz/Hilf/Nettesheim, Recht der EU, Art. 52 AEUV Rn. 16.

776 BVerwG, NVwZ 2000, 1290, 1295 zum entsprechenden Art. 46 Art. 1 EGV.

777 Ausführlich *Forsthoff*, in: Grabitz/Hilf/Nettesheim, Recht der EU, Art. 52 AEUV Rn. 23 f.

778 *Ludwigs*, in: Dauses/Ludwigs, Hdb. EU-WirtschaftsR 1, E. I. Rn. 102; *Müller-Graff*, in: Streinz, EUV/AEUV, Art. 52 AEUV Rn. 8, 10; *Tiedje*, in: von der Groeben/Schwarze/Hatje, Europäisches UnionsR Bd. 1, Art. 52 AEUV Rn. 19.

779 *Müller-Graff*, in: Streinz, EUV/AEUV, Art. 52 AEUV Rn. 8, 10; vgl. *Tiedje*, in: von der Groeben/Schwarze/Hatje, Europäisches UnionsR Bd. 1, Art. 52 AEUV Rn. 21.

780 Grundlegend EuGH, Slg. 1977, 1999 Rn. 35 (Bouchereau); ferner EuGH, Slg. 1999, I-11 Rn. 21 (Calfa); EuGH, Slg. 2000, I-5965 Rn. 22 (Albore); EuGH, Slg. 2002, I-10981 Rn. 39 (Oteiza Olazabal); *Müller-Graff*, in: Streinz, EUV/AEUV, Art. 52 AEUV Rn. 9 f.

Erdölversorgung anerkannt.[781] In dem hierzu ergangenen Urteil *Campus Oil* führte der Europäische Gerichtshof aus, dass Maßnahmen im Rahmen der öffentlichen Sicherheit gerechtfertigt seien, wenn diese wesentlich sind für die Existenz des Mitgliedstaates, insofern dass das Funktionieren der Wirtschaft und vor allem der staatlichen Einrichtungen, der zentralen öffentlichen Dienste und das Überleben der Bevölkerung hiervon abhängen.[782] Diese Auffassung wiederholte der Europäische Gerichtshof für die Bereiche der Telekommunikation und der Elektrizität.[783]

Das Regionalprinzip soll die flächendeckende Versorgung mit Finanzdienstleistungen gewährleisten und öffentlichen Aufgaben dienen. Es ist aber zweifelhaft, dass die mit dem Regionalprinzip verfolgten Ziele ein elementares Grundinteresse der öffentlichen Ordnung darstellen oder für den Bestand des Staates nach innen oder außen maßgeblich sind. Schließlich gibt es weiterhin viele private Finanzdienstleister, welche die Bevölkerung ebenfalls mit Dienstleistungen versorgen, wenn auch meistens gewinnorientiert und nicht flächendeckend. Somit erscheint das Regionalprinzip zur Sicherung der Existenz Deutschlands nicht unentbehrlich zu sein.[784] Das Regionalprinzip wirkt keinen tatsächlich bestehenden konkreten Gefahren entgegen, sondern ist vielmehr zukunftsgerichtet als präventive Maßnahme zum Schutz der kommunalen Finanzen zu verstehen.[785] Es sind insofern noch keine Gefährdungen erkennbar, welche die Eigenständigkeit von Gemeinden bedrohen.[786] Das zeigt zudem ein Vergleich zu anderen Mitgliedstaaten der Europäischen Union, in denen für öffentliche Kreditinstitute kein Regionalprinzip existiert und deren Finanzsystem dennoch funktioniert. Mithin besteht keine derzeitige qualifizierte Gefährdung der öffentlichen Sicherheit und Ordnung. Aufgrund der restriktiven Auslegung des Art. 52 Abs. 1 AEUV liegt ein Rechtfertigungsgrund nach dieser Vorschrift nicht vor.

---

781 EuGH, Slg. 1984, 2727 (Campus Oil).

782 EuGH, Slg. 1984, 2727 Rn. 34 (Campus Oil).

783 Siehe EuGH, Slg. 2009, I-2291 Rn. 34 (Kommission/Italien).

784 Vgl. *Wenzl*, Das Örtlichkeitsprinzip im europäischen Binnenmarkt, S. 136; auch *Purbach*, Die Auswirkungen des Binnenmarktes auf die Sparkassen und ihre öffentlich-rechtliche Verankerung, S. 98.

785 Vgl. zum Örtlichkeitsprinzip: *Ehricke*, Die Vereinbarkeit des kommunalen Örtlichkeitsprinzips mit dem EG-Recht, S. 77 f.; siehe auch *Krausnick*, VerwArch 102 (2011), 359, 365; *Reck*, DVBl. 2009, 1546, 1554.

786 *Ehricke*, Die Vereinbarkeit des kommunalen Örtlichkeitsprinzips mit dem EG-Recht, S. 79.

2. *Rechtfertigung aufgrund von zwingenden Gründen des Allgemeininteresses*

Die von der Rechtsprechung für alle Grundfreiheiten entwickelten ungeschriebenen Rechtfertigungsgründe variieren nur in ihrer Begrifflichkeit.[787] Nach der ständigen Rechtsprechung des Europäischen Gerichtshofs kann eine Beschränkung der Niederlassungsfreiheit dann gerechtfertigt sein, wenn vier Voraussetzungen vorliegen: Eine Beschränkung muss in nichtdiskriminierender Weise angewandt werden, zwingenden Gründen des Allgemeininteresses entsprechen, zur Erreichung des verfolgten Ziels geeignet sein und darf nicht über das zur Erreichung dieses Ziels Erforderliche hinausgehen.[788] Verkürzt und vereinfacht ausgedrückt muss für den ungeschriebenen Rechtfertigungsgrund ein nichtdiskriminierender legitimer Zweck vorliegen sowie die Verhältnismäßigkeit gewahrt sein.

a) *Das sparkassenrechtliche Regionalprinzip als nichtdiskriminierende staatliche Maßnahme*

Zunächst ist zu prüfen, ob es sich beim Regionalprinzip um eine nichtdiskriminierende staatliche Maßnahme handelt. Im Gegensatz hierzu findet der geschriebene Rechtfertigungsgrund aus Art. 52 Abs. 1 AEUV auf jegliche Form der Beschränkung Anwendung.[789] Eine diskriminierende staatliche Maßnahme liegt vor, wenn die Regelung inländische und ausländische Unternehmen direkt oder indirekt unterschiedlich behandelt.[790] Die staatlichen Maßnahmen müssten neutral sein. Die gesetzlichen Vorgaben behandeln Sparkassen als ein kommunales Unternehmen anders als andere inländische oder ausländische Unternehmen. Es liegt jedoch keine Maßnahme gegen ausländische Unternehmen vor. Die Beschränkung der Wegzugsfreiheit wird auf nichtdiskriminierende Weise

---

787 *Manger-Nestler/Noack*, JuS 2013, 503, 504.

788 Siehe EuGH, Slg. 1995, I-4165 Rn. 37 (Gebhard); EuGH, Slg. 2000, I-5123 Rn. 57 (Haim); EuGH, Slg. 2002, I-305 Rn. 23 (Kommission/Italien); EuGH, Slg. 2002, I-8923 Rn. 28 (Payroll Data); EuGH, Slg. 2004, I-2409 Rn. 49 (De Lasteyrie du Saillant); EuGH, Slg. 2004, I-8961 Rn. 17 (CaixaBank France); EuGH, Slg. 2004, I-9761 Rn. 15 ff. (Kommission/Niederlande); EuGH, Slg. 2009, I-3491 Rn. 72 (Kommission/Italien); EuGH, Slg. 2011, I-4355 Rn. 98 (Kommission/Deutschland).

789 *Forsthoff*, in: Grabitz/Hilf/Nettesheim, Recht der EU, Art. 49 AEUV Rn. 123; *Ludwigs*, in: Dauses/Ludwigs, Hdb. EU-WirtschaftsR 1, E. I. Rn. 104.

790 Vgl. *Forsthoff*, in: Grabitz/Hilf/Nettesheim, Recht der EU, Art. 49 AEUV Rn. 79.

angewandt. Eine Rechtfertigung aus zwingenden Gründen des Allgemeininteresses kommt in Betracht.

b) Zwingende Gründe des Allgemeininteresses

Als zwingende Gründe des Allgemeininteresses sind u.a. der Schutz der Lauterkeit des Handelsverkehrs[791] und der Verbraucherschutz[792] anerkannt. Es kann weitere zwingende Gründe des Allgemeininteresses geben, die bisher durch die Rechtsprechung noch nicht anerkannt wurden.[793] Insofern kann es grundsätzlich weitere schützenswerte Gemeinwohlbelange geben. Ausgeschlossen sind insoweit nur Gründe mit rein wirtschaftlichem Charakter,[794] wobei ein wirtschaftlicher Aspekt beim Gemeinwohlbelang nicht schädlich ist. Beim Regionalprinzip müsste es sich demnach um einen schützenswerten Gemeinwohlbelang handeln, der nicht rein wirtschaftliche Interessen widerspiegelt.

Das Regionalprinzip könnte ein lediglich beachtenswertes Anliegen darstellen, welches im Endeffekt aber kein so zwingendes, grundlegendes Interesse ist, das der betreffende Mitgliedstaat auch in anderen Bereichen seiner Rechtsordnung durchgesetzt sehen will.[795] So könnte das Unionsrecht auf die Verwirklichung von gemeinschaftsweiten Allgemeininteressen gerichtet sein, hinter denen nationale Interessen weitestgehend zurückzustehen hätten.[796] Jedoch kann die Europäische Union nach wie vor nur diejenigen Interessen durchsetzen, für welche ihr die Kompetenz zusteht. Zudem erkennt das Unionsrecht durchaus

---

791 EuGH, NJW 2012, 2715 Rn. 39 (VALE); *Ludwigs*, in: Dauses/Ludwigs, Hdb. EU-WirtschaftsR 1, E. I. Rn. 106.

792 EuGH, Slg. 1986, 3755 Rn. 30 ff. (Kommission/Deutschland); EuGH, Slg. 2004, I-8961 Rn. 21 (CaixaBank France); EuGH, Slg. 2010, I-2055 Rn. 50 (Attanasio Group); EuGH, NVwZ-RR 2013, 757 Rn. 22 ff. (Nasiopoulos); EuGH, NVwZ 2015, 506 Rn. 48 (Stanley International Betting); *Brenncke*, ZBB 2007, 1, 11.

793 *Korte*, in: Callies/Ruffert, EUV/AEUV, Art. 49 AEUV Rn. 64; *Sauer*, JuS 2017, 310; weitere anerkannte Gründe des Allgemeininteresses finden sich bei: *Ludwigs*, in: Dauses/Ludwigs, Hdb. EU-WirtschaftsR 1, E. I. Rn. 106; *Müller-Graff*, in: Streinz, EUV/AEUV, Art. 49 AEUV Rn. 85.

794 EuGH, Slg. 1988, 2085 Rn. 34 (Bond van Adverterders); EuGH, Slg. 1998, I-1831 Rn. 39 (Decker); EuGH, Slg. 2000, I-4071 Rn. 48 (Verkooijen); EuGH, Slg. 2002, I-10829 Rn. 50 (X und Y II); EuGH, Slg. 2005, I-2421 Rn. 34 (Kranemann); EuGH, Slg. 2010, I-2055 Rn. 55 (Attanasio Group); EuGH, Slg. 2010, I-13927 Rn. 51 (Yellow Cab); *Jarass*, EuR 2000, 705, 717.

795 So jedenfalls *Gimple*, Das Regionalprinzip der deutschen kommunalen Sparkassen bei der Zweigstellenerrichtung im EG-Ausland, S. 114.

796 Vgl. ebd.

nationale Interessen an, wie sich an der Rechtsprechung des Europäischen Gerichtshofs zeigt.

Die zwingenden Gründe des Allgemeininteresses könnten bereits in dem deutschen Verfassungsrecht, konkret in der Ableitung des Regionalprinzips aus Art. 28 Abs. 2 AEUV liegen.[797] Allerdings ist es widersprüchlich, aus einer verfassungsrechtlichen Norm einen schützenswerten Gemeinwohlbelang herleiten zu wollen. Die Zuständigkeitsverteilung zwischen den Kommunen, insbesondere Art. 28 Abs. 2 S. 1 GG, kann nur innerhalb Deutschlands eine räumliche Beschränkung begründen, aber nicht gegenüber der Europäischen Union.[798]

In dem öffentlichen Auftrag von Sparkassen könnte hingegen ein zwingender Grund des Allgemeininteresses liegen. Die Gemeinwohlbindung und hiermit der erforderliche örtliche Bezug zu den spezifischen Bedürfnissen und Interessen der Gemeindeeinwohner könnten ein schützenswerter Gemeinwohlbelang sein.[799] Schließlich soll durch das Regionalprinzip die Sparkassenarbeit zielbewusst konzentriert werden,[800] damit die Aufgaben von Sparkassen erfüllt werden können. Die Sparkassen sollen durch die fehlende Konkurrenz untereinander ihre Leistungsfähigkeit erhalten.[801] Das Regionalprinzip kann daher nicht getrennt gesehen werden von der Tätigkeit der Sparkassen. Die effiziente und funktionierende Erfüllung der Sparkassenaufgaben hängt eng mit dem Regionalprinzip zusammen. Indem Sparkassen nicht auf andere Geschäftsgebiete ausweichen können, haben sie überdies ein Interesse daran, dass ihre Region erfolgreich ist.[802]

Darüber hinaus gewährleistet das Regionalprinzip eine flächendeckende geld- und kreditwirtschaftliche Versorgung der Bevölkerung auch in strukturschwächeren Gebieten. Die flächendeckende Versorgung mit Finanzdienstleistungen ist eng verbunden mit dem Filialnetz von Sparkassen. Die Sparkassen haben genauso wie private Kreditinstitute in den letzten Jahren

797 So zumindest *Nierhaus/Stern*, Regionalprinzip und Sparkassenhoheit im europäischen Bankenbinnenmarkt, S. 175 f.; vgl. auch *Weiß*, DVBl. 2003, 564, 571.

798 Zuzustimmen *Wenzl*, Das Örtlichkeitsprinzip im europäischen Binnenmarkt, S. 138.

799 Vgl. *Nierhaus/Stern*, Regionalprinzip und Sparkassenhoheit im europäischen Bankenbinnenmarkt, S. 176; *Wenzl*, Das Örtlichkeitsprinzip im europäischen Binnenmarkt, S. 138 f.

800 VGH Kassel, ESVGH 16, 151, 153.

801 *Gerlach*, in: Mann/Püttner, Hdb. kommunale Wissenschaft und Praxis 2, § 53b Rn. 11.

802 *Schneider/Raskin*, Kreditwesen 2000, 1270, 1272; vgl. *Dietel*, in: Stiftung Gesellschaft für Rechtspolitik, Jahrbuch 2002/I, S. 167, 172.

Filialen geschlossen, jedoch ist der Rückgang viel geringer als im Gesamtbereich der Kreditinstitute, und es ist nach wie vor erkennbar, dass die Sparkassen die flächendeckende Versorgung in den Mittelpunkt stellen.[803] Dabei ist zu berücksichtigen, dass Sparkassen bei Zweigstellenschließungen aus Kostengründen in ländlichen Gegenden neue Wege eingeschlagen haben, um ihrem öffentlichen Auftrag weiterhin gerecht zu werden. So gibt es mittlerweile fahrbare Sparkassenfilialen, die zu den Menschen vor Ort fahren, damit diese ihre Bankgeschäfte erledigen können,[804] wie Bargeld abheben oder einzahlen, Überweisungen tätigen und Kontoauszüge holen. Diese rollenden Filialen sind insbesondere für die ältere Bevölkerung sehr wichtig. Bei privaten Kreditinstituten gibt es nichts Vergleichbares; lediglich einige Genossenschaftsbanken haben ebenfalls rollende Filialen.[805] Darüber hinaus ist als weiteres Beispiel die Frankfurter Volksbank und die Taunus Sparkasse zu nennen: Diese planen in den Kreisen Main-Taunus und Hochtaunus unter dem Namen „Finanz-Punkte" 26 gemeinsame Filialen zu eröffnen, was eine Zusammenlegung von knapp 50 Filialen beider Institute bedeutet.[806] Filialen werden somit zwar geschlossen, aber zugleich bleibt die regionale Ausrichtung beider Finanzinstitute sowie ihr Wettbewerb untereinander erhalten. So meistern die Frankfurter Volksbank und die Taunus Sparkasse „den Spagat zwischen Kostendruck und einem neuen Kundenverhalten sowie der nötigen Präsenz am Ort".[807] Insofern gehen diese beiden Banken neue Wege, um die flächendeckende Versorgung

---

803 *Vogelsang*, Kreditwesen 2015, 711; siehe zudem Deutsche Sparkassen- und Giroverband (DSGV), Fokuspapier der Sparkassen-Finanzgruppe v. 16. Mai 2018; vgl. ferner Deutsche Bundesbank, Bankstellenbericht v. 2019: Insgesamt hat sich die Zahl der Zweigstellen seit 1999 mit 54,5 % mehr als halbiert auf mittlerweile 26.667 (S. 7 f.). Der Sparkassensektor hat 2019 weiterhin die meisten Zweigstellen, wobei die Landesbanken mit einberechnet sind (S. 8 f.). Seit 2004 kann die deutsche Bundesbank aufgrund einer gesetzlichen Änderung zur Meldepflicht keine Angaben mehr zur regionalen Verteilung der Zweigstellen machen (S. 9).

804 *Vogelsang*, Kreditwesen 2015, 711; siehe auch *Kunz*, Sparkasse schickt Busse in die menschenleere Provinz, Die Welt v. 10. Juli 2014 (online, s. Literaturverzeichnis); *Panster*, Sparkasse auf Rädern, Handelsblatt v. 5. August 2012 (online, s. Literaturverzeichnis); *Schwinn*, Fahrende Filiale, Darmstädter Echo v. April 2018 (online, s. Literaturverzeichnis).

805 *Marquard*, Wenn die Bank vor die Haustür rollt, Stuttgarter Nachrichten v. 18. April 2017 (online, s. Literaturverzeichnis).

806 *N.N.*, Gemeinsame Filialen für Volksbank und Sparkasse, FAZ v. 4. September 2019, S. 23.

807 *Schleidt*, Erst der Anfang, FAZ v. 4. September 2019, S. 29.

der Bevölkerung zu bewerkstelligen. Eine ähnliche Kooperation wie die geplanten „Finanz-Punkte“ gibt es bereits in Eschenlohe, einem kleinen Ort in der Nähe von München.[808] Auch wenn sich die Bedeutung von Filialen in der heutigen Zeit geändert hat und weiter ändern wird,[809] sind sie weiterhin erwünscht und wichtig.[810] Allerdings wird eine Privatbank nur in ertragsstarke Regionen expandieren und kein gleichmäßiges, flächendeckendes Filialnetz über ganz Deutschland aufbauen.

Zwar ist von einer stetig zunehmenden Bedeutung des Internet-Bankings auszugehen, aber zugleich ist zu beachten, dass die regionale Ausrichtung von Sparkassen zu ihrem Erfolg beiträgt und das Regionalprinzip im Hinblick auf die Globalisierung der Märkte sogar wichtiger wird.[811] Damit leistet das Regionalprinzip einen Beitrag zu einer möglichst gleichmäßigen wirtschaftlichen Entwicklung, in der auch strukturschwache Regionen Berücksichtigung finden.[812] Das Regionalprinzip ist daher insbesondere für ländliche Gegenden

---

808 *N.N.*, Gemeinsame Filialen für Volksbank und Sparkasse, FAZ v. 4. September 2019, S. 23.

809 Vgl. *Fricke*, in: Stiftung Gesellschaft für Rechtspolitik, Jahrbuch 2002/I, S. 221, 225; *Gerlach*, in: Mann/Püttner, Hdb. kommunale Wissenschaft und Praxis 2, § 53b Rn. 28; *Kemmler*, Die Verwaltung 49 (2016), 397, 406 f.; *Meuche*, Kreditwesen 2016, 326, 328; *Raskin*, Das Regionalprinzip und (neue) elektronische Vertriebswege im Retailbanking, S. 141.

810 So auch *Raskin*, Das Regionalprinzip und (neue) elektronische Vertriebswege im Retailbanking, S. 144; *Schäfer*, Das öffentlich-rechtliche Bankensystem, S. 112; *Vogelsang*, Kreditwesen 2015, 711 f.; zur ähnlichen Situation bei Genossenschaftsbanken: *Gros*, bank und markt 4/2018, 18; *Frankenberger*, Kreditwesen 2004, 120, 121. Dieses Ergebnis bestätigt zudem eine Umfrage aus dem Jahr 2018 durch Bitkom Research (*N.N.*, bank und markt 10/2018, 5): Danach sind 56 % der befragten Online-Banking-Nutzern viele Bankfilialen wichtig, die schnell erreichbar sind; bei ausschließlich Offline-Banking-Nutzern liegt diese Zahl bei 78 %. Darüber hinaus können sich 59 % der Befragten eher oder gar nicht vorstellen, mit ihrem Hauptkonto zu einer Online-Bank ohne Filiale zu wechseln. So ist auch den befragten Online-Banking-Nutzern die Filiale nach wie vor überwiegend wichtig. 68 % von ihnen besuchen regelmäßig oder gelegentlich eine Filiale.

811 Siehe nur *Schneider/Raskin*, Kreditwesen 2000, 1270, 1272 f.; a.A. wohl *Müller*, ZögU 2005, 327, 331.

812 SächsVerfGH, LKV 2001, 216, 217; *Dietel*, in: Stiftung Gesellschaft für Rechtspolitik, Jahrbuch 2002/I, S. 167, 172; *Lohmiller*, Kapitalbeteiligungsgesellschaften der Sparkassen, S. 128, 132.

bedeutend.[813] In der Fläche hat der Verbraucher meistens nur noch Genossenschaftsbanken zur Auswahl.[814] Durch eine Beseitigung der örtlichen Grenze aus dem sparkassenrechtlichen Regionalprinzip wird sich keine Alternative ergeben. Das Regionalprinzip trägt dazu bei, dass bankspezifische Leistungen flächendeckend angeboten werden. Diese würden dann womöglich ebenso verschwinden. Demnach kommt den Sparkassen eine Korrekturfunktion des Marktes zu.[815] Das Argument, dass die örtliche Beschränkung von öffentlichen Unternehmen diese in Wettbewerbssituationen bei ihrer Erfüllung eines entsprechenden Versorgungsauftrags eher behindern würde,[816] verkennt überdies, dass es nicht um strukturschwache Sparkassen geht, sondern um die strukturschwachen Regionen. Die Sparkassen kommen ihrem Versorgungsauftrag nach und expandieren nicht in wirtschaftsstärkere Gebiete. Insofern ist anzunehmen, dass eine Sparkasse nicht mehr gebraucht wird, wenn sie in einer strukturschwachen Region selbst wirtschaftliche Probleme erhält, weil ihr die Kunden fehlen. Die Bedeutung der flächendeckenden geld- und kreditwirtschaftlichen Versorgung der Bevölkerung zeigt zudem ein Vergleich zum flächendeckenden und diskriminierungsfreien Vertrieb von Zeitungen und Zeitschriften im stationären Einzelhandel. Dessen schützenswerte Bedeutung hatte das Bundesverfassungsgericht zuletzt in seinem Urteil von 2015[817] hervorgehoben. Die Sparkassen sind ihrem öffentlichen Auftrag verpflichtet, und das Regionalprinzip hilft bei seiner Durchsetzung. Dies ist ebenso schützenswert.

Für das Verbot von Zweigstellen in anderen Mitgliedstaaten der Europäischen Union und dortigen Auslandsgeschäften könnte der Schutz vor

---

813 *Dietel*, in: Stiftung Gesellschaft für Rechtspolitik, Jahrbuch 2002/I, S. 167, 172; *Meyer-Horn*, StGB 1989, 306, 308; *Oebbecke*, Der Gemeindehaushalt 2001, 169, 172; *Otto*, VR 2015, 273; zu den regional ausgerichteten Genossenschaftsbanken: *Gros*, bank und markt 4/2018, 18.

814 Kritisch *Weck*, DÖV 2015, 500, 501, der von einem missbräuchlichen Verhalten von Verbundunternehmen spricht.

815 *Brenncke*, ZBB 2007, 1, 11; *Ellgering*, Kreditwesen 1979, 796, 800; *Fischer*, in: FG für von Unruh (1983), S. 835, 843; *Güde*, Geschäftspolitik der Sparkassen, S. 26; *Hermanns*, Kreditwesen 1979, 440, 442; *Möhle*, Kreditwesen 1979, 680, 682; *Möllers/Leisch*, WM 1999, 765; *Nierhaus*, DÖV 1984, 662, 666; *Raskin*, Das Regionalprinzip und (neue) elektronische Vertriebswege im Retailbanking, S. 187; *Weber*, in: Stiftung Gesellschaft für Rechtspolitik, Jahrbuch 2002/I, S. 39, 48; a.A. *Möschel*, in: Ipsen, Sparkassen im Wandel, S. 117, 129; *Purbach*, Die Auswirkungen des Binnenmarktes auf die Sparkassen und ihre öffentlich-rechtliche Verankerung, S. 210 ff.

816 So *Walendy*, Theorie kommunaler Wettbewerbsunternehmen, S. 126.

817 BGH, WM 2016, 878.

unkontrollierbaren finanziellen Risiken sprechen.[818] Dies wurde vielfach mit dem Verweis auf die Gewährträgerhaftung und dem letztendlichen Eintreten des Steuerzahlers für Verluste eines öffentlichen Unternehmens begründet,[819] wobei dieser Befund aufgrund der Abschaffung der Anstaltslast und Gewährträgerhaftung bei Sparkassen nicht mehr zutrifft. Dabei ist zu berücksichtigen, dass allgemeine finanzielle Interessen eines Mitgliedstaats ohnehin nicht als Rechtfertigungsgründe herangezogen werden können.[820] Allerdings könnte der Schutz vor unkontrollierbaren finanziellen Risiken dennoch Geltung beanspruchen. Aufgrund der Bankunternehmen immanenten Risiken[821] sind der Gemeinde gem. § 121 Abs. 9 S. 1 HGO die Errichtung, die Übernahme und das Betreiben von Bankunternehmen untersagt. Das öffentliche Sparkassenwesen ist als besondere Ausnahme möglich. Dies mag widersprüchlich erscheinen, weil Sparkassen ebenfalls Bankgeschäfte betreiben und Kreditinstitute i.S.d. § 1 KWG sind.[822] Auf Sparkassen treffen jedoch besondere Vorschriften zu, die für andere Bankunternehmen nicht gelten. So verfolgen Sparkassen einen öffentlichen Auftrag und sind durch ihre Bindung an einen kommunalen Träger an dessen Gebiet gebunden. Durch die örtliche Beschränkung der Sparkassen sollen die finanziellen Risiken für die Sparkassen begrenzt werden, indem diese ihr Geschäftsgebiet gut kennen und dadurch bei der Kreditvergabe Risiken gesenkt werden können.[823] Selbst wenn eine Gemeinde als Träger nicht für

---

818 *Krausnick*, VerwArch 102 (2011), 359, 366 f.; *Manthey*, Bindung und Schutz öffentlicher Unternehmen durch die Grundfreiheiten des Europäischen Gemeinschaftsrechts, S. 126; *Scheps*, Das Örtlichkeitsprinzip im kommunalen Wirtschaftsrecht, S. 201; *Wenzl*, Das Örtlichkeitsprinzip im europäischen Binnenmarkt, S. 140.

819 *Manthey*, Bindung und Schutz öffentlicher Unternehmen durch die Grundfreiheiten des Europäischen Gemeinschaftsrechts, S. 126 f., der insoweit einen Vergleich zu zwei Urteilen des Europäischen Gerichtshofs zieht zum Schutz des finanziellen Gleichgewichts der Systeme der sozialen Sicherheit, welcher einen zwingendes Allgemeininteresse darstellen kann – EuGH, Slg. 1998, I-1831 Rn. 39 (Decker); EuGH, Slg. 1998, I-1931 Rn. 41 (Kohll).

820 Vgl. EuGH, Slg. 2002, I-4756 Rn. 52 (Kommission/Portugal); siehe hierzu *Dünchheim*, Die Vereinbarkeit des kommunalen Wirtschaftsrechts des Saarlandes mit dem Recht der Europäischen Union, S. 111, der für kommunale Unternehmen daher den Schutz vor finanziellen Verlusten als rein wirtschaftliches Interesse wertet, welches keinen Allgemeinwohlgrund darstellen könne.

821 *Engelhardt*, in: Schneider u.a., HGO, § 121 HGO Rn. 90; *Gern/Brüning*, Deutsches Kommunalrecht, Rn. 988.

822 *Lange*, Kommunalrecht, Kap. 14 Rn. 120.

823 Vgl. *Güde*, Geschäftspolitik der Sparkassen, S. 43; *Henneke*, Kommunale Sparkassen, S. 104; *Oebbecke*, Der Gemeindehaushalt 2001, 169, 172; *Vogel*, ZBB 2001, 103, 108.

finanzielle Verluste der Sparkasse aufzukommen hat, wirken sich wirtschaftliche Erfolge sowie Misserfolge auf die Gemeinde und die Gebietsangehörigen aus,[824] u.a. durch die an den Sparkassenträger auszuschüttenden Gewinne. Mit dem Schutz sind somit nicht nur wirtschaftliche Interessen der Kommune betroffen, die kein schützenswertes Allgemeininteresse darstellen.[825] Daher kann auch der Schutz vor unkontrollierbaren finanziellen Risiken Bedeutung zukommen.

Die durch die Sparkassentätigkeit verfolgten Interessen werden alle mit dem Regionalprinzip ermöglicht. In dem öffentlichen Auftrag, der flächendeckenden geld- und kreditwirtschaftlichen Versorgung der Bevölkerung sowie dem Schutz vor unkontrollierbaren finanziellen Risiken sind schützenswerte Gemeinwohlbelange zu sehen. Diese Ziele sind unter dem Leitziel des Gemeinwohls und nicht isoliert zu betrachten. Daher weisen die Ziele zwar einen wirtschaftlichen Aspekt auf, stellen aber nicht ausschließlich wirtschaftliche Gründe dar. Mithin sind sie zwingende Gründe des Allgemeininteresses, die das Regionalprinzip rechtfertigen könnten.

c) Geeignetheit

Die örtliche Beschränkung muss geeignet sein, die Verwirklichung des mit ihr angestrebten Ziels zu gewährleisten.[826] Insofern ließe sich fragen, ob die Sparkassen nur durch einen örtlich vergrößerten Handlungsspielraum in der Lage wären, in den zunehmend globaleren Märkten ihre öffentlichen Aufgaben wahrzunehmen.[827] Die örtliche Beschränkung fördert die flächendeckende Versorgung der Bevölkerung mit geld- und kreditwirtschaftlichen Leistungen, gewährleistet dabei den Schutz vor finanziellen Risiken und dient dem öffentlichen Auftrag. Im Hinblick auf den Ermessensspielraum des Mitgliedstaats ist folglich von der Geeignetheit des Mittels auszugehen.

---

824 Vgl. hierzu *Brosius-Gersdorf*, AöR 130 (2005), 392, 430.

825 EuGH, Slg. 1988, 2085 Rn. 34 (Bond van Adverterders); EuGH, Slg. 1998, I-1831 Rn. 39 (Decker); EuGH, Slg. 2000, I-4071 Rn. 48 (Verkooijen); EuGH, Slg. 2002, I-10829 Rn. 50 (X und Y II); EuGH, Slg. 2005, I-2421 Rn. 34 (Kranemann); EuGH, Slg. 2010, I-2055 Rn. 55 (Attanasio Group); EuGH, Slg. 2010, I-13927 Rn. 51 (Yellow Cab); *Jarass*, EuR 2000, 705, 717.

826 EuGH, Slg. 1995, I-4165 Rn. 37 (Gebhard); EuGH, Slg. 1999, I-6067 Rn. 31 (Läärä); EuGH, Slg. 2002, I-8923 Rn. 28 (Payroll Data).

827 Vgl. hierzu *Burgi*, EuR 1997, 261, 262, der von einer „Flucht nach vorn" spricht.

d) Erforderlichkeit

Die Maßnahme müsste ferner erforderlich sein, dürfte also nicht über das zur Verfolgung des Ziels Notwendige hinausgehen.[828] Die Erforderlichkeit stellt den Schwerpunkt bei der Prüfung der Verhältnismäßigkeit in der Rechtsprechung des Europäischen Gerichtshofs dar.[829] Es ist deshalb zu prüfen, ob es ein ebenso effektives Mittel[830] zum gesetzlich verankerten sparkassenrechtlichen Regionalprinzip gibt, das weniger oder gar nicht in die Grundfreiheiten eingreift.

Die Auslandsgeschäfte von öffentlichen Unternehmen könnten wie in den Gemeindeordnungen für die wirtschaftliche Betätigung der Gemeinden (§ 121 Abs. 1 S. 1 Nr. 2 HGO) abhängig gemacht werden von der Leistungsfähigkeit einer Gemeinde.[831] Bei dieser Voraussetzung geht es um den Schutz der Gemeinde vor finanziellen Risiken.[832] Die Sparkassentätigkeit ist zwar eine wirtschaftliche Tätigkeit der Kommunen; für sie gelten aber die besonderen Vorschriften in den Sparkassengesetzen der Länder. Für die Sparkassen gibt es im Hessischen Sparkassengesetz keine Vorschrift, welche die Sparkassentätigkeit von der Leistungsfähigkeit der Gemeinde abhängig macht. Vielmehr ergibt sich die Leistungsfähigkeit einer Sparkasse aus einer Vielzahl von Merkmalen, wie der Region, der Anzahl und der Finanzstärke ihrer Bankkunden. Dabei muss die Leistungsfähigkeit einer Sparkasse nicht mit derjenigen der Gemeinde übereinstimmen. Die Sparkassentätigkeit knüpft auch nicht an dieselben Voraussetzungen wie die kommunale Wirtschaftstätigkeit. Eine Sparkasse ist vielmehr selbstständig, unterliegt einer begrenzten kommunalen Kontrolle und wird neben privaten Kreditinstituten tätig, unabhängig davon, ob diese die Tätigkeit ebenso gut oder besser ausüben können. Durch die Bankkunden besteht

---

828 EuGH, Slg. 1986, 3755 Rn. 33 (Kommission/Deutschland); EuGH, Slg. 1995, I-4165 Rn. 37 (Gebhard); EuGH, Slg. 1996, I-6511 Rn. 28 (Reisebüro Broede); EuGH, Slg. 2002, I-8923 Rn. 36 f. (Payroll Data); EuGH, Slg. 2006, I-11421 Rn. 61 (Cipolla u.a.); EuGH, Slg. 2009, I-3491 Rn. 72 (Kommission/Italien).

829 *Frenz*, Hdb. EuropaR 1, Rn. 587.

830 *Jarass*, EuR 2000, 705, 722; *Korte*, in: Callies/Ruffert, EUV/AEUV, Art. 49 AEUV Rn. 64; *Ludwigs*, in: Dauses/Ludwigs, Hdb. EU-WirtschaftsR 1, E. I. Rn. 112; *Müller-Graff*, in: Streinz, EUV/AEUV, Art. 49 AEUV Rn. 95.

831 Siehe *Langner*, Die örtliche Begrenzung kommunaler Wirtschaftstätigkeit und die Grundfreiheiten des EG-Vertrages, S. 236; zustimmend *Dünchheim*, Die Vereinbarkeit des kommunalen Wirtschaftsrechts des Saarlandes mit dem Recht der Europäischen Union, S. 120.

832 *Jarass*, DVBl. 2006, 1, 10; *Ogorek*, in: Dietlein/Ogorek, BeckOK KommunalR Hessen, § 121 HGO Rn. 10.

darüber hinaus ein enger regionaler Bezug. Insofern bestehen wesentliche Unterschiede zur kommunalen Wirtschaftstätigkeit und dem Örtlichkeitsprinzip. Die Gemeinwohlbindung ist umso relevanter für die Sparkassen. Das Abstellen auf die Leistungsfähigkeit des kommunalen Trägers würde daher kein ebenso wirksames Mittel darstellen, um die legitimen Zwecke zu erhalten.

Es könnte aber ein anderes gleich wirksames und milderes Mittel vorliegen. So kommt eine freiwillige örtliche Beschränkung durch Satzung in Betracht.[833] Dabei ist zu berücksichtigen, dass es die Entscheidung jeder Gemeinde wäre, eine solche freiwillige Grenze in die Satzung ihrer Sparkasse aufzunehmen. Würde der Landesgesetzgeber dies verlangen, bestünde erneut ein gesetzlich vorgegebenes Regionalprinzip. Die Geeignetheit einer freiwilligen örtlichen Beschränkung soll ein Vergleich mit anderen europäischen Finanzsystemen zeigen. In anderen Mitgliedstaaten der Europäischen Union wie in Italien, Österreich, Polen und Portugal gibt es ebenfalls Formen von Sparkassen, die in öffentlich-rechtlicher oder privater Form, aber auch als Stiftungen organisiert sind. In vielen Ländern wie in Belgien, Dänemark und Griechenland existiert keine örtliche Begrenzung der Geschäftstätigkeit, allerdings folgen die Sparkassen in anderen Ländern zumeist einer regionalen Anbindung.[834] Beispielsweise ist in Österreich ein Regionalprinzip wie in Deutschland nicht vorgeschrieben; dennoch halten sich die Sparkassen überwiegend an eine örtliche Grenze. Somit könnte an ein freiwilliges Regionalprinzip zu denken sein. In Spanien lässt sich hierzu gut nachvollziehen, was die Abschaffung eines gesetzlichen Regionalprinzips für die Sparkassen zur Folge haben kann. Die spanischen Cajas waren ähnlich wie in Deutschland in öffentlich-rechtlicher Form und ohne Gewinnstreben organisiert mit einer örtlichen Beschränkung.[835] Dieses Regionalprinzip wurde 1988 aufgehoben und die Cajas fingen an zu expandieren sowie gegenseitig in Wettbewerb zu treten. Während der Finanzkrise ab 2007 waren die Cajas nicht gut aufgestellt und gerieten in wirtschaftliche Schwierigkeiten. Dies ist nicht nur auf die schlechte Geschäftsaufstellung der Cajas, sondern auch auf

---

833 Insofern wird vorgeschlagen, dass die Gemeinde durch ihren Einfluss auf das kommunale Unternehmen in der Satzung des Unternehmens eine örtliche Grenze auf das Gemeindegebiet verankert, vgl. *Ehricke*, Die Vereinbarkeit des kommunalen Örtlichkeitsprinzips mit dem EG-Recht, S. 105.

834 *Ellgering*, WM 1992, 131.

835 Ausführlich mit einer Darstellung der jetzigen Sparkassenstruktur in Spanien: *Arnoldt*, Die Sparkassenorganisation in Spanien, Deutscher Sparkassen- und Giroverband v. 23. Juni 2019 (online, s. Literaturverzeichnis).

das fehlende Regionalprinzip zurückzuführen.[836] Nach der Finanzkrise schlossen sich viele Cajas zusammen, was zur Folge hatte, dass viele Geschäftsstellen geschlossen wurden.[837] Mittlerweile gibt es nur noch zwei Sparkassen in der ursprünglichen Form in Spanien, für die erneut das Regionalprinzip gilt.[838] Den Sparkassen und ihrer dezentralen Struktur wird demgegenüber vielfach ein stabilisierender Faktor zugeschrieben, der sich in der Finanzkrise bestätigt habe.[839] Am spanischen Beispiel zeigt sich, wie stabilisierend und risikomindernd das Regionalprinzip wirkt und wie wichtig eine flächendeckende Versorgung mit Kreditinstituten ist. Insofern kann angenommen werden, dass die Sparkassen durch das Regionalprinzip nur auf ihnen vertrauten und überschaubaren Märkten agieren.[840] Demnach kann eine freiwillige Selbstbeschränkung in anderen Ländern funktionieren, in denen sich die örtliche Bindung historisch entwickelt und gefestigt hat. An dem Beispiel Spanien zeigt sich jedoch, welche Folgen die Abschaffung einer gesetzlichen örtlichen Grenze haben kann, die nicht historisch gewachsen ist. Die freiwillige örtliche Beschränkung stellt kein ebenso wirksames Mittel dar.

Widersprüchlich ist in diesem Zusammenhang, einerseits eine Abschaffung des Regionalprinzips durch eine Gesetzesänderung zu fordern, andererseits eine örtliche Konzentration der Sparkassen allein aufgrund des öffentlichen Auftrags

---

836 *Gärtner*, Gefährliche Größe, Süddeutsche Zeitung v. 28. August 2016 (online, s. Literaturverzeichnis); *Götzl*, bank und markt 10/2014, 17; *Karl-Peter Schackmann-Fallis*, Geschäftsführendes Vorstandsmitglied des Deutschen Sparkassen- und Giroverbands (DSGV), zitiert in *Lau*, Sparkassenmodell für die grüne Insel, Sparkassen-Zeitung v. 2. Dezember 2016, S. 6; a.A. Monopolkommission, XX. Hauptgutachten v. 1. Juli 2014, Rn. 1961; *Weck*, DÖV 2015, 500, 505.

837 EZB, Anzahl der Zweigstellen der Kreditinstitute in Spanien in den Jahren von 1997 bis 2018, Statista v. Juni 2019 (online, s. Literaturverzeichnis); *Arnoldt*, Die Sparkassenorganisation in Spanien, Deutscher Sparkassen- und Giroverband v. 23. Juni 2019 (online, s. Literaturverzeichnis).

838 *Gärtner*, Gefährliche Größe, Süddeutsche Zeitung v. 28. August 2016 (online, s. Literaturverzeichnis).

839 Vgl. Sachverständigenrat zur Begutachtung der gesamtwirtschaftlichen Entwicklung, Das deutsche Finanzsystem Effizienz steigern – Stabilität erhöhen v. Juni 2008, Rn. 240; *Brämer/Gischer/Pfingsten/Richter*, ZögU 2010, 311, 320; *Henneke*, DVBl. 2010, 472, 477; *Kemmler*, Die Verwaltung 49 (2016), 397; ferner *Hoppenstedt*, in: FG für Schlebusch (2006), S. 253, 256.

840 Vgl. *Langner*, Die örtliche Begrenzung kommunaler Wirtschaftstätigkeit und die Grundfreiheiten des EG-Vertrages, S. 235.

anzunehmen.[841] Denn letztlich hängt der öffentliche Auftrag mit der örtlichen Begrenzung der kommunalen Tätigkeit des Sparkassenträgers zusammen. Der Sinn hinter der räumlichen Grenze liegt nicht in dem Schutz vor Konkurrenz, sondern in der Gewährleistung des öffentlichen Zwecks.[842] Fehlt es an der regionalen Bindung, wirkt sich dies zwangsläufig auf den öffentlichen Auftrag aus. Dann könnten sich die Ziele der Versorgung mit bankspezifischen Leistungen sowie die Förderung des Sparsinns auf das gesamte Bundesgebiet und darüber hinaus erstrecken. Daher ist anzunehmen, dass der öffentliche Auftrag – zumindest in seiner derzeitigen Ausgestaltung – zugleich mit beseitigt würde, wenn die „Fesseln des öffentlichen Rechts" abgeschafft würden.[843] Wenn der öffentliche Auftrag weiterhin in seiner aktuellen Form bestehen bliebe, würde indirekt eine regionale Bindung aus dem öffentlichen Auftrag hergeleitet. Dieser Ansatz – einerseits die Beseitigung des Regionalprinzips und andererseits eine örtliche Bindung aus dem öffentlichen Auftrag herzuleiten – ist widersprüchlich und dogmatisch fragwürdig.

Darüber hinaus könnten Prüfungen der jeweiligen Auslandstätigkeit einen ausreichenden Schutz vor den finanziellen Risiken bieten.[844] Problematisch ist bereits, ob eine Prüfung jedes Einzelfalls in der Praxis möglich wäre und wie eine solche Einzelfallprüfung aussehen sollte. In Betracht käme, dass eine Genehmigung der Sparkassenaufsichtsbehörde erforderlich wäre, wenn eine Sparkasse eine Zweigstelle im Ausland eröffnen möchte, wobei zu berücksichtigen ist, dass diese nur mit einer Rechtmäßigkeitskontrolle einhergehen würde. In einigen Gemeindeordnungen wird die unternehmerische Tätigkeit von Kommunen im Ausland von einer Genehmigung abhängig gemacht.[845] In diesen Bundesländern gibt es auch zahlreiche kommunale Unternehmen, die im Ausland tätig sind,[846]

---

841 So aber Monopolkommission, XX. Hauptgutachten v. 1. Juli 2014, Rn. 1957; *Weck*, DÖV 2015, 500, 505; ebenfalls kritisch *Wohltmann*, NdsVBl. 2015, 128, 131.

842 *Heintzen*, NVwZ 2000, 743, 745.

843 Zuzustimmen *Henneke*, Der Landkreis 2004, 37, 40.

844 So jedenfalls zum Örtlichkeitsprinzip: *Ehricke*, Die Vereinbarkeit des kommunalen Örtlichkeitsprinzips mit dem EG-Recht, S. 100 f.; *Manthey*, Bindung und Schutz öffentlicher Unternehmen durch die Grundfreiheiten des Europäischen Gemeinschaftsrechts, S. 127; *Wenzl*, Das Örtlichkeitsprinzip im europäischen Binnenmarkt, S. 146 f.

845 Siehe nur § 107 Abs. 3 S. 2, 3, Abs. 4 S. 3, 4 GO NRW zur wirtschaftlichen und nichtwirtschaftlichen Betätigung von Gemeinden.

846 Beispiele zu Tätigkeiten von kommunalen Unternehmen im Ausland finden sich bei *Ehlers*, DVBl. 1998, 497, 504 und *Wolff*, DÖV 2011, 721.

wobei die rechtlichen Bestimmungen die Folge dieser realen Gegebenheiten sind.[847] In Hessen fehlt eine solche Regelung. An den Genehmigungserfordernissen zeigt sich jedenfalls, dass das Vorliegen eines milderen Mittels nicht an der möglichen Umständlichkeit dieser Genehmigungsoption scheitern kann. Unabhängig von ihrer Verfassungsmäßigkeit[848] zeigen die Vorschriften, dass es zumindest für die Durchbrechungen des Örtlichkeitsprinzips bei kommunalen Unternehmen einer gesetzlichen Grundlage bedarf.[849] Das Örtlichkeitsprinzip bleibt somit weiterhin die Grundlage der wirtschaftlichen Betätigung und die Auslandstätigkeiten einiger kommunaler Unternehmen sind weiterhin die Ausnahme.

Es gibt kommunale Tätigkeitsgebiete, in denen Ausnahmen sinnvoll sein können: So sind im Energiesektor bereits durch die Energieförderung die kommunalen Grenzen häufiger überschritten. Jedoch erfordern die Tätigkeit der Sparkassen und insbesondere die Erfüllung des öffentlichen Auftrags derzeit keine systematische territoriale Öffnung ihrer Gebietsgrenzen.[850] Zudem ist zu beachten, dass die Genehmigung einer Zweigstellenerrichtung nicht rückgängig gemacht werden könnte. Die Sparkassenzweigstelle im europäischen Ausland würde bestehen und hierbei wäre nur eine sehr begrenzte Kontrolle durch die Sparkassenaufsicht möglich. Auch bei einer Genehmigung kennt die Sparkasse aufgrund der fehlenden regionalen Bindung das Geschäftsgebiet nicht gut und muss dieses erst kennenlernen. Hinzu kommt die Konkurrenz zu den vor Ort agierenden privaten Kreditinstituten. Trotz Genehmigung wären die finanziellen Risiken daher letztlich immer noch nicht absehbar. Dies könnte wiederum Auswirkungen auf den öffentlichen Auftrag und auf die flächendeckende geld- und kreditwirtschaftliche Versorgung der Bevölkerung haben. Somit besteht in der Genehmigung von Sparkassenzweigstellen im Ausland kein gleich wirksames Mittel.

Die finanziellen Risiken sind womöglich zu vermeiden, indem das öffentliche Unternehmen als Kapitalgesellschaft aufgebaut wird.[851] Allerdings können andere Rechtsformen die finanziellen Einbußen des Unternehmens selbst nicht

---

847 *Held*, NWVBl. 2000, 201, 202.

848 Siehe Kapitel 2: D.

849 *Brosius-Gersdorf*, AöR 130 (2005), 392, 408 ff.; *Ehlers*, NWVBl. 2000, 1, 6; *Krausnick*, VerwArch 102 (2011), 359, 362; *Wohltmann*, NdsVBl. 2015, 128, 132; siehe auch *Becker*, VR 2018, 329, 331.

850 *Wohltmann*, NdsVBl. 2015, 128, 132. Näheres in Kapitel 2: D.

851 Siehe den Vorschlag bei *Ehricke*, Die Vereinbarkeit des kommunalen Örtlichkeitsprinzips mit dem EG-Recht, S. 104; ebenfalls *Sauer/Heller/Glass*, in: FG für Schwintowski (2012), S. 187, 236 f.

verhindern. Diese würden sich wiederum auf die öffentliche Aufgabenwahrnehmung auswirken. Demnach stellt eine andere Rechtsform[852] kein milderes, ebenso effektives Mittel wie das Regionalprinzip dar. Dieses ist daher als erforderlich anzusehen.[853]

e) *Angemessenheit*

Das Regionalprinzip muss des Weiteren angemessen sein. Eine Maßnahme ist dann angemessen, wenn die Beeinträchtigung der Grundfreiheit nicht außer Verhältnis zum angestrebten Ziel steht.[854] Das Regionalprinzip sorgt dafür, dass auch in wirtschaftlich schwächeren Gebieten Finanzdienstleistungen angeboten werden. Zugleich wird erfolgreichen Instituten die Chance genommen, neue Marktanteile in wirtschaftlich starken Gebieten zu gewinnen. Die mögliche Expansion einiger Sparkassen ist somit als Beeinträchtigung der Grundfreiheit auf der anderen Seite mit der dezentralen Ausrichtung von Sparkassen abzuwägen.

Die Sparkassen haben nicht die Gewinnmaximierung als Ziel, daher kann für sie eine Auslandstätigkeit nur begrenzt interessant sein. Die regionale Bindung und der öffentliche Auftrag prägen die Sparkasse. Bedenkt man überdies, dass erst durch den Mitgliedstaat mit Art. 28 Abs. 2 GG, den Bundesländern mit ihren Sparkassengesetzen und den Kommunen als Trägern von Sparkassen, die Sparkassentätigkeit ermöglicht wird, erscheint es angemessen, wenn sie diese Tätigkeit ebenfalls unter Beschränkungen stellen. So berechtigt Art. 28 Abs. 2 GG die Gemeinden einerseits zu ihrer Selbstverwaltung, aber beschränkt sie andererseits auch auf „alle Angelegenheiten der örtlichen Gemeinde“. Dieser

---

852 Siehe ferner zu anderen Rechtsformmöglichkeiten Kapitel 6.

853 A.A. wohl *Purbach*, Die Auswirkungen des Binnenmarktes auf die Sparkassen und ihre öffentlich-rechtliche Verankerung, S. 105 ff.; zur Erforderlichkeit des Örtlichkeitsprinzips aufgrund zwingender Gründe des Allgemeininteresses: *Langner*, Die örtliche Begrenzung kommunaler Wirtschaftstätigkeit und die Grundfreiheiten des EG-Vertrages, S. 236 ff.; *Manthey*, Bindung und Schutz öffentlicher Unternehmen durch die Grundfreiheiten des Europäischen Gemeinschaftsrechts, S. 127; *Sauer/Heller/Glass*, in: FG für Schwintowski (2012), S. 187, 236 f.; *Wenzl*, Das Örtlichkeitsprinzip im europäischen Binnenmarkt, S. 146 f.

854 EuGH, Slg. 1986, 1007 Rn. 15 (Conegate); EuGH, Slg. 1988, 2085 Rn. 36 (Bond van Adverterders); EuGH, Slg. 1989, 2237 Rn. 21 (Schräder); EuGH, Slg. 2003, I-7091 Rn. 76 (Lennox); EuGH, Slg. 2005, I-1895 Rn. 47 (Tempelman und van Schaijk); EuGH, Slg. 2010, I-2007 Rn. 86 (ERG u.a.); EuGH, NJW 2015, 2013 Rn. 67, 91 (Gauweiler u.a.).

örtliche Bezug würde bei Zweigstellen in anderen Mitgliedstaaten der Europäischen Union fehlen.[855] Zudem kann ihre Befugnis nicht weiter reichen, als die Handlungsmöglichkeiten des kommunalen Trägers, der ebenfalls örtlich beschränkt wird.[856] Letztlich würde eine fehlende örtliche Grenze die gesamte Struktur der wirtschaftlichen Betätigung durch die öffentliche Hand in Deutschland nachhaltig verändern.

Als weiteres Argument für die örtliche Grenze können die Ausführungen des Europäischen Gerichtshofs dienen. Auch wenn die Entscheidung *Daily Mail* zur primären Niederlassungsfreiheit ergangen ist, so findet sich in ihr ein interessanter Aspekt für die Selbstbeschränkung von öffentlichen Unternehmen. Diese Entscheidung geht nämlich – ebenso wie *Cartesio* – von der Prämisse aus, dass ein Unternehmen nur nach den Vorgaben des Mitgliedstaats bestehen kann.[857] Übertragen auf die Sparkassen, bedeutet dies, dass die Existenz von Sparkassen als öffentliche Unternehmen auf die deutschen Regelungen zurückzuführen ist. Der Europäische Gerichtshof hat kein Interesse, die innerstaatlichen Strukturen aufzulösen. Das Interesse der Sparkassen am Regionalprinzip überwiegt daher gegenüber den Grundfreiheiten. Die Angemessenheit ist gegeben.

VI. Ergebnis

Den Sparkassen steht zwar ein Wegzugsrecht aus der Niederlassungsfreiheit zu, allerdings werden sie durch das Regionalprinzip beschränkt. Diese Beschränkung ist jedoch aus zwingenden Gründen des Allgemeininteresses gerechtfertigt.[858]

---

855 *Nierhaus/Stern*, Regionalprinzip und Sparkassenhoheit im europäischen Bankenbinnenmarkt, S. 190.

856 *Henneke*, ZVglRWiss 113 (2014), 535, 547; *Lohmiller*, Kapitalbeteiligungsgesellschaften der Sparkassen, S. 46; *Nierhaus*, in: Ipsen, Sparkassen im Wandel, S. 65, 85 f.; *Raskin*, Das Regionalprinzip und (neue) elektronische Vertriebswege im Retailbanking, S. 98; *Stern/Nierhaus*, Das Regionalprinzip im öffentlich-rechtlichen Sparkassenwesen, S. 32; *Vogel*, ZBB 2001, 103, 108; *Wohltmann*, NdsVBl. 2015, 128, 132; a.A. Monopolkommission, XX. Hauptgutachten v. 1. Juli 2014, Rn. 1949.

857 EuGH, Slg. 1988, 5483 Rn. 19 (Daily Mail): „Jenseits der jeweiligen nationalen Rechtsordnung, die ihre Gründung und ihre Existenz regelt, haben sie keine Realität."

858 Im Ergebnis ebenso *Lohmiller*, Kapitalbeteiligungsgesellschaften der Sparkassen, S. 128 ff.; *Nierhaus/Stern*, Regionalprinzip und Sparkassenhoheit im europäischen Bankenbinnenmarkt, S. 175; zum Örtlichkeitsprinzip von kommunalen Unternehmen: *Ehlers*, in: Ehlers, Europäische Grundrechte und Grundfreiheiten, § 7 Rn. 44; *Henneke*, ZVglRWiss 113 (2014), 535, 549 f.; *Weiß*, DVBl. 2003, 564, 571 f.; a.A. *Gimple*, Das Regionalprinzip der deutschen kommunalen Sparkassen bei der Zweigstellenerrichtung im EG-Ausland, S. 113 f.; *Purbach*, Die Auswirkungen des

Daher ist im Ergebnis das Regionalprinzip mit der Niederlassungsfreiheit vereinbar.

E. Dienstleistungsfreiheit von kommunalen Sparkassen

Anders als bei der Niederlassungsfreiheit enthält Art. 57 Abs. 1 AEUV eine Legaldefinition für die Dienstleistung. Bei dieser handelt es sich um „Leistungen, die in der Regel gegen Entgelt erbracht werden, soweit sie nicht den Vorschriften über den freien Waren- und Kapitalverkehr und über die Freizügigkeit der Personen unterliegen". Die Grundfreiheitsträgerschaft der Sparkassen folgt vorliegend aus Art. 62 AEUV i.V.m. Art. 54 Abs. 2 AEUV. Im Übrigen kann hinsichtlich der Geltung der Dienstleistungsfreiheit gegenüber dem eigenen Herkunftsstaat auf die Ausführungen zur Niederlassungsfreiheit zurückgegriffen werden. Die Niederlassungsfreiheit wird relevant, wenn es um eine feste und dauerhafte Tätigkeit geht, während die Dienstleistungsfreiheit nur vorübergehende grenzüberschreitende Tätigkeiten umfasst.[859] Soweit es um die Zweigstellenerrichtung in anderen Mitgliedstaaten der Europäischen Union geht, ist somit nur die Niederlassungsfreiheit einschlägig und nicht die Dienstleistungsfreiheit.[860] Selbst wenn von der Einschlägigkeit der Dienstleistungsfreiheit auszugehen wäre, ist zweifelhaft, ob diese auch verletzt wäre.

Die Dienstleistungsfreiheit könnte aber betroffen sein, falls Sparkassen ihre Leistungen ohne feste Einrichtung nicht in einem anderen Mitgliedstaat

---

Binnenmarktes auf die Sparkassen und ihre öffentlich-rechtliche Verankerung, S. 101 ff.; hinsichtlich der Rechtfertigung des Örtlichkeitsprinzips aus zwingenden Gründen des Allgemeininteresses: *Ehricke*, Die Vereinbarkeit des kommunalen Örtlichkeitsprinzips mit dem EG-Recht, S. 96 ff.; *Frenz*, GewArch 2006, 100, 105 f.; *ders.*, WRP 2008, 73, 84 f.; *Krausnick*, VerwArch 102 (2011), 359, 366 f.; *Langner*, Die örtliche Begrenzung kommunaler Wirtschaftstätigkeit und die Grundfreiheiten des EG-Vertrages, S. 222 ff.; *Schwintowski*, NVwZ 2001, 607, 610; *Wenzl*, Das Örtlichkeitsprinzip im europäischen Binnenmarkt, S. 136 ff.; zuletzt *Dünchheim*, Die Vereinbarkeit des kommunalen Wirtschaftsrechts des Saarlandes mit dem Recht der Europäischen Union, S. 111 ff.

859 Vgl. *Forsthoff*, in: Grabitz/Hilf/Nettesheim, Recht der EU, Art. 49 AEUV Rn. 33, 36; *Frenz*, Hdb. EuropaR 1, Rn. 2227; *Kluth*, in: Callies/Ruffert, EUV/AEUV, Art. 57 AEUV Rn. 15; *Müller-Graff*, in: Streinz, EUV/AEUV, Art. 49 AEUV Rn. 16.

860 *Nierhaus/Stern*, Regionalprinzip und Sparkassenhoheit im europäischen Bankenbinnenmarkt, S. 78; siehe im Ergebnis auch *Gimple*, Das Regionalprinzip der deutschen kommunalen Sparkassen bei der Zweigstellenerrichtung im EG-Ausland, S. 92.

der Europäischen Union anbieten könnten. Eine grenzüberschreitende Dienstleistung kann in grenzüberschreitender Beratung oder Onlineangeboten liegen. Würden diese beschränkt, könnte ein Verstoß gegen die Dienstleistungsfreiheit vorliegen.[861] Dies ist jedoch nicht der Fall. Durch Direktbanking und Smartphone-Apps können Personen aus dem Ausland Kunden bei Sparkassen sein. Zudem gibt es grenzüberschreitende Leistungen der Sparkassen. Allerdings sind hiervon wiederum die Fälle auszunehmen, in denen grenzüberschreitende Tätigkeiten unter Zuhilfenahme einer ausländischen Geschäftsstelle erbracht werden, da es dann an einer grenzüberschreitenden Tätigkeit fehlt.[862] Das Regionalprinzip beschränkt die Sparkassen zwar in ihrem Geschäftsfeld, es gibt jedoch Durchbrechungen und Ausnahmen. Letztlich liegt daher eine Verletzung der Dienstleistungsfreiheit nicht vor.

F. Kapitalverkehrsfreiheit von kommunalen Sparkassen

Die Niederlassungsfreiheit ist von der Kapitalverkehrsfreiheit nach Art. 63 AEUV abzugrenzen. Aus Art. 49 Abs. 2 AEUV lässt sich ein Vorbehalt der Kapital- und Zahlungsverkehrsfreiheit gegenüber der Niederlassungsfreiheit entnehmen („vorbehaltlich“). Der Europäische Gerichtshof scheint in seiner Rechtsprechung eher von der Möglichkeit einer kumulativen Betroffenheit beider Grundfreiheiten auszugehen.[863] Die Kapitalverkehrsfreiheit müsste aber dafür überhaupt einschlägig sein. Die Grundfreiheitsträgerschaft von kommunalen Unternehmen hinsichtlich der Kapitalverkehrsfreiheit ist jedenfalls allgemein anerkannt,[864] auch wenn dies nicht ausdrücklich normiert ist. Jeder Niederlassungsvorgang geht mit grenzüberschreitenden Zahlungen und Finanzierungsgeschäften einher.[865] Insofern benötigt jede Zweigstelleneröffnung

---

861 Vgl. *Ehricke*, Die Vereinbarkeit des kommunalen Örtlichkeitsprinzips mit dem EG-Recht, S. 61.

862 *Nierhaus/Stern*, Regionalprinzip und Sparkassenhoheit im europäischen Bankenbinnenmarkt, S. 79.

863 Vgl. hierzu EuGH, Slg. 1989, 1461 Rn. 22 (Kommission/Griechenland); EuGH, Slg. 1999, I-3099 Rn. 22 (Konle); *Becker*, ZG 2010, 260, 270; *Brenncke*, ZBB 2007, 1, 8; *Frenz*, Hdb. EuropaR 1, Rn. 3647 ff. m.w.N.

864 *Burgi*, EuR 1997, 261, 287; *Lohmiller*, Kapitalbeteiligungsgesellschaften der Sparkassen, S. 120; *Reck*, DVBl. 2009, 1546, 1552; *Storr*, Der Staat als Unternehmer, S. 298; *Walendy*, Theorie kommunaler Wettbewerbsunternehmen, S. 101; *Weiß*, EuR 2003, 165, 173.

865 *Brenncke*, ZBB 2007, 1, 8; *Frenz*, Hdb. EuropaR 1, Rn. 3644.

Kapital.[866] Somit könnte im Falle einer Beeinträchtigung des Kapitalausgangs durch das Regionalprinzip eine Verletzung des Art. 63 AEUV vorliegen.

Letztlich geht es bei der Vereinbarkeit des Regionalprinzips mit den Grundfreiheiten um die örtliche Beschränkung von Sparkassen und damit um die Verhinderung von Zweigstellenerrichtungen in anderen Mitgliedstaaten der Europäischen Union. Die grenzüberschreitenden Zahlungen und Finanzierungsgeschäfte sind danach lediglich Folgen der Niederlassungsfreiheit.[867] Aus diesem Grund ist das Regionalprinzip nur anhand der Niederlassungsfreiheit zu prüfen. Im Übrigen wird durch das Regionalprinzip der grenzüberschreitende Kapital- und Zahlungsverkehr nicht verhindert, weshalb hinsichtlich der Sparkassentätigkeit ein Verstoß gegen die Kapitalverkehrsfreiheit nicht anzunehmen ist.

G. Allgemeines Diskriminierungsverbot

Schließlich ist der Frage nachzugehen, ob das Regionalprinzip gegen das allgemeine Diskriminierungsverbot aus Art. 18 Abs. 1 AEUV verstößt. Die Grundfreiheiten stellen eine spezielle Ausprägung des allgemeinen Diskriminierungsverbots nach Art. 18 Abs. 1 AEUV dar.[868] Somit kommt ein Rückgriff auf das allgemeine Verbot nur in Betracht, wenn der Schutz durch eine spezielle Grundfreiheit fehlt.[869] Indem der speziellere Schutzbereich der Niederlassungsfreiheit eröffnet ist, findet Art. 18 Abs. 1 AEUV aufgrund seiner Subsidiarität keine Anwendung. Somit ist das Regionalprinzip nicht an dem allgemeinen Diskriminierungsverbot aus Art. 18 Abs. 1 AEUV zu prüfen. Überdies könnte ohnehin kein Verstoß gegen das allgemeine Diskriminierungsverbot vorliegen, wenn bereits die speziellere Grundfreiheit nicht verletzt ist.[870]

---

866 *Gimple*, Das Regionalprinzip der deutschen kommunalen Sparkassen bei der Zweigstellenerrichtung im EG-Ausland, S. 92.

867 Ebenso *Nierhaus/Stern*, Regionalprinzip und Sparkassenhoheit im europäischen Bankenbinnenmarkt, S. 79.

868 *Frenz*, Hdb. EuropaR 1, Rn. 2136.

869 Vgl. EuGH, Slg. 1989, 1461 Rn. 12 f. (Kommission/Griechenland); EuGH, Slg. 1993, I-429 Rn. 19 f. (Werner); EuGH, Slg. 2000, I-8081 Rn. 39 f. (Ferlini); EuGH, Slg. 2001, I-1727 Rn. 38 (Metallgesellschaft u.a.); EuGH, Slg. 2006, I-289 Rn. 99 (Cassa di Risparmio di Firenze); EuGH, Slg. 2010, I-13019 Rn. 53 (Josemans); *Epiney*, in: Callies/Ruffert, EUV/AEUV, Art. 18 AEUV Rn. 4 m.w.N.; *Streinz*, in: Streinz, EUV/AEUV, Art. 18 AEUV Rn. 14.

870 Vgl. EuGH, Slg. 1977, 1091 Rn. 27 (van Ameyde/UCI); EuGH, Slg. 1991, I-4585 Rn. 18 (Kommission/Vereinigtes Königreich); *Streinz*, in: Streinz, EUV/AEUV, Art. 18 AEUV Rn. 14.

H. Zusammenfassung

Das sparkassenrechtliche Regionalprinzip ist mit den Vorgaben des Unionsrechts vereinbar. Das Binnenmarktziel aus Art. 3 Abs. 3 S. 1 EUV und Art. 26 AEUV verlangt ebenso wenig seine Aufhebung wie der Grundsatz einer offenen Marktwirtschaft mit freiem Wettbewerb. Unabhängig von der Rechtsgrundlage des jedenfalls allgemein anerkannten allgemeinen Gleichheitssatzes wäre ein Verstoß im Hinblick auf die Ungleichbehandlung von privaten Kreditinstituten und Sparkassen gerechtfertigt. Schließlich besteht ein sachlicher Differenzierungsgrund dadurch, dass Sparkassen überhaupt erst durch Gesetz existieren. Im Übrigen ist das Regionalprinzip mit den Grundfreiheiten vereinbar. Zwar gewährt die Niederlassungsfreiheit Sparkassen ein Wegzugsrecht bzw. ein Marktaustrittsrecht, das durch das Regionalprinzip beeinträchtigt wird. Diese Beschränkung ist letztlich jedoch gerechtfertigt. Bei der Dienstleistungs- und Kapitalverkehrsfreiheit ist bereits ein Verstoß durch das Regionalprinzip zweifelhaft. Das allgemeine Diskriminierungsverbot ist demgegenüber subsidiär.

Kapitel 5: Das sparkassenrechtliche Regionalprinzip und wettbewerbsrechtliche Verbotsvorschriften

Das sparkassenrechtliche Regionalprinzip muss in Einklang mit wettbewerbsrechtlichen Vorschriften stehen. Das Wettbewerbsrecht wendet sich nicht grundsätzlich gegen die Möglichkeit einer unternehmerischen Betätigung von Kommunen. Deren Zulässigkeit ist nach verfassungs- oder einfachgesetzlichen Normen zu beurteilen. Die einzelne unternehmerische Betätigung wird nach dem Wettbewerbsrecht auf ihre Rechtmäßigkeit überprüft. Die wettbewerbsrechtliche Vereinbarkeit des Regionalprinzips wurde schon sehr oft diskutiert.[871] Aufgrund des von der Monopolkommission gem. § 44 Abs. 1 S. 1 GWB anzufertigenden Gutachtens aus dem Jahr 2014[872] hat die Diskussion in den letzten Jahren deutlich zugenommen.[873] In diesem hat die Monopolkommission das Regionalprinzip als „gesetzlich angeordnetes Gebietskartell" bezeichnet und seine Abschaffung gefordert.[874] Diese Auffassung bekräftigte die Monopolkommission trotz viel Kritik[875] erneut in später nachfolgenden Gutachten[876].

---

871 *Raskin*, Das Regionalprinzip und (neue) elektronische Vertriebswege im Retailbanking, S. 156 ff.; *Schepers*, Internet-Banking und sparkassenrechtliches Regionalprinzip, S. 143 ff.; zum Örtlichkeitsprinzip: *Burmeister/Staebe*, EuR 2004, 810, 814 ff.; *Wolff*, DÖV 2011, 721, 726.

872 Monopolkommission, XX. Hauptgutachten v. 1. Juli 2014.

873 Siehe nur die ausführlichen Rechtsgutachten von *Stern*, Das sparkassenrechtliche Regionalprinzip und *Thomas*, Die kartellrechtliche Bewertung des sparkassenrechtlichen Regionalprinzips.

874 Monopolkommission, XX. Hauptgutachten v. 1. Juli 2014, Rn. 1923.

875 Siehe *Aßmann*, bank und markt 10/2014, 16; *Bunte*, WM 2016, 905 ff.; *Eufinger*, EWS 2014, 253 ff.; *Götzl*, bank und markt 10/2014, 17; *Henneke*, ZVglRWiss 113 (2014), 535 ff.; *ders.*, Der Landkreis 2014, 527 ff.; *Kerber*, JZ 2014, 1044 ff.; *Schick*, bank und markt 10/2014, S. 19; *Stern*, Das sparkassenrechtliche Regionalprinzip, S. 79 ff.; *Thomas*, Die kartellrechtliche Bewertung des sparkassenrechtlichen Regionalprinzips; *Tillmann*, bank und markt 10/2014, 20; *Troost*, bank und markt 10/2014, 22; *Wohltmann*, NdsVBl. 2015, 128, 131 f.; *Zöllmer*, bank und markt 10/2014, 24; vgl. *Ritgen*, DVBl. 2015, 958, 963 ff. zum Professorengespräch des Deutschen Landkreistags.

876 Monopolkommission, XXI. Hauptgutachten v. 20. September 2016, Rn. 1019; Monopolkommission, XXII. Hauptgutachten v. 3. Juli 2018, Rn. 113 ff.

Die Monopolkommission besteht nach § 45 GWB aus fünf Mitgliedern, die über besondere volkswirtschaftliche, betriebswirtschaftliche, sozialpolitische, technologische oder wirtschaftsrechtliche Kenntnisse sowie Erfahrungen verfügen und ist als ein unabhängiges Beratungsgremium der Gesetzgebung in Fragen des Wettbewerbsrechts konzipiert. Das Regionalprinzip der Sparkassen genauer zu untersuchen, war eine gem. § 44 Abs. 1 GWB auf das Ermessen der Monopolkommission zurückgehende Entscheidung und keine der vorgeschriebenen Aufgaben.

Die Gutachten der Monopolkommission haben keine unmittelbaren Auswirkungen, können aber als Denkanstöße für die Gesetzgebung Änderungen initiieren und sind daher zu beachten. Zwar ist die Bundesregierung in ihrer Stellungnahme zum XX. Hauptgutachten der Ansicht der Monopolkommission zum Regionalprinzip nicht gefolgt.[877] Sie könnte ihre Ansicht jedoch ändern, z.B. wenn sich die Marktsituation ändert und/oder eine anders zusammengesetzte Bundesregierung eine andere Meinung vertritt. Auch in der Literatur gibt es Stimmen, welche die Gebietsaufteilungen von Sparkassen als Gebietskartelle auffassen.[878] Der Bankenverband deutscher Banken als Interessenvertreter der privaten Kreditinstitute hat sich zudem der Rechtsauffassung der Monopolkommission angeschlossen,[879] wobei anzunehmen ist, dass der Bankenverband hiermit eigene Interessen verfolgt. Falls das sparkassenrechtliche Regionalprinzip

877 BT-Drs. 18/4721, S. 16; siehe überdies den Koalitionsvertrag der Koalitionäre CDU/CSU und SPD für die 19. Legislaturperiode im Bund, S. 26: „Regional tätige Finanzinstitute wie Sparkassen, Genossenschaftsbanken und Förderbanken sind wichtige Finanzpartner vieler Menschen und Unternehmen in unserem Land. Wir sehen sie als wichtige Säule für die Stabilität im Finanzsystem und kämpfen daher für ihren Erhalt. Wir werden bei der Regulierung danach unterscheiden, ob es sich um Sparkassen, Genossenschaftsbanken und Förderbanken handelt oder um systemrelevante Großbanken."

878 Die Ansicht der Monopolkommission ausdrücklich verteidigend *Weck*, DÖV 2015, 500 ff.; siehe auch *Biesok*, Kommentar zum Sparkassengesetz (SächsSparkG, SpkG M-V, BbgSpkG, SpkG-LSA), § 5 Rn. 59, der einen Verstoß gegen die unionsrechtlichen Kartellvorschriften hinsichtlich der Fallkonstellationen mit europäischem Bezug annimmt; *Niemeyer/Hirsbrunner*, EuZW 2000, 364, 367; zuvor bereits *Möschel*, WM 1993, 93, 97; *ders.*, in: Ipsen, Sparkassen im Wandel, S. 117, 127; *Purbach*, Die Auswirkungen des Binnenmarktes auf die Sparkassen und ihre öffentlich-rechtliche Verankerung, S. 57.

879 Bankenverband, Stellungnahme des Bankenverbandes zum XX. Hauptgutachten der Monopolkommission 2012/2013 v. 11. September 2014, S. 11.

wegfallen sollte und einige größere Sparkassen expandieren, wären die Sparkassen zunächst mit dem zusätzlichen Wettbewerb beschäftigt, während in wirtschaftsstarken Regionen möglicherweise Marktlücken für private Banken entstehen.

Unabhängig hiervon kann es weitere Veränderungen für die kommunale Wirtschaftstätigkeit geben. Der hessische Gesetzgeber sieht zumindest die Möglichkeit weiterer Veränderungen für die kommunale Wirtschaftstätigkeit und zusätzliche Ausnahmen vom Örtlichkeitsprinzip aufgrund des Europarechts, wie dies bereits mit der Einführung des § 121 Abs. 5 HGO der Fall war.[880] Es ist ferner nicht auszuschließen, dass die Europäische Kommission sich des Regionalprinzips annimmt, obwohl sie 2006 im Zusammenhang mit dem Streit darüber, ob die Berliner Sparkasse ihre Bezeichnung „Sparkasse" nach einer Privatisierung beibehalten dürfe, selbst das Regionalprinzip für vereinbar mit dem Unionsrecht erklärte.[881] Eine geänderte Meinung wird aber nur dann interessant, wenn das Regionalprinzip tatsächlich gegen kartellrechtliche Vorschriften verstößt und, wie die Monopolkommission es nennt, „ein gesetzlich angeordnetes Gebietskartell" darstellt. Als Gebietskartell wird die vereinbarte Aufteilung von Absatzgebieten zwischen Unternehmen gesehen.

A. Verstoß gegen Art. 101 Abs. 1 lit. c AEUV

Das Regionalprinzip und seine Gebietsabgrenzung für Sparkassen könnte eine „Aufteilung der Märkte" i.S.d. Art. 101 Abs. 1 lit. c AEUV darstellen. Da insbesondere das Merkmal der Gebietsabsprache problematisch ist, ist dieses als erstes zu untersuchen.

880 Vgl. LT-Drs. 16/2463, S. 60.

881 Vgl. Europäische Kommission, Pressemitteilung IP/06/1692 v. 6. Dezember 2006: „Im konkreten Fall der nach Maßgabe der Beihilfeentscheidung vom 18. Februar 2004 zu veräußernden Bankgesellschaft Berlin AG mit der Berliner Sparkasse wurde eine Reihe sparkassentypischer Gemeinwohlaufgaben festgelegt und als mit dem Gemeinschaftsrecht vereinbar erachtet. Zu diesen Aufgaben gehören die flächendeckende Versorgung wirtschaftlich schwächerer Bevölkerungskreise und der mittelständischen Wirtschaft sowie die Gewährleistung des Regionalprinzips gemäß dem maßgeblichen Sparkassenrecht."

I. Vorliegen einer Gebietsabsprache

Die kartellrechtliche Norm des Art. 101 Abs. 1 AEUV verbietet unternehmerische Gebietsabsprachen. Hierunter fallen Vereinbarungen zwischen Unternehmen, Beschlüsse von Unternehmensvereinigungen und aufeinander abgestimmte Verhaltensweisen, die eine Verhinderung, Einschränkung oder Verfälschung des Wettbewerbs bezwecken oder bewirken. Diesen drei Formen der Verhaltenskoordination ist gemeinsam, dass sie jeweils auf eine Entscheidung zwischen den Unternehmen zurückzuführen sind. Eine einseitige Verhaltensweise wird von keinem der drei Tatbestände erfasst.[882] Das Regionalprinzip ist jedoch keine unternehmerische Entscheidung der Sparkassen bzw. noch nicht einmal eine von der Gemeinde als ihrem kommunalen Träger. Vielmehr wird das Regionalprinzip gesetzlich angeordnet. Gesetzliche Anordnungen sind allerdings keine unternehmerischen Entscheidungen.[883] Zwar können Beschlüsse von Unternehmensvereinigungen Satzungen und auf ihrer Grundlage erlassene Geschäftsordnungen sein,[884] hingegen keine Gesetze, denn der Gesetzgeber ist keine Unternehmensvereinigung. Auch „aufeinander abgestimmte Verhaltensweisen" als Auffangtatbestand des Art. 101 Abs. 1 AEUV basieren auf der freien Entscheidung der Unternehmen, die ohne verbindliche Absprache das Gebiet untereinander aufteilen.[885] Ein gesetzlich vorgeschriebenes Verhalten kann nicht darunter subsumiert werden. Eine verbotene Gebietsabsprache zwischen Sparkassen würde demnach nur dann vorliegen, wenn die Gemeinden eine Vereinbarung darüber getroffen hätten.[886]

---

882 EuG, Slg. 1994, II-441 Rn. 54 (Dunlop Slazenger/Kommission); *Berg/Mudrony*, in: Berg/Mäsch, Deutsches und Europäisches KartellR, Art. 101 AEUV Rn. 61; *Emmerich/Hoffmann*, in: Dauses/Ludwigs, Hdb. EU-WirtschaftsR 2, H. I. § 2 Rn. 15; *Grave/Nyberg*, in: Loewenheim u.a., KartellR, Art. 101 Abs. 1 AEUV Rn. 192.

883 Vgl. EuGH, Slg. 1979, 3203 Rn. 30 (Buys); BGH, WM 2008, 1983, 1991; *Burmeister/Staebe*, EuR 2004, 810, 816; *Thomas*, Die kartellrechtliche Bewertung des sparkassenrechtlichen Regionalprinzips, S. 5; *Wolff*, DÖV 2011, 721, 726.

884 *Eilmansberger/Kruis*, in: Streinz, EUV/AEUV, Art. 101 AEUV Rn. 10.

885 *Karl/Beutelmann*, in: Hoppe/Uechtritz/Reck, Hdb. Kommunale Unternehmen, § 15 Rn. 33; *Stockenhuber*, in: Grabitz/Hilf/Nettesheim, Recht der EU, Art. 101 AEUV Rn. 106.

886 *Burmeister/Staebe*, EuR 2004, 810, 816.

II. Weite Auslegung der Gebietsabsprache aufgrund der Pflicht zur loyalen Zusammenarbeit

Es ist zu prüfen, ob die Gebietsabsprache in einem weiteren Sinne auszulegen ist. Schließlich wurden bereits die drei Formen der Verhaltenskoordination immer weit ausgelegt, damit alle wettbewerbsrechtlich problematischen Fälle erfasst werden.[887] Die Sparkassen stehen im Wettbewerb zu privaten Kreditinstituten und Genossenschaftsbanken. Zwischen den Sparkassen findet durch ihr gesetzlich festgelegtes Geschäftsgebiet demgegenüber kein Wettbewerb statt. Das Regionalprinzip stellt somit eine den Wettbewerb beschränkende Vorgabe dar in der Hinsicht, dass Sparkassen kraft Gesetzes nicht untereinander in Wettbewerb treten. Dies könnte ein rechtlich problematischer Fall sein, der eine weite Auslegung des Art. 101 Abs. 1 AEUV erfordert. So ähnelt dieser Fall dem der Vertragspartner, die vereinbaren, auf dem Heimatmarkt des jeweils anderen Partners ihre Tätigkeit nicht anzubieten.[888]

Daher könnte der Anwendungsbereich des Art. 101 Abs. 1 AEUV über die Pflicht zur loyalen Zusammenarbeit gem. Art. 4 Abs. 3 EUV auszudehnen sein. Nach diesem Grundsatz sind die Mitgliedstaaten bei der Erfüllung der Aufgaben und der Umsetzung der Vertragsziele zur loyalen Zusammenarbeit mit der Europäischen Union und anderen Mitgliedstaaten verpflichtet. Die Vorschrift des Art. 101 AEUV ist grundsätzlich an Unternehmen gerichtet, jedoch entsteht über Art. 4 Abs. 3 EUV eine mittelbare Bindung für die Mitgliedstaaten.[889] Demnach ist es den Mitgliedstaaten nach Art. 101 Abs. 1 AEUV i.V.m. Art. 4 Abs. 3 EUV verboten, Maßnahmen zu treffen, welche eine Behinderung i.S.d. Art. 101 AEUV darstellen.[890] Als Maßnahmen sind hiervon auch Gesetze

---

887 *Stockenhuber*, in: Grabitz/Hilf/Nettesheim, Recht der EU, Art. 101 AEUV Rn. 88.

888 Vgl. Europäische Kommission, Entscheidung v. 18. Juli 2001, ABl. 2001 L 265/15, Rn. 69 (SAS/Maersk); Europäische Kommission, Entscheidung v. 28. Januar 2009, ABl. 2009 C 186/6, Rn. 9 (Marineschläuche).

889 *Calliess/Kahl/Puttler*, in: Callies/Ruffert, EUV/AEUV, Art. 4 EUV Rn. 107; *Grave/Nyberg*, in: Loewenheim u.a., KartellR, Art. 101 Abs. 1 AEUV Rn. 54; *Stern*, Das sparkassenrechtliche Regionalprinzip, S. 80; siehe hierzu EuGH, Slg. 1977, 2115 Rn. 30/35 (GB-Inno-BM); EuGH, Slg. 1986, 1425 Rn. 71 f. (Asjes u.a.); EuGH, Slg. 1988, 4769 Rn. 16 (Van Eycke); EuGH, Slg. 1993, I-5801 Rn. 14 (Reiff); EuGH, Slg. 1995, I-2883 Rn. 20 (Centro Servizi Spediporto).

890 Vgl. EuGH, Slg. 1977, 2115 Rn. 30/35 (GB-Inno-BM); EuGH, Slg. 1986, 1425 Rn. 71 f. (Asjes u.a.); EuGH, Slg. 1994, I-2517 Rn. 14 (Delta Schiffahrts- und Speditionsgesellschaft); EuGH, Slg. 1995, I-2883 Rn. 20 (Centro Servizi Spediporto); EuGH, Slg. 2005, I-1267 Rn. 29 (Mauri); EuGH, Slg. 2006, I-11421 Rn. 46 (Cipolla u.a.); *Grave/Nyberg*, in: Loewenheim u.a., KartellR, Art. 101 Abs. 1 AEUV Rn. 54.

erfasst.[891] Eine behindernde Maßnahme liegt dann vor, wenn ein Mitgliedstaat gegen Art. 101 AEUV verstoßende Kartellabsprachen vorschreibt.[892] So ergingen Urteile des Europäischen Gerichtshofs (insbesondere) zu nationalen Regelungen, nach denen berufsständische Organisationen die Gebührenordnung festlegen dürfen.[893] Zu beachten ist, dass in all diesen Fällen das Unternehmen noch Einfluss auf die behindernde Maßnahme hatte.[894]

Problematisch ist, dass die Sparkassen – anders als in den Fällen vor dem Europäischen Gerichtshof – keinen Einfluss auf die gesetzlichen Vorgaben haben. Zudem spricht der Wortlaut des Art. 101 Abs. 1 AEUV eindeutig gegen eine Subsumtion von Gesetzen, die einseitige Verhaltensweise darstellen, weshalb der Umweg über Art. 4 Abs. 3 EUV erforderlich ist und ein verbleibender Einfluss des Unternehmens bestehen muss. Darüber hinaus könnte die Anwendung des Grundsatzes der Pflicht zur loyalen Zusammenarbeit zu Abgrenzungsschwierigkeiten führen. Der Grundsatz der loyalen Zusammenarbeit überschneidet sich mit vielen Vorschriften des Primär- und Sekundärrechts.[895] Soweit eine speziellere Regelung vorliegt, die das Problem erschöpfend regelt, ist daher nur diese speziellere Regelung anzuwenden.[896] Eine Ausweitung auf

---

891 EuGH, Slg. 1988, 4769 Rn. 16 (Van Eycke); EuGH, Slg. 1993, I-5801 Rn. 14 (Reiff); EuGH, Slg. 1994, I-2517 Rn. 14 (Delta Schiffahrts- und Speditionsgesellschaft); EuGH, Slg. 1995, I-2883 Rn. 20 (Centro Servizi Spediporto); EuGH, Slg. 2002, I-1529 Rn. 34 (Arduino); EuGH, Slg. 2006, I-11421 Rn. 46 (Cipolla u.a.); *Berg/Mudrony*, in: Berg/Mäsch, Deutsches und Europäisches KartellR, Art. 101 AEUV Rn. 16.

892 EuGH, Slg. 1986, 1425 Rn. 72 (Asjes u.a.); EuGH, Slg. 1988, 4769 Rn. 16 (Van Eycke); EuGH, Slg. 1993, I-5801 Rn. 14 (Reiff); EuGH, Slg. 1994, I-2517 Rn. 14 (Delta Schiffahrts- und Speditionsgesellschaft); EuGH, Slg. 2002, I-1529 Rn. 35 (Arduino); EuGH, Slg. 2005, I-1267 Rn. 30 (Mauri); EuGH, Slg. 2006, I-11421 Rn. 47 (Cipolla u.a.); *Berg/Mudrony*, in: Berg/Mäsch, Deutsches und Europäisches KartellR, Art. 101 AEUV Rn. 16; *Calliess/Kahl/Puttler*, in: Callies/Ruffert, EUV/AEUV, Art. 4 EUV Rn. 107; *Grave/Nyberg*, in: Loewenheim u.a., KartellR, Art. 101 Abs. 1 AEUV Rn. 54.

893 Z.B. EuGH, Slg. 1994, I-2517 (Delta Schiffahrts- und Speditionsgesellschaft); EuGH, Slg. 2002, I-1529 (Arduino).

894 Siehe hierzu EuGH, Slg. 1997, I-6265 Rn. 33 (Kommission und Frankreich/Ladbroke Racing); EuGH, Slg. 2002, I-1529 Rn. 34 ff. (Arduino); EuGH, Slg. 2002, I-1577 Rn. 68 ff. (Wouters); ausführlich mit einer kritischen Analyse der Rechtsprechung: *Lange*, EuR 2008, 3, 6 ff.

895 *Obwexer*, in: von der Groeben/Schwarze/Hatje, Europäisches UnionsR Bd. 1, Art. 4 EUV Rn. 83; *Schill/Krenn*, in: Grabitz/Hilf/Nettesheim, Recht der EU, Art. 4 EUV Rn. 73.

896 Vgl. EuGH, Slg. 1994, I-711 Rn. 22 (Eurico u.a./Italien); EuGH, Slg. 2002, I-663 Rn. 30 (Nicolas Dreessen); EuGH, Slg. 2005, I-7929 Rn. 84 (Kommission/Dänemark);

gesetzliche Anordnungen aufgrund des Art. 4 Abs. 3 EUV ist daher abzulehnen, da mit Art. 106 Abs. 1 AEUV eine „speziellere" Regelung besteht,[897] welche das Regionalprinzip erfasst.[898] Eine extensive Auslegung des Art. 101 Abs. 1 AEUV über Art. 4 Abs. 3 EUV ist deshalb nicht geboten.

III. Ergebnis

Das sparkassenrechtliche Regionalprinzip stellt keine „Aufteilung der Märkte" i.S.d. Art. 101 Abs. 1 lit. c AEUV dar und verstößt nicht gegen die kartellrechtliche Vorschrift aus Art. 101 Abs. 1 AEUV.[899] Da die Voraussetzung einer Gebietsabsprache fehlt, ist eine weitere Prüfung des Tatbestands nicht erforderlich. Die unmittelbare Anwendung des Art. 101 Abs. 1 AEUV scheidet aus.

B. Verstoß gegen Art. 106 Abs. 1 AEUV i.V.m. Art. 101 Abs. 1 AEUV

Aus Art. 106 Abs. 1 AEUV als der zentralen unionsrechtlichen Norm für öffentliche Unternehmen[900] folgt zum einen, dass das Unionsrecht öffentliche Unternehmen grundsätzlich akzeptiert und zum anderen, dass diese den

---

Obwexer, in: von der Groeben/Schwarze/Hatje, Europäisches UnionsR Bd. 1, Art. 4 EUV Rn. 83; *Schill/Krenn*, in: Grabitz/Hilf/Nettesheim, Recht der EU, Art. 4 EUV Rn. 73; vgl. zu Art. 107 AEUV: EuGH, Slg. 2001, I-2099 Rn. 65 (PreussenElektra AG/ Schleswag AG).

897 *Burmeister/Staebe*, EuR 2004, 810, 817; *Isenburg*, Die Verbundzusammenarbeit der Sparkassen-Finanzgruppe, S. 58, 60; *Stern*, Das sparkassenrechtliche Regionalprinzip, S. 81; *Thomas*, Die kartellrechtliche Bewertung des sparkassenrechtlichen Regionalprinzips, S. 10; *Wenzl*, Das Örtlichkeitsprinzip im europäischen Binnenmarkt, S. 160.

898 Näher Kapitel 5: B.

899 Im Ergebnis ebenso: *Burmeister/Staebe*, EuR 2004, 810, 814 ff.; *Henneke*, Der Landkreis 2014, 527, 534; *Raskin*, Das Regionalprinzip und (neue) elektronische Vertriebswege im Retailbanking, S. 157; *Schepers*, Internet-Banking und sparkassenrechtliches Regionalprinzip, S. 143; *Schneider/Raskin*, Kreditwesen 2000, 1270, 1271; *Thomas*, Die kartellrechtliche Bewertung des sparkassenrechtlichen Regionalprinzips, S. 5; *Vogel*, ZBB 2001, 103, 108; *Wolff*, DÖV 2011, 721, 726; zuvor bereits *Purbach*, Die Auswirkungen des Binnenmarktes auf die Sparkassen und ihre öffentlich-rechtliche Verankerung, S. 113.

900 *Berg*, in: Berg/Mäsch, Deutsches und Europäisches KartellR, Art. 106 AEUV Rn. 1 f.; *Knauff*, in: Loewenheim u.a., KartellR, Art. 106 AEUV Rn. 1.

wettbewerbsrechtlichen Vorschriften unterfallen wie private Unternehmen. Wie sich aus der Verweisung in Art. 106 Abs. 1 AEUV auf Art. 101 AEUV ergibt, findet dessen Bestimmung auch auf öffentliche Unternehmen Anwendung, womit Art. 106 Abs. 1 AEUV relevant ist für öffentliche Unternehmen treffende Maßnahmen, die nicht nach Art. 101 Abs. 1 AEUV kontrolliert werden können. Dabei wird Art. 106 Abs. 1 AEUV erst in Verbindung mit einer der Verweisungsnormen unmittelbar anwendbar.[901]

I. Kommunale Sparkasse als öffentliches Unternehmen

Die Sparkassen müssten zunächst ein öffentliches Unternehmen i.S.d. Art. 106 Abs. 1 AEUV darstellen. Der Begriff des „öffentlichen Unternehmens" ist in den europäischen Verträgen nicht definiert. Damit ein öffentliches Unternehmen i.S.d. Art. 106 Abs. 1 AEUV vorliegt, müssen die Voraussetzungen des Unternehmensbegriffs gem. Art. 101 Abs. 1 AEUV und zusätzlich zu den Voraussetzungen, die sich hieraus ergeben, muss das Erfordernis der Öffentlichkeit gegeben sein.

1. Unternehmensbegriff i.S.d. Art. 101 Abs. 1 AEUV

Der Begriff des Unternehmens ist im gesamten europäischen Wettbewerbsrecht einheitlich auszulegen.[902] Nach der ständigen Rechtsprechung des Europäischen Gerichtshofs ist ein Unternehmen jede Einheit, die eine wirtschaftliche Tätigkeit ausübt, unabhängig von ihrer Rechtsform und der Art der Finanzierung.[903] Insofern wird von einem funktionalen Unternehmensbegriff ausgegangen,[904] der dem deutschen entspricht.

---

901 *Jung*, in: Callies/Ruffert, EUV/AEUV, Art. 106 AEUV Rn. 7; *Kühling*, in: Streinz, EUV/AEUV, Art. 106 AEUV Rn. 5; *Schwarze*, EuZW 2000, 613, 623.

902 *Berg*, in: Berg/Mäsch, Deutsches und Europäisches KartellR, Art. 106 AEUV Rn. 10; *Braun*, ZEuS 2005 (Heft 2), 211, 218; *Burgi*, EuR 1997, 261, 265; *Schwarze*, EuZW 2000, 613.

903 EuGH, Slg. 1991, I-1979 Rn. 23 (Höfner und Elser/Macrotron GmbH); EuGH, Slg. 1998, I-3851 Rn. 36 (Kommission/Italien); EuGH, Slg. 2000, I-6451 Rn. 74 (Pavlov); EuGH, Slg. 2001, I-8089 Rn. 19 (Ambulanz Glöckner); EuGH, Slg. 2008, I-4863 Rn. 21 (MOTOE).

904 *Burgi*, VerwArch 93 (2002), 255, 256; *Burmeister/Staebe*, EuR 2004, 810, 817; *Mestmäcker/Schweitzer*, in: Immenga/Mestmäcker, WettbewerbsR Bd. 1, Art. 106 Abs. 1 AEUV Rn. 1; *Stockenhuber*, in: Grabitz/Hilf/Nettesheim, Recht der EU, Art. 101 AEUV Rn. 51.

a) *Einheit*

Nach der zu Art. 101 Abs. 1 AEUV erfolgten Definition des Europäischen Gerichthofs muss das Unternehmen eine „Einheit“ darstellen.[905] Als Verweisungsnorm könnte eine organisatorische Selbstständigkeit vom Staat gleichfalls eine Voraussetzung des Art. 106 Abs. 1 AEUV sein.[906] Allerdings wäre dann der Anwendungsbereich des Art. 106 Abs. 1 AEUV stark eingeschränkt und viele Unternehmen einer kartellrechtlichen Kontrolle nicht zugänglich. Das Erfordernis einer organisatorischen Selbstständigkeit ist für Art. 106 Abs. 1 AEUV daher zu Recht abzulehnen, da es nach dem Telos der Vorschrift um das „Näheverhältnis“ zwischen dem Unternehmen und dem Mitgliedstaat geht und zwar unabhängig davon, wie sich dieses letztlich auswirkt.[907] Demnach können auch unselbstständige staatliche Einheiten ein öffentliches Unternehmen darstellen.[908] Es muss keine rechtliche Trennung zwischen Staat und Unternehmen bestehen, und das Unternehmen muss keine eigene Rechtspersönlichkeit aufweisen.[909] Insoweit ist auf das Verhältnis zwischen den Sparkassen und den kommunalen Trägern nicht näher einzugehen, da eine organisatorische Selbstständigkeit nicht erforderlich ist.

b) *Wirtschaftliche Tätigkeit*

Die ausgeübte Tätigkeit muss einen wirtschaftlichen Charakter aufweisen. Eine wirtschaftliche Tätigkeit ist „jede Tätigkeit, die darin besteht, Güter oder Dienstleistungen auf einem bestimmten Markt anzubieten“.[910] Insbesondere hoheitliche

---

905 EuG, Slg. 1992, II-757 Rn. 113 (Shell): Das in Art. 101 Abs. 1 AEUV enthaltene Verbot ist gerichtet „an wirtschaftliche Einheiten [...], die jeweils in einer einheitlichen Organisation persönlicher, materieller und immaterieller Mittel bestehen, die dauerhaft einen bestimmten wirtschaftlichen Zweck“ verfolgen.

906 So jedenfalls *Weiß*, EuR 2003, 165, 168.

907 Vgl. *Burgi*, EuR 1997, 261, 265; ferner *Storr*, Der Staat als Unternehmer, S. 273 f., 275 f.

908 EuGH, Slg. 1993, I-5335 Rn. 15 (Decoster); *Mestmäcker/Schweitzer*, in: Immenga/Mestmäcker, WettbewerbsR Bd. 1, Art. 106 Abs. 1 AEUV Rn. 4; *Stockenhuber*, in: Grabitz/Hilf/Nettesheim, Recht der EU, Art. 101 AEUV Rn. 62, 67 f.; *Storr*, Der Staat als Unternehmer, S. 273 f.

909 Vgl. EuGH, Slg. 1987, 2619 Rn. 9 ff. (Kommission/Italien); EuGH, Slg. 1993, I-5335 Rn. 15 (Decoster); *Burmeister/Staebe*, EuR 2004, 810, 817; *Kluth*, in: Mann/Püttner, Hdb. kommunale Wissenschaft und Praxis 2, § 39 Rn. 31; *Mestmäcker/Schweitzer*, in: Immenga/Mestmäcker, WettbewerbsR Bd. 1, Art. 106 Abs. 1 AEUV Rn. 4.

910 EuGH, Slg. 1998, I-3851 Rn. 36 (Kommission/Italien); EuGH, Slg. 2000, I-6451 Rn. 75 (Pavlov); EuGH, Slg. 2008, I-4863 Rn. 22 (MOTOE).

Tätigkeiten fallen bei dieser Voraussetzung aus dem Anwendungsbereich der Art. 101 ff. AEUV heraus.[911] Jedoch unterfallen die meisten Tätigkeiten der Daseinsvorsorge den kartellrechtlichen Vorschriften.[912] Die Sparkassen unterliegen jedenfalls nicht der Ausnahmevorschrift des Art. 51 Abs. 1 AEUV.[913] Allerdings können für die unionsrechtlichen Wettbewerbsvorschriften auch weitere Tätigkeiten als hoheitlich anzusehen sein, die nicht unter Art. 51 Abs. 1 AEUV fallen.[914] Es ist daher auf die allgemeinen Abgrenzungskriterien abzustellen, um eine Einordnung als wirtschaftliche oder nichtwirtschaftliche Tätigkeit vornehmen zu können.

Es gibt verschiedene durch die europäische Rechtsprechung entwickelte Abgrenzungskriterien, um das Vorliegen einer wirtschaftlichen Tätigkeit zu bejahen. Ein Abgrenzungsmerkmal besteht in der Untersuchung des existierenden Marktumfelds, in welchem die entsprechende Tätigkeit erbracht wird.[915] Danach liegt der wirtschaftliche Charakter einer Leistung vor, wenn die Tätigkeit auch privat erbracht werden kann, ohne dass sich die Tätigkeit wesentlich ändert.[916] Darüber hinaus darf bei der Tätigkeit nicht nur eine eigene private Nachfrage bestehen, sondern sie muss vielmehr einen Bezug zum Wirtschaftsleben aufweisen,[917] denn das Wesen von wirtschaftlichen Tätigkeiten ist das Anbieten von Gütern oder Dienstleistungen.[918] Für das Vorliegen von unternehmerischen Mechanismen ist insbesondere die Übernahme wirtschaftlicher Risiken bedeutend.[919] Die Tätigkeit von Sparkassen ist privatisierungsfähig, da

---

911 *Pielow*, JuS 2006, 780, 781; ausführlich *Kling*, NZKart 2017, 611, 615 f.; *Mestmäcker/Schweitzer*, in: Immenga/Mestmäcker, WettbewerbsR Bd. 1, Art. 106 Abs. 1 AEUV Rn. 16 ff.

912 *Kling*, NZKart 2017, 611, 615 f.; siehe auch *Welti*, AöR 130 (2005), 529, 535.

913 Kapitel 3: D. I.

914 *Mestmäcker/Schweitzer*, in: Immenga/Mestmäcker, WettbewerbsR Bd. 1, Art. 106 Abs. 1 AEUV Rn. 14.

915 *Kling*, NZKart 2017, 611, 612.

916 EuGH, Slg. 2002, I-9297 Rn. 82 (Aéroports de Paris); *Frenz*, WRP 2008, 73, 83; *Mestmäcker/Schweitzer*, in: Immenga/Mestmäcker, WettbewerbsR Bd. 1, Art. 106 Abs. 1 AEUV Rn. 18.

917 Vgl. *Mestmäcker/Schweitzer*, in: Immenga/Mestmäcker, WettbewerbsR Bd. 1, Art. 106 Abs. 1 AEUV Rn. 7; *Wernicke*, in: Grabitz/Hilf/Nettesheim, Recht der EU, Art. 106 AEUV Rn. 29.

918 Vgl. EuGH, Slg. 1998, I-3851 Rn. 36 (Kommission/Italien); EuGH, Slg. 2000, I-6451 Rn. 75 (Pavlov); EuGH, Slg. 2008, I-4863 Rn. 22 (MOTOE); siehe *von Danwitz*, in: Stiftung Gesellschaft für Rechtspolitik, Jahrbuch 2002/I, S. 73, 76.

919 Vgl. *Kling*, NZKart 2017, 611; hierzu EuGH, Slg. 2002, I-1577 Rn. 48 (Wouters).

sie größtenteils auch von privaten Kreditinstituten, Genossenschaftsbanken und den Freien Sparkassen erbracht wird. Sparkassen bieten alle bankspezifischen Leistungen für die örtliche Bevölkerung und somit Dienstleistungen an. Es liegt demnach nicht nur ein privater Verbrauch vor. Das Regionalprinzip wirkt zwar risikobegrenzend für die Tätigkeit der Sparkassen, dennoch verbleiben viele Risiken (beispielsweise der Ausfall einer Kreditrückzahlung) wie bei den privaten Kreditinstituten bestehen. Damit ist dieses Indiz gegeben. Ein weiteres Merkmal besteht in dem Erfordernis eines tatsächlichen Wettbewerbs,[920] der bei Sparkassen gegenüber privaten Kreditinstituten sowie Genossenschaftsbanken besteht, so dass auf den potenziellen Wettbewerb nicht näher einzugehen ist. Nach diesen Kriterien weist die Sparkassentätigkeit daher einen wirtschaftlichen Charakter auf.

Problematisch könnte allenfalls sein, dass die Sparkassen nicht das Ziel der Gewinnmaximierung verfolgen (vgl. § 2 Abs. 6 S. 2 HessSparkG), sondern vielmehr dem Gemeinwohl verpflichtet sind. Trotz dieses für die Sparkassen vorrangigen Ziels dürfen Gewinne anfallen, die sogar erwünscht sind, wie auch bei anderen öffentlichen Unternehmen in Deutschland, die einen öffentlichen Auftrag verfolgen bei gleichzeitiger Unterordnung der Gewinnerzielung. Wäre demgegenüber nur auf die Gewinnerzielung abzustellen, unterfielen keine deutschen öffentlichen Unternehmen dem Art. 106 Abs. 1 AEUV,[921] da deren vorrangiges Ziel nicht die Gewinnerzielung sein darf. Es entspricht dem Sinn und Zweck des Art. 106 Abs. 1 AEUV, wenn diese Unternehmen in den Anwendungsbereich der Norm fallen. Der Unternehmensbegriff gilt somit unabhängig von der Art der Finanzierung, so dass die Gewinnerzielung für die Qualifizierung als Unternehmen i.S.d. Art. 101 ff. AEUV unerheblich ist.[922]

2. Öffentlich i.S.d. Art. 106 Abs. 1 AEUV

Damit ein „öffentliches“ Unternehmen i.S.d. Art. 106 Abs. 1 AEUV vorliegt, muss der Mitgliedstaat einen beherrschenden Einfluss auf die Wirtschaftsplanung des Unternehmens haben.[923] Art. 2 Abs. 1b der europäischen

920 *Kling*, NZKart 2017, 611, 612.

921 *Schepers*, Internet-Banking und sparkassenrechtliches Regionalprinzip, S. 144.

922 Vgl. EuGH, Slg. 2008, I-4863 Rn. 27 (MOTOE); *Mestmäcker/Schweitzer*, in: Immenga/Mestmäcker, WettbewerbsR Bd. 1, Art. 106 Abs. 1 AEUV Rn. 1; *Pielow*, JuS 2006, 780, 781; *Weiß*, EuR 2003, 165, 167; ferner *von Danwitz*, in: Stiftung Gesellschaft für Rechtspolitik, Jahrbuch 2002/I, S. 73, 76.

923 *Berg*, in: Berg/Mäsch, Deutsches und Europäisches KartellR, Art. 106 AEUV Rn. 13; *Braun*, ZEuS 2005 (Heft 2), 211, 218; *Burgi*, VerwArch 93 (2002), 255, 257; *Emmerich/*

Transparenzrichtlinie[924] bestimmt, dass unter einem öffentlichen Unternehmen ein durch die öffentliche Hand aufgrund Eigentums, finanzieller Beteiligung, Satzung oder sonstiger die Unternehmenstätigkeit regelnder Bestimmung, unmittelbar oder mittelbar beherrschtes Unternehmen zu verstehen ist. Wie sich aus Art. 2 Abs. 1a der europäischen Transparenzrichtlinie ergibt, können die öffentliche Hand sowohl der Staat selbst als auch Gebietskörperschaften sein. Mithin ist ein Unternehmen öffentlich, wenn eine Gemeinde einen unmittelbaren oder mittelbaren beherrschenden Einfluss auf die Führung und Entscheidungen eines Unternehmens hat. Die Rechtsform des öffentlichen Unternehmens selbst ist unerheblich, so dass ein öffentliches Unternehmen privatrechtlich als auch öffentlich-rechtlich organisiert sein kann.[925] Die für Sparkassen bestehende Rechtsform der Anstalt des öffentlichen Rechts begegnet somit keinen Bedenken. Die Sparkassen unterliegen dem Einfluss ihres kommunalen Trägers[926] – insbesondere über den Verwaltungsrat – sowie den landesrechtlichen Bestimmungen des Hessischen Sparkassengesetzes. Zwar besitzen Sparkassen auch eine gewisse Selbstständigkeit. Diese steht der Qualifizierung als öffentliches Unternehmen i.S.d. Art. 106 Abs. 1 AEUV jedoch nicht entgegen.[927] Sparkassen bleiben weiterhin kommunale Einrichtungen, die der Einflussnahme durch ihren kommunalen Träger unterliegen. Somit sind die Sparkassen nach der unionsrechtlichen Wettbewerbsvorschrift „öffentlich".

Hoffmann, in: Dauses/Ludwigs, Hdb. EU-Wirtschaftsrechts 1, H. II. Rn. 85; *Mestmäcker/Schweitzer*, in: Immenga/Mestmäcker, WettbewerbsR Bd. 1, Art. 106 Abs. 1 AEUV Rn. 38.

924 RL 2006/111/EG der Kommission v. 16. November 2006 über die Transparenz der finanziellen Beziehungen zwischen den Mitgliedstaaten und den öffentlichen Unternehmen sowie über die finanzielle Transparenz innerhalb bestimmter Unternehmen, ABl. 2006 L 318/17.

925 *Burgi*, VerwArch 93 (2002), 255, 257; *Burmeister/Staebe*, EuR 2004, 810, 818; *Emmerich/Hoffmann*, in: Dauses/Ludwigs, Hdb. EU-Wirtschaftsrechts 1, H. II. Rn. 86; *Lange*, EuR 2008, 3, 4 f.; *Stockenhuber*, in: Grabitz/Hilf/Nettesheim, Recht der EU, Art. 101 AEUV Rn. 68; vgl. *Badura*, ZGR 1997, 291, 296 f.

926 Ausführlich Kapitel 2: B. II.

927 *Mestmäcker/Schweitzer*, in: Immenga/Mestmäcker, WettbewerbsR Bd. 1, Art. 106 Abs. 1 AEUV Rn. 38; siehe hierzu zudem *Emmerich/Hoffmann*, in: Dauses/Ludwigs, Hdb. EU-Wirtschaftsrechts 1, H. II. Rn. 87 f.

3. *Ergebnis*

Die Sparkassen sind als öffentliche Unternehmen i.S.d. Art. 106 Abs. 1 AEUV zu qualifizieren.[928]

II. Das sparkassenrechtliche Regionalprinzip als widersprechende Maßnahme i.S.d. Art. 106 Abs. 1 AEUV

Damit ein Verstoß gegen Art. 106 Abs. 1 AEUV i.V.m. Art. 101 AEUV vorliegt, müsste es sich bei dem sparkassenrechtlichen Regionalprinzip um eine den Verträgen widersprechende Maßnahme i.S.d. Art. 106 Abs. 1 AEUV handeln, welche den Sparkassen als öffentlichen Unternehmen besondere oder ausschließliche Rechte gewährt.

1. *Das sparkassenrechtliche Regionalprinzip als Maßnahme*

Das sparkassenrechtliche Regionalprinzip basiert auf der verfassungsrechtlichen Selbstverwaltungsgarantie der Gemeinden als den Trägern der Sparkassen, wobei dem Demokratieprinzip eine Ergänzungsfunktion zukommt und wird in § 1 Abs. 3 HessSparkG einfachgesetzlich festgehalten. In diesen Gesetzen, welche eine örtliche Tätigkeitsgrenze für die Sparkassen festlegen, könnte eine Maßnahme i.S.d. Art. 106 Abs. 1 AEUV liegen. Der Begriff der „Maßnahme" ist weit auszulegen und umfasst jede rechtliche oder tatsächliche Einflussnahme auf das betreffende Unternehmen,[929] wobei der Rechtscharakter

---

928 So auch *Eufinger*, EWS 2014, 253, 254; *Isenburg*, Die Verbundzusammenarbeit der Sparkassen-Finanzgruppe, S. 63; *Kolm*, Das sparkassenrechtliche Regionalprinzip, S. 150; Monopolkommission, XX. Hauptgutachten v. 1. Juli 2014, Rn. 1931; *Lohmiller*, Kapitalbeteiligungsgesellschaften der Sparkassen, S. 120; *Purbach*, Die Auswirkungen des Binnenmarktes auf die Sparkassen und ihre öffentlich-rechtliche Verankerung, S. 111 f.; *Raskin*, Das Regionalprinzip und (neue) elektronische Vertriebswege im Retailbanking, S. 158; *Schäfer*, Das öffentlich-rechtliche Bankensystem, S. 152; *Schepers*, Internet-Banking und sparkassenrechtliches Regionalprinzip, S. 145; *Schmid/Vollmöller*, NJW 1998, 716, 718; *Stern*, Das sparkassenrechtliche Regionalprinzip, S. 82 ff.; *Thomas*, Die kartellrechtliche Bewertung des sparkassenrechtlichen Regionalprinzips, S. 12; *Wolff*, DÖV 2011, 721, 726.

929 *Braun*, ZEuS 2005 (Heft 2), 211, 221; *Klotz*, in: von der Groeben/Schwarze/Hatje, Europäisches UnionsR Bd. 3, Art. 106 AEUV Rn. 40, 42; *Mestmäcker/Schweitzer*, in: Immenga/Mestmäcker, WettbewerbsR Bd. 1, Art. 106 Abs. 1 AEUV Rn. 93; *Schwarze*, EuZW 2000, 613, 624.

der Maßnahme unerheblich ist.[930] Die Maßnahme kann demnach ein Gesetz sein.[931] Darüber hinaus ist es nicht erforderlich, dass der staatliche Akt durch vertragliche Vereinbarungen zwischen den öffentlichen Unternehmen umgesetzt oder durch abgestimmte Verhaltensweisen eingehalten wird.[932] Schließlich haben die Unternehmen bereits aufgrund der gesetzlichen Regelung die regionale Begrenzung einzuhalten, womit eine freie Entscheidung nicht möglich ist.[933] Anders ausgedrückt: Die betreffenden öffentlichen Unternehmen müssen aufgrund der Maßnahme zwangsläufig gegen die Wettbewerbsregeln verstoßen.[934] Der staatliche Akt selbst stellt somit die Maßnahme i.S.d. Art. 106 Abs. 1 AEUV dar.

Die Maßnahme müsste in Bezug auf öffentliche Unternehmen bestehen und dürfte keine allgemeine Regelung darstellen. Zwar betrifft das Regionalprinzip als Örtlichkeitsprinzip nicht nur Sparkassen, sondern alle kommunalen Unternehmen, da es aus der kommunalen Selbstverwaltungsgarantie folgt.[935] Jedoch betrifft die örtliche Grenze lediglich kommunale und nicht alle Unternehmen, was für eine Qualifizierung als allgemeine Regelung nötig wäre. Demnach gelten

---

930 *Berg*, in: Berg/Mäsch, Deutsches und Europäisches KartellR, Art. 106 AEUV Rn. 15; *Burmeister/Staebe*, EuR 2004, 810, 818; *Knauff*, in: Loewenheim u.a., KartellR, Art. 106 AEUV Rn. 24; *Schepers*, Internet-Banking und sparkassenrechtliches Regionalprinzip, S. 145.

931 *Burmeister/Staebe*, EuR 2004, 810, 818; *Jung*, in: Callies/Ruffert, EUV/AEUV, Art. 106 AEUV Rn. 18; *Schepers*, Internet-Banking und sparkassenrechtliches Regionalprinzip, S. 145; *Schwarze*, EuZW 2000, 613, 624; *Wenzl*, Das Örtlichkeitsprinzip im europäischen Binnenmarkt, S. 175; *Wernicke*, in: Grabitz/Hilf/Nettesheim, Recht der EU, Art. 106 AEUV Rn. 54; ferner *Dünchheim*, Die Vereinbarkeit des kommunalen Wirtschaftsrechts des Saarlandes mit dem Recht der Europäischen Union, S. 138; a.A. *Thomas*, Die kartellrechtliche Bewertung des sparkassenrechtlichen Regionalprinzips, S. 20 ff., der wie bei der unmittelbaren Anwendung des Art. 101 Abs. 1 AEUV eine Vereinbarung zwischen Unternehmen fordert und daher das Vorliegen einer widersprechenden Maßnahme verneint.

932 *Burmeister/Staebe*, EuR 2004, 810, 820; *Wenzl*, Das Örtlichkeitsprinzip im europäischen Binnenmarkt, S. 193; ferner Monopolkommission, XX. Hauptgutachten v. 1. Juli 2014, Rn. 1934; dies ist anders bei Art. 101 AEUV, siehe ausführlich *Schwarze*, EuZW 2000, 613, 617 ff.

933 Monopolkommission, XX. Hauptgutachten v. 1. Juli 2014, Rn. 1935.

934 Vgl. EuGH, Slg. 1991, I-1979 Rn. 27 (Höfner und Elser/Macrotron GmbH); *Weiß*, in: Callies/Ruffert, EUV/AEUV, Art. 101 AEUV Rn. 15; vgl. *Wernicke*, in: Grabitz/Hilf/Nettesheim, Recht der EU, Art. 106 AEUV Rn. 56.

935 A.A. Monopolkommission, XX. Hauptgutachten v. 1. Juli 2014, Rn. 1948 f.

die Regelungen für die Sparkassen als öffentliche Unternehmen. Eine Maßnahme in Bezug auf öffentliche Unternehmen i.S.d. Art. 106 Abs. 1 AEUV liegt vor.[936]

2. Das sparkassenrechtliche Regionalprinzip als Verstoß gegen Art. 101 Abs. 1 lit. c AEUV

Das sparkassenrechtliche Regionalprinzip müsste zudem eine den Verträgen widersprechende Maßnahme sein. Als Unionsnormen der Verträge werden Art. 18, 101 bis 109 AEUV genannt; zugleich werden aber die Grundfreiheiten erfasst.[937] Ein Verstoß gegen Vorgaben des Unionsrechts, die Grundfreiheiten oder das allgemeine Diskriminierungsverbot durch das sparkassenrechtliche Regionalprinzip ist nicht gegeben.[938] Eine den Verträgen widersprechende Maßnahme könnte in der Unterlassung der Änderung früherer gesetzlicher Regelungen liegen, die ein vertragswidriges Verhalten öffentlicher Unternehmen bewirken.[939] Nach Art. 106 Abs. 1 AEUV darf eine widersprechende Maßnahme ebenso wenig „beibehalten" werden. Jedoch müsste auch in diesem Fall das sparkassenrechtliche Regionalprinzip erst einmal überhaupt eine den Verträgen widersprechende Maßnahme darstellen.

Die widersprechende Maßnahme könnte in einem Verstoß gegen Art. 101 Abs. 1 AEUV liegen. Art. 101 Abs. 1 AEUV wendet sich gegen die Verhinderung, Einschränkung oder Verfälschung des Wettbewerbs. Als besondere Wettbewerbsbeschränkung ist in Art. 101 Abs. 1 lit. c AEUV die Gebietsaufteilung aufgeführt. Im Rahmen des Art. 106 Abs. 1 AEUV ist daher zu überlegen, ob eine Wettbewerbsbeschränkung i.S.d. Art. 101 Abs. 1 lit. c AEUV vorgelegen hätte, wenn die Sparkassen autonom und nicht aufgrund eines gesetzlichen Regionalprinzips gehandelt hätten.

---

936 So auch *Dünchheim*, Die Vereinbarkeit des kommunalen Wirtschaftsrechts des Saarlandes mit dem Recht der Europäischen Union, S. 129; *Stern*, Das sparkassenrechtliche Regionalprinzip, S. 85 f.; *Wenzl*, Das Örtlichkeitsprinzip im europäischen Binnenmarkt, S. 175; a.A. *Bunte*, WM 2016, 905, 909; *Henneke*, Der Landkreis 2014, 527, 534.

937 *Berg*, in: Berg/Mäsch, Deutsches und Europäisches KartellR, Art. 106 AEUV Rn. 17; *Burmeister/Staebe*, EuR 2004, 810, 819; *Schwarze*, EuZW 2000, 613, 625.

938 Ausführlich Kapitel 4.

939 So jedenfalls *Schepers*, Internet-Banking und sparkassenrechtliches Regionalprinzip, S. 146.

a) Konzernprivileg

Ein Verstoß gegen Art. 101 Abs. 1 AEUV kommt jedenfalls nicht in Betracht, wenn das Konzernprivileg greift. Voraussetzung hierfür ist, dass das Konzernprivileg auf die Sparkassen und ihre kommunalen Träger Anwendung findet. Das Konzernprivileg ist anzuwenden auf Vereinbarungen und abgestimmte Verhaltensweisen zwischen einem Mutterkonzern und seiner Tochtergesellschaft,[940] die nach dem Konzernprivileg nicht dem Anwendungsbereich des Art. 101 Abs. 1 AEUV unterfallen. Die Sparkassen und ihre kommunalen Träger müssten hierfür eine wirtschaftliche Einheit bilden, in deren Rahmen das Tochterunternehmen – dies wäre eine Sparkasse – auf dem Markt nicht wirklich autonom ihr Vorgehen entscheiden kann,[941] da bei einer fehlenden Selbstständigkeit zwischen dem Mutterkonzern und dem Tochterunternehmen kein schutzwürdiger Wettbewerb besteht.[942]

Die Gemeinden haben nicht nur über den Verwaltungsrat einen gewissen Einfluss auf ihre kommunalen Sparkassen, sondern auch über den Vorstand und den Kreditausschuss ihrer Sparkasse. Zwischen den kommunalen Sparkassen und dem Staat besteht somit keine wirkliche rechtliche Trennung. Vielmehr gehören die Sparkassen ebenfalls zur öffentlichen Verwaltung und sind an die örtliche Grenze aus der kommunalen Selbstverwaltungsgarantie gem. Art. 28 Abs. 2 GG gebunden. Demnach könnte das Konzernprivileg Anwendung finden.

Zu beachten ist, dass bei einer Anwendung des Konzernprivilegs viele „Sparkassenkonzerne" bestehen würden, weil die Sparkassen jeweils ihren eigenen kommunalen Träger haben. Allerdings basiert die örtliche Grenze auf Entscheidungen des Gesetzgebers, welche der kommunale Träger umsetzt, aber nicht selbst erlässt. Wenn der kommunale Träger als Mutterkonzern zu qualifizieren wäre, müsste die örtliche Beschränkung aber auf seiner Entscheidung oder einer Vereinbarung zwischen Träger und Sparkasse basieren. Hieran fehlt es hingegen. Damit das Konzernprivileg überhaupt anwendbar ist, müsste demnach

---

940 EuGH, Slg. 1974, 1147 Rn. 41 (Centrafarm u.a./Sterling Drug); *Berg/Mudrony*, in: Berg/Mäsch, Deutsches und Europäisches KartellR, Art. 101 AEUV Rn. 20; *Eilmansberger/Kruis*, in: Streinz, EUV/AEUV, Art. 101 AEUV Rn. 72.

941 Zum Anwendungsbereich: EuGH, Slg. 1974, 1147 Rn. 41 (Centrafarm u.a./Sterling Drug); EuGH, Slg. 1988, 2479 Rn. 19 (Bodson/Pompes Funebres); EuGH, Slg. 1989, 803 Rn. 35 (Ahmed Saeed Flugreisen u.a.); EuGH, Slg. 1996, I-5457 Rn. 16 (Viho); *Kluth*, in: Mann/Püttner, Hdb. kommunale Wissenschaft und Praxis 2, § 39 Rn. 32; *Stockenhuber*, in: Grabitz/Hilf/Nettesheim, Recht der EU, Art. 101 AEUV Rn. 166.

942 *Bar*, BB 1980, 1185; *Weiß*, in: Callies/Ruffert, EUV/AEUV, Art. 101 AEUV Rn. 82.

der Mitgliedstaat als Verfassungsgesetzgeber Träger der Sparkassen sein, was aber nicht der Fall ist. Es fehlt bereits am Einfluss auf die Sparkasse. Wird auf das jeweilige Bundesland als Konzernmutter abgestellt, fehlt es gleichfalls an dem erforderlichen Einfluss auf das Tochterunternehmen.[943]

Darüber hinaus ist der rechtliche Aufbau nicht mit dem eines Konzerns und seiner Tochterunternehmen vergleichbar. Überdies würden die deutschen öffentlichen Unternehmen dann bei Anwendung des Konzernprivilegs bei jeder staatlichen Maßnahme aus dem Anwendungsbereich des europäischen Kartellrechts ausscheiden.[944] Dass dies von dem Unionsrecht gewollt ist, kann mit Blick auf Art. 106 Abs. 1 AEUV bezweifelt werden. Somit stellen die Gemeinden keinen Konzern dar, deren Tochtergesellschaften die kommunalen Sparkassen sind. Daher ist nicht von einem Konzernprivileg auszugehen.[945]

b) Historische Auslegung

Ausgehend von der Historie zu den Auswirkungen, die das Unionsrecht bisher für die Sparkassen hatte, könnten Erkenntnisse abzuleiten sein, die relevant sind für die Beurteilung, ob das sparkassenrechtliche Regionalprinzip eine widersprechende Maßnahme darstellt. Der erste Konflikt der kommunalen Sparkassen mit unionsrechtlichen Vorschriften kam 1999 auf und endete 2001 mit der Einigung zwischen der Europäischen Kommission und der Bundesrepublik Deutschland (sog. Brüsseler Konkordanz), die letztlich zur Abschaffung der Anstaltslast und Gewährträgerhaftung bei den Sparkassen führte.[946] Die Verständigung hatte aber nicht das sparkassenrechtliche Regionalprinzip zum Gegenstand und streifte dieses auch nicht. Zudem ging es bei der Anstaltslast und Gewährträgerhaftung

---

943 *Ehricke*, Die Vereinbarkeit des kommunalen Örtlichkeitsprinzips mit dem EG-Recht, S. 127.

944 Vgl. ebd.

945 Ebenso Monopolkommission, XX. Hauptgutachten v. 1. Juli 2014, Rn. 1940; *Dünchheim*, Die Vereinbarkeit des kommunalen Wirtschaftsrechts des Saarlandes mit dem Recht der Europäischen Union, S. 141; *Purbach*, Die Auswirkungen des Binnenmarktes auf die Sparkassen und ihre öffentlich-rechtliche Verankerung, S. 113; in Bezug auf öffentliche Unternehmen *Ehricke*, Die Vereinbarkeit des kommunalen Örtlichkeitsprinzips mit dem EG-Recht, S. 127; *Wenzl*, Das Örtlichkeitsprinzip im europäischen Binnenmarkt, S. 178 f.; a.A. *Stern*, Das sparkassenrechtliche Regionalprinzip, S. 96 ff.

946 Nähere Ausführungen zu den Ereignissen finden sich bei *Henneke*, in: Mann/Püttner, Hdb. kommunale Wissenschaft und Praxis 2, § 53a Rn. 201–234; *Möschel*, WM 2001, 1895; *Quardt*, EuZW 2002, 424; *Wehber*, Kreditwesen 2005, 752.

um beihilferechtliche Aspekte und nicht um kartellrechtliche Fragestellungen wie bei der örtlichen Begrenzung, so dass Erkenntnisse aus dem Fall nicht übertragbar sind. Der zweite Konflikt der Sparkassen mit unionsrechtlichen Regelungen ergab sich 2006. Hierbei ging es um den Bezeichnungsschutz von Sparkassen im Fall ihrer Privatisierung. In diesem Zusammenhang äußerte die Europäische Kommission anfangs einen Verdacht wegen kartellrechtswidrigen Handelns u.a. aufgrund des Regionalprinzips. Jedoch erachtete die Europäische Kommission in diesem Zusammenhang letztlich das sparkassenrechtliche Regionalprinzip für vereinbar mit dem Unionsrecht.[947] Aus der Historie zu den Auswirkungen des Unionsrechts auf Sparkassen können somit keine Rückschlüsse für das Vorliegen einer Gebietsaufteilung gezogen werden.

Aber womöglich kann das Urteil des Bundesgerichtshofs[948] zum Regionalitätsprinzip der Lottogesellschaften zur Auslegung herangezogen werden, da dieses als Gebietsabsprache i.S.d. Art. 101 Abs. 1 lit. c AEUV[949] angesehen wurde. Bei diesem Fall ging es um § 2 des Blockvertrags der Deutschen Lotto- und Totounternehmen[950] sowie eine hierzu ergangene Entscheidung des Bundeskartellamts[951]. Nach der strittigen Vorschrift im Blockvertrag hatten sich deutsche Lotto- und Totounternehmen vertraglich verpflichtet, die von ihnen veranstalteten Lotterien und Sportwetten nur in dem Bundesland zu vertreiben, in dem sie über eine Erlaubnis verfügten (sog. Regionalitätsprinzip).[952] Somit teilte das Regionalitätsprinzip die Unternehmen in 16 Gebiete auf. § 2 des Blockvertrags wurde mit dem Staatsvertrag zum Lotteriewesen in Deutschland begründet. Danach hatten staatliche Unternehmen ein im Glücksspielstaatsvertrag festgeschriebenes Monopol zur Durchführung von Lotterien, Sportwetten und Spielbanken. Das Bundeskartellamt ging jedoch

---

947 Europäische Kommission, Pressemitteilung IP/06/1692 v. 6. Dezember 2006: „Im konkreten Fall […] wurde eine Reihe sparkassentypischer Gemeinwohlaufgaben festgelegt und als mit dem Gemeinschaftsrecht vereinbar erachtet. Zu diesen Aufgaben gehören die flächendeckende Versorgung wirtschaftlich schwächerer Bevölkerungskreise und der mittelständischen Wirtschaft sowie die Gewährleistung des Regionalprinzips gemäß dem maßgeblichen Sparkassenrecht."

948 Eine gewisse Parallele annehmend Monopolkommission, XX. Hauptgutachten v. 1. Juli 2014, Rn. 1928.

949 BGH, WM 2008, 1983, 1991.

950 Zum Blockvertrag und dem Deutschen Lotto- und Toto-Block *Ohlmann*, WRP 1998, 1043, 1050 ff.

951 Bundeskartellamt, Entscheidung v. 23. August 2006, B10-148/05.

952 Vgl. Bundeskartellamt, Entscheidung v. 23. August 2006, B10-148/05, S. 10; *Bunte*, in: Schimansky/Bunte/Lwowski, BankR-Hdb. 2, § 140 Rn. 87d.

davon aus, dass die im Lotteriestaatsvertrag gesetzlich angeordnete regionale Begrenzung kartellrechtswidrig sei.[953] Der Bundesgerichtshof stufte letztlich die umstrittene Vorschrift selbst als Gebietsabsprache i.S.d. Art. 101 Abs. 1 lit. c AEUV ein[954] und leitete damit das Regionalitätsprinzip allein aus dem Blockvertrag her[955].

Wie bei Sparkassen war auch das Tätigkeitsgebiet zwischen den Lottogesellschaften örtlich abgegrenzt, wodurch es grundsätzlich zu keinem Wettbewerb zwischen den Unternehmen kam. Zudem werden die Gewinne der Lotteriegesellschaften für gemeinnützige Zwecke verwendet[956] – vergleichbar zu Sparkassen. Dem Landesgesetzgeber steht auch wie für die Sparkassengesetze die Gesetzgebungskompetenz für Spielbanken, Lotterien und Glücksspielunternehmen[957] zu. Jedoch ergibt sich das Regionalitätsprinzip aus dem Blockvertrag, also einer vertraglichen Vereinbarung zwischen Unternehmen und nicht aus einer gesetzlichen Vorschrift der Länder.[958] Demgegenüber basiert das sparkassenrechtliche Regionalprinzip auf Rechtsnormen. Das Regionalprinzip ist in § 1 Abs. 3 HessSparkG einfachgesetzlich festgelegt, wobei die Norm auf verfassungsrechtlichen Vorgaben beruht. Der Träger einer Sparkasse ist nur für sein Gebiet zuständig, weshalb auch das Geschäftsgebiet der Sparkasse regional gebunden ist. Die Betrachtung des vor dem Bundesgerichtshof zum Regionalitätsprinzip ergangenen Urteils zeigt, wie anders gelagert dieser Fall im Gegensatz zum sparkassenrechtlichen Regionalprinzip ist.[959] Daher können aus diesem Fall keine Erkenntnisse für das sparkassenrechtliche Regionalprinzip gezogen werden.

---

953 Bundeskartellamt, Entscheidung v. 23. August 2006, B10-148/05, S. 10; sich dieser Ansicht anschließend Monopolkommission, XX. Hauptgutachten v. 1. Juli 2014, Rn. 1928.

954 Vgl. BGH, WM 2008, 1983, 1991.

955 Vgl. BGH, WM 2008, 1983, 1991 f.; *Bunte*, WM 2016, 905, 909.

956 *Ohlmann*, WRP 1998, 1043, 1045.

957 Vgl. BVerwG, NVwZ 1995, 475, 476; *Ohlmann*, WRP 1998, 1043, 1044; *Stober*, NJW 2002, 2357, 2362.

958 BGH, WM 2008, 1983, 1991 f.; *Bunte*, WM 2016, 905, 909; vgl. *Isenburg*, Die Verbundzusammenarbeit der Sparkassen-Finanzgruppe, S. 50; a.A. wohl Monopolkommission, XX. Hauptgutachten v. 1. Juli 2014, Rn. 1928 f.

959 So auch *Bunte*, in: Schimansky/Bunte/Lwowski, BankR-Hdb. 2, § 140 Rn. 87d; *Isenburg*, Die Verbundzusammenarbeit der Sparkassen-Finanzgruppe, S. 50; *Kerber*, JZ 2014, 1044, 1047; *Stern*, Das sparkassenrechtliche Regionalprinzip, S. 80.

c) Wortlaut

Nach dem Wortlaut könnte eine Gebietsaufteilung i.S.d. Art. 101 Abs. 1 lit. c AEUV vorliegen. Die örtliche Begrenzung der Sparkassen, welche auf eine Vereinbarung dieser zurückzuführen wäre, müsste als Gebietsabsprache i.S.d. Art. 101 Abs. 1 lit. c AEUV zu qualifizieren sein. Die Sparkassen müssten wie kartellbeteiligte Unternehmen auftreten. Die geographische Marktaufteilung stellt durch die Festlegung von Gebietsgrenzen und die damit einhergehende Untersagung, auf diesem Gebiet tätig zu sein, im Grunde eine der gravierendsten Formen der Wettbewerbsbeschränkung dar.[960] Bei einer kartellrechtlichen Absprache handelt ein kartellbeteiligtes Unternehmen ausschließlich auf einem bestimmten Gebiet, so dass kein Wettbewerb zu den übrigen Kartellbeteiligten besteht.

Das Regionalprinzip verhindert den Wettbewerb zu anderen Sparkassen und begrenzt ihr Geschäftsgebiet. Insbesondere das Expansionsverbot der Sparkassen über das kommunale Trägergebiet hinaus kann als die Kernbeschränkung der Sparkassen angesehen werden.[961] Zudem ist das Verhalten der Sparkassen aufeinander abgestimmt. Hierin könnte eine Aufteilung der Absatzmärkte i.S.d. Art. 101 Abs. 1 lit. c AEUV liegen. Allerdings existiert insgesamt weiterhin Wettbewerb, der zum einen durch Genossenschafts- und Privatbanken besteht, die von der Gebietsbegrenzung nicht erfasst sind, und der durch elektronische Vertriebswege noch verstärkt wird. Diese Kreditinstitute wären keine Kartellbeteiligten, da eine fiktive Absprache nur zwischen den kommunalen Sparkassen bestünde. Zum anderen besteht ein begrenzter Wettbewerb zu anderen Sparkassen. Bei einer strengen Gebietsaufteilung müsste einem kartellbeteiligten Unternehmen nicht nur das Aktivgeschäft, sondern auch das Passivgeschäft in dem fremden Gebiet untersagt sein.[962] Bei Sparkassen ist der Markt nicht streng voneinander abgegrenzt. Insbesondere im Passivgeschäft kommt es zu grenzüberschreitenden Tätigkeiten.[963] Demzufolge wird bei den Sparkassen nicht nur ein Gebiet von einem bestimmten kartellbeteiligten Unternehmen bedient,[964] so dass keine strenge Gebietsaufteilung besteht. Da jedoch die Geschäftstätigkeit außerhalb des Gebiets des kommunalen Trägers zumindest mittelbar eingeschränkt,[965] das Verhalten

---

960 *Schepers*, Internet-Banking und sparkassenrechtliches Regionalprinzip, S. 146.
961 So Monopolkommission, XX. Hauptgutachten v. 1. Juli 2014, Rn. 1938.
962 *Eufinger*, EWS 2014, 253, 254.
963 Ausführlich Kapitel 2: C. III.
964 *Eufinger*, EWS 2014, 253, 254.
965 *Eufinger*, EWS 2014, 253, 255.

der Sparkassen weitestgehend abgestimmt und die Expansion von Sparkassen über das kommunale Trägergebiet nicht möglich ist, kann bei einem sehr weiten Verständnis des Wortlauts dennoch eine Gebietsaufteilung i.S.d. Art. 101 Abs. 1 lit. c AEUV angenommen werden.[966]

d) Teleologische Auslegung

Auch wenn eine Gebietsaufteilung i.S.d. Art. 101 Abs. 1 lit. c AEUV nach dem Wortlaut angenommen werden kann, ist zu klären, ob eine derart extensive Auslegung des Wortlauts dem Sinn und Zweck des Art. 106 Abs. 1 AEUV entspricht. Der Zweck der Vorschrift könnte darin bestehen zu verhindern, dass öffentliche Unternehmen benachteiligt werden.[967] Eine Wettbewerbsbeschränkung ist dann bereits in der „Schlechterstellung" von öffentlichen Unternehmen gegeben. Allerdings zielt Art. 106 Abs. 1 AEUV nicht auf eine Gleichbehandlung von öffentlichen und privaten Unternehmen ab,[968] sondern bezweckt die Verhinderung einer Besserstellung von öffentlichen Unternehmen.[969] Es sollen Wettbewerbsverfälschungen zulasten von Privaten und Vorteile gegenüber diesen verhindert werden.[970] Somit müsste nach dem Sinn und Zweck des Art. 106 Abs. 1 AEUV eine Besserstellung der Sparkassen aufgrund des Regionalprinzips vorliegen.

Eine Sparkasse kann nicht aktiv auf dem Heimatmarkt einer anderen Sparkasse tätig werden. Hierdurch wird das Gebiet vor anderen Sparkassen geschützt und insbesondere kleinere Sparkassen erlangen Vorteile.[971] Jedoch benachteiligt das Regionalprinzip dadurch insbesondere erfolgreiche Sparkassen, indem es ihr

---

966 Vgl. *Kolm*, Das sparkassenrechtliche Regionalprinzip, S. 125; *Wolff*, DÖV 2011, 721, 727.

967 Vgl. Monopolkommission, XX. Hauptgutachten v. 1. Juli 2014, Rn. 1939.

968 So aber *Badura*, ZGR 1997, 291, 298; *Geerlings*, NWVBl. 2008, 90, 96; *Hellermann*, Örtliche Daseinsvorsorge und gemeindliche Selbstverwaltung, S. 82; *Jung*, in: Callies/Ruffert, EUV/AEUV, Art. 106 AEUV Rn. 3; *Wernicke*, in: Grabitz/Hilf/Nettesheim, Recht der EU, Art. 106 AEUV Rn. 5.

969 *Bunte*, WM 2016, 905, 909; *Guckelberger*, BayVBl. 2006, 293, 299 f.; *Isenburg*, Die Verbundzusammenarbeit der Sparkassen-Finanzgruppe, S. 73; *Knauff*, in: Loewenheim u.a., KartellR, Art. 106 AEUV Rn. 7; *Kühling*, in: Streinz, EUV/AEUV, Art. 106 AEUV Rn. 2; *Scharpf*, NVwZ 2005, 148, 153; *Stern*, Das sparkassenrechtliche Regionalprinzip, S. 87; *Thomas*, Die kartellrechtliche Bewertung des sparkassenrechtlichen Regionalprinzips, S. 16; *Weiß*, EuR 2003, 165, 173; *Wolff*, DÖV 2011, 721, 726. Ausführlich in Kapitel 4: C. I.

970 *Scharpf*, NVwZ 2005, 148, 152 f.; *Wolff*, DÖV 2011, 721, 726.

971 Monopolkommission, XX. Hauptgutachten v. 1. Juli 2014, Rn. 1925; *Schmidt-Wellbrock*, Freie Sparkassen und Regionalprinzip, S. 86; *Weck*, DÖV 2015, 500, 506; siehe

Tätigkeitsgebiet einschränkt. Sie können dieses grundsätzlich nur durch Vereinigung mit einer anderen Sparkasse erweitern. Faktisch führt das Regionalprinzip damit zu einer „Schlechterstellung“ im Verhältnis zu anderen Kreditinstituten. Zwar gibt es in ländlichen Gegenden teilweise nur noch zwei Kreditinstitute vor Ort – eine Volksbank und eine Sparkasse. Dennoch besteht genügend Wettbewerb,[972] da die Kreditinstitute in größeren Ortschaften und Städten[973] sowie das Internet-Banking wettbewerbsverschärfend wirken. Der „Vorteil“ der Verhinderung von Konkurrenzdruck der Sparkassen untereinander wiegt daher gegenüber den Nachteilen geringer.

Überdies kommt das Regionalprinzip allen Kreditinstituten vor Ort zugute und ist nicht „sparkassenspezifisch“, da ohne das Regionalprinzip ebenfalls mehr Konkurrenz für die privaten Anbieter entstehen würde. Durch das Regionalprinzip wird eine große Vielzahl an Sparkassen gewährleistet. Eine Vielfalt an Kreditinstituten stärkt den Wettbewerb und stabilisiert die Finanzmärkte, so dass insgesamt Vorteile für das deutsche Finanzsystem bestehen. Eine Besserstellung der Sparkassen aufgrund des Regionalprinzips ist somit nicht gegeben. Der Gesetzgeber zielte auch nicht auf eine wettbewerbsrechtliche Bevorteilung der kommunalen Sparkassen ab.[974] Vielmehr wurzelt das sparkassenrechtliche Regionalprinzip in der kommunalen Selbstverwaltungsgarantie nach Art. 28 Abs. 2 GG und stellt als Zuständigkeitsabgrenzung zwischen den Kommunen keine Aufteilung der Märkte dar.[975]

Sinn und Zweck des Art. 106 Abs. 1 AEUV besteht darin, eine Sonderstellung von öffentlichen Unternehmen zu verhindern, die es Unternehmen aus anderen Mitgliedstaaten der Europäischen Union erschwert oder unmöglich macht, gleichberechtigt zu konkurrieren. Andere Kreditinstitute werden nicht an einem Markteintritt behindert, sondern die Sparkassen selbst werden in ihrem Tätigkeitsgebiet eingeschränkt. Insofern stellt das Regionalprinzip nach dem Telos des Art. 106 Abs. 1 AEUV keine Gebietsaufteilung i.S.d. Art. 101 Abs. 1 lit. c AEUV dar.[976]

---

ferner Deutsche Bundesbank, Bericht zur Stabilität des deutschen Finanzsystems, Monatsbericht v. Dezember 2003, S. 47.

972 A.A. Monopolkommission, XX. Hauptgutachten v. 1. Juli 2014, Rn. 1941.

973 Derzeit besteht eine flächendeckende Versorgung mit Sparkassen, vgl. *Henneke*, ZVglRWiss 113 (2014), 535, 546; *Oebbecke*, LKV 2006, 145, 147; siehe auch *Stern/Nierhaus*, Das Regionalprinzip im öffentlich-rechtlichen Sparkassenwesen, S. 72.

974 *Isenburg*, Die Verbundzusammenarbeit der Sparkassen-Finanzgruppe, S. 71.

975 Vgl. ebd.

976 Ebenso *Isenburg*, Die Verbundzusammenarbeit der Sparkassen-Finanzgruppe, S. 73 ff.; *Stern*, Das sparkassenrechtliche Regionalprinzip, S. 90; *Thomas*, Die kartellrechtliche

e) *Systematische Auslegung*

Private und öffentliche Unternehmen sind nicht in jeglicher Hinsicht gleich. Dies ergibt sich bereits aus den unterschiedlichen Vorschriften der Art. 101 AEUV und Art. 106 AEUV. Zudem verdeutlicht Art. 345 AEUV, dass eine „Schlechterstellung" von öffentlichen Unternehmen möglich sein kann, weil im Grundsatz die Eigentumsordnung der Mitgliedstaaten der Europäischen Union unberührt bleibt.[977] Zwar umfasst die Eigentumsordnung nur das „ob" der öffentlichen Wirtschaftsbereiche und ist eng auszulegen.[978] Es bleibt aber dem Mitgliedstaat überlassen, öffentliche Unternehmen zu haben und somit geht es um deren Schutz im Hinblick auf Privatisierungen oder Verstaatlichungen. Daraus ergibt sich das Recht der Mitgliedstaaten, öffentliche Kreditanstalten zu gründen und diese als Ausfluss der öffentlichen Trägerschaft an das Regionalprinzip zu binden. Art. 106 AEUV und Art. 345 AEUV ermöglichen den Mitgliedstaaten, eigene Entscheidungen hinsichtlich ihrer öffentlichen Unternehmen zu treffen. Aus der Systematik der Vorschriften ergibt sich demnach kein Verstoß infolge des Regionalprinzips.[979]

f) *Ergebnis*

Bei einer weiten Auslegung des Wortlauts kann eine Aufteilung der Märkte i.S.d. Art. 101 Abs. 1 lit. c AEUV angenommen werden, jedoch widerspricht dies teleologisch und systematisch der kartellrechtlichen Vorschrift des Art. 106 Abs. 1 AEUV. Vielmehr ist der Wortlaut unter Berücksichtigung der teleologischen und systematischen Auslegung zu interpretieren, so dass auch der Wortlaut entsprechend auszulegen ist. Folglich stellt das Regionalprinzip keine widersprechende Maßnahme dar.

3. *Ergebnis*

Das Regionalprinzip der Sparkassen ist keine den Verträgen widersprechende Maßnahme i.S.d. Art. 106 Abs. 1 AEUV. Gleichwohl soll im Folgenden unterstellt

---

Bewertung des sparkassenrechtlichen Regionalprinzips, S. 17; *Wolff*, DÖV 2011, 721, 727; siehe auch *Bunte*, WM 2016, 905, 909; a.A. *Kolm*, Das sparkassenrechtliche Regionalprinzip, S. 125.

977 Vgl. *Hauser*, Wirtschaftliche Betätigung von Kommunen, S. 18; *Thomas*, Die kartellrechtliche Bewertung des sparkassenrechtlichen Regionalprinzips, S. 17.

978 Ausführlich hierzu Kapitel 3: A.

979 So ebenfalls *Thomas*, Die kartellrechtliche Bewertung des sparkassenrechtlichen Regionalprinzips, S. 17.

werden, dass mit dem Regionalprinzip eine widersprechende Maßnahme i.S.d. Art. 106 Abs. 1 AEUV vorliegt, um zu untersuchen, ob in diesem Fall ein Verstoß gegen Art. 106 Abs. 1 AEUV i.V.m. Art. 101 Abs. 1 lit. c AEUV insgesamt gegeben wäre.

III. Zwischenstaatlichkeitsklausel

Die Eröffnung des Anwendungsbereichs des Art. 101 AEUV setzt das Vorliegen eines zwischenstaatlichen Sachverhalts voraus. Dabei wird die Zwischenstaatlichkeitsklausel weit ausgelegt.[980] Wenn ein zwischenstaatlicher Sachverhalt besteht, ist dieser nur hinsichtlich der Beschränkungen mit dem europäischen Ausland zu betrachten, da Beschränkungen innerhalb eines Mitgliedstaats keinen grenzüberschreitenden Bezug aufweisen. Die Europäische Kommission verneinte bereits bei kleineren Sparkassen den grenzüberschreitenden Sachverhalt,[981] da Sparkassen nur in ihrem räumlich begrenzten Wirkungskreis tätig sind, wobei die Grenzen aufgrund des Internet-Bankings durchlässiger geworden sind. Hierin könnte ein zwischenstaatlicher Bezug liegen. Überdies wirkt sich das Regionalprinzip nicht nur regional, sondern auf das gesamte Bundesgebiet aus, indem die Sparkassen mit ihren Tätigkeiten den gesamten deutschen Markt abdecken. Der Europäische Gerichtshof hat hierzu festgestellt, dass bei einer Kartellvereinbarung nicht Unternehmen aus verschiedenen Mitgliedstaaten beteiligt sein müssen, sondern dass die Beteiligung von Unternehmen aus einem einzigen Mitgliedstaat für das Vorliegen eines Zwischenstaatsbezugs ausreichen kann.[982] Das Regionalprinzip könnte somit im Hinblick auf die

---

980 *Burmeister/Staebe*, EuR 2004, 810, 816; *Eilmansberger/Kruis*, in: Streinz, EUV/AEUV, Art. 101 AEUV Rn. 29; *Schröter/Voet van Vormizeele*, in: von der Groeben/Schwarze/Hatje, Europäisches UnionsR Bd. 2, Art. 101 AEUV Rn. 192; vgl. hierzu EuGH, Slg. 1972, 977 Rn. 28 ff. (Cementhandelaren/Kommission); EuGH, Slg. 1985, 2545 Rn. 22 (Remia u.a./Kommission); EuGH, Slg. 1999, I-135 Rn. 47 (Carlo Bagnasco); EuGH, Slg. 2002, I-1577 Rn. 95 (Wouters).

981 Vgl. Europäische Kommission, Bericht über Dienstleistungen von allgemeinem wirtschaftlichen Interesse im Bankensektor 17. Juni 1998, dem Rat „Wirtschaft und Finanzen“ vorgelegt am 23. November 1998, abgedruckt in ZBB 1998, 270, 272; hierzu *Kokott/Schick*, in: Stiftung Gesellschaft für Rechtspolitik, Jahrbuch 2002/I, S. 53, 54; *Kluth*, in: Stiftung Gesellschaft für Rechtspolitik, Jahrbuch 2002/I, S. 111, 125; *Möschel*, WM 2001, 1009, 1013; *Niemeyer/Hirsbrunner*, EuZW 2000, 364.

982 Ausdrücklich EuGH, Slg. 1989, 2117 Rn. 33 (Belasco u.a./Kommission); EuGH, Slg. 2006, I-6619 Rn. 44 (Manfredi); EuGH, Slg. 2006, I-11125 Rn. 36 (Asnef-Equifax); vgl. *Eilmansberger/Kruis*, in: Streinz, EUV/AEUV, Art. 101 AEUV Rn. 32.

Gesamtheit der Sparkassen relevant sein und ausländische Kreditinstitute bei einem Markteintritt in Deutschland betreffen. Zudem werden Sparkassen von der Expansion ins europäische Ausland abgehalten. Die Zwischenstaatlichkeit des Sachverhalts ist daher anzunehmen.[983]

IV. Spürbare Beeinträchtigung des zwischenstaatlichen Handels

Die zu beurteilende Maßnahme muss geeignet sein, den grenzüberschreitenden Handel spürbar zu beeinträchtigen.[984] Die zu beurteilende Maßnahme ist hierbei das sparkassenrechtliche Regionalprinzip. Der Begriff der Beeinträchtigung des zwischenstaatlichen Handels hat seine Konkretisierung durch die Bekanntmachung der Europäischen Kommission erfahren.[985] Diese Leitlinien sind zwar nicht verbindlich und auch nicht vollständig, jedoch bieten sie eine Auslegungshilfe für die Begriffe und verweisen oftmals auf die Rechtsprechung des Europäischen Gerichtshofs. Der Begriff „Handel" umfasst nicht nur den grenzüberschreitenden Austausch von Waren und Dienstleistungen, sondern alle grenzüberschreitenden wirtschaftlichen Tätigkeiten, wobei es ausreicht, wenn die Wettbewerbsstruktur des Marktes durch Vereinbarungen und Verhaltensweisen beeinträchtigt wird.[986] Die Tätigkeiten von Kreditinstituten, einschließlich der Sparkassentätigkeit, fallen demnach unter den Begriff des Handels. Eine Maßnahme ist dann „zu beeinträchtigen geeignet", wenn die Vereinbarung oder Verhaltensweise den zwischenstaatlichen Handel unmittelbar oder mittelbar, tatsächlich oder potenziell beeinflussen kann.[987] Demnach muss keine

---

983 *Isenburg*, Die Verbundzusammenarbeit der Sparkassen-Finanzgruppe, S. 52; *Purbach*, Die Auswirkungen des Binnenmarktes auf die Sparkassen und ihre öffentlich-rechtliche Verankerung, S. 118; vgl. zum Zwischenstaatlichkeitsbezug des Presse-Grosso-Systems *Hennemann*, NZKart 2016, 160, 165; a.A. *Stern*, Das sparkassenrechtliche Regionalprinzip, S. 100 ff.

984 *Braun*, ZEuS 2005 (Heft 2), 211, 225; *Emmerich/Hoffmann*, in: Dauses/Ludwigs, Hdb. EU-WirtschaftsR 2, H. I. § 2 Rn. 53; *Karl/Beutelmann*, in: Hoppe/Uechtritz/Reck, Hdb. Kommunale Unternehmen, § 15 Rn. 12.

985 Bekanntmachung der Kommission, Leitlinien über den Begriff der Beeinträchtigung des zwischenstaatlichen Handels in den Artikeln 81 und 82 des Vertrags, ABl. 2004 C 101/81.

986 Bekanntmachung der Kommission, Leitlinien über den Begriff der Beeinträchtigung des zwischenstaatlichen Handels in den Artikeln 81 und 82 des Vertrags, ABl. 2004 C 101/81, Rn. 19, 20.

987 EuGH, Slg. 1985, 3831 Rn. 47 f. (Stichting Sigarettenindustrie); EuGH, Slg. 1998, I-1983 Rn. 16 (Javico); EuGH, Slg. 1999, I-135 Rn. 47 (Carlo Bagnasco); EuGH, Slg. 2001, I-8089 Rn. 48 (Ambulanz Glöckner); EuGH, NZKart 2013, 364 Rn. 92 (Ziegler/

tatsächliche Wettbewerbsbeschränkung vorliegen; vielmehr genügt die Möglichkeit der Beeinflussung.[988] Folglich können bereits Vereinbarungen zwischen inländischen Wettbewerbern ihrem Wesen nach eine Abschottung der nationalen Märkte bewirken, wenn sich die Vereinbarungen auf das gesamte Gebiet eines Mitgliedstaats erstrecken.[989] Ein solches wettbewerbsbeschränkendes Verhalten hat nach seinem Wesen die Wirkung, die Abschottung der Märkte auf nationaler Ebene zu verfestigen und die unionsrechtlich gewollte gegenseitige wirtschaftliche Durchdringung zu verhindern.[990]

Das Vorliegen dieser Voraussetzung könnte problematisch sein. Wenn die örtlichen Grenzen auf Absprachen der Sparkassen zurückgingen, dann lägen damit nur Vereinbarungen zwischen Unternehmen aus ein und demselben Mitgliedstaat vor.[991] Das sparkassenrechtliche Regionalprinzip gilt fast im ganzen Gebiet von Deutschland und verhindert, dass Sparkassen Zweigstellen in anderen Regionen Deutschlands und im Ausland eröffnen. Weiter hält die örtliche Grenze Sparkassen davon ab, Kunden in anderen Mitgliedstaaten der Europäischen Union aktiv zu werben. Insbesondere Sparkassen, deren Geschäftsgebiet an andere Mitgliedstaaten der Europäischen Union angrenzen, werden hierdurch eingeschränkt.[992] Demgegenüber können private Kreditinstitute aus dem Ausland und Genossenschaftsbanken in dem Geschäftsgebiet einer Sparkasse tätig werden.

Zugleich könnte das Regionalprinzip ausländische Kreditinstitute von einem Markteintritt in Deutschland abhalten. So könnte das Regionalprinzip dazu

---

Kommission); *Karl/Beutelmann*, in: Hoppe/Uechtritz/Reck, Hdb. Kommunale Unternehmen, § 15 Rn. 14.

988 *Eufinger*, EWS 2014, 253, 255; *Karl/Beutelmann*, in: Hoppe/Uechtritz/Reck, Hdb. Kommunale Unternehmen, § 15 Rn. 14.

989 Vgl. EuGH, Slg. 1972, 977 Rn. 28/30 (Cementhandelaren/Kommission); EuGH, Slg. 1985, 2545 Rn. 22 (Remia u.a./Kommission); EuGH, Slg. 1998, I-3851 Rn. 48 (Kommission/Italien); EuGH, Slg. 2002, I-1577 Rn. 95 (Wouters); EuGH, Slg. 2006, I-6619 Rn. 45 (Manfredi); EuGH, Slg. 2006, I-11125 Rn. 37 (Asnef-Equifax); EuGH, NZKart 2013, 364 Rn. 94 (Ziegler/Kommission); ebenso BGH, WM 2008, 1983, 1987; siehe *Berg/Mudrony*, in: Berg/Mäsch, Deutsches und Europäisches KartellR, Art. 101 AEUV Rn. 105; *Burmeister/Staebe*, EuR 2004, 810, 816; *Eilmansberger/Kruis*, in: Streinz, EUV/AEUV, Art. 101 AEUV Rn. 32.

990 EuGH, Slg. 1989, 2117 Rn. 33 (Belasco u.a./Kommission); siehe auch EuGH, Slg. 2002, I-1577 Rn. 95 (Wouters).

991 Vgl. *Burmeister/Staebe*, EuR 2004, 810, 816.

992 *Eufinger*, EWS 2014, 253, 255; Monopolkommission, XX. Hauptgutachten v. 1. Juli 2014, Rn. 1943.

beitragen, ausländischen Banken den Eintritt in das Privat- und Firmenkundengeschäft zu erschweren,[993] weil Sparkassen in Deutschland flächendeckend vertreten sind. Auch der gemeinsame Werbeauftritt als „Sparkassen-Finanzgruppe" könnte eine abschreckende Wirkung entfalten.[994] Dem widerspricht, dass ausländische Kreditinstitute derzeit fester Bestandteil der deutschen Bankenlandschaft sind. Zwar sind sie nicht – zumindest nicht durch Filialen – in ganz Deutschland präsent, wohl aber durch das Internet-Banking. Die begrenzte Anzahl von Filialen ausländischer Kreditinstitute ist darauf zurückzuführen, dass in Ballungsgebieten ein größeres Kundenpotenzial besteht[995] und somit ein größeres Filialnetz – insbesondere in der Fläche – für die Kreditinstitute nicht erstrebenswert ist. Überdies ist eine stetige Zunahme an Zweigstellenniederlassungen von ausländischen Kreditinstituten zu erkennen,[996] wobei 2019 auch Abgänge – insbesondere von englischen Kreditinstituten – zu verzeichnen waren, die jedoch mit dem Austritt Großbritanniens aus der Europäischen Union zu erklären sind.[997] Demnach ist schwerlich davon auszugehen, dass das sparkassenrechtliche Regionalprinzip ausländische Kreditinstitute von einem Marktabtritt abhält.[998] Schließlich setzt eine Marktabschottung Abwehrmaßnahmen voraus, die Sparkassen nicht ergreifen.[999]

Zudem geht es bei den meisten Sparkassen mit ihrem regionalen Gebiet um relativ geringe Umsätze. Ein Vergleich zu der deutschen Buchpreisbindung kann helfen: Diese ist nur im nationalen Recht gesetzlich festgehalten. Die deutsche Buchpreisbindung wurde von der Kommission nicht beanstandet, da sich die Maßnahme nur an deutsche Unternehmen in Deutschland richtet und nur innerhalb Deutschlands auswirkt, weshalb keine spürbaren Auswirkungen auf den Handel zwischen den Mitgliedstaaten i.S.d. Art. 101 Abs. 1 AEUV zu

993 *Niemeyer/Hirsbrunner*, EuZW 2000, 364, 367.

994 *Niemeyer/Hirsbrunner*, EuZW 2000, 364, 366 f.

995 *Stern*, Das sparkassenrechtliche Regionalprinzip, S. 101; vgl. *Rehm*, WM 1993, 133, 137.

996 Vgl. Deutsche Bundesbank, Bankstellenbericht v. 2017, S. 3, 8.

997 Vgl. Deutsche Bundesbank, Bankstellenbericht v. 2019, S. 3, 8.

998 Im Ergebnis auch *Bunte*, WM 2016, 905, 909; *Isenburg*, Die Verbundzusammenarbeit der Sparkassen-Finanzgruppe, S. 74; *Kerber*, JZ 2014, 1044, 1046; *Thomas*, Die kartellrechtliche Bewertung des sparkassenrechtlichen Regionalprinzips, S. 57; a.A. wohl Monopolkommission, XX. Hauptgutachten v. 1. Juli 2014, Rn. 1946, die von einer indirekten Beeinflussung in weniger dicht besiedelten Gegenden auszugehen scheint.

999 So ebenfalls *Stern*, Das sparkassenrechtliche Regionalprinzip, S. 101; *Thomas*, Die kartellrechtliche Bewertung des sparkassenrechtlichen Regionalprinzips, S. 59 f.

erkennen seien.[1000] Der Zwischenstaatsbezug kann bei nationalen Preisabsprachen zwar vorliegen; dies bedeutet allerdings nicht zugleich, dass auch eine spürbare Beeinträchtigung des zwischenstaatlichen Handels vorliegt. Das Regionalprinzip beeinträchtigt den zwischenstaatlichen Handel jedenfalls nicht spürbar.[1001] Nichtsdestotrotz soll die weitere Prüfung eines Verstoßes gegen Art. 106 Abs. 1 AEUV i.V.m. Art. 101 Abs. 1 AEUV fortgesetzt werden.

V. Immanenztheorie

Bevor bei einem angenommenen Verstoß gegen Art. 106 Abs. 1 AEUV i.V.m. Art. 101 Abs. 1 AEUV eine mögliche Freistellung nach Art. 101 Abs. 3 AEUV und Rechtfertigungsgründe diskutiert werden können, ist zu überlegen, ob der Anwendungsbereich der kartellrechtlichen Vorschriften bei den Sparkassen nach der Immanenzgedanken bzw. der „ancillary restraints“ teleologisch zu reduzieren ist. Nach der Immanenztheorie unterliegen wettbewerbsbeschränkende Klauseln nicht dem Kartellrecht, wenn diese zur Sicherung eines kartellrechtlich neutralen Hauptzwecks notwendig sind.[1002] Das Geschäft muss also wettbewerbsrechtlich unbedenklich sein.[1003] Die in Frage stehende Klausel muss mit der Hauptmaßnahme unmittelbar verbunden und für die Realisierung des betreffenden Geschäfts erforderlich sein.[1004] Hinsichtlich der

---

1000 Europäische Kommission, Mitteilung gemäß Artikel 19 Absatz 3 der Verordnung Nr. 17 des Rates betreffend einen Antrag auf Negativattest bzw. Freistellung gemäß Artikel 81 Absatz 3 EG-Vertrag, ABl. 2000 C 162/25, Rn. 13; hierzu *Eilmansberger/Kruis*, in: Streinz, EUV/AEUV, Art. 101 AEUV Rn. 35.

1001 Ebenfalls *Bunte*, WM 2016, 905, 909; *Stern*, Das sparkassenrechtliche Regionalprinzip, S. 107; *Thomas*, Die kartellrechtliche Bewertung des sparkassenrechtlichen Regionalprinzips, S. 55 ff.; a.A. *Isenburg*, Die Verbundzusammenarbeit der Sparkassen-Finanzgruppe, S. 52 f.; *Purbach*, Die Auswirkungen des Binnenmarktes auf die Sparkassen und ihre öffentlich-rechtliche Verankerung, S. 114 f.; zum Örtlichkeitsprinzip: *Wenzl*, Das Örtlichkeitsprinzip im europäischen Binnenmarkt, S. 184.

1002 Vgl. *Eilmansberger/Kruis*, in: Streinz, EUV/AEUV, Art. 101 AEUV Rn. 63; *Stockenhuber*, in: Grabitz/Hilf/Nettesheim, Recht der EU, Art. 101 AEUV Rn. 151.

1003 Vgl. EuGH, Slg. 1986, 353 Rn. 15 (Pronuptia); EuGH, WM 2015, 1510 Rn. 89 (Mastercard); *Eilmansberger/Kruis*, in: Streinz, EUV/AEUV, Art. 101 AEUV Rn. 63.

1004 Siehe EuG, Slg. 2001, II-2459 Rn. 104 (Métropole Télévision u.a./Kommission); EuG, BeckRS 2012, 81353 Rn. 62 (E.ON Ruhrgas und E.ON/Kommission); *Berg/Mudrony*, in: Berg/Mäsch, Deutsches und Europäisches KartellR, Art. 101 AEUV Rn. 124; *Glöckner*, JuS 2018, 1130, 1136; *Stockenhuber*, in: Grabitz/Hilf/Nettesheim, Recht der EU, Art. 101 AEUV Rn. 151.

Klausel sind die objektive Notwendigkeit sowie ihre Verhältnismäßigkeit zu prüfen.[1005]

Zwei Urteile der Europäischen Gerichtshofs, in denen der Immanenzgedanke Anwendung fand, sind für das sparkassenrechtliche Regionalprinzip relevant. Zum einen ist dies ein zu Genossenschaften ergangenes Urteil des Europäischen Gerichtshofs, in welchem das Verbot in der Genossenschaftssatzung, nicht gleichzeitig in einer konkurrierenden Genossenschaft Mitglied zu sein, für zulässig erachtet wurde.[1006] Mit dieser Regelung sollte nämlich das Funktionieren der Genossenschaft sichergestellt werden. Womöglich ist der Sparkassenverbund - auch wenn dieser anders organisiert ist - mit einer Großgenossenschaft vergleichbar.[1007] Dementsprechend könnte das Regionalprinzip die notwendige Voraussetzung für die Funktionalität der Sparkassenorganisation sein und daher wettbewerbsstimulierende Wirkung verbürgen. Mithin würde der Sparkassenverbund nur funktionieren, wenn sich die einzelnen Sparkassen bei fehlenden verfassungsrechtlichen Vorgaben selbst an das Regionalprinzip halten würden.[1008] Zum anderen erging eine Entscheidung zu einer niederländischen Rechtsanwaltskammer. Diese hatte durch Gesetz die Befugnis zum Erlass von Verordnungen für die in den Niederlanden eingetragenen Rechtsanwälte sowie für die in anderen Mitgliedstaaten zugelassenen Rechtsanwälte, die in den Niederlanden Dienstleistungen erbringen.[1009] Die Verordnung der niederländischen Rechtsanwaltskammer wurde als Beschluss einer Unternehmensvereinigung i.S.d. Art. 101 Abs. 1 AEUV qualifiziert.[1010] Dennoch wurde die Verordnung mit Art. 101 Abs. 1 AEUV für vereinbar erklärt, da für die bezweckte ordnungsgemäße Ausübung des Rechtsanwaltsberufs die mit ihr verbundenen wettbewerbsbeschränkenden Wirkungen erforderlich seien.[1011]

1005 EuGH, WM 2015, 1510 Rn. 89 (Mastercard); EuG, Slg. 2001, II-2459 Rn. 106 (Métropole Télévision u.a./Kommission); EuG, BeckRS 2012, 81353 Rn. 64 (E.ON Ruhrgas und E.ON/Kommission); *Berg/Mudrony*, in: Berg/Mäsch, Deutsches und Europäisches KartellR, Art. 101 AEUV Rn. 125; *Eilmansberger/Kruis*, in: Streinz, EUV/AEUV, Art. 101 AEUV Rn. 64.

1006 EuGH, Slg. 1994, I-5641 Rn. 45 (Gottrup-Klim).

1007 So jedenfalls *Kerber*, JZ 2014, 1044, 1047.

1008 *Kerber*, JZ 2014, 1044, 1047; siehe auch *Thomas*, Die kartellrechtliche Bewertung des sparkassenrechtlichen Regionalprinzips, S. 43 ff.

1009 EuGH, Slg. 2002, I-1577 Rn. 44 (Wouters).

1010 Vgl. EuGH, Slg. 2002, I-1577 Rn. 71 (Wouters).

1011 EuGH, Slg. 2002, I-1577 Rn. 110 (Wouters).

Es ist zu prüfen, ob die Erkenntnisse zum Immanenzgedanken aus diesen beiden Urteilen auf das sparkassenrechtliche Regionalprinzip übertragbar sind. Die Immanenztheorie ist bei Wettbewerbsverboten zwischen Unternehmen im Zusammenhang eines Zusammenschlusses grundsätzlich anerkannt.[1012] Die Sparkassen dürfen nicht untereinander konkurrieren, womit durchaus ein den privaten Unternehmen vergleichbares Wettbewerbsverbot besteht. Allerdings liegt bei den Sparkassen kein Beschluss einer Unternehmensvereinigung vor; vielmehr basiert das sparkassenrechtliche Regionalprinzip auf der Verfassung sowie auf einfachgesetzlichen Vorschriften und nicht auf einem Verbot in einer Genossenschaftssatzung oder einer Verordnung. Daher ist das sparkassenrechtliche Regionalprinzip auch nicht an Art. 101 Abs. 1 AEUV zu messen, sondern an Art. 106 Abs. 1 AEUV. Die Sparkassen sind anders organisiert als Genossenschaften und stellen öffentliche Unternehmen dar. Dies ist zunächst nicht schädlich, da der Immanenzgedanke auch bei öffentlich-rechtlichen Einrichtungen greift.[1013] Jedoch ist bei einem gesetzlichen Wettbewerbsverbot Art. 106 Abs. 1 AEUV anwendbar, der Immanenzgedanke fand aber bisher lediglich auf Art. 101 Abs. 1 AEUV Anwendung. Ein in ihrem Umfang noch ungeklärte Theorie auf Art. 106 Abs. 1 AEUV zu übertragen, ist problematisch. Eine allgemeine „rule of reason", welche die „ancillary restraints" als Überbegriff umfasst, wird allgemein zumindest abgelehnt.[1014] Eine ungeschriebene Ausnahme muss sich rechtfertigen lassen, da es bereits die Freistellung des Art. 101 Abs. 3 AEUV sowie den Rechtfertigungsgrund nach Art. 106 Abs. 2 AEUV gibt. So ist denn bereits umstritten, ob der Immanenzgedanke auf wenige Fallgruppen beschränkt oder verallgemeinerungsfähig ist.[1015] Bei der Immanenztheorie findet eine Tatbestandsreduktion statt, die vorsichtig angewandt werden sollte. Die bereits ergangenen Urteile des Europäischen Gerichtshofs zum Immanenzgedanken sind

---

1012 Siehe hierzu *Berg/Mudrony*, in: Berg/Mäsch, Deutsches und Europäisches KartellR, Art. 101 AEUV Rn. 127 ff.; *Müller/Thiede*, EuZW 2017, 246 ff.

1013 Vgl. hierzu EuGH, Slg. 2002, I-1577 Rn. 65 (Wouters); *Thomas*, Die kartellrechtliche Bewertung des sparkassenrechtlichen Regionalprinzips, S. 33.

1014 EuG, Slg. 2001, II-2459 Rn. 107 (Métropole Télévision u.a./Kommission); EuG, Slg. 2006, II-1231 Rn. 69 (O2); EuG, BeckRS 2012, 81353 Rn. 65 (E.ON Ruhrgas und E.ON/Kommission); *Berg/Mudrony*, in: Berg/Mäsch, Deutsches und Europäisches KartellR, Art. 101 AEUV Rn. 125; *Ellger*, in: Immenga/Mestmäcker, WettbewerbsR Bd. 1, Art. 101 Abs. 3 AEUV Rn. 53; *Mestmäcker/Schweitzer*, Europäisches Wettbewerbsrecht, § 8 Rn. 67.

1015 Zurückhaltend *Ellger*, in: Immenga/Mestmäcker, WettbewerbsR Bd. 1, Art. 101 Abs. 3 AEUV Rn. 51.

nicht ohne Weiteres auf das sparkassenrechtliche Regionalprinzip übertragbar, so dass es schwer festzustellen ist, ob der Immanenzgedanken trägt. Somit ist die Anwendung des Immanenzgedankens auf das sparkassenrechtliche Regionalprinzip abzulehnen.[1016]

VI. Freistellung nach Art. 101 Abs. 3 AEUV

Eine Freistellung nach Art. 101 Abs. 3 AEUV könnte beim sparkassenrechtlichen Regionalprinzip als eine widersprechende Maßnahme i.S.d. Art. 106 Abs. 1 AEUV i.V.m. Art. 101 Abs. 1 AEUV einschlägig sein. Zunächst ist zu klären, ob eine Freistellung nach dem Wortlaut überhaupt in Betracht kommt, denn die Freistellung lässt sich möglicherweise nur auf Vereinbarungen und nicht auf Gesetze anwenden. Die Freistellungsregelung nach Art. 101 Abs. 3 AEUV gilt für Art. 101 Abs. 1 AEUV. Durch Art. 106 Abs. 1 AEUV wird die Vorschrift des Art. 101 AEUV anwendbar. Würden nur Vereinbarungen von der Freistellungsregelung erfasst, wären Art. 101 Abs. 1 und Abs. 3 AEUV bei der Anwendung des Art. 106 Abs. 1 AEUV uneinheitlich anzuwenden.[1017] Dabei ist der Verweis von Art. 106 Abs. 1 AEUV vom Wortlaut her nicht in dieser Form eingeschränkt. Zudem würde der Anwendungsbereich des Art. 101 Abs. 3 AEUV vielfach leerlaufen, wenn sich die Regelungen stets nur auf Vereinbarungen beschränkten. Daher ist anzunehmen, dass Art. 101 Abs. 3 AEUV auch Gesetze umfasst[1018] und die Freistellungsvorschrift auf Art. 106 AEUV Anwendung findet. Dabei gebührt Art. 101 Abs. 3 AEUV gegenüber einer Rechtfertigung durch Gemeinwohlinteresse nach Art. 106 Abs. 2 AEUV der Vorrang.[1019] Für eine Freistellung nach

---

1016 So im Ergebnis auch zum Örtlichkeitsprinzip: *Dünchheim*, Die Vereinbarkeit des kommunalen Wirtschaftsrechts des Saarlandes mit dem Recht der Europäischen Union, S. 145 f.; a.A. *Kerber*, JZ 2014, 1044, 1047; *Thomas*, Die kartellrechtliche Bewertung des sparkassenrechtlichen Regionalprinzips, S. 31 ff.

1017 *Thomas*, Die kartellrechtliche Bewertung des sparkassenrechtlichen Regionalprinzips, S. 62.

1018 Im Ergebnis ebenfalls *Thomas*, Die kartellrechtliche Bewertung des sparkassenrechtlichen Regionalprinzips, S. 62; a.A. wohl *Stern*, Das sparkassenrechtliche Regionalprinzip, S. 122.

1019 *Jung*, in: Callies/Ruffert, EUV/AEUV, Art. 106 AEUV Rn. 50; *Kerber*, JZ 2014, 1044, 1048; *Klotz*, in: von der Groeben/Schwarze/Hatje, Europäisches UnionsR Bd. 3, Art. 106 AEUV Rn. 83; *Nordemann/Nyberg*, in: Loewenheim u.a., KartellR, Art. 101 Abs. 3 AEUV Rn. 195; *Wernicke*, in: Grabitz/Hilf/Nettesheim, Recht der EU, Art. 106 AEUV Rn. 66.

Art. 101 Abs. 3 AEUV müssen vier Voraussetzungen kumulativ vorliegen,[1020] da eine Gruppenfreistellungsverordnung[1021] für Sparkassen nicht existiert.

1. *Effizienzvorteile*

Als erste Voraussetzung muss die Gebietsabsprache zur Verbesserung der Warenerzeugung oder Warenverteilung oder zur Förderung des technischen oder wirtschaftlichen Fortschritts beitragen. Effizienzvorteile als die erste Voraussetzung liegen vor, wenn die mit der Vereinbarung bezweckte Zusammenarbeit zwischen Unternehmen erwartungsgemäß objektive Vorteile ökonomischer Art bewirken wird.[1022] Aus der Vereinbarung müssen damit beispielsweise günstigere Preise oder ein verbessertes Produktangebot folgen, wobei die Vorteile die negativen Auswirkungen mindestens ausgleichen müssen.[1023] Überdies muss ein kausaler Zusammenhang zwischen der Vereinbarung

1020 EuGH, Slg. 1996, I-1611 Rn. 48 (SPO u.a./Kommission); EuGH, EuZW 2013, 438 Rn. 31 (Slowakische Banken); EuG, Slg. 1994, II-595 Rn. 135 (Matra Hachette/Kommission); EuG, Slg. 1996, II-649 Rn. 104 (Métropole Télévision u.a./Kommission); *Berg/Mudrony*, in: Berg/Mäsch, Deutsches und Europäisches KartellR, Art. 101 AEUV Rn. 169; *Emmerich/Hoffmann*, in: Dauses/Ludwigs, Hdb. EU-WirtschaftsR 2, H. I. § 2 Rn. 169; *Nordemann/Nyberg*, in: Loewenheim u.a., KartellR, Art. 101 Abs. 3 AEUV Rn. 18.

1021 Zu diesem Begriff *Karl/Beutelmann*, in: Hoppe/Uechtritz/Reck, Hdb. Kommunale Unternehmen, § 15 Rn. 52 f.; *Weiß*, in: Callies/Ruffert, EUV/AEUV, Art. 101 AEUV Rn. 168 ff.; eine Auflistung der Gruppenfreistellungen findet sich bei *Schröter/Voet van Vormizeele*, in: von der Groeben/Schwarze/Hatje, Europäisches UnionsR Bd. 2, Art. 101 AEUV Rn. 285.

1022 EuGH, Slg. 1966, 321, 396 f. (Consten und Grundig/Kommission); EuG, Slg. 1994, II-595 Rn. 135 (Matra Hachette/Kommission); EuG, Slg. 1995, II-1533 Ls. 10 (Langnese-Iglo/Kommission); EuG, Slg. 1995, II-1611 Rn. 142 (Schöller); Bekanntmachung der Kommission, Leitlinien zur Anwendung von Artikel 81 Absatz 3 EG-Vertrag, ABl. 2004 C 101/97, Rn. 49; *Nordemann/Nyberg*, in: Loewenheim u.a., KartellR, Art. 101 Abs. 3 AEUV Rn. 23.

1023 *Karl/Beutelmann*, in: Hoppe/Uechtritz/Reck, Hdb. Kommunale Unternehmen, § 15 Rn. 57; siehe ferner EuG, Slg. 1995, II-1611 Rn. 142 (Schöller); *Berg/Mudrony*, in: Berg/Mäsch, Deutsches und Europäisches KartellR, Art. 101 AEUV Rn. 178; *Emmerich/Hoffmann*, in: Dauses/Ludwigs, Hdb. EU-WirtschaftsR 2, H. I. § 2 Rn. 182, 184; *Schröter/Voet van Vormizeele*, in: von der Groeben/Schwarze/Hatje, Europäisches UnionsR Bd. 2, Art. 101 AEUV Rn. 314, 316.

und den Effizienzvorteilen bestehen.[1024] Es ist die Aufgabe von Sparkassen für eine flächendeckende Versorgung mit bankspezifischen Leistungen – auch in ländlichen Gegenden – zu sorgen. Dafür sollen die Sparkassen allen Bevölkerungsschichten, insbesondere der mittelständischen Wirtschaft sowie den Kommunen, alle notwendigen Bankdienstleistungen zur Verfügung stellen. Jedoch reagieren die Sparkassen zumeist nur auf die Interessen des Marktes, beteiligen sich aber nicht aktiv am Markt, z.B. um neue Bankprodukte zu entwickeln.[1025] Die Aufgabe der Sparkassen besteht aber nicht darin, neue und dadurch womöglich riskante Bankprodukte auf den Markt zu bringen. Vielmehr soll das Regionalprinzip in ausreichendem Maße zur Verbesserung der kreditwirtschaftlichen Versorgung beitragen.[1026] Mit den Sparkassen geht eine Verbesserung der Kreditwirtschaft einher, da die Sparkassen dazu beitragen, neue Entwicklungen wie das Internet-Banking und Smartphone-Apps flächendeckend zu verbreiten. Als Beispiel kann die Einführung der Echtzeit-Überweisungen („Instant Payment") bei Sparkassen[1027] dienen. Die Sparkassen haben diese nicht als erste Kreditinstitute angeboten, aber sie schließen sich neuen Entwicklungen an und verbreiten diese in der Fläche. Die Voraussetzung verlangt nicht, dass nur der aktive Wettbewerb gefördert wird. Darüber hinaus sichert das Regionalprinzip erst den gemeinsamen Haftungsverbund der Sparkassen ab und ermöglicht die Verbundzusammenarbeit zwischen Sparkassen.[1028] Hiermit bestehen weitere Effizienzvorteile, die ohne das sparkassenrechtliche Regionalprinzip nicht möglich wären. Die Effizienzvorteile gleichen die negativen Auswirkungen aus, welche in dem fehlenden Wettbewerb zwischen Sparkassen und dem für sie geltenden Expansionsverbot bestehen.

2. Angemessene Beteiligung der Verbraucher

Als zweite Voraussetzung müssen die Verbraucher an dem entstehenden Gewinn angemessen beteiligt werden. Grundsätzlich bieten die Sparkassen dieselben

1024 Bekanntmachung der Kommission, Leitlinien zur Anwendung von Artikel 81 Absatz 3 EG-Vertrag, ABl. 2004 C 101/97, Rn. 53; *Emmerich/Hoffmann*, in: Dauses/Ludwigs, Hdb. EU-WirtschaftsR 2, H. I. § 2 Rn. 177.

1025 Monopolkommission, XX. Hauptgutachten v. 1. Juli 2014, Rn. 1951.

1026 Zweifelnd Monopolkommission, XX. Hauptgutachten v. 1. Juli 2014, Rn. 1951.

1027 *N.N.*, Die ersten 10 000 Sparkassen-Überweisungen in Echtzeit, FAZ v. 11. Juli 2018, S. 25.

1028 *Thomas*, Die kartellrechtliche Bewertung des sparkassenrechtlichen Regionalprinzips, S. 69 f.; eine kartellrechtliche Bewertung der Sparkassenverbundarbeit findet sich bei *Isenburg*, Die Verbundzusammenarbeit der Sparkassen-Finanzgruppe, S. 79 ff.

bankspezifischen Leistungen an wie Privat- und Genossenschaftsbanken. Unterschiede sind hinsichtlich der Konditionen zu finden, bei denen die Sparkassen durchaus schlechter abschneiden können. Jedoch ist es das Regionalprinzip, welches das Angebot auch in ländlichen Regionen gewährleistet. Durch das Regionalprinzip werden Risiken gesenkt[1029] und die Sparkassen haben ein großes Interesse an der guten wirtschaftlichen Entwicklung ihrer jeweiligen Region. Durch den umfassenden Zugang zu Bankdienstleistungen für alle Schichten werden die Verbraucher an den Wirkungen des Regionalprinzips beteiligt.[1030] Zudem werden die Verbraucher an den Gewinnen der Sparkassen beteiligt, indem die angefallenen Gewinne an den kommunalen Träger ausgeschüttet werden und dieser sie für gemeinnützige Zwecke zu verwenden hat (vgl. § 16 Abs. 4 HessSparkG). Eine angemessene Beteiligung der Verbraucher ist hiermit gegeben.[1031]

3. *Unerlässlichkeit*

Als dritte Voraussetzung müsste die Vereinbarung für die Verwirklichung der genannten Ziele unerlässlich sein, weshalb es keine Alternative zur derzeitigen Vereinbarung geben darf.[1032] Falls das sparkassenrechtliche Regionalprinzip wegfallen sollte, ist nicht gewährleistet, dass Sparkassen in andere Gebiete expandieren und das ursprüngliche Gebiet (teilweise zumindest) aufgeben. Zwar bleibt bei einem Wegfall des sparkassenrechtlichen Regionalprinzips der öffentliche

---

1029 Deutsche Bundesbank, Monatsbericht v. Dezember 2003, S. 47; *Frankenberger*, Kreditwesen 2004, 120, 121; *Güde*, Geschäftspolitik der Sparkassen, S. 43; *Henneke*, Kommunale Sparkassen, S. 104; *Kerber*, JZ 2014, 1044, 1048; *Lohmiller*, Kapitalbeteiligungsgesellschaften der Sparkassen, S. 55 f.; *Oebbecke*, Der Gemeindehaushalt 2001, 169, 172; *Schepers*, Internet-Banking und sparkassenrechtliches Regionalprinzip, S. 43; *Vogel*, ZBB 2001, 103, 108; zum Regionalprinzip der Genossenschaftsbanken: *Otte*, ZfgG 60 (2010), 89, 96; a.A. Monopolkommission, XX. Hauptgutachten v. 1. Juli 2014, Rn. 1952 f., welche die risikomindernde Wirkung des Regionalprinzips anzweifelt.

1030 Vgl. *Kerber*, JZ 2014, 1044, 1048; *Otto*, VR 2015, 273, 274; siehe ferner *Thomas*, Die kartellrechtliche Bewertung des sparkassenrechtlichen Regionalprinzips, S. 71 f.

1031 Ebenso *Kerber*, JZ 2014, 1044, 1048; *Thomas*, Die kartellrechtliche Bewertung des sparkassenrechtlichen Regionalprinzips, S. 71 f.

1032 Bekanntmachung der Kommission, Leitlinien zur Anwendung von Artikel 81 Absatz 3 EG-Vertrag, ABl. 2004 C 101/97, Rn. 75; *Berg/Mudrony*, in: Berg/Mäsch, Deutsches und Europäisches KartellR, Art. 101 AEUV Rn. 182; *Emmerich/Hoffmann*, in: Dauses/Ludwigs, Hdb. EU-WirtschaftsR 2, H. I. § 2 Rn. 185; siehe auch *Schröter/Voet van Vormizeele*, in: von der Groeben/Schwarze/Hatje, Europäisches UnionsR Bd. 2, Art. 101 AEUV Rn. 322.

Auftrag der Sparkassen erhalten,[1033] allerdings würde der öffentliche Auftrag durch das fehlende Regionalprinzip geändert. Dementsprechend könnten die Sparkassen ihre Expansion mit dem öffentlichen Auftrag begründen und die Ziele der Versorgung mit bankspezifischen Leistungen sowie die Förderung des Sparsinns auf das gesamte Bundesgebiet und darüber hinaus erstrecken. Wenn der öffentliche Auftrag aufgrund der kommunalen Sparkassenträger weiterhin in seiner aktuellen Form bestehen bleiben soll, leitet man aus dem öffentlichen Auftrag eine regionale Bindung indirekt her. Dies ist keine sinnvolle Alternative, sondern eine weiterhin bestehende örtliche Grenze mit anderem Begründungsansatz. Eine wirkliche Alternative, um einerseits die flächendeckende Versorgung mit bankspezifischen Leistungen zu gewährleisten, aber andererseits keine örtliche Tätigkeitsgrenze zu haben, ist nicht ersichtlich. Demnach ist das sparkassenrechtliche Regionalprinzip unerlässlich i.S.d. Art. 101 Abs. 3 AEUV.[1034]

4. *Keine Wettbewerbsausschaltung*

Die vierte Voraussetzung verlangt, dass den beteiligten Unternehmen nicht ermöglicht wird, für einen wesentlichen Teil der betreffenden Waren den Wettbewerb auszuschließen. Demnach muss ein tatsächlicher Wettbewerb erhalten bleiben,[1035] wobei dem Wettbewerb gegenüber eventuell zu erzielenden Effizienzgewinnen der Vorrang gebührt.[1036] Der Wettbewerb wird durch das Regionalprinzip keineswegs ausgeschlossen, denn schließlich besteht auf jeden Fall der Wettbewerb zu Genossenschaftsbanken und Privatbanken. Somit kommt den Sparkassen keine marktbeherrschende Position zu. Eine solche könnte allenfalls in ländlichen Regionen angenommen werden, in denen vor Ort nur noch eine

1033 So Monopolkommission, XX. Hauptgutachten v. 1. Juli 2014, Rn. 1957; zustimmend *Weck*, DÖV 2015, 500, 505; a.A. *Thomas*, Die kartellrechtliche Bewertung des sparkassenrechtlichen Regionalprinzips, S. 67 f.

1034 Im Ergebnis ebenso *Thomas*, Die kartellrechtliche Bewertung des sparkassenrechtlichen Regionalprinzips, S. 72 f.

1035 EuGH, Slg. 1973, 215 Rn. 25 (Europemballage und Continental Can); EuGH, Slg. 1977, 1875 Rn. 21 (Metro II); *Emmerich/Hoffmann*, in: Dauses/Ludwigs, Hdb. EU-WirtschaftsR 2, H. I. § 2 Rn. 187; *Weiß*, in: Callies/Ruffert, EUV/AEUV, Art. 101 AEUV Rn. 165.

1036 *Berg/Mudrony*, in: Berg/Mäsch, Deutsches und Europäisches KartellR, Art. 101 AEUV Rn. 186; *Eilmansberger/Kruis*, in: Streinz, EUV/AEUV, Art. 101 AEUV Rn. 173; *Karl/Beutelmann*, in: Hoppe/Uechtritz/Reck, Hdb. Kommunale Unternehmen, § 15 Rn. 59.

Volksbank mit Filialen vertreten ist. Das Regionalprinzip sorgt dadurch für einen Wettbewerb zwischen Genossenschaftsbanken und Sparkassen vor Ort, womit dem Regionalprinzip eine Wettbewerbssicherungsfunktion zukommt.[1037] Überdies existiert weiterhin der Wettbewerb zu den Banken in Städten sowie dem Internet-Banking. Die Privatbanken und Genossenschaftsbanken werden durch das Regionalprinzip zudem nicht in ihrer Banktätigkeit eingeschränkt, so dass keine unzumutbare Benachteiligung der Wettbewerber und des Wettbewerbs als solchem vorliegt.[1038] Es liegt demnach keine Ausschaltung des wesentlichen Wettbewerbs vor,[1039] sondern vielmehr ist von einer Stärkung des Wettbewerbs auszugehen.

5. *Ergebnis*

Die vier Voraussetzungen für eine Freistellung nach Art. 101 Abs. 3 AEUV liegen vor.[1040] Somit besteht kein Verstoß gegen Art. 106 Abs. 1 AEUV i.V.m. Art. 101 Abs. 1 lit. c AEUV durch das sparkassenrechtliche Regionalprinzip.

VII. Rechtfertigung durch Gemeinwohlinteresse nach Art. 106 Abs. 2 AEUV

Es könnte eine Rechtfertigung aus Art. 106 Abs. 2 AEUV vorliegen, so dass ein Verstoß gegen Art. 106 Abs. 1 AEUV i.V.m. Art. 101 Abs. 1 AEUV nicht zu beanstanden wäre. Auch wenn das Unionsrecht grundsätzlich wettbewerbsfördernd ausgerichtet ist und den Grundsatz einer offenen Marktwirtschaft mit

---

1037 Vgl. *Brämer/Gischer/Pfingsten/Richter*, ZögU 2010, 311, 325; ähnlich *Rehm*, WM 1993, 133, 135; als Korrekturfunktion der Sparkassen im Markt bezeichnend: *Brenncke*, ZBB 2007, 1, 11; *Ellgering*, Kreditwesen 1979, 796, 800; *Fischer*, in: FG für von Unruh (1983), S. 835, 843; *Güde*, Geschäftspolitik der Sparkassen, S. 26; *Hermanns*, Kreditwesen 1979, 440, 442; *Möhle*, Kreditwesen 1979, 680, 682; *Nierhaus*, DÖV 1984, 662, 666; *Raskin*, Das Regionalprinzip und (neue) elektronische Vertriebswege im Retailbanking, S. 187; *Weber*, in: Stiftung Gesellschaft für Rechtspolitik, Jahrbuch 2002/I, S. 39, 48; kritisch *Möschel*, WM 1993, 93, 97 f.

1038 Vgl. *Otto*, VR 2015, 273, 275.

1039 Im Ergebnis ebenso *Thomas*, Die kartellrechtliche Bewertung des sparkassenrechtlichen Regionalprinzips, S. 73 ff.

1040 Im Ergebnis auch *Bunte*, WM 2016, 905, 909; *Kerber*, JZ 2014, 1044, 1048; *Otto*, VR 2015, 273, 275; *Thomas*, Die kartellrechtliche Bewertung des sparkassenrechtlichen Regionalprinzips, S. 62 ff.; a.A. *Burmeister/Staebe*, EuR 2004, 810, 815; Monopolkommission, XX. Hauptgutachten v. 1. Juli 2014, Rn. 1950; zustimmend *Weck*, DÖV 2015, 500, 503.

freiem Wettbewerb anstrebt, zeigt Art. 106 Abs. 2 AEUV, dass es sozialpolitisch erwünschte gemeinwohlorientierte Leistungen geben kann, die punktuelle Ausnahmen von dem marktwirtschaftlich wettbewerblichen System erfordern können.[1041] Insofern soll „das Interesse der Mitgliedstaaten am Einsatz bestimmter Unternehmen, insbesondere solcher des öffentlichen Sektors, als Instrument der Wirtschafts- oder Fiskalpolitik mit dem Interesse der Gemeinschaft an der Einhaltung der Wettbewerbsregeln und der Wahrung der Einheit des Gemeinsamen Marktes in Einklang" gebracht werden.[1042] Während somit Art. 106 Abs. 1 AEUV die Anwendung der kartellrechtlichen Unionsvorschriften auf öffentliche Unternehmen explizit festlegt, schränkt Abs. 2 dessen Anwendung sogleich wieder ein. Dabei ist zu beachten, dass Art. 106 Abs. 2 AEUV trägerneutral formuliert ist und damit nicht an das öffentliche Unternehmen, sondern an die besondere Dienstleistung anknüpft.[1043] Der Rechtfertigungsgrund nach Art. 106 Abs. 2 AEUV ist jedenfalls für den Sektor der Finanzdienstleistungen anwendbar.[1044] Dies wurde ausdrücklich in der WestLB-Entscheidung der Europäischen Kommission aus dem Jahr 1999[1045] festgehalten, auch wenn sich dies in dem konkreten Fall nicht auswirkte.[1046]

1. Begriff „Dienstleistungen von allgemeinem wirtschaftlichem Interesse"

a) Auslegung

Zentral für eine Rechtfertigung nach Art. 106 Abs. 2 AEUV ist der Begriff der „Dienstleistungen von allgemeinem wirtschaftlichem Interesse". Es kommt demnach insbesondere darauf an, ob die Sparkassen solche Gemeinwohlaufgaben ausüben und daher eine Beschränkung wie das Regionalprinzip gerechtfertigt ist. Der Begriff der Dienstleistungen von allgemeinem wirtschaftlichem Interesse findet sich an mehreren Stellen in den unionsrechtlichen Verträgen

---

1041 Vgl. *Knauff*, in: Loewenheim u.a., KartellR, Art. 106 AEUV Rn. 12; *Schwarze*, EuZW 2001, 334, 337 f.

1042 EuGH, Slg. 1991, I-1263 Rn. 12 (Frankreich/Kommission).

1043 *Burgi*, VerwArch 93 (2002), 255, 266 f.; *Kruse*, NVwZ 2000, 721, 723; *Pielow*, in: Henneke, Kommunale Perspektiven im zusammenwachsenden Europa, S. 33, 57; vgl. ferner *Kluth*, in: Mann/Püttner, Hdb. kommunale Wissenschaft und Praxis 2, § 39 Rn. 37; *Kolb*, LKV 2006, 97, 99.

1044 Vgl. *Henneke*, Kommunale Sparkassen, S. 138.

1045 Europäische Kommission, Entscheidung v. 8. Juli 1999 über eine von der Bundesrepublik Deutschland zugunsten der Westdeutschen Landesbank Girozentrale durchgeführte Maßnahme, ABl. 2000 L 150/1, Rn. 246.

1046 Vgl. *Henneke*, Kommunale Sparkassen, S. 138.

(Bsp. Art. 14 AEUV, Art. 106 Abs. 2 AEUV) und Protokollen (Bsp. Protokoll Nr. 26), auch wenn in Art. 14 AEUV nur von „Diensten“ die Rede ist. Im Grundsatz sind Dienstleistungen von allgemeinem wirtschaftlichem Interesse marktbezogene Tätigkeiten, die im Interesse der Allgemeinheit erbracht und deshalb von den Mitgliedstaaten mit besonderen Gemeinwohlverpflichtungen verbunden werden.[1047] Die Leistungen sind noch dann zu erbringen, wenn der Markt nicht genügend Anreize für ihre Erbringung bietet.[1048] Unter den Begriff der Dienstleistungen von allgemeinem wirtschaftlichem Interesse fallen vor allem Verkehrs-, Energieversorgungs- und Telekommunikationsdienste.[1049] Im Übrigen haben die Mitgliedstaaten eine Einschätzungsprärogative, was Dienstleistungen von allgemeinem wirtschaftlichem Interesse sind.[1050] Der Mitgliedstaat hat dabei Gestaltungsfreiheit hinsichtlich des Umfangs und der Ausgestaltung der Dienstleistung.[1051] So werden in Art. 1 des Zusatzprotokolls Nr. 26 zu Dienstleistungen von allgemeinem Interesse[1052] die nationalen, regionalen und

---

1047 Europäische Kommission, Mitteilung „Leistungen der Daseinsvorsorge in Europa“, ABl. 2001 C 17/4, Anhang II.; *von Danwitz*, in: Stiftung Gesellschaft für Rechtspolitik, Jahrbuch 2002/I, S. 73, 79; *Jarass*, in: FS für Papier (2013), S. 321, 326; *Wernicke*, in: Grabitz/Hilf/Nettesheim, Recht der EU, Art. 106 AEUV Rn. 38.

1048 Vgl. BGH, WM 2016, 878, 880; *Frenz*, WRP 2008, 73, 75; *Hennemann*, NZKart 2016, 160, 165; *Jarass*, in: FS für Papier (2013), S. 321, 322; *Karl/Beutelmann*, in: Hoppe/Uechtritz/Reck, Hdb. Kommunale Unternehmen, § 15 Rn. 61; siehe hierzu auch SächsVerfGH, LKV 2001, 216, 217; *von Komorowski*, EuR 2015, 310, 322; *Mann*, ZögU 2005, 174, 177.

1049 BVerwG, NVwZ 2016, 1559, 1563; Europäische Kommission, Mitteilung „Leistungen der Daseinsvorsorge in Europa“, ABl. 2001 C 17/4, Anhang II.; *Emmerich/Hoffmann*, in: Dauses/Ludwigs, Hdb. EU-Wirtschaftsrechts 1, H. II. Rn. 141.

1050 EuGH, Slg. 2008, II-81 Rn. 166 (BUPA); EuG, Slg. 2005, II-2031 Rn. 216 (Fred Olsen); EuG, Slg. 2008, II-2935 Rn. 101 (TV 2/Danmark u.a./Kommission); EuG, BeckRS 2014, 81172 Rn. 44 (Deutschland/Kommission); BVerwG, NVwZ 2016, 1559, 1563; BGH, WM 2016, 878, 879; Europäische Kommission, Mitteilung „Leistungen der Daseinsvorsorge in Europa“, ABl. 2001 C 17/4, Rn. 22; *Braun*, ZEuS 2005 (Heft 2), 211, 227; *Eufinger*, EWS 2014, 253, 256; *Kolb*, LKV 2006, 97, 98; *Krajewski*, DÖV 2005, 665, 666; *Pielow*, in: Henneke, Kommunale Perspektiven im zusammenwachsenden Europa, S. 33, 55; *Schmidt*, LKV 2008, 193, 195; *Weiß*, EuR 2013, 669, 671; kritisch *Emmerich/Hoffmann*, in: Dauses/Ludwigs, Hdb. EU-Wirtschaftsrechts 1, H. II. Rn. 180 f.

1051 EuGH, Slg. 2008, II-81 Rn. 166 f. (BUPA); EuG, BeckRS 2014, 81172 Rn. 45 (Deutschland/Kommission); *Karl/Beutelmann*, in: Hoppe/Uechtritz/Reck, Hdb. Kommunale Unternehmen, § 15 Rn. 61.

1052 Protokoll (Nr. 26) über Dienste von allgemeinem Interesse, ABl. 2008 C 115/308.

lokalen Behörden besonders erwähnt und diesen wird ein weiter Ermessensspielraum hinsichtlich der Dienstleistungen von allgemeinem Interesse zugestanden. Die Europäische Kommission überprüft die Entscheidung nur auf „offenkundige Fehler".[1053] Die Gerichte können die Entscheidung der Europäischen Kommission kontrollieren, wobei ihnen allerdings keine weitergehende Kontrolle zukommt.[1054]

Des Weiteren ist die Bedeutung der übrigen unionsrechtlichen Vorschriften zu beachten. Insofern beansprucht Art. 14 AEUV unbeschadet des Art. 106 AEUV Geltung. Art. 14 AEUV ist wie Art. 106 Abs. 2 AEUV trägerneutral formuliert,[1055] aber anders als Art. 106 Abs. 2 AEUV stellt Art. 14 S. 1 AEUV keinen Rechtfertigungsgrund, sondern nur eine Unionszielbestimmung[1056] dar. Art. 14 AEUV kann für die Auslegung des Art. 106 AEUV herangezogen werden und diese beeinflussen.[1057] In der Vorschrift wird die Stellung und die Bedeutung der Dienstleistungen von allgemeinem wirtschaftlichem Interesse bei der Förderung des sozialen und territorialen Zusammenhalts hervorgehoben. Insoweit verlangt

---

1053 EuGH, Slg. 2008, II-81 Rn. 166 (BUPA); EuG, Slg. 2005, II-2031 Rn. 216 (Fred Olsen); BVerwG, NVwZ 2016, 1559, 1563; BGH, WM 2016, 878, 879; Europäische Kommission, Mitteilung „Leistungen der Daseinsvorsorge in Europa", ABl. 2001 C 17/4, Rn. 22; *Kluth*, in: Mann/Püttner, Hdb. kommunale Wissenschaft und Praxis 2, § 39 Rn. 8; kritisch *Emmerich/Hoffmann*, in: Dauses/Ludwigs, Hdb. EU-Wirtschaftsrechts 1, H. II. Rn. 133.

1054 Ausdrücklich BVerwG, NVwZ 2016, 1559, 1563; vgl. EuGH, Slg. 2008, II-81 Rn. 169 (BUPA); EuG, Slg. 2005, II-2031 Rn. 217 (Fred Olsen); *von Danwitz*, in: Stiftung Gesellschaft für Rechtspolitik, Jahrbuch 2002/I, S. 73, 83; *Pielow*, JuS 2006, 780, 782; *ders.*, in: Henneke, Kommunale Perspektiven im zusammenwachsenden Europa, S. 33, 56.

1055 Vgl. *Kluth*, in: Henneke, Kommunale Perspektiven im zusammenwachsenden Europa, S. 68, 69; *Peters*, Die Dogmatik der Kommunalwirtschaft zwischen national- und europäisch-normativer Konzeption, S. 260.

1056 *Knauff*, EuR 2010, 725, 730; wohl auch *Jarass*, in: FS für Papier (2013), S. 321, 322 f.; als „Gemeinschaftsstrukturprinzip" bezeichnet *Stober*, NJW 2002, 2357, 2361.

1057 Vgl. BGH, WM 2016, 878, 881; *Burgi*, VerwArch 93 (2002), 255, 266; *Jung*, in: Callies/Ruffert, EUV/AEUV, Art. 106 AEUV Rn. 52; *Kluth*, in: Mann/Püttner, Hdb. kommunale Wissenschaft und Praxis 2, § 39 Rn. 57; *Stern*, Das sparkassenrechtliche Regionalprinzip, S. 116; *Streinz*, in: Stiftung Gesellschaft für Rechtspolitik, Jahrbuch 2002/I, S. 179, 192; *Wernicke*, in: Grabitz/Hilf/Nettesheim, Recht der EU, Art. 106 AEUV Rn. 63; ferner *Ehlers*, Verhandlungen zum 64. Deutschen Juristentages I (2002), Gutachten E, S. 54; *Knauff*, in: Loewenheim u.a., KartellR, Art. 106 AEUV Rn. 50 spricht insoweit von einer „Ergebniskontrolle"; a.A. wohl *Klotz*, in: von der Groeben/Schwarze/Hatje, Europäisches UnionsR Bd. 1, Art. 106 AEUV Rn. 67.

Art. 14 AEUV für die Auslegung eine stärkere Berücksichtigung der Bedeutung der Erbringung von Dienstleistungen von allgemeinem wirtschaftlichem Interesse.[1058]

Darüber hinaus ist Art. 36 GRCh bei der Auslegung des Begriffs zu berücksichtigen. Die Grundrechtecharta wurde durch Art. 6 EUV in das Unionsrecht implementiert. Obwohl sich Art. 36 GRCh bei den Grundrechten befindet, ist die rechtliche Bedeutung der Vorschrift umstritten. So könnte aus ihr ein Anspruch auf Zugang zu Dienstleistungen von allgemeinem wirtschaftlichem Interesse folgen, sofern ein solcher aus mitgliedstaatlichen Rechtsvorschriften herzuleiten ist.[1059] Überdies wird die Ansicht vertreten, dass Art. 36 GRCh einen „abwehrrechtlich verstärkten Bestandsschutz für nationale Sozialstandards" enthält und die öffentliche Unternehmenstätigkeit im Allgemeinen als europarechtlich geschützter Eigenwert anzusehen ist.[1060] Weiter könnte aus Art. 36 GrCH die direkte Pflicht der Union abgeleitet werden, den Zugang zu Dienstleistungen von allgemeinem wirtschaftlichem Interesse nicht zu beeinträchtigen.[1061] Unabhängig von der Reichweite der Vorschrift wird durch den Wortlaut des Art. 36 GRCh festgehalten, dass die Europäische Union den Zugang zu Dienstleistungen von allgemeinem wirtschaftlichem Interesse anerkennt und achtet. Insofern wird die Bedeutung von gemeinwohlorientierten Leistungen hervorgehoben. Darüber hinausgehende Aussagen sind der Norm hingegen schwer zu entnehmen. Vielmehr ist die Vorschrift als Grundsatz anzusehen,[1062] durch welchen die Dienstleistungen von allgemeinem wirtschaftlichem Interesse gestärkt werden. Die Vorschrift kann

---

1058 *von Danwitz*, in: Stiftung Gesellschaft für Rechtspolitik, Jahrbuch 2002/I, S. 73, 83; *Hobe/Biehl/Schroeter*, DÖV 2003, 803, 807; *Kluth*, in: Mann/Püttner, Hdb. kommunale Wissenschaft und Praxis 2, § 39 Rn. 54; *Koenig/Paul*, in: Streinz, EUV/AEUV, Art. 14 AEUV Rn. 16; kritisch hierzu *Emmerich/Hoffmann*, in: Dauses/Ludwigs, Hdb. EU-Wirtschaftsrechts 1, H. II. Rn. 180; *Jung*, in: Callies/Ruffert, EUV/AEUV, Art. 106 AEUV Rn. 52.

1059 *Frenz*, WRP 2008, 73, 80 f.; *Kluth*, in: Mann/Püttner, Hdb. kommunale Wissenschaft und Praxis 2, § 39 Rn. 64; *Mann*, ZögU 2005, 174, 182; *Ruffert*, in: Callies/Ruffert, EUV/AEUV, Art. 36 GrCH Rn. 3; siehe aber auch *Schmidt*, LKV 2008, 193, 195, der direkt aus Art. 36 GrCH einen Anspruch herleitet.

1060 *Frenz*, WRP 2008, 73, 81; *Knauff*, in: Loewenheim u.a., KartellR, Art. 106 AEUV Rn. 18.

1061 Vgl. *Krajewski*, DÖV 2005, 665, 668.

1062 *Blanke*, DVBl. 2010, 1333, 1337; *Frenz*, WRP 2008, 73, 80 f.; *Jarass*, GRCh, Art. 36 Rn. 33; *Rudolf*, in: Meyer/Hölscheidt, GRCh, Art. 36 Rn. 13; *Ruffert*, in: Callies/Ruffert, EUV/AEUV, Art. 36 GrCH Rn. 3.

als Auslegungshilfe herangezogen werden, Art. 106 Abs. 1 AEUV bleibt aber die Regel.

b) In Abgrenzung zur Daseinsvorsorge

In Deutschland als Mitgliedstaat der Europäischen Union wird in der Rechtsprechung und Literatur seit Jahrzehnten anstelle der unionsrechtlichen Bezeichnung „Dienstleistungen von allgemeinem wirtschaftlichem Interesse"[1063] der auf Ernst Forsthoff[1064] zurückgehende Begriff „Daseinsvorsorge" verwendet. Allerdings ist weiterhin fraglich, ob es sich bei diesem Begriff tatsächlich um einen Rechtsbegriff mit konkreten rechtlichen Folgen handelt[1065] und nicht nur um einen politischen Leitbegriff[1066]. Zumindest hat sich der Begriff der Daseinsvorsorge über die Jahrzehnte etabliert und weiterentwickelt.[1067] Er hat mittlerweile sogar Eingang in die Gemeindeordnungen gefunden (z.B. Art. 87 Abs. 1 S. 1 Nr. 4 BayGO), so dass seine Bedeutung für die deutsche Kommunalwirtschaft anzuerkennen ist. Nach wie vor ist umstritten, welche Leistungen unter die Daseinsvorsorge zu fassen sind. Aufgrund technischer Entwicklungen und den daraus resultierenden Veränderungen des menschlichen Zusammenlebens werden neue Bedarfslagen geschaffen, welche ebenfalls von der Daseinsvorsorge umfasst werden müssen.[1068] Grob gesagt meint Daseinsvorsorge Leistungen, die der Befriedigung

---

1063 *Braun*, ZEuS 2005 (Heft 2), 211, 227; *Emmerich/Hoffmann*, in: Dauses/Ludwigs, Hdb. EU-Wirtschaftsrechts 1, H. II. Rn. 133; *Krajewski*, DÖV 2005, 665, 666; *Pielow*, JuS 2006, 780, 78.

1064 *Forsthoff*, Die Verwaltung als Leistungsträger, S. 7, der unter Daseinsvorsorge die „Darbringung von Leistungen, auf welche der in die modernen massentümlichen Lebensformen verwiesene Mensch lebensnotwendig angewiesen ist" verstand.

1065 So *Ipsen*, in: FS für Rauschning (2001), S. 645, 656; *Kluth*, in: Mann/Püttner, Hdb. kommunale Wissenschaft und Praxis 2, § 39 Rn. 17; *Knauff*, EnWZ 2015, 51, 52; *Leisner*, WiVerw 2011, 55, 64; *Ronellenfitsch*, DVBl. 2008, 201.

1066 *Engelhardt*, in: Schneider u.a., HGO, § 121 HGO Rn. 2; *Hill*, BB 1997, 425, 427; *Mombaur*, in: FG für von Unruh (1983), S. 503, 504 f.; *Schink*, NVwZ 2002, 129, 132; *Storr*, Der Staat als Unternehmer, S. 111 f.; ferner *Hauser*, Wirtschaftliche Betätigung von Kommunen, S. 12; ausführlich *Krajewski*, VerwArch 99 (2008), 174 ff.

1067 *Burgi*, VerwArch 93 (2002), 255, 258; *Knauff*, WiVerw 2011, 80; *Luch/Schulz*, MMR 2009, 19, 20 f.; ähnlich *von Komorowski*, EuR 2015, 310, 317 f.

1068 *Luch/Schulz*, MMR 2009, 19, 21 f.; *Mombaur*, in: FG für von Unruh (1983), S. 503, 508; *Schwarze*, EuZW 2001, 334, 339.

von Bedürfnissen für eine dem jeweiligen Lebensstandard entsprechende Lebensführung dienen.[1069] Insbesondere unterfallen danach Universaldienste der Daseinsvorsorge, die zu erbringen sind, selbst wenn sie für das Unternehmen nach der Marktlage nicht lohnend sind.[1070]

Der unionsrechtliche Begriff steht im deutschen Recht in engem Zusammenhang mit dem Begriff der Daseinsvorsorge. Grundsätzlich umfasst der unionsrechtliche Begriff die nach deutschem Recht der Daseinsvorsorge unterfallenden Leistungen.[1071] So stellen beispielsweise die Wasserversorgung und Energieversorgung sowohl Dienstleistungen von allgemeinem wirtschaftlichem Interesse[1072] dar als auch Leistungen der Daseinsvorsorge.[1073] Zudem wurde der Begriff Daseinsvorsorge in den Titel der ins Deutsche übersetzten Kommissionsmitteilung übernommen.[1074] Insofern ist anzunehmen, dass der Begriff der Daseinsvorsorge und der Dienstleistungen von

---

1069 *Burgi*, VerwArch 93 (2002), 255, 258; *von Komorowski*, EuR 2015, 310, 317 f.; *Luch/Schulz*, MMR 2009, 19, 20; vgl. *Ronellenfitsch*, DVBl. 2008, 201, 203; ausführlich *Krajewski*, VerwArch 99 (2008), 174 ff.

1070 *Braun*, ZEuS 2005 (Heft 2), 211, 227; *Luch/Schulz*, MMR 2009, 19, 20; vgl. *Burmeister*, in: FG für von Unruh (1983), S. 623, 647.

1071 *Hösch*, DÖV 2000, 393, 404; *Krajewski*, DÖV 2005, 665, 666; *Luch/Schulz*, MMR 2009, 19, 20; *Püttner*, DVBl. 2010, 1189; vgl. auch *Berg*, in: Berg/Mäsch, Deutsches und Europäisches KartellR, Art. 106 AEUV Rn. 40; *Jarass*, Kommunale Wirtschaftsunternehmen im Wettbewerb, S. 42.

1072 Zur Wasserversorgung: Europäische Kommission, Entscheidung v. 17. Dezember 1981, 82/371/EWG, ABl. EG 1982 L 167/39, Rn. 64 f. (Navewa-Anseau); *Wernicke*, in: Grabitz/Hilf/Nettesheim, Recht der EU, Art. 106 AEUV Rn. 38; zur Energieversorgung: EuGH, Slg. 1994, I-1477 Rn. 46 ff. (Almelo); EuGH, Slg. 1997, I-5699 Rn. 41 f. (Kommission/Niederlande); EuGH, Slg. 1997, I-5789 Rn. 38 ff. (Kommission/Italien); EuGH, Slg. 1997, I-5815 Rn. 57 (Kommission/Frankreich); *Wernicke*, in: Grabitz/Hilf/Nettesheim, Recht der EU, Art. 106 AEUV Rn. 38.

1073 Zur Wasserversorgung: BVerwGE 98, 273, 275 ff.; *Heberlein*, NVwZ 1995, 1052, 1054; *Hösch*, DÖV 2000, 393, 404; *Krajewski*, VerwArch 99 (2008), 174, 181; *Luch/Schulz*, MMR 2009, 19, 20; *Mehde*, in: Maunz/Dürig, GG, Art. 28 Abs. 2 Rn. 93; *Schmidt*, LKV 2008, 193, 196; zur Energieversorgung: *Hösch*, DÖV 2000, 393, 404; *Knauff*, EnWZ 2015, 51, 52; *Luch/Schulz*, MMR 2009, 19, 20; *Mehde*, in: Maunz/Dürig, GG, Art. 28 Abs. 2 Rn. 93; *Wernicke*, in: Grabitz/Hilf/Nettesheim, Recht der EU, Art. 106 AEUV Rn. 38.

1074 Europäische Kommission, Mitteilung „Leistungen der Daseinsvorsorge in Europa“, ABl. 2001 C 17/4.

allgemeinem wirtschaftlichem Interesse fast deckungsgleich sind.[1075] Demzufolge kann davon gesprochen werden, dass die Daseinsvorsorge europarechtlich anerkannt ist.[1076] Dennoch sind die beiden Begriffe nicht vollkommen deckungsgleich.[1077] Die Dienstleistungen von allgemeinem wirtschaftlichem Interesse müssen anders als bei der Daseinsvorsorge stets wirtschaftlicher Art sein.[1078] Die Sparkassen üben jedenfalls eine wirtschaftliche Tätigkeit aus, womit die Begrifflichkeiten bei den Sparkassen deckungsgleich sind. Daher können der unionsrechtliche Begriff des Gemeinwohls sowie die Daseinsvorsorge im Folgenden synonym verwendet und auf Argumente zur Daseinsvorsorge zurückgegriffen werden.

1075 Zum Vergleich können die englische und die französische Fassung zur Mitteilung der Europäischen Kommission v. 19. Januar 2001 herangezogen werden: In der englischen Fassung wird von „services of general interest“ gesprochen, in der französischen von „services d’intérêt général“, wobei diese Begrifflichkeiten fast wortgleich in der englischen („services of general economic interest“) und französischen („services d’intérêt économique général“) Fassung des Art. 106 Abs. 2 AEUV Verwendung finden. Demnach ist davon auszugehen, dass die Begrifflichkeiten in der Mitteilung sowie im Vertragstext fast deckungsgleich sein sollen. Die englische und französische Fassung zur Mitteilung weisen damit auch eine größere Ähnlichkeit zum deutschen Vertragstext auf. Vgl. *Schwarze*, EuZW 2001, 334, 339; ferner *Krajewski*, VerwArch 99 (2008), 174, 195; *Scheps*, Das Örtlichkeitsprinzip im kommunalen Wirtschaftsrecht, S. 173; a.A. *Wernicke*, in: Grabitz/Hilf/Nettesheim, Recht der EU, Art. 106 AEUV Rn. 38.

1076 So jedenfalls *Bunte*, WM 2016, 905, 911; vgl. auch *Kolb*, LKV 2006, 97, 98.

1077 Vgl. *Krajewski*, DÖV 2005, 665, 667; *Luch/Schulz*, MMR 2009, 19, 20; *Püttner*, DVBl. 2010, 1189; *Schwarze*, EuZW 2001, 334, 339; *Weiß*, EuR 2013, 669, 670; siehe ferner *Schwarting*, ZögU 2001, 286, 287; *Knauff*, in: Loewenheim u.a., KartellR, Art. 106 AEUV Rn. 64, der die „fehlende Bestimmtheit“ der Daseinsvorsorge kritisiert, den Begriff aber letztlich dennoch heranzieht für eine vergleichende Darstellung.

1078 *Jung*, in: Callies/Ruffert, EUV/AEUV, Art. 106 AEUV Rn. 39; *Kolb*, LKV 2006, 97, 98; *von Komorowski*, EuR 2015, 310, 315 f.; *Krajewski*, DÖV 2005, 665, 667; *Luch/Schulz*, MMR 2009, 19, 20; vgl. auch *Knauff*, in: Loewenheim u.a., KartellR, Art. 106 AEUV Rn. 62. Siehe zudem *Kluth*, in: Mann/Püttner, Hdb. kommunale Wissenschaft und Praxis 2, § 39 Rn. 18, der die Dienstleistungen von allgemeinem wirtschaftlichen Interesse dementsprechend als „Untergruppe der Daseinsvorsorge“ klassifiziert. A.A. *Wernicke*, in: Grabitz/Hilf/Nettesheim, Recht der EU, Art. 106 AEUV Rn. 38.

2. *Tätigkeiten von kommunalen Sparkassen als Dienstleistungen von allgemeinem wirtschaftlichem Interesse*

Die Wettbewerbssicherung durch das sparkassenrechtliche Regionalprinzip könnte als Gemeinwohlaufgabe aufzufassen sein.[1079] Dieser Zusammenhang wird relevant, wenn das sparkassenrechtliche Regionalprinzip selbst als Rechtfertigungsgrund heranzuziehen ist. Vorliegend geht es bei der Frage nach der Rechtfertigung gem. Art. 106 Abs. 2 AEUV darum, ob Sparkassen öffentliche Unternehmen sind, die Dienstleistungen von allgemeinem wirtschaftlichem Interesse erbringen und deren Erfüllung durch die Beseitigung der widersprechenden Maßnahme i.S.d. Art. 106 Abs. 1 AEUV i.V.m. Art. 101 Abs. 1 lit. c AEUV – des Regionalprinzips – rechtlich oder tatsächlich verhindert werden würde. Demnach muss das Regionalprinzip als widersprechende Maßnahme nicht selbst die Gemeinwohlaufgabe darstellen.

Daher ist im Folgenden näher zu überlegen, ob die Sparkassen Dienstleistungen von allgemeinem wirtschaftlichem Interesse erbringen. Mithin muss an der Sparkassentätigkeit ein allgemeines wirtschaftliches Interesse bestehen, welches gegenüber dem Interesse an anderen Tätigkeiten des Bankensystems spezifische Merkmale aufweist.[1080] Für eine Rechtfertigung des Regionalprinzips nach Art. 106 Abs. 2 AEUV kommt es darauf an, ob die kommunalen Sparkassen Dienstleistungen von allgemeinem wirtschaftlichem Interesse ausüben und daher das Regionalprinzip trotz der unionsrechtlichen Kartellvorschriften Geltung beansprucht.

a) *Universalbankgeschäfte der kommunalen Sparkassen*

Die Leistungen der Sparkassen könnten insgesamt Dienstleistungen von allgemeinem wirtschaftlichem Interesse darstellen. Es ist zumindest zweifelhaft, ob die Universalbankgeschäfte der Sparkassen grundsätzlich von Art. 106 Abs. 2 AEUV erfasst sind,[1081] denn viele Leistungen können ebenso von anderen Kreditinstituten erbracht werden. Dabei hat sich die Tätigkeit der Sparkassen mit den Jahren immer weiter derjenigen von privaten Kreditinstituten angenähert

---

1079 So jedenfalls *Kruse*, NVwZ 2000, 721, 724.

1080 Vgl. hierzu im Allgemeinem: EuGH, Slg. 1991, I-5889 Rn. 27 (Merci convenzionali porto di Genova); EuGH, Slg. 1997, I-4449 Rn. 53 (GT-Link); EuG, BeckRS 2014, 81172 Rn. 46 (Deutschland/Kommission).

1081 Vgl. *von Friesen*, EuZW 1999, 581; ferner *Streinz*, in: Stiftung Gesellschaft für Rechtspolitik, Jahrbuch 2002/I, S. 179, 194.

und umgekehrt,[1082] eine Entwicklung, die bereits die letzten Jahrzehnte zu beobachten ist. So könnte davon ausgegangen werden, dass Sparkassen gewinnorientiert wie private Kreditinstitute handeln.[1083] Der Europäische Gerichtshof stellte 1981 fest, dass „es sich bei den von den Banken normalerweise für ihre Kunden ausgeführten Überweisungen von einem Mitgliedstaat in einen anderen um Geschäfte handelt, die namentlich im Rahmen des internationalen Kapitalverkehrs zu der eigentlichen Aufgabe der Banken gehören".[1084] Demnach stellen diese Aufgaben grundsätzlich keinen ausreichenden Grund für eine Dienstleistung von allgemeinem wirtschaftlichem Interesse i.S.d. Art. 106 Abs. 2 AEUV dar.[1085] Dies könnte nur der Fall sein, wenn dem Kreditinstitut die Ausführung bestimmter Überweisungen durch Hoheitsakt betraut worden ist.[1086] Somit ist zumindest nicht die gesamte Kreditwirtschaft durch Art. 106 Abs. 2 AEUV ausgenommen.[1087] Bei Sparkassen ist nicht jede Ausführung von Überweisungen durch Hoheitsakt betraut worden. Vielmehr können die meisten bankspezifischen Leistungen der Sparkassen auch von Privat- und Genossenschaftsbanken erbracht werden. Daher stellen nicht alle Leistungen einer Sparkasse Dienstleistungen von allgemeinem wirtschaftlichem Interesse dar, die unter Art. 106 Abs. 2 AEUV fallen. Dies bedeutet nicht, dass Sparkassen keine Dienstleistungen von allgemeinem wirtschaftlichem Interesse ausüben und gewinnorientiert wie Privatbanken handeln, nur müssen hierfür die Tätigkeitsfelder und Aufgaben der Sparkasse näher überprüft werden.

1082 Vgl. BVerfGE 64, 229, 240 f.; BVerfGE 75, 192, 197; VerfGH NRW, NVwZ 1987, 211, 213; *Thomas*, Die kartellrechtliche Bewertung des sparkassenrechtlichen Regionalprinzips, S. 83; *Weides*, DÖV 1984, 41, 44; *Winters*, NJW 1980, 2685, 2686; siehe auch Monopolkommission, XII. Hauptgutachten, BT-Drs. 13/11291 v. 17. Juli 1998, S. 48.

1083 So Monopolkommission, XII. Hauptgutachten, BT-Drs. 13/11291 v. 17. Juli 1998, S. 48, die bereits beim Streit um die Anstaltslast und Gewährträgerhaftung von Sparkassen eine Rechtfertigung durch Gemeinwohlinteressen abgelehnt hatte.

1084 EuGH, Slg. 1981, 2021 Rn. 7 (Züchner/Bayerische Vereinsbank).

1085 EuGH, Slg. 1981, 2021 Rn. 7 (Züchner/Bayerische Vereinsbank).

1086 EuGH, Slg. 1981, 2021 Rn. 7 (Züchner/Bayerische Vereinsbank).

1087 Vgl. EuGH, Slg. 1981, 2021 (Züchner/Bayerische Vereinsbank); *Eufinger*, EWS 2014, 253, 256; *Thomas*, Die kartellrechtliche Bewertung des sparkassenrechtlichen Regionalprinzips, S. 82.

b) Gemeinwohlorientierung der kommunalen Sparkassen

Die Tätigkeiten von Sparkassen könnten aufgrund der Gemeinwohlorientierung der kommunalen Kreditinstitute als Dienstleistungen von allgemeinem wirtschaftlichem Interesse zu qualifizieren sein. In Hessen ist die Förderung von kommunalen Aufgaben in § 2 Abs. 1 S. 3 HessSparkG festgelegt. Jedoch gibt es ebenso private Kreditinstitute, die aus Werbezwecken Sport, Kultur und Soziales fördern.[1088] Diese Aufgabe allein vermag das Regionalprinzip nicht zu rechtfertigen.

Eine weitere Aufgabe von Sparkassen ist die Förderung des Sparsinns und der Vermögensbildung der Bevölkerung. Die Aufgabenwahrnehmung der kommunalen Kreditinstitute zumindest belegt, dass 2018 in Deutschland 50 % aller Kundenspareinlagen auf die Sparkassen entfielen.[1089] Dennoch könnte die Förderung des Sparsinns und der Vermögensbildung der Bevölkerung vielmehr den Eltern und Schulen obliegen.[1090] Überdies haben private Kreditinstitute gleichfalls Sparprogramme für Kinder.[1091] Allerdings ist diese Aufgabe bei Sparkassen zentral verankert. Die Sparkassen sind zumindest das beliebteste Kreditinstitut zum Führen eines Sparbuchs.[1092] Für die meisten Sparkassenkunden ist das Sparbuch die am häufigsten genutzte Anlageform.[1093] Für die größeren privaten Kreditinstitute sind solche Sparformen weniger interessant, da die Kosten höher sind als der Nutzen. Demnach kann eine im öffentlichen Interesse liegende Aufgabe angenommen werden, wenn das betreffende Kreditinstitut rein privatwirtschaftlich betrachtet in manchen Gebieten bzw. Geschäftsfeldern nicht tätig werden sollte.[1094] Somit haben die Sparkassen ihre Aufgaben dann noch zu

---

1088 *Geschwandtner/Bach*, NJW 2007, 129, 132; *Kruse*, NVwZ 2000, 721, 724; ferner *Beuthien*, WM 2004, 1467, 1468.

1089 Deutsche Bundesbank, Marktanteile an den Kundenspareinlagen in Deutschland im Jahr 2018 nach Bankengruppen, Statista v. 2018 (online, s. Literaturverzeichnis).

1090 *Beuthien*, WM 2004, 1467, 1468; *Purbach*, Die Auswirkungen des Binnenmarktes auf die Sparkassen und ihre öffentlich-rechtliche Verankerung, S. 207.

1091 *Beuthien*, WM 2004, 1467, 1468.

1092 VuMA, Beliebteste Geldinstitute zum Führen eines Sparbuchs bzw. für Wertpapiere oder Geldanlagen bei Sparkassen-Kunden im Vergleich mit der Bevölkerung im Jahr 2019, Statista v. November 2019 (online, s. Literaturverzeichnis).

1093 VuMA, Beliebteste Geldanlagemöglichkeiten (Besitz im Haushalt) bei Sparkassen-Kunden im Vergleich mit der Bevölkerung im Jahr 2019, Statista v. November 2019 (online, s. Literaturverzeichnis).

1094 Vgl. *Nierhaus/Stern*, Regionalprinzip und Sparkassenhoheit im europäischen Bankenbinnenmarkt, S. 160; *Stern*, Das sparkassenrechtliche Regionalprinzip, S. 110.

erfüllen, wenn diese aus wirtschaftlicher Sicht nicht mehr vertretbar ist, aber aufgrund des öffentlichen Gemeinwohls geboten erscheint.[1095] Hieraus ergibt sich zumindest ein Indiz für das Vorliegen von Dienstleistungen von allgemeinem wirtschaftlichem Interesse.

c) *Kreditwirtschaftliche Leistungen der kommunalen Sparkassen*

Die Sparkassen haben alle Bevölkerungsschichten, die Kommunen und den Mittelstand mit kreditwirtschaftlichen Leistungen zu versorgen. Die „Hausbankfunktion" von Sparkassen stellt insoweit einen Unterschied zu anderen Kreditinstituten dar. Die Bank- und Kreditgeschäfte könnten aber womöglich ebenso private Kreditinstitute der Gemeinde und des Mittelstands gewährleisten.[1096] Zudem könnten die privaten Kreditinstitute die Versorgung mit bankspezifischen Leistungen für ärmere Bevölkerungsschichten übernehmen.[1097] Dem steht allerdings entgegen, dass 2018 die Sparkassen von allen Bankengruppen den größten Marktanteil im Kreditgeschäft mit Privatpersonen (32 %)[1098] sowie mit Unternehmen und Selbstständigen (30 %)[1099] aufwiesen. Somit kommen die Sparkassen weiterhin ihrem kreditwirtschaftlichen Versorgungsauftrag nach und scheinen für die Versorgung weiterhin sehr wichtig zu sein. Demnach ist nicht anzunehmen, dass private Banken tatsächlich die Kreditversorgung für die Kommunen und den Mittelstand ebenso gut übernehmen könnten. Es sind nach wie vor die Sparkassen, welche aufgaben- und nicht gewinnorientiert handeln und für eine flächendeckende Versorgung der Bevölkerung sorgen. So ist zudem die Kundengruppe der Sparkassen im Hinblick auf die Altersstruktur der deutschen Bevölkerung relativ gleichverteilt.[1100]

1095 *Güde*, Geschäftspolitik der Sparkassen, S. 34; vgl. zu kommunalen Unternehmen: *Hösch*, DÖV 2000, 393, 404.

1096 So jedenfalls *Beuthien*, WM 2004, 1467, 1468; hinsichtlich der Versorgung des Mittelstands: *Geschwandtner/Bach*, NJW 2007, 129, 131.

1097 So jedenfalls *Beuthien*, WM 2004, 1467, 1469; ähnlich *Purbach*, Die Auswirkungen des Binnenmarktes auf die Sparkassen und ihre öffentlich-rechtliche Verankerung, S. 202; *Staats*, Fusionen bei Sparkassen und Landesbanken, S. 250.

1098 Deutsche Bundesbank, Marktanteile im Kreditgeschäft mit Privatpersonen in Deutschland im Jahr 2018 nach Bankengruppen, Statista v. 2018 (online, s. Literaturverzeichnis).

1099 Deutsche Bundesbank, Marktanteile im Kreditgeschäft mit Unternehmen und Selbstständigen in Deutschland im Jahr 2018 nach Bankengruppen, Statista v. 2018 (online, s. Literaturverzeichnis).

1100 VuMA, Sparkassen-Kunden in Deutschland nach Alter im Vergleich mit der Bevölkerung im Jahr 2019, Statista v. November 2019 (online, s. Literaturverzeichnis).

Weiter zeigt ein Vergleich zu den Vereinigten Staaten von Amerika, dass sich der Markt nicht immer selbst reguliert und manche Regionen sowie Bevölkerungsschichten keinen Zugang zu kreditwirtschaftlichen Leistungen hatten. Daher greift seit 1977 der Community Reinvestment Act in das amerikanische Bankwesen steuernd ein.[1101] Dieses Problem gab es in Deutschland bereits im 18. und 19. Jahrhundert, aufgrund dessen die kommunalen Sparkassen entstanden, um auch Anlagemöglichkeiten für kleinere Ersparnisse zu bieten, welche die privaten Kreditinstitute nicht bereitstellten.[1102] Durch die Sparkassen wurde die Lücke in der Versorgung der Bevölkerung mit bankspezifischen Leistungen geschlossen.[1103] Den Sparkassen kommt damit eine Korrekturfunktion des Marktes zu.[1104] In diesem Zusammenhang ist Irland zu erwähnen, wo aus denselben Gründen überlegt wird, eine Irische Sparkassenlandschaft nach deutschem Vorbild und mit Beratung von deutschen Sparkassen zu etablieren.[1105] Insofern kann nicht davon ausgegangen werden, dass die private Bankwirtschaft die Leistungen immer ebenso gut erbringen kann wie die Sparkassen.[1106] Vielmehr zeigen die Beispiele, dass der Markt teilweise

---

1101 Vgl. Deutsche Landkreistag (DLT) und Deutsche Sparkassen- und Giroverband (DSGV), Gemeinsame Erklärung von DLT und DSGV zur Notwendigkeit der öffentlich-rechtlichen Struktur der kommunalen Sparkassen v. 20. Januar 2004, abgedruckt in: Der Landkreis 2004, 67, 68; siehe ferner *Vogel*, ZBB 2001, 103, 105; *Weber*, in: Stiftung Gesellschaft für Rechtspolitik, Jahrbuch 2002/I, S. 39, 47.

1102 Siehe BVerfGE 75, 192, 198; Bericht der Bundesregierung über die Untersuchung der Wettbewerbsverschiebungen im Kreditgewerbe und über eine Einlagensicherung, BT-Drs. V/3500, S. 40.

1103 BVerfGE 75, 192, 198; Bericht der Bundesregierung über die Untersuchung der Wettbewerbsverschiebungen im Kreditgewerbe und über eine Einlagensicherung, BT-Drs. V/3500, S. 40.

1104 *Brenncke*, ZBB 2007, 1, 11; *Ellgering*, Kreditwesen 1979, 796, 800; *Güde*, Geschäftspolitik der Sparkassen, S. 26; *Hermanns*, Kreditwesen 1979, 440, 442; *Möhle*, Kreditwesen 1979, 680, 682; *Nierhaus*, DÖV 1984, 662, 666; *Weber*, in: Stiftung Gesellschaft für Rechtspolitik, Jahrbuch 2002/I, S. 39, 48.

1105 *Burke-Kennedy*, O'Donnell sees role for public banking system in Ireland, Irish Times v. 11. September 2018 (online, s. Literaturverzeichnis); *O'Connor*, Sparkasse to tell TDs it is 'deeply convinced' model can work in Ireland, Irish Independent v. 28. Januar 2018 (online, s. Literaturverzeichnis).

1106 Zuzustimmen *Oebbecke*, VerwArch 93 (2002), 278, 283; vgl. auch *Brämer/Gischer/Pfingsten/Richter*, ZögU 2010, 311, 324 f.; *Brenncke*, ZBB 2007, 1, 12; *Henneke*, Der Landkreis 2004, 13, 16; hierzu SächsVerfGH, LKV 2001, 216, 217; a.A. wohl *Staats*, Fusionen bei Sparkassen und Landesbanken, S. 250.

nicht von selbst alle Bedürfnisse abdeckt, sofern diese für das Unternehmen nicht ertragsreich genug sind.

Das Basiskonto zeigt, wie sich die flächendeckende, alle Bevölkerungsgruppen übergreifende Versorgung mit bankspezifischen Leistungen auswirkt. Das Bereitstellen eines Basiskontos ist insoweit mit dem Erbringen von Verkehrs-, Energieversorgungs- und Telekommunikationsdiensten vergleichbar.[1107] Diesen Leistungen ist gemeinsam, dass sie für eine vollständige Teilnahme am wirtschaftlichen Leben essenziell sind. Dies gilt ebenso für Parteien und Unternehmen. Ohne das Führen eines Basiskontos würde ihre Tätigkeit behindert. Nach § 31 ZKV gilt die Verpflichtung zur Führung eines Basiskontos für alle Kreditinstitute und nicht nur für Sparkassen. Allerdings stellen die Arbeitslosen weiterhin einen erhöhten Anteil an Sparkassenkunden dar[1108] und im Verhältnis zur Bevölkerung haben überdurchschnittlich viele Sparkassenkunden ein Nettomonatseinkommen von weniger als 1.500 Euro[1109]. Zudem reichen die Kontrahierungspflichten bei Sparkassen deutlich weiter als bei privaten Kreditinstituten.[1110] Es ist daher anzunehmen, dass die sparkassenrechtlichen Kontrahierungspflichten eine Dienstleistung von allgemeinem wirtschaftlichem Interesse darstellen,[1111] solange diese weiter reichen als bei Privatbanken. Zwar ist der Kontrahierungszwang im Hinblick auf natürliche Personen aufgrund des § 31 ZKG gleich, bei Sparkassen umfasst er jedoch beispielsweise auch Parteien und Unternehmen, so dass er insgesamt weiter geht. Demnach ist im Ergebnis davon auszugehen, dass die bankspezifischen Leistungen von Sparkassen Dienstleistungen von allgemeinem wirtschaftlichem Interesse darstellen.

d) Flächendeckende Versorgung mit bankspezifischen Leistungen durch kommunale Sparkassen

Die Sparkassen unterhalten im Gegensatz zu privaten Banken weiterhin ein kostspieliges und dichtes Filialnetz. Die flächendeckende Versorgung mit kreditwirtschaftlichen Leistungen stellt eine wichtige Aufgabe für die Sparkassen

---

1107 Vgl. *Eufinger*, EWS 2014, 253, 256.

1108 VuMA, Sparkassen-Kunden in Deutschland nach Berufstätigkeit im Vergleich mit der Bevölkerung im Jahr 2019, Statista v. November 2019 (online, s. Literaturverzeichnis).

1109 VuMA, Sparkassen-Kunden in Deutschland nach Netto-Einkommen im Vergleich mit der Bevölkerung im Jahr 2019, Statista v. November 2019 (online, s. Literaturverzeichnis).

1110 Ausführlich Kapitel 4: D. I. 2.

1111 Vgl. *Eufinger*, EWS 2014, 253, 256.

dar, die der hessische Gesetzgeber betont.[1112] Es ist allgemein anerkannt, dass die Verpflichtung zur flächendeckenden Versorgung ein Indiz für das allgemeine Interesse an der Leistung sein kann.[1113] So zeigt sich die Bedeutung der flächendeckenden Versorgung auch in anderen Zusammenhängen. Das Bundesverwaltungsgericht entschied 2015, dass die Entsorgung von Haushaltsabfällen als Dienstleistung von allgemeinem wirtschaftlichem Interesse zu qualifizieren ist, da die Pflicht zur flächendeckenden und diskriminierungsfreien Versorgung ohne Rücksicht auf die Wirtschaftlichkeit jedes einzelnen Vorgangs im Vordergrund stand.[1114]

Zudem können einige Parallelen für die Sparkassen aus einem Urteil des Bundesgerichtshofs aus dem Jahr 2015 zum Presse-Grosso[1115] gezogen werden. Der deutsche Pressevertrieb über den Groß- und stationären Einzelhandel ist in verschiedene Vertriebsgebiete aufgeteilt, wobei grundsätzlich jeweils ein Grossist für ein Gebiet zuständig ist und damit ein Gebietsmonopol für die Versorgung der in seinem Gebiet ansässigen Händler besitzt (sog. Alleingebiets-Grosso).[1116] Jedoch werden die Preise und Konditionen von dem Presse-Grosso-Verband zentral koordiniert. Bevor der Bundesgerichtshof 2015 zur Gebietsaufteilung zwischen Grossisten Stellung bezog, hatte das Landgericht Köln geurteilt, dass das Alleingebiets-Grosso ein nicht gerechtfertigter Verstoß gegen Art. 1 GWB und Art. 101 AEUV sei.[1117] Die zentralen Preis- und Konditionenverhandlungen könnten abgestimmte Verhaltensweise sein, wobei der potenzielle Wettbewerb eingeschränkt werde.[1118] Das nicht rechtskräftige Urteil führte schließlich zur Einfügung des § 30 Abs. 2a GWB[1119] zum Schutz des Presse-Grosso. Der Bundesgerichtshof entschied schließlich, dass die neu

1112 Vgl. LT-Drs. 17/326, S. 1.

1113 Vgl. hierzu EuGH, Slg. 1989, 803 Rn. 55 (Saeed Flugreisen); Europäische Kommission, Mitteilung „Leistungen der Daseinsvorsorge in Europa“, ABl. 2001 C 17/4; siehe auch *Badura*, ZGR 1997, 291, 300.

1114 BVerwG, NVwZ 2016, 1559, 1563.

1115 BGH, WM 2016, 878.

1116 BGH, WM 2016, 878; ausführlich *Hennemann*, NZKart 2016, 160, 161.

1117 LG Köln, GRUR-RR 2012, 171. Im Jahr 2011 hatte der Bundesgerichtshof erläutert, dass die gebietsbezogene Alleinauslieferung im deutschen Pressevertriebssystem eine Wettbewerbsbeschränkung i.S.d. § 1 GWB sei, die zulässig wäre, wenn die Freistellungsvoraussetzungen des § 2 Abs. 1 GWB gegeben seien (BGH, NJW 2012, 773, 775), wobei er dies offen ließ.

1118 So LG Köln, GRUR-RR 2012, 171, 173 f.; zustimmend *Schnelle/Kollmann*, GRUR-RR 2012, 176, 177.

1119 Vgl. BT-Drs. 17/11053, S. 18.

eingefügte Norm mit Art. 106 Abs. 2 AEUV vereinbar und der flächendeckende und diskriminierungsfreie Vertrieb von Zeitungen und Zeitschriften im stationären Einzelhandel als Dienstleistung von allgemeinem wirtschaftlichem Interesse i. S. v. Art. 106 Abs. 2 AEUV einzuordnen ist.[1120] Die Presseverlage und Pressegrossisten seien mit diesen Aufgaben betraut und die weiteren Voraussetzungen des Art. 106 Abs. 2 AEUV lägen vor. Zwischen dem deutschen Pressevertriebssystem und dem sparkassenrechtlichen Regionalprinzip lassen sich einige Parallelen ziehen. Zwar stellen die Presseverlage und Pressegrossisten keine öffentlichen Unternehmen dar wie Sparkassen, so dass Art. 101 Abs. 1 AEUV Anwendung findet. Allerdings folgt die Rechtfertigung jeweils aus Art. 106 Abs. 2 AEUV. Die Sparkassen stellen auch keine Monopole dar, jedoch erinnert die gebietliche Abgrenzung des Presse-Grosso an die Grenzen von Sparkassen. Im Übrigen hat der Bundesgerichtshof in seiner Entscheidung zum Presse-Grosso-System selbst entschieden, dass die Gewährleistung eines flächendeckenden und diskriminierungsfreien Zugangs zu Presseprodukten eine im öffentlichen Interesse liegende Aufgabe sein kann.[1121] Hierin findet sich eine starke Parallele zur flächendeckenden Versorgung mit kreditwirtschaftlichen Leistungen von Sparkassen.

Es gibt noch Genossenschaftsbanken mit einem ähnlich dichten Filialnetz in der Fläche, aber private Banken sind dort nicht mehr mit Filialen vertreten. Womöglich ist aufgrund der zunehmenden Bedeutung von elektronischen Vertriebswegen ein dichtes Filialnetz für die flächendeckende Versorgung mit bankspezifischen Leistungen nicht mehr erforderlich.[1122] Jedoch zeigen verschiedene Beispiele, dass die Bürger nach wie vor Interesse an ihrer kommunalen Sparkasse haben.[1123] In Stralsund wollte die Kommune 2003 ihre Sparkassentätigkeit aufgeben und die Sparkasse an einen privaten Investor verkaufen; ein Bürgerbegehren gegen das Vorhaben mit Ziel eines Bürgerbescheids war die Folge.[1124] In Sachsen gab es Pläne, die von der öffentlichen Hand getragenen Kreditinstitute in einer Management-Holding zusammenzufassen, gegen welche im Jahr 2000 ein Volksbegehren angestrebt wurde.[1125]

1120 BGH, WM 2016, 878, 879; zustimmend *Hennemann*, NZKart 2016, 160, 165 ff.

1121 BGH, WM 2016, 878, 879.

1122 *Geschwandtner/Bach*, NJW 2007, 129, 131 f.

1123 Vgl. *Brenncke*, ZBB 2007, 1, 12; *Oebbecke*, LKV 2006, 145 f.

1124 *Henneke*, in: Mann/Püttner, Hdb. kommunale Wissenschaft und Praxis 2, § 53a Rn. 124; *Meyer*, NJW 2004, 1700 f.; ausführlich zum geplanten Model für Stralsund: *Bredow/Schick/Liebscher*, BKR 2004, 102 ff.

1125 *Meyer*, NVwZ 2001, 766.

Diese Beispiele verdeutlichen, wie sehr die kommunalen Sparkassen heutzutage noch in der Bevölkerung verankert sind. Sogar die Monopolkommission nimmt an, dass Bankfilialen für komplexe Geschäfte neben dem Internetbanking weiterhin ihre Berechtigung behalten werden.[1126] Hierzu passt, dass weiterhin 90 % der Privat- und Gewerbekunden ihren Wohn- bzw. Geschäftssitz innerhalb von 20 km zu ihrer betreuenden Filiale haben.[1127] Dabei ist anzunehmen, dass heutzutage insbesondere für die ältere Bevölkerungsschicht Filialen noch sehr wichtig sind. Die Kundengruppe der Sparkassen ist im Hinblick auf die Altersstruktur der gesamten deutschen Bevölkerung relativ gleichverteilt, wobei die Gruppe der Personen, die 70 Jahre und älter sind, überdurchschnittlich häufig Sparkassenkunden sind.[1128] Dies zeigt auch eine weitere Statistik, nach der überdurchschnittlich viele Rentner Kunden bei der Sparkasse sind.[1129] Festzuhalten bleibt somit, dass die flächendeckende Versorgung der Bevölkerung eine Leistung der Daseinsvorsorge darstellt.[1130]

e) Ergebnis

Die Sparkassen nehmen marktbezogene Aufgaben wahr, die im Interesse der Allgemeinheit liegen und von den Mitgliedstaaten mit besonderen Gemeinwohlverpflichtungen verknüpft werden. Dabei ist zu beachten, dass nicht strikt zwischen Aufgaben der Daseinsvorsorge und bankspezifischen Tätigkeiten, die auch private Kreditinstitute ausüben, getrennt werden kann.[1131] Mithin nehmen

---

1126 Monopolkommission, XX. Hauptgutachten v. 1. Juli 2014, Rn. 2070.

1127 Bundeskartellamt, Beschluss v. 28. Februar 2012, B4-51/11, Rn. 99.

1128 VuMA, Sparkassen-Kunden in Deutschland nach Alter im Vergleich mit der Bevölkerung im Jahr 2019, Statista v. November 2019 (online, s. Literaturverzeichnis).

1129 VuMA, Sparkassen-Kunden in Deutschland nach Berufstätigkeit im Vergleich mit der Bevölkerung im Jahr 2019, Statista v. November 2019 (online, s. Literaturverzeichnis).

1130 VG Frankfurt (Oder), KommJur 2009, 228; *Eufinger*, EWS 2014, 253, 256 f.; *Streinz*, in: Stiftung Gesellschaft für Rechtspolitik, Jahrbuch 2002/I, S. 179, 194; *Thomas*, Die kartellrechtliche Bewertung des sparkassenrechtlichen Regionalprinzips, S. 83; siehe auch *Biesok*, WM 2020, 75, 76; *Lohmiller*, Kapitalbeteiligungsgesellschaften der Sparkassen, S. 128.

1131 Siehe *Henneke*, Kommunale Sparkassen, S. 138; vgl. ferner *Kemmler*, DVBl. 2003, 100, 106; *Ruge*, in: Henneke, Kommunale Perspektiven im zusammenwachsenden Europa, S. 98, 107 f.; *Schmid/Vollmöller*, NJW 1998, 716, 718 f.

Sparkassen Dienstleistungen von allgemeinem wirtschaftlichem Interesse i.S.d. Art. 106 Abs. 2 AEUV wahr[1132] bzw. zählen diese zur Daseinsvorsorge[1133].

Dieses Ergebnis ist auch im Hinblick darauf sachgerecht, als es den Mitgliedstaaten frei steht, eine Aufgabe als so elementar einzustufen, dass sie zu den Dienstleistungen von allgemeinem wirtschaftlichem Interesse zählen.

1132 Ebenso *Eufinger*, EWS 2014, 253, 256; *Kolm*, Das sparkassenrechtliche Regionalprinzip, S. 126; *Lohmiller*, Kapitalbeteiligungsgesellschaften der Sparkassen, S. 126; *Stern*, Das sparkassenrechtliche Regionalprinzip, S. 109 ff.; *Thomas*, Die kartellrechtliche Bewertung des sparkassenrechtlichen Regionalprinzips, S. 86; *Vogel*, ZBB 2001, 103, 109; zu öffentlich-rechtlichen Banken insgesamt: *Alber*, in: Stiftung Gesellschaft für Rechtspolitik, Jahrbuch 2002/I, S. 7; *Kokott/Schick*, in: Stiftung Gesellschaft für Rechtspolitik, Jahrbuch 2002/I, S. 53, 59; zumindest teilweise wohl *Schäfer*, Das öffentlich-rechtliche Bankensystem, S. 153; a.A. Monopolkommission, XII. Hauptgutachten, BT-Drs. 13/11291 v. 17. Juli 1998, S. 48.

1133 BVerfGE 75, 192, 197; BVerfG, NVwZ 1995, 370, 371; BVerwGE 41, 195, 196; BGH, NJW 1983, 2509, 2511; BGH, NJW 2003, 1658; BayVerfGH, DVBl. 1986, 39, 41; BayVerfGH, BayVBl. 2012, 172, 173; VGH München, BayVBl. 1974, 16, 17; VG Frankfurt a. M., LKRZ 2011, 187, 188; VG Gießen, Urt. v. 31. Mai 2011 – 8 K 1139/10.GI –, juris Rn. 16; VG Darmstadt, Urt. v. 30. August 2011 – 5 K 1554/09.DA –, juris Rn. 28; *Bunte*, WM 2016, 905, 911; *Burmeister*, in: Ipsen, Sparkassen im Wandel, S. 23, 38; *Böhm*, DÖV 2004, 650; *Dietel*, in: Stiftung Gesellschaft für Rechtspolitik, Jahrbuch 2002/I, S. 167; *Erlenkämper*, NVwZ 1995, 649, 950; *Gerlach*, in: Mann/Püttner, Hdb. kommunale Wissenschaft und Praxis 2, § 53b Rn. 4; *Güde*, Geschäftspolitik der Sparkassen, S. 34; *Hafke*, Kreditwesen 1988, 174, 178; *Henneke*, Kommunale Sparkassen, S. 138; *Hofmann*, BayVBl. 1990, 641, 646 f.; *Kemmler*, Die Verwaltung 49 (2016), 397, 408; *Krajewski*, Grundstrukturen des Rechts öffentlicher Dienstleistungen, S. 35; *ders.*, VerwArch 99 (2008), 174, 185; *Lepper*, BKR 2004, 175, 176; *Lohmiller*, Kapitalbeteiligungsgesellschaften der Sparkassen, S. 41; *Mehde*, in: Maunz/Dürig, GG, Art. 28 Abs. 2 Rn. 93; *von Mutius*, Jura 1982, 28, 32; *Neiseke*, jurisPR-BKR 3/2012, Anm. 6; *Nierhaus/Stern*, Regionalprinzip und Sparkassenhoheit im europäischen Bankenbinnenmarkt, S. 175; *Ogorek*, in: Dietlein/Ogorek, BeckOK KommunalR Hessen, § 121 HGO Rn. 84; *Schepers*, Internet-Banking und sparkassenrechtliches Regionalprinzip, S. 140; *Stern*, Das sparkassenrechtliche Regionalprinzip, S. 110; *Stern/Nierhaus*, Das Regionalprinzip im öffentlich-rechtlichen Sparkassenwesen, S. 52 f.; *Thode/Peres*, VerwArch 89 (1998), 439, 450; als „untypische Form der Daseinsvorsorge" wegen des Wettbewerbs zu privaten Kreditinstituten bezeichnend *Winters*, NJW 1980, 2685, 2686; wohl auch *Magiera*, in: FS für Rauschning (2001), S. 269 f.; *Tettinger*, in: Henneke, Kommunale Perspektiven im zusammenwachsenden Europa, S. 145, 146; a.A. *Geschwandtner/Bach*, NJW 2007, 129, 131 f.; *Leisner*, WiVerw 2011, 55, 71; *Schalast/Sassenberg*, BKR 2007, 498, 499; wohl auch *Geschwandtner/Bach*, NJW 2007, 129, 131 f. und *Purbach*, Die Auswirkungen des Binnenmarktes auf die Sparkassen und ihre öffentlich-rechtliche Verankerung, S. 202 ff., welche das Vorliegen eines „öffentlichen Auftrags" von Sparkassen verneinen.

Der deutsche Staat hat diese Entscheidung hinsichtlich der geld- und kreditwirtschaftlichen Versorgung der Bevölkerung getroffen: So hat der Gesetzgeber das sparkassenrechtliche Regionalprinzip als Ausfluss der den Sparkassen übertragenen Daseinsvorsorge angesehen.[1134] Die Europäische Kommission prüft diese Entscheidung schließlich nur auf „offenkundige Fehler".[1135] Jedoch erscheint es keine Diskrepanz zwischen den Ansichten zu geben. Aus der Erklärung zum Vertrag von Amsterdam selbst ergibt sich, dass die Europäische Kommission annimmt, die öffentlich-rechtlichen Banken in Deutschland würden Dienstleistungen von allgemeinem wirtschaftlichem Interesse ausführen.[1136] Zwar verbleibt eine Erklärung mit Sonderregeln in ihrem Rang unterhalb tatsächlicher Vertragsregelungen.[1137] Allerdings ist es ein weiteres Argument um zu zeigen, dass Sparkassen Dienstleistungen von allgemeinem wirtschaftlichem Interesse ausüben. Somit findet die Rechtfertigung nach Art. 106 Abs. 2 AEUV auf das sparkassenrechtliche Regionalprinzip Anwendung.[1138]

1134 Vgl. Bericht der Bundesregierung über die Untersuchung der Wettbewerbsverschiebungen im Kreditgewerbe und über eine Einlagensicherung, BT-Drs. V/3500, S. 45.

1135 EuGH, Slg. 2008, II-81 Rn. 166 (BUPA); EuG, Slg. 2005, II-2031 Rn. 216 (Fred Olsen); BGH, WM 2016, 878, 879; kritisch *Emmerich/Hoffmann*, in: Dauses/Ludwigs, Hdb. EU-Wirtschaftsrechts 1, H. II. Rn. 133; siehe auch Europäische Kommission, Mitteilung „Leistungen der Daseinsvorsorge in Europa", ABl. 2001 C 17/4, Rn. 22.

1136 Vertrag von Amsterdam zur Änderung des Vertrags über die Europäische Union, der Verträge zur Gründung der Europäischen Gemeinschaften sowie einiger damit zusammenhängender Rechtsakte, Erklärung zu öffentlich-rechtlichen Kreditinstituten in Deutschland, ABl. 1997 C 340/1, S. 138; *Alber*, in: Stiftung Gesellschaft für Rechtspolitik, Jahrbuch 2002/I, S. 7, 9; *Kluth*, in: Stiftung Gesellschaft für Rechtspolitik, Jahrbuch 2002/I, S. 111, 113; *Jung*, in: Callies/Ruffert, EUV/AEUV, Art. 106 AEUV Rn. 43; *Schwarze*, EuZW 2001, 334, 337.

1137 *Schwarze*, EuZW 2001, 334, 337; vgl. *Alber*, in: Stiftung Gesellschaft für Rechtspolitik, Jahrbuch 2002/I, S. 7, 9; *Kluth*, in: Stiftung Gesellschaft für Rechtspolitik, Jahrbuch 2002/I, S. 111, 113; *Magiera*, in: FS für Rauschning (2001), S. 269, 271; *Schmid/Vollmöller*, NJW 1998, 716, 720.

1138 Im Ergebnis ebenso *Bunte*, WM 2016, 905, 910 ff.; *Stern*, Das sparkassenrechtliche Regionalprinzip, S. 123; a.A. Monopolkommission, XX. Hauptgutachten v. 1. Juli 2014, Rn. 1970.

3. *Betrauungsakt*

Art. 106 Abs. 2 AEUV setzt das Vorliegen eines Betrauungsakts voraus. Dieser Begriff des Unionsrechts[1139] bedeutet, dass ein Mitgliedstaat dem Unternehmen eine Aufgabe kraft eines Akts der öffentlichen Gewalt übertragen hat,[1140] wobei die Sonderaufgabe des Unternehmens konkret formuliert sein muss.[1141] Insofern genügt es nicht, wenn das Unternehmen eine Gemeinwohlaufgabe ausübt, ohne mit dieser tatsächlich betraut worden zu sein.[1142] Demnach müssten Sparkassen gem. Art. 106 Abs. 2 AEUV mit den Dienstleistungen von allgemeinem wirtschaftlichem Interesse betraut sein. Allein aus ihrer Zuordnung als Anstalten des öffentlichen Rechts mit einem kommunalen Träger und der daraus resultierenden Beherrschung ergibt sich die Betrauung noch nicht.[1143] Darüber hinaus ist zweifelhaft, ob Festlegungen in der jeweiligen Satzung über den Gesellschaftszweck des beherrschten Unternehmens als Betrauungsakt genügen.[1144] Zumindest kann ein formelles Gesetz einen Betrauungsakt i.S.d. Art. 106 Abs. 2 AEUV darstellen.[1145]

1139 *Braun*, ZEuS 2005 (Heft 2), 211, 230; *Knauff*, in: Loewenheim u.a., KartellR, Art. 106 AEUV Rn. 66.

1140 St. Rspr. EuGH, Slg. 1974, 313, 318 (BRT/SABAM Fonior); EuGH, Slg. 1981, 2021 Rn. 7 (Züchner/Bayerische Vereinsbank); EuGH, Slg. 1989, 803 Rn. 55 (Ahmed Saeed Flugreisen u.a.); EuGH, Slg. 1997, I-5815 Rn. 65 (Kommission/Frankreich); *Badura*, ZGR 1997, 291, 300; *Ehricke*, EuZW 1998, 741, 744; *Jung*, in: Callies/Ruffert, EUV/AEUV, Art. 106 AEUV Rn. 40; *Kling*, NZKart 2017, 611, 617; *Kluth*, in: Mann/Püttner, Hdb. kommunale Wissenschaft und Praxis 2, § 39 Rn. 38; a.A. *Burgi*, EuR 1997, 261, 275 f.

1141 EuGH, Slg. 2003, I-7747 Rn. 89 (Altmark Trans); BGH, WM 2016, 878, 880; *Berg*, in: Berg/Mäsch, Deutsches und Europäisches KartellR, Art. 106 AEUV Rn. 41; *Braun*, ZEuS 2005 (Heft 2), 211, 230; *Jung*, in: Callies/Ruffert, EUV/AEUV, Art. 106 AEUV Rn. 40; *Knauff*, in: Loewenheim u.a., KartellR, Art. 106 AEUV Rn. 72.

1142 *Karl/Beutelmann*, in: Hoppe/Uechtritz/Reck, Hdb. Kommunale Unternehmen, § 15 Rn. 62; *Klotz*, in: von der Groeben/Schwarze/Hatje, Europäisches UnionsR Bd. 1, Art. 106 AEUV Rn. 71; *Koenig/Paul*, in: Streinz, EUV/AEUV, Art. 106 AEUV Rn. 63; kritisch *Kling*, NZKart 2017, 611, 617.

1143 Vgl. *Burgi*, EuZW 2017, 90, 94; allgemein zu öffentlichen Unternehmen: *Knauff*, in: Loewenheim u.a., KartellR, Art. 106 AEUV Rn. 72; a.A. noch *Burgi*, EuR 1997, 261, 275 f.

1144 So wohl *Kluth*, in: Mann/Püttner, Hdb. kommunale Wissenschaft und Praxis 2, § 39 Rn. 38; a.A. *Burgi*, EuZW 2017, 90, 94.

1145 In der europäischen Rechtsprechung wurde eine Betrauung durch Gesetz bejaht: EuGH, Slg. 1991, I-1979 Rn. 24 (Höfner und Elser/Macrotron GmbH); EuGH, Slg. 1993, I-2533 Rn. 15 (Corbeau); EuGH, Slg. 2001, I-4109 Rn. 53 (TNT Traco);

Die Gemeinwohlbindung der Sparkassen folgt bereits aus ihrer verfassungsrechtlichen Stellung. Sie dürfen nicht frei wie Private handeln, sondern stets kompetenzgebunden. Der öffentliche Auftrag der Sparkassen, insbesondere ihre Aufgabe der flächendeckenden Versorgung der Bevölkerung mit bankspezifischen Leistungen sowie die Förderung des Sparsinns und der Vermögensbildung in der Bevölkerung sind ausdrücklich in § 2 HessSparkG festgelegt. Damit liegt ein Akt der öffentlichen Gewalt vor, nämlich der Legislative. Dieser ist nur an bestimmte Unternehmen gerichtet, die Sparkassen. Die Sparkassen betätigen sich somit nicht nur faktisch am Gemeinwohl; sie haben eine gesetzliche Aufgabe, die ausdrücklich im Hessischen Sparkassengesetz transparent und deutlich formuliert ist. Der öffentliche Auftrag wird erneut in der MuSa Hess aufgegriffen, womit weitere Rechtsakte vorliegen. Mithin liegt ein Betrauungsakt vor.[1146]

4. *Gefährdung der Aufgabenerfüllung*

Die Erfüllung der Dienstleistungen von allgemeinem wirtschaftlichem Interesse müsste nach Art. 106 Abs. 2 S. 1 AEUV durch die Anwendung der Wettbewerbsvorschriften rechtlich oder tatsächlich verhindert werden. Nach der früheren Rechtsprechung des Europäischen Gerichtshofs mussten für das Vorliegen dieser Voraussetzung strenge Anforderungen erfüllt sein.[1147] Jedoch spricht die Rechtsprechung des Europäischen Gerichtshofs mittlerweile entgegen des Wortlauts der Vorschrift nur von „gefährden" und nicht

---

EuGH, Slg. 2001, I-8089 (Ambulanz Glöckner); siehe auch BGH, WM 2016, 878, 880, der § 30 Abs. 2a GWB als ausreichenden und wirksamen Betrauungsakt ansieht; *Jung*, in: Callies/Ruffert, EUV/AEUV, Art. 106 AEUV Rn. 40; *Kluth*, in: Mann/Püttner, Hdb. kommunale Wissenschaft und Praxis 2, § 39 Rn. 38; a.A. *Burgi*, EuZW 2017, 90, 94, der das Hinzutreten weiterer Rechtsakte zum formellen Gesetz verlangt.

1146 Ebenso *Schmid/Vollmöller*, NJW 1998, 716, 718; *Thomas*, Die kartellrechtliche Bewertung des sparkassenrechtlichen Regionalprinzips, S. 87; zweifelnd hinsichtlich der jeweiligen Ausgestaltung des öffentlichen Auftrags in den Sparkassengesetzen: *von Danwitz*, in: Stiftung Gesellschaft für Rechtspolitik, Jahrbuch 2002/I, S. 73, 85; a.A. zur gesetzlich festgelegten Gemeinwohlbindung von kommunalen Unternehmen: *Dünchheim*, Die Vereinbarkeit des kommunalen Wirtschaftsrechts des Saarlandes mit dem Recht der Europäischen Union, S. 150 f.

1147 EuGH, Slg. 1974, 409 Rn. 13 (Sacchi); EuGH, Slg. 1985, 873 Rn. 41 (British Telecommunications); EuGH, Slg. 1991, I-1979 Rn. 15 (Höfner und Elser/Macrotron GmbH); EuGH, Slg. 1998, I-3949 Rn. 42 (Corsica Ferries); so auch noch *Badura*, ZGR 1997, 291, 302; vgl. *Klotz*, in: von der Groeben/Schwarze/Hatje, Europäisches UnionsR Bd. 3, Art. 106 AEUV Rn. 81.

von „verhindern", womit sie einen geringeren Maßstab ansetzt.[1148] Dieser geringere Maßstab folgt aus der Berücksichtigung des Art. 14 AEUV.[1149] Wenn die rechtliche oder tatsächliche Verhinderung der Aufgabenerfüllung verlangt würde, dürfte die Versorgung der Bevölkerung mit der Dienstleistung von allgemeinem wirtschaftlichem Interesse bereits nicht mehr gewährleistet sein.[1150] Ein solcher Maßstab würde der Bedeutung von Dienstleistungen mit allgemeinem wirtschaftlichem Interesse nicht gerecht. Es genügt daher, wenn die Erfüllung der übertragenen Aufgaben tatsächlich oder rechtlich gefährdet wird.[1151] Somit ist eine Prognose vorzunehmen hinsichtlich der Entwicklung der Marktverhältnisse, falls die unionsrechtlichen Vorschriften Anwendung finden.[1152]

Eine rechtliche Gefährdung der Erfüllung der Dienstleistungen von allgemeinem wirtschaftlichem Interesse ist anzunehmen, wenn die volle Anwendung der wettbewerbsrechtlichen Vorschriften nationale Regeln verdrängen würde, die den Kommunen die Wahrnehmung ihrer besonderen Aufgaben vorschreiben.[1153] Die kartellrechtliche Vorschrift des Art. 106 Abs. 1 AEUV ist nur im Zusammenhang mit dem sparkassenrechtlichen Regionalprinzip zu sehen und nicht in Bezug zu den Aufgaben von Sparkassen. Jedoch ist davon

---

1148 Vgl. EuGH, Slg. 1997, I-5699 Rn. 43 (Kommission/Niederlande); EuGH, Slg. 1997, I-5815 Rn. 43 (Kommission/Frankreich); EuGH, Slg. 1999, I-5863 Rn. 107 (Albany); EuGH, Slg. 1999, I-6025 Rn. 107 (Brentjens' Handelsonderneming BV); EuGH, Slg. 1999, I-6121 Rn. 97 (Maatschappij Drijvende Bokken BV); EuGH, Slg. 2001, I-8089 Rn. 61 (Ambulanz Glöckner).

1149 BGH, WM 2016, 878, 881; *Wernicke*, in: Grabitz/Hilf/Nettesheim, Recht der EU, Art. 106 AEUV Rn. 63; siehe auch *Frenz*, WRP 2008, 73, 77 f.; *Jung*, in: Callies/Ruffert, EUV/AEUV, Art. 106 AEUV Rn. 52; *Knauff*, in: Loewenheim u.a., KartellR, Art. 106 AEUV Rn. 79.

1150 Vgl. *Stern*, Das sparkassenrechtliche Regionalprinzip, S. 118.

1151 EuGH, Slg. 1997, I-5699 Rn. 43 (Kommission/Niederlande); EuGH, Slg. 1999, I-5863 Rn. 107 (Albany); EuGH, Slg. 1999, I-6025 Rn. 107 (Brentjens' Handelsonderneming BV); EuGH, Slg. 2011, I-973 Rn. 76 (AG2R Prévoyance); zudem BVerwG, NVwZ 2016, 1559, 1563; BGH, WM 2016, 878, 881; *Klotz*, in: von der Groeben/Schwarze/Hatje, Europäisches UnionsR Bd. 3, Art. 106 AEUV Rn. 81 f.; *Wernicke*, in: Grabitz/Hilf/Nettesheim, Recht der EU, Art. 106 AEUV Rn. 64; a.A. *Jung*, in: Callies/Ruffert, EUV/AEUV, Art. 106 AEUV Rn. 48; *Koenig/Paul*, in: Streinz, EUV/AEUV, Art. 106 AEUV Rn. 78; kritisch *Emmerich/Hoffmann*, in: Dauses/Ludwigs, Hdb. EU-Wirtschaftsrechts 1, H. II. Rn. 180; *Knauff*, in: Loewenheim u.a., KartellR, Art. 106 AEUV Rn. 78 ff.

1152 BVerwG, NVwZ 2016, 1559, 1564.

1153 *Burmeister/Staebe*, EuR 2004, 810, 821.

auszugehen, dass die Aufhebung der räumlichen Beschränkung von Sparkassen tatsächlich dazu führen könnte, dass die Kreditinstitute ihre besonderen Aufgaben nicht mehr wahrnehmen könnten.[1154] Insofern könnten infolge der Aufhebung des sparkassenrechtlichen Regionalprinzips größere kommunale Sparkassen in kleinere Kommunen „eindringen“ und zu kleineren Sparkassen in Konkurrenz treten. Diese hätten es dann im Wettbewerb schwerer und könnten bei ihren Aufgaben zur flächendeckenden Versorgung mit kreditwirtschaftlichen Leistungen für die Bevölkerung und ansässigen Unternehmen sowie als „Hausbank“ der Kommune in Schwierigkeiten geraten. Dieses Argument damit entkräften zu wollen, dass Sparkassen nicht expandieren müssten und weiterhin ihrem öffentlichen Auftrag folgen könnten,[1155] überzeugt nicht, da die Beseitigung des Regionalprinzips dies bezwecken soll. Zudem hängt der öffentliche Auftrag letztlich mit der örtlichen Begrenzung der kommunalen Tätigkeit des Sparkassenträgers zusammen. Wenn das Regionalprinzip abgeschafft würde, fehlte es an der regionalen Bindung, was sich wiederum zwangsläufig auf den öffentlichen Auftrag auswirken würde. Insofern könnten die Ziele der Versorgung mit bankspezifischen Leistungen sowie die Förderung des Sparsinns auf das gesamte Bundesgebiet und darüber hinaus ausgedehnt werden. Eine expandierende Sparkasse könnte argumentieren, dass sie ihrem öffentlichen Auftrag folgt, indem sie beispielsweise auch die Nachbargebiete mit kreditwirtschaftlichen Leistungen versorgen möchte. Jedoch würde die örtliche Bevölkerung nicht mehr an erster Stelle stehen und die Erfüllung der übertragenen Aufgaben wäre gefährdet.

Überdies sind mit einer Expansion finanzielle Risiken verbunden. Dabei ist die Abschaffung des Regionalprinzips hinsichtlich der kommunalen Sparkassenträger, welche örtlich beschränkt sind, problematisch. Eine Privatisierung der Sparkassen als Folge wäre zwar theoretisch denkbar, würde aber zugleich die Erfüllung des öffentlichen Auftrags in Zweifel ziehen. Im Übrigen ist die Einschätzung des Gesetzgebers zu berücksichtigen, der ohne das Regionalprinzip eine Konzentration in wirtschaftsstarken Gebieten zu befürchten scheint, wodurch die flächendeckende Versorgung von strukturschwächeren Gebieten gefährdet wäre.[1156] Somit ist die Erfüllung der Dienstleistungen von allgemeinem

1154 Vgl. allgemein zu dieser Möglichkeit *Burmeister/Staebe*, EuR 2004, 810, 821.

1155 So jedenfalls Monopolkommission, XX. Hauptgutachten v. 1. Juli 2014, Rn. 1972.

1156 *Bunte*, WM 2016, 905, 912; ebenso *Kemmler*, Die Verwaltung 49 (2016), 397, 401; *Thomas*, Die kartellrechtliche Bewertung des sparkassenrechtlichen Regionalprinzips, S. 45 f.

wirtschaftlichem Interesse durch die Anwendung des Art. 106 Abs. 1 AEUV i.V.m. Art. 101 Abs. 1 AEUV tatsächlich gefährdet.[1157]

5. *Beeinträchtigung des Handelsverkehrs*

Die Entwicklung des Handelsverkehrs nach Art. 106 Abs. 2 S. 2 AEUV darf nicht in einem Ausmaß beeinträchtigt werden, welches dem Interesse der Europäischen Union zuwiderläuft. Mit dieser Voraussetzung sollen Beeinträchtigungen von der Rechtfertigung ausgenommen werden, welche sich auf den freien Binnenmarkt insgesamt nachteilig auswirken.[1158] Daher ist der Handel zwischen den Mitgliedstaaten nicht betroffen, wenn der Handel für ein Produkt oder eine Dienstleistung zwar unterbunden, der globale Handelsverkehr aber nur unwesentlich beeinträchtigt wird.[1159] Das Regionalprinzip gilt nur für die kommunalen Sparkassen in Deutschland. Damit betrifft es bereits innerhalb Deutschlands nur einen Teil der Bankenwirtschaft. Noch geringer sind die Auswirkungen für den Handel mit anderen Mitgliedstaaten der Europäischen Union, denn letztlich betrifft die Beeinträchtigung nur die Bankdienstleistungen und hierbei nur wenige deutsche kommunale Banken. Andere deutsche oder europäische Kreditinstitute werden hingegen durch das Regionalprinzip nicht beeinflusst. Demnach ist eine Beeinträchtigung des globalen Handelsverkehrs nicht gegeben.[1160]

1157 A.A. *Nierhaus*, in: Ipsen, Sparkassen im Wandel, S. 65, 87 und *Purbach*, Die Auswirkungen des Binnenmarktes auf die Sparkassen und ihre öffentlich-rechtliche Verankerung, S. 99 f., die aber entsprechend der früheren Rechtsprechung des Europäischen Gerichtshofs von einer engen Auslegung des Art. 106 Abs. 2 S. 1 AEUV ausgehen. Die Verhinderung der Aufgabenerfüllung hinsichtlich einer Abschaffung aller regionalen Anlagebeschränkungen bejahend: *Lohmiller*, Kapitalbeteiligungsgesellschaften der Sparkassen, S. 126 f.

1158 *Jung*, in: Callies/Ruffert, EUV/AEUV, Art. 106 AEUV Rn. 55; *von Komorowski*, EuR 2015, 310, 326; *Wernicke*, in: Grabitz/Hilf/Nettesheim, Recht der EU, Art. 106 AEUV Rn. 68.

1159 *Knauff*, in: Loewenheim u.a., KartellR, Art. 106 AEUV Rn. 89; *Wernicke*, in: Grabitz/Hilf/Nettesheim, Recht der EU, Art. 106 AEUV Rn. 68.

1160 Ebenso *Stern*, Das sparkassenrechtliche Regionalprinzip, S. 121; *Thomas*, Die kartellrechtliche Bewertung des sparkassenrechtlichen Regionalprinzips, S. 96 f.

6. *Verhältnismäßigkeit*

Die Rechtfertigung nach Art. 106 Abs. 2 AEUV setzt die Einhaltung des Verhältnismäßigkeitsgrundsatzes voraus.[1161] Es kann hierbei größtenteils auf die Ausführungen zur Rechtfertigung eines Eingriffs in die Niederlassungsfreiheit verwiesen werden. Zusätzlich ist eine Abwägung zwischen den mitgliedstaatlichen Interessen an der Erfüllung der Dienstleistung von allgemeinem wirtschaftlichem Interesse und dem Interesse der Gemeinschaft an der Anwendung der Wettbewerbsvorschriften vorzunehmen. Die Interessen der Europäischen Union finden sich insbesondere in den Verträgen, in denen die Ziele aufgeführt sind, wie beispielsweise in Art. 14 AEUV.[1162] Somit hat die Europäische Union einerseits ein Interesse am unverfälschten Wettbewerb. Durch das Regionalprinzip wird dieser zwischen den Sparkassen künstlich behindert. Andererseits hat die Bundesrepublik Deutschland ein Interesse an einer flächendeckenden Versorgung der gesamten Bevölkerung mit geld- und kreditwirtschaftlichen Leistungen sowie am öffentlichen Auftrag der Sparkassen und dem Schutz vor unkontrollierbaren finanziellen Risiken. Durch die regionale Begrenzung der Geschäftstätigkeit von Sparkassen wird verhindert, dass ein übermäßiges Kapital aus der Region abfließt und stattdessen eine zweckgebundene Mittelverwendung vor Ort gewährleistet ist.[1163] Die Kenntnisse der Region schützen die Sparkassen vor finanziellen Risiken. Mithin sind Sparkassen auf eine langfristige Entwicklung ausgerichtet anstelle kurzfristiger Gewinne. Dadurch profitiert die mittelständische Wirtschaft und die Region durch die Sparkassen. Zumindest ist davon auszugehen, dass das Regionalprinzip als Mittel zur Durchsetzung dieser Ziele geeignet ist.

Eine Abweichung von den Wettbewerbsregeln des AEUV darf aber nicht weitergehen als für die Erfüllung der Gemeinwohlverpflichtungen erforderlich.[1164] Durch das Kriterium der Erforderlichkeit sollen Fälle aus dem

---

1161 *Badura*, ZGR 1997, 291, 300 f.; *Ehlers*, Verhandlungen zum 64. Deutschen Juristentages I (2002), Gutachten E, S. 53 f.; *Eufinger*, EWS 2014, 253, 256; *Karl/Beutelmann*, in: Hoppe/Uechtritz/Reck, Hdb. Kommunale Unternehmen, § 15 Rn. 64; *Kruse*, NVwZ 2000, 721, 723; *Pielow*, JuS 2006, 780, 783; *Wernicke*, in: Grabitz/Hilf/Nettesheim, Recht der EU, Art. 106 AEUV Rn. 72.

1162 Vgl. *Karl/Beutelmann*, in: Hoppe/Uechtritz/Reck, Hdb. Kommunale Unternehmen, § 15 Rn. 64; *Wernicke*, in: Grabitz/Hilf/Nettesheim, Recht der EU, Art. 106 AEUV Rn. 69.

1163 *Eufinger*, EWS 2014, 253, 257; *Vogel*, ZBB 2001, 103, 108.

1164 *Eufinger*, EWS 2014, 253, 256; *Wernicke*, in: Grabitz/Hilf/Nettesheim, Recht der EU, Art. 106 AEUV Rn. 72.

Anwendungsbereich des Art. 106 Abs. 2 AEUV herausgenommen werden, die ohne Wettbewerbsverstoß möglich wären.[1165] Mithin müsste die örtliche Begrenzung des Geschäftsbereichs von Sparkassen für die Erfüllung der besonderen Gemeinwohlverpflichtungen notwendig sein. Der öffentliche Auftrag bleibt bestehen, allerdings könnte dieser auf weitere Regionen ausgedehnt werden, so dass es zur Expansion von erfolgreichen Sparkassen kommen könnte. Zudem soll die Abwanderung aus ländlichen Gegenden in das europäische Ausland verhindert werden.[1166] Es ist deswegen zu vermuten, dass eine Beseitigung des Regionalprinzips zu einer erhöhten Anzahl von Zusammenschlüssen zwischen Sparkassen führen würde,[1167] um die Wettbewerbsfähigkeit zu erhalten. Daher ist von der Erforderlichkeit des Regionalprinzips auszugehen.[1168]

Schließlich muss das Interesse an den Sparkassen und dem mit ihnen verbundenen Regionalprinzip gegenüber dem Interesse an einem unverfälschten Wettbewerb überwiegen. Die Europäische Union hat selbst mit Art. 14 AEUV und Art. 36 GRCh die Dienstleistungen von allgemeinem wirtschaftlichem Interesse als wichtige Interessen festgehalten. Demnach kann zumindest kein Vorrang des gemeinschaftlichen Interesses am freien Wettbewerb angenommen werden.[1169] Zudem ist zu berücksichtigen, dass der Wettbewerb durch das sparkassenrechtliche Regionalprinzip nur sehr überschaubar beeinträchtigt wird. Insofern ist nicht absehbar, ob der Wegfall des Regionalprinzips irgendeinen Einfluss auf den Wettbewerb zwischen kommunalen Sparkassen hätte bzw. diesen sogar stärken würde. Die Kreditinstitute stellen nur einen Bereich der deutschen Bankenwirtschaft dar. Demgegenüber dürfte die Gefahr größer sein, die bei dem Fehlen des Regionalprinzips für die Erfüllung der Dienstleistungen von allgemeinem wirtschaftlichem Interesse besteht. Es ist zu bedenken, dass die Rechtsprechung des Europäischen Gerichtshofs ohnehin zu der Auffassung zu tendieren scheint, dass die Verhältnismäßigkeit erst dann nicht eingehalten ist, wenn die von der Maßnahme verursachte Änderung der Wettbewerbsbedingungen wesentlich und offensichtlich unangemessen ist im Verhältnis zum

1165 *Karl/Beutelmann*, in: Hoppe/Uechtritz/Reck, Hdb. Kommunale Unternehmen, § 15 Rn. 63.

1166 *Eufinger*, EWS 2014, 253, 257; siehe auch *Thomas*, Die kartellrechtliche Bewertung des sparkassenrechtlichen Regionalprinzips, S. 45 ff.

1167 *Eufinger*, EWS 2014, 253, 257.

1168 Ebenso *Eufinger*, EWS 2014, 253, 257; a.A. *Kolm*, Das sparkassenrechtliche Regionalprinzip, S. 126 f.

1169 *Stern*, Das sparkassenrechtliche Regionalprinzip, 122 f.; siehe auch *Wernicke*, in: Grabitz/Hilf/Nettesheim, Recht der EU, Art. 106 AEUV Rn. 69.

verfolgten mitgliedstaatlichen Ziel.[1170] Dabei kann auch ein Vergleich zum „*Corbeau*“-Urteil des Europäischen Gerichtshofs aus dem Jahr 1993[1171] herangezogen werden. In diesem Fall entschied der Europäische Gerichtshof, dass es nach Art. 106 Abs. 2 S. 1 AEUV gerechtfertigt sein kann, private Konkurrenten von einem Markt auszuschließen, wenn hierdurch einem Dienstleistungsunternehmen, welches Dienstleistungen von allgemeinem wirtschaftlichem Interesse ausübt und daher auch unrentable Dienste erbringt, ein Ausgleich zwischen rentablen und unrentablen Diensten ermöglicht wird.[1172] Begründet wurde dies mit der Befürchtung, dass private Konkurrenten die unrentablen Dienstleistungen nicht erbringen und sich stattdessen auf die rentablen Gebiete des Dienstleistungsunternehmens mit günstigeren Tarifen konzentrieren würden, wodurch das Dienstleistungsunternehmen nicht mehr funktionsfähig wäre.[1173] Es ist anzunehmen, dass einige Sparkassenzweigstellen – insbesondere in ländlichen Gegenden – hohe Kosten verursachen und insgesamt unrentabel sind. Dennoch stehen die Zweigstellenschließungen der Sparkassen in keinem Verhältnis zu denen der Privatbanken. Daran erkennt man, dass vor allem die Privatbanken unrentable Dienste nicht mehr erbringen. In diesem Zusammenhang kommt die Bedeutung der Sparkassen zur Geltung. Aus diesen Gründen ist von der Verhältnismäßigkeit des Regionalprinzips auszugehen.

7. Ergebnis

Das sparkassenrechtliche Regionalprinzip ist nach Art. 106 Abs. 2 AEUV gerechtfertigt. Dieses Ergebnis passt zu den Entwicklungen auf europäischer Ebene, bei welcher die Dienstleistungen von allgemeinem wirtschaftlichem Interesse immer mehr Berücksichtigung finden – insbesondere auch durch die Einführung des Art. 14 AEUV –, wodurch den öffentlichen Unternehmen ein stärkerer Schutz zuteil wird.[1174] Somit verstößt ein gesetzlich verankertes Regionalprinzip nicht gegen Art. 106 Abs. 1 AEUV i.V.m. Art. 101 Abs. 1 lit. c AEUV.

1170 *Wernicke*, in: Grabitz/Hilf/Nettesheim, Recht der EU, Art. 106 AEUV Rn. 75.

1171 EuGH, Slg. 1993, I-2533 (Corbeau).

1172 EuGH, Slg. 1993, I-2533 Rn. 14 ff. (Corbeau); hierzu *Mann*, ZögU 2005, 174, 177; bestätigend EuGH, Slg. 2001, I-4109 Rn. 52 ff. (TNT Traco); so auch *Ehlers*, Verhandlungen zum 64. Deutschen Juristentages I (2002), Gutachten E, S. 54.

1173 EuGH, Slg. 1993, I-2533 Rn. 18 (Corbeau); hierzu *Emmerich/Hoffmann*, in: Dauses/Ludwigs, Hdb. EU-Wirtschaftsrechts 1, H. II. Rn. 172.

1174 Diese Entwicklung kritisch betrachtend *Emmerich/Hoffmann*, in: Dauses/Ludwigs, Hdb. EU-Wirtschaftsrechts 1, H. II. Rn. 180 f.; *Jung*, in: Callies/Ruffert, EUV/AEUV, Art. 106 AEUV Rn. 52.

Zugleich besteht hiermit ein weiterer Rechtfertigungsgrund für den Verstoß gegen die Niederlassungsfreiheit.[1175]

VIII. Rechtfertigung durch Finanzmonopol nach Art. 106 Abs. 2 AEUV

Eine Rechtfertigung nach Art. 106 Abs. 2 AEUV kommt für Unternehmen in Betracht, die den Charakter eines Finanzmonopols aufweisen. Hierunter fallen staatlich begründete Monopole, deren Aufgabe in der Ausnutzung von Ausschließlichkeitsrechten besteht, um Einnahmen für den Staatshaushalt zu erzielen.[1176] Kommunalen Sparkassen wurde jedoch kein ausschließliches Recht durch einen Hoheitsakt der öffentlichen Gewalt verliehen. Somit stellen Sparkassen kein Finanzmonopol i.S.d. Art. 106 Abs. 2 AEUV dar, da es nicht um die Ausnutzung von Ausschließlichkeitsrechten mit dem Ziel der Einnahmen für den Staatshaushalt geht.[1177]

IX. Ergebnis

Das sparkassenrechtliche Regionalprinzip verstößt nicht gegen Art. 106 Abs. 1 AEUV i.V.m. Art. 101 Abs. 1 AEUV.[1178]

1175 Der Rechtfertigungsgrund des Art. 106 Abs. 2 AEUV ist auf die Grundfreiheiten anwendbar, vgl. EuGH, Slg. 1984, 2727 Rn. 19 (Campus Oil); EuGH, Slg. 1997, I-5699 Rn. 26 ff. (Kommission/Niederlande); EuGH, Slg. 1997, I-5815 Rn. 49 (Kommission/Frankreich); EuGH, Slg. 1998, I-3949 Rn. 59 (Corsica Ferries); siehe auch *Berg*, in: Berg/Mäsch, Deutsches und Europäisches KartellR, Art. 106 AEUV Rn. 37; *Emmerich/Hoffmann*, in: Dauses/Ludwigs, Hdb. EU-Wirtschaftsrechts 1, H. II. Rn. 67, 188; *Wernicke*, in: Grabitz/Hilf/Nettesheim, Recht der EU, Art. 106 AEUV Rn. 108.

1176 *Knauff*, in: Loewenheim u.a., KartellR, Art. 106 AEUV Rn. 75 f.; *Mestmäcker/Schweitzer*, in: Immenga/Mestmäcker, WettbewerbsR Bd. 1, Art. 106 Abs. 2 AEUV Rn. 72.

1177 Vgl. *Burmeister/Staebe*, EuR 2004, 810, 821.

1178 Im Ergebnis ebenso *Eufinger*, EWS 2014, 253, 257; *Isenburg*, Die Verbundzusammenarbeit der Sparkassen-Finanzgruppe, S. 77; *Kolm*, Das sparkassenrechtliche Regionalprinzip, S. 126 f.; *Schepers*, Internet-Banking und sparkassenrechtliches Regionalprinzip, S. 143 ff.; *Stern*, Das sparkassenrechtliche Regionalprinzip, S. 82 ff.; *Thomas*, Die kartellrechtliche Bewertung des sparkassenrechtlichen Regionalprinzips, S. 9 ff.; a.A. Monopolkommission, XX. Hauptgutachten v. 1. Juli 2014, Rn. 1931; *Weck*, DÖV 2015, 500, 502 ff.

C. Verstoß gegen § 1 GWB

Das Regionalprinzip verstößt nicht gegen kartellrechtliche Unionsvorschriften, aber vielleicht gegen eine nationale Kartellvorschrift. Dabei scheint jedenfalls das Bundeskartellamt keine Bedenken hinsichtlich des Regionalprinzips zu haben. In seinen Entscheidungen zur Freigabe von Sparkassenfusionen untersucht das Bundeskartellamt regelmäßig, ob die jeweiligen Sparkassen im Wettbewerb zueinander stehen und somit als potenzielle Wettbewerber angesehen werden können.[1179] Die Behörde verweist jeweils auf das geltende Landessparkassengesetz und – wenn existent – die Sparkassenverordnung. Das Bundeskartellamt stellt grundsätzlich keinen kartellrechtlichen Wettbewerb zwischen den Sparkassen fest, der einer Sparkassenvereinigung entgegenstehen würde. Insofern scheint das Bundeskartellamt das Regionalprinzip anzuerkennen,[1180] denn Bedenken hinsichtlich der Unvereinbarkeit des Prinzips mit kartellrechtlichen Vorschriften werden nicht angeführt. Dennoch ist an einen Verstoß gegen § 1 GWB zu denken, wenn keine Freistellungsregelung für Sparkassen eingreift. Zwar hatten die Sparkassen und Genossenschaftsbanken versucht, eine Ausnahmeregelung mit der 9. GWB-Novelle[1181] einzuführen, konnten sich aber nicht durchsetzen.[1182] Dementsprechend gibt es, anders als für die Landwirtschaft (§ 28 Abs. 1, 2 GWB), die Presse (§ 30 GWB) und die Wasserwirtschaft (§ 31 GWB), keine Ausnahmevorschrift, welche die Sparkassen besonders schützt.

I. Verhältnis des nationalen § 1 GWB zu Art. 101 Abs. 1 AEUV

Ein Verstoß gegen Art. 106 Abs. 1 AEUV i.V.m. Art. 101 Abs. 1 AEUV liegt nicht vor. Die nationale kartellrechtliche Vorschrift des § 1 GWB wurde nach dem Unionsrecht harmonisiert und mithin dem Art. 101 Abs. 1 AEUV angepasst,[1183] so dass womöglich eine Überprüfung des Regionalprinzips an

1179 Vgl. Bundeskartellamt, Entscheidung v. 10. August 2016, B4-53/16; Bundeskartellamt, Tätigkeitsbericht 2015/2016, S. 96, 98 ff.

1180 So auch *Bunte*, in: Schimansky/Bunte/Lwowski, BankR-Hdb. 2, § 140 Rn. 87e.

1181 Art. 1 des Neunten Gesetzes zur Änderung des Gesetzes gegen Wettbewerbsbeschränkungen v. 1. Juni 2017 (BGBl. I S. 1416).

1182 Dieser Versuch stieß auf viel Kritik, vgl. nur die Stellungnahme des Bundeskartellamts zum Regierungsentwurf zur 9. GWB-Novelle, S. 21 ff. (Ausschussdrucksache 18(9)1093).

1183 Vgl. zur 7. GWB-Novelle: BT-Drs. 15/3640, S. 21, 44; *Berg/Mudrony*, in: Berg/Mäsch, Deutsches und Europäisches KartellR, § 1 GWB Rn. 5; *Grave/Nyberg*, in: Loewenheim u.a., KartellR, Vorb. §§ 1 bis 3 GWB Rn. 12.

§ 1 GWB nicht erforderlich ist. Art. 106 Abs. 1 AEUV ist nicht isoliert, sondern im Zusammenhang mit Art. 101 Abs. 1 AEUV zu betrachten, womit das Verhältnis des § 1 GWB und Art. 101 Abs. 1 AEUV für Art. 106 Abs. 1 AEUV ebenfalls gilt. Trotz der Harmonisierung bestehen Unterschiede zu Art. 101 Abs. 1 AEUV, da der Anwendungsbereich des § 1 GWB keine Zwischenstaatlichkeitsklausel enthält und keine Beispieltatbestände aufgelistet sind.[1184] Mithin ist eine Relevanz des § 1 GWB nicht von vorherein ausgeschlossen.

Der Anwendungsbereich des § 1 GWB folgt aus § 185 Abs. 2 GWB. Danach ist § 1 GWB auf alle Wettbewerbsbeschränkungen anwendbar, die sich im Geltungsbereich des GWB auswirken, auch wenn sie außerhalb des Geltungsbereichs dieses Gesetzes veranlasst werden (sog. Auswirkungsprinzip[1185]). Somit müssen alle Maßnahmen, die in Deutschland Auswirkungen entfalten, an dem GWB gemessen werden. Es wird also nicht an den Ort der Veranlassung der Maßnahme, sondern an denjenigen Ort angeknüpft, an dem die wettbewerblichen Wirkungen der Maßnahme auftreten.[1186] Bei zwischenstaatlichen Sachverhalten geht Art. 101 Abs. 1 AEUV aufgrund des § 22 GWB vor. Dieser grundsätzliche Vorrang der unionsrechtlichen Vorschrift bei zwischenstaatlichen Sachverhalten ist ebenfalls in Art. 3 der Verordnung 1/2003[1187] festgelegt. Innerstaatliche Sachverhalte sind wiederum an der nationalen Vorschrift zu prüfen. Es ist somit möglich, dass sowohl das deutsche als auch das europäische Kartellrecht Anwendung finden.[1188] Indem das Regionalprinzip Sparkassen auf das Gebiet ihres kommunalen Trägers beschränkt, ist die Expansionsfähigkeit von Sparkassen

---

1184 *Berg/Mudrony*, in: Berg/Mäsch, Deutsches und Europäisches KartellR, § 1 GWB Rn. 7; *Zimmer*, in: Immenga/Mestmäcker, WettbewerbsR Bd. 2, § 1 GWB Rn. 5.

1185 *Berg*, in: Berg/Mäsch, Deutsches und Europäisches KartellR, § 185 GWB Rn. 29; *Karl/Beutelmann*, in: Hoppe/Uechtritz/Reck, Hdb. Kommunale Unternehmen, § 15 Rn. 9. Das Auswirkungsprinzip war bis 2016 in § 130 Abs. 2 GWB normiert. Im europäischen Kartellrecht ergibt sich das Auswirkungsprinzip aus der st. Rspr. des Europäischen Gerichtshofs, vgl. nur EuGH, Slg. 1988, 5193 (Fincell, Zellstoffhersteller, Ahlström).

1186 *Karl/Beutelmann*, in: Hoppe/Uechtritz/Reck, Hdb. Kommunale Unternehmen, § 15 Rn. 9; siehe hierzu auch *Berg*, in: Berg/Mäsch, Deutsches und Europäisches KartellR, § 185 GWB Rn. 29 f.

1187 Verordnung (EG) Nr. 1/2003 des Rates v. 16. Dezember 2003 zur Durchführung der in den Artikeln 81 und 82 des Vertrags niedergelegten Wettbewerbsregeln, ABl. 2003 L 1/1.

1188 *Berg*, in: Berg/Mäsch, Deutsches und Europäisches KartellR, § 185 GWB Rn. 36; *Karl/Beutelmann*, in: Hoppe/Uechtritz/Reck, Hdb. Kommunale Unternehmen, § 15 Rn. 9; a.A. *Kolm*, Das sparkassenrechtliche Regionalprinzip, S. 149.

innerhalb Deutschlands begrenzt. Das Regionalprinzip wirkt sich innerstaatlich aus. Dieser innerstaatliche Sachverhalt wird von den unionsrechtlichen Vorschriften nicht erfasst und daher kann ein Verstoß gegen § 1 GWB geprüft werden. Bei der Auslegung des § 1 GWB ist allerdings die prägende europäische Beurteilungspraxis zu Art. 101 Abs. 1 AEUV mit zu berücksichtigen.[1189]

II. Ausnahmen vom Anwendungsbereich des § 1 GWB

Der Immanenzgedanke, nach dem Wettbewerbsbeschränkungen vom Anwendungsbereich des § 1 GWB ausgenommen sind, die zur Sicherung des kartellrechtsneutralen Hauptzwecks des Vertrages erforderlich sind, findet sich auch im deutschen Recht.[1190] So kann eine wettbewerbsbeschränkende Klausel kartellrechtlich sogar wettbewerbsbelebend wirken und als solche zivilrechtlich geboten sein.[1191] Jedoch ist der Immanenzgedanke im nationalen Recht auf bestimmte Fallgruppen beschränkt und nicht verallgemeinerungsfähig. Im Einzelnen können auf die Ausführungen zum Immanenzgedanken bei einem Verstoß gegen Art. 106 Abs. 1 AEUV i.V.m. Art. 101 Abs. 1 lit. c AEUV verwiesen werden. Damit ist das Regionalprinzip nicht schon von vornherein dem Anwendungsbereich des § 1 GWB entzogen.

III. Kommunale Sparkasse als Unternehmen

§ 185 Abs. 1 S. 1 GWB bestimmt, dass § 1 GWB auf Unternehmen Anwendung findet, die ganz oder teilweise im Eigentum der öffentlichen Hand stehen oder die von ihr verwaltet oder betrieben werden. Ausgenommen sind hiervon nach § 185 Abs. 1 S. 3 GWB nur die Deutsche Bundesbank und die Kreditanstalt für Wiederaufbau. Der kartellrechtliche Unternehmensbegriff unterscheidet sich insoweit nicht von dem der Gemeindeordnungen und der Sparkassengesetze. So können auch Körperschaften des öffentlichen Rechts auf dem Markt wirtschaftlich agieren und dabei Gewinne erzielen, wobei die Gemeinnützigkeit eines öffentlichen Unternehmens die Anwendbarkeit des GWB nicht ausschließt.[1192] Unanwendbar ist das GWB nur bei rein hoheitlichen

---

1189 Vgl. BT-Drs. 15/3640, S. 44; *Berg/Mudrony*, in: Berg/Mäsch, Deutsches und Europäisches KartellR, § 1 GWB Rn. 5; *Grave/Nyberg*, in: Loewenheim u.a., KartellR, Vorb. §§ 1 bis 3 GWB Rn. 35.

1190 *Belke*, ZHR 143 (1979), 74, 90; *Steindorff*, BB 1977, 569, 570; *Zimmer*, in: Immenga/Mestmäcker, WettbewerbsR Bd. 2, § 1 GWB Rn. 49.

1191 *Fuchs*, BB 1993, 1893, 1894; vgl. *Zimmer*, in: Immenga/Mestmäcker, WettbewerbsR Bd. 2, § 1 GWB Rn. 49.

1192 Vgl. *Zimmer*, in: Immenga/Mestmäcker, WettbewerbsR Bd. 2, § 1 GWB Rn. 55.

Tätigkeiten,[1193] die bei Sparkassen nicht vorliegen. Die Sparkassen sind demnach problemlos als Unternehmen i.S.d. § 1 GWB zu qualifizieren.[1194]

IV. Verbotene Wettbewerbsbeschränkung

Das sparkassenrechtliche Regionalprinzip müsste eine verbotene Wettbewerbsbeschränkung darstellen. Wie bei einem Verstoß gegen Art. 101 Abs. 1 lit. c AEUV ist problematisch, ob das sparkassenrechtliche Regionalprinzip eine verbotene Wettbewerbsbeschränkung darstellt, denn die Prüfungsmaßstäbe bei Art. 101 AEUV und § 1 GWB sind seit der Vollharmonisierung des GWB mit dem europäischen Kartellrecht durch die 7. GWB-Novelle bei horizontalen und vertikalen Kartellabsprachen identisch. Wie bei Art. 101 Abs. 1 AEUV gibt es drei mögliche Varianten, durch die ein Unternehmen wettbewerbsbeschränkend handeln kann: Vereinbarungen, Beschlüsse und abgestimmte Verhaltensweisen. Und ebenso wie bei der unionsrechtlichen Kartellrechtsnorm muss die Wettbewerbsbeschränkung von einer Entscheidung des Unternehmens selbst ausgehen. Das Regionalprinzip beruht auf gesetzlichen Normen und nicht auf einer Willensbetätigung der Sparkassen selbst. Dabei ist die Entscheidung, gesetzlichen Vorgaben zu folgen, keine autonome Entscheidung eines Adressaten einer Rechtsvorschrift.[1195] Mithin mangelt es an einem Verhalten der Sparkassen, welches in den Anwendungsbereich des § 1 GWB fällt. Im Ergebnis scheitert daher ein Verstoß gegen § 1 GWB an der fehlenden verbotenen Wettbewerbsbeschränkung.[1196]

1193 BGH, NJW-RR 1999, 1266, 1268; *Berg/Mudrony*, in: Berg/Mäsch, Deutsches und Europäisches KartellR, § 1 GWB Rn. 9; *Karl/Beutelmann*, in: Hoppe/Uechtritz/Reck, Hdb. Kommunale Unternehmen, § 15 Rn. 77.

1194 Vgl. *Kolm*, Das sparkassenrechtliche Regionalprinzip, S. 149 f.; *Raskin*, Das Regionalprinzip und (neue) elektronische Vertriebswege im Retailbanking, S. 153; *Stern*, Das sparkassenrechtliche Regionalprinzip, S. 77; zu öffentlichen Unternehmen: *Berg/Mudrony*, in: Berg/Mäsch, Deutsches und Europäisches KartellR, § 1 GWB Rn. 8; a.A. *Gimple*, Das Regionalprinzip der deutschen kommunalen Sparkassen bei der Zweigstellenerrichtung im EG-Ausland, S. 53.

1195 *Kolm*, Das sparkassenrechtliche Regionalprinzip, S. 150 f.; *Stern*, Das sparkassenrechtliche Regionalprinzip, S. 78.

1196 So auch *Baumann*, Die sachlichen und räumlichen Grenzen der Verbandskompetenz öffentlich-rechtlicher Kreditinstitute, S. 144 f.; *Gimple*, Das Regionalprinzip der deutschen kommunalen Sparkassen bei der Zweigstellenerrichtung im EG-Ausland, S. 54 f.; *Kolm*, Das sparkassenrechtliche Regionalprinzip, S. 149 f.; *Raskin*, Das Regionalprinzip und (neue) elektronische Vertriebswege im Retailbanking, S. 156; *Schneider/Raskin*, Kreditwesen 2000, 1270, 1272; *Stern*, Das sparkassenrechtliche

V. Ergebnis

Das sparkassenrechtliche Regionalprinzip verstößt nicht gegen die nationale Kartellrechtsnorm des § 1 GWB,[1197] womit ein Gleichlauf zur Verneinung eines Verstoßes gegen Art. 101 Abs. 1 lit. c AEUV besteht.

D. Zusammenfassung

Ein Verstoß gegen Art. 101 Abs. 1 lit. c AEUV ist – wenn überhaupt – nur i.V.m. Art. 106 Abs. 1 AEUV anzunehmen. Dabei ist bereits die Qualifizierung des sparkassenrechtlichen Regionalprinzips als widersprechende Maßnahme sehr zweifelhaft. Zumindest greifen weder das Konzernprivileg noch der Immanenzgedanke. Dies ist aber nicht erforderlich, denn selbst wenn das sparkassenrechtliche Regionalprinzip eine widersprechende Maßnahme darstellen würde, sind die Voraussetzungen für eine Freistellung nach Art. 101 Abs. 1 AEUV gegeben. Die Sparkassen nehmen weiterhin Aufgaben der Daseinsvorsorge wahr, deren Erfüllung durch Beseitigung des Regionalprinzips gefährdet wäre. Da das sparkassenrechtliche Regionalprinzip auch verhältnismäßig ist, liegen zudem alle Voraussetzungen einer Rechtfertigung nach Art. 106 Abs. 2 AEUV vor. Demnach verstößt das sparkassenrechtliche Regionalprinzip nicht gegen unionsrechtliche Wettbewerbsvorschriften. Im Gleichlauf zu den unionsrechtlichen Vorschriften stellt das Regionalprinzip der Sparkassen darüber hinaus keinen Verstoß gegen § 1 GWB dar. Mithin ist die örtliche Grenze wettbewerbsrechtlich unbedenklich.

Regionalprinzip, S. 77 f.; siehe auch zur allgemeinen wirtschaftlichen Betätigung: *Püttner*, DVBl. 2010, 1189, 1191.

1197 Ebenso *Baumann*, Die sachlichen und räumlichen Grenzen der Verbandskompetenz öffentlich-rechtlicher Kreditinstitute, S. 145; *Gimple*, Das Regionalprinzip der deutschen kommunalen Sparkassen bei der Zweigstellenerrichtung im EG-Ausland, S. 55; *Isenburg*, Die Verbundzusammenarbeit der Sparkassen-Finanzgruppe, S. 78; *Raskin*, Das Regionalprinzip und (neue) elektronische Vertriebswege im Retailbanking, S. 156; *Stern*, Das sparkassenrechtliche Regionalprinzip, S. 77 f.

Kapitel 6: Ausblick – Rechtsformmöglichkeiten für hessische Sparkassen

Die regionale und kommunale Bindung sowie die öffentliche Zwecksetzung der Sparkassen bilden Besonderheiten, die von ihnen nicht aufgegeben werden sollten und die fest verankert sind mit dem Regionalprinzip. Ferner rechtfertigen eben genau diese Besonderheiten erst die Sparkassentätigkeit einer Gemeinde und grenzen sie insbesondere von privaten Kreditinstituten ab. Sparkassen sehen sich einem wandelnden Marktumfeld ausgesetzt, wobei ein Großteil der neuen Wettbewerber noch gar nicht bekannt ist. Auf der einen Seite müssen sich Sparkassen an diese neuen Begebenheiten anpassen, wobei eine besonders wichtige Veränderung die operative Geschäftstätigkeit im Internetbanking ist. Auf der anderen Seite ist die Anpassung an sich verändernde Parameter erschwert durch das sparkassenrechtliche Regionalprinzip und seine gesetzliche Verankerung, welches oftmals einen Kritikpunkt an Sparkassen darstellt.

Dabei könnte für Sparkassen eine andere Rechtsform möglich sein, bei welcher das Regionalprinzip als freiwillige Selbstbeschränkung verankert wird, so dass selbst die Kritiker eines gesetzlichen Regionalprinzips von der Vereinbarkeit mit dem Unionsrecht ausgehen müssten. Insofern liegt es nahe zu prüfen, ob die örtliche Beschränkung durch eine Überführung der Sparkassen in eine andere Rechtsform verankert werden kann. Die Organisationshoheit einer Gemeinde umfasst grundsätzlich das Recht, die Rechtsform für eine kommunale Wirtschaftstätigkeit frei zu wählen.[1198] Hingegen ist dies bei der Sparkassentätigkeit anders, da für die Sparkassen die Anstalt des öffentlichen Rechts als Rechtsform vorgegeben ist (vgl. § 1 Abs. 1 HessSparkG). In der normierten Rechtsform liegt ein – gerechtfertigter[1199] – Eingriff in die kommunale

1198 *Brüning*, VerwArch 100 (2009), 453, 457; *Gern/Brüning*, Deutsches Kommunalrecht, Rn. 989; *Henneke*, Der Landkreis 2004, 13, 18; *Mehde*, in: Maunz/Dürig, GG, Art. 28 Abs. 2 Rn. 65; *Oebbecke*, LKV 2006, 145, 146; *Pitschas/Schoppa*, in: Mann/Püttner, Hdb. kommunale Wissenschaft und Praxis 2, § 43 Rn. 7; *Ruffert*, VerwArch 92 (2001), 27, 33; vgl. auch *Dietlein*, in: Dietlein/Ogorek, BeckOK KommunalR Hessen, Systematische Einführung zum Kommunalrecht Deutschlands Rn. 64; *Gern*, NJW 2002, 2593, 2597; *Hellermann*, in: Epping/Hillgruber, BeckOK GG, Art. 28 Rn. 40.2; *Püttner*, DÖV 1977, 472, 475.

1199 *Henneke*, Der Landkreis 2004, 13, 18; a.A. *Oebbecke*, VerwArch 93 (2002), 278, 291 f.

Selbstverwaltung[1200]. Die vorgegebene Rechtsform ermöglicht der Gemeinde, Einfluss auf die Sparkasse auszuüben, wodurch die ununterbrochene demokratische Legitimationskette gewährleistet wird. Da bei der sonstigen kommunalen Wirtschaftstätigkeit grundsätzlich Wahlfreiheit herrscht, sind andere Rechtsformen genauer zu untersuchen. Hierbei ist insbesondere auf das in Hessen gesetzlich vorgesehene Modell der Stiftungs-Sparkasse einzugehen.[1201]

A. Kommunale Sparkassen in der Rechtsform einer Genossenschaftsbank

Sparkassen könnten den Volksbanken angeglichen und als Genossenschaftsbanken organisiert werden.[1202] Genossenschaftsbanken sind regional orientiert und haben ein Interesse am wirtschaftlichen Erfolg ihrer Region. Damit bestehen Gemeinsamkeiten zu kommunalen Sparkassen. Genossenschaftsbanken geht es um die Umsetzung ihres Förderauftrags gem. § 1 Abs. 1 GenG, der darin besteht, die in der Region ansässigen Mitglieder wirtschaftlich zu fördern. Dieser Förderauftrag zeigt jedoch, warum die Rechtsform der Genossenschaft für Sparkassen nicht sinnvoll wäre. Das Primärziel von Genossenschaftsbanken sind die privaten Geschäftsinteressen ihrer Mitglieder[1203] in der Region, aber nicht aller Gebietsangehörigen wie bei kommunalen Sparkassen. Darüber hinaus verliert der Sparkassenträger bei dieser Rechtsform an Einfluss.[1204] Die Rechtsform der

---

1200 Vgl. *Henneke*, Der Landkreis 2004, 13, 18; *ders.*, Kommunale Sparkassen, S. 99 f.; *Kemmler*, Die Verwaltung 49 (2016), 397, 408; *Oebbecke*, VerwArch 93 (2002), 278, 291 f.

1201 So fand bereits eine eingehende Auseinandersetzung zu Privatisierungen von Sparkassen statt, siehe nur *Bredow/Schick/Liebscher*, BKR 2004, 102 ff.; *Claussen*, Teilprivatisierung kommunaler Sparkassen?; *Hedrich*, Die Privatisierung der Sparkassen, S. 94 ff.; *Rehm*, WM 1993, 133 ff.; *Quast*, Private als Sparkassenträger, S. 42 ff.; *Schorner*, Privatisierung kommunaler Sparkassen, S. 163 ff.; aus betriebswirtschaftlicher Sicht: *Witt*, Bewertung von offentlich-rechtlichen Sparkassen im Rahmen einer Privatisierungsentscheidung, S. 35 ff.

1202 So der Vorschlag bei *Klein*, Das Sparkassenwesen in Deutschland und in Frankreich, S. 358 ff.; *Scheike*, Rechtliche Voraussetzungen für die materielle Privatisierung kommunaler Sparkassen, S. 87 ff.; siehe ausführlich *Staats*, Fusionen bei Sparkassen und Landesbanken, S. 253 ff.

1203 *Brämer/Gischer/Pfingsten/Richter*, ZögU 2010, 311, 312; zu den Problemen der Gemeinde als Genossenschaftsmitglied: *Beuthien*, WM 2003 39, 1881, 1883.

1204 *Beuthien*, WM 2003, 1881, 1883.

Genossenschaft als Alternative zur Kommunalanstalt ist demnach abzulehnen. Im Hessischen Sparkassengesetz ist diese Rechtsform auch nicht vorgesehen. Zudem fehlt nach § 301 Abs. 1 UmwG die Möglichkeit der Umwandlung einer Anstalt des öffentlichen Rechts in eine Genossenschaft. Ausdrücklich bestimmt die Norm nur die Umwandlungsmöglichkeit in die Rechtsform einer Kapitalgesellschaft. Damit bestünden zusätzlich zu den Nachteilen dieser Rechtsform mehrere gesetzliche Hürden.

B. Privatisierung von kommunalen Sparkassen

Eine private Rechtsform, insbesondere die Aktiengesellschaft, könnte eine für Sparkassen vorteilhafte Rechtsform darstellen. So hat der Aufbau der Sparkassen als Anstalten des öffentlichen Rechts ohnehin bereits Ähnlichkeiten mit der Rechtsform einer Aktiengesellschaft. Bei einer Lücke im Sparkassenrecht wendet die Rechtsprechung das Aktiengesetz analog an.[1205] Da das kommunale Sparkassenwesen erhalten bleiben soll, ist eine materielle Privatisierung der kommunalen Sparkassen ausgeschlossen, denn hierdurch würde sich die Gemeinde aus der Sparkassentätigkeit vollständig zurückziehen und das Regionalprinzip würde beseitigt.[1206] Wie sich bei den Freien Sparkassen zeigt, ist es allerdings möglich, den öffentlichen Auftrag und die regionale Orientierung in der Rechtsform einer Aktiengesellschaft zu erhalten. Zudem ist es möglich, eine örtliche Grenze entsprechend dem Gebiet des Sparkassenträgers für die Sparkasse festzulegen.[1207] Anders als bei Freien Sparkassen muss allerdings gleichzeitig die ununterbrochene Legitimationskette auch dann gewährleistet sein, „wenn sich der Staat bei der Wahrnehmung seiner Aufgaben eines – vollständig oder mehrheitlich – in staatlicher Hand befindlichen Unternehmens in Privatrechtsform bedient“.[1208] Daher ist an eine formelle Privatisierung von Sparkassen zu denken. Erhält der frühere Träger nach einer Rechtsformumwandlung mindestens 50,1 % des Grundkapitals, bliebe bei dieser privaten Rechtsform die kommunale Bindung bestehen.[1209] Somit könnten bei einer Privatisierung der Sparkassen die

---

1205 Bspw. BGH, NJW-RR 2015, 603; weiterführend *Vetter*, NJW 2019, 2434.

1206 Vgl. *Kolm*, Das sparkassenrechtliche Regionalprinzip, S. 165 ff.; siehe ferner *Rehm*, WM 1993, 133, 138.

1207 *Kemmler*, Die Verwaltung 49 (2016), 397, 423; *Kolm*, Das sparkassenrechtliche Regionalprinzip, S. 167; *Möschel*, WM 1993, 93, 94.

1208 BVerfG, NVwZ 2018, 51, 55.

1209 *Bredow/Schick/Liebscher*, BKR 2004, 102, 106; ein etwas anderes Modell – eine beliehene Sparkassen-Holding AG – mit weniger kommunalen Einfluss überlegt *Helmrich/Schick*, BKR 2003, 882, 884 ff.; siehe auch *Beuthien*, WM 2004, 1467, 1472 f.

kommunale Bindung und die örtliche Grenze erhalten bleiben.[1210] Allerdings ist unvermeidbar, dass der kommunale Sparkassenträger bei einer privatrechtlich organisierten Sparkasse an Einfluss verliert.[1211] So besteht bei einer juristischen Person des Privatrechts eine große Selbstständigkeit.[1212]

Der Formwechsel einer Anstalt des öffentliches Rechts in eine Kapitalgesellschaft ist nach § 191 Abs. 1 Nr. 6 i.V.m. § 301 Abs. 2 UmwG möglich, sofern das Landesgesetz dies ausdrücklich zulässt. Die Umwandlung in eine private Rechtsform wie die einer Aktiengesellschaft ist im Hessischen Sparkassengesetz nicht vorgesehen. Stattdessen ist im Hessischen Sparkassengesetz das Stiftungsmodell verankert. Die Einführung dieser Rechtsform sollte einem möglichen Privatisierungsdruck entgegenwirken und die Sparkasse zugleich als kommunales Wirtschaftsunternehmen stärken.[1213] Im Hinblick auf die aufgezeigten negativen Aspekte einer formellen Privatisierung in eine Aktiengesellschaft ist diese Rechtsformmöglichkeit für kommunale Sparkassen abzulehnen.

C. Stiftungs-Sparkasse

Die Stiftung des öffentlichen Rechts könnte eine gegenüber der Kommunalanstalt vorzugswürdige Rechtsform sein.[1214] Neben der Körperschaft und der (rechtsfähigen) Anstalt des öffentlichen Rechts stellt die Stiftung des öffentlichen Rechts eine der drei juristischen Personen des öffentlichen Rechts dar.[1215] In Hessen ist die Errichtung einer Sparkasse durch eine Stiftung des öffentlichen Rechts in § 1 Abs. 2 S. 1 HessSparkG vorgesehen; gem. § 1 Abs. 4 HessSparkG ist die vollständige oder teilweise Übertragung von Trägeranteilen

---

1210 Zweifelnd *Rehm*, WM 1993, 133, 138.

1211 *Oebbecke*, VerwArch 93 (2002), 278, 284; ausführlich *Kemmler*, Die Verwaltung 49 (2016), 397, 423 ff.; allgemein zu gemeindlichen Privatisierungen: *Gröpl*, in: Hoffmann u.a., Kommunale Selbstverwaltung im Spiegel von Verfassungsrecht und Verwaltungsrecht, S. 99, 105; *Niedzwicki*, KommJur 2011, 450; *Pitschas/Schoppa*, in: Mann/Püttner, Hdb. kommunale Wissenschaft und Praxis 2, § 43 Rn. 30.

1212 Vgl. *Ehlers*, JZ 1990, 1089, 1093; *ders.*, ZHR 146 (2003), 546, 550; *Hellermann*, in: Hoppe/Uechtritz/Reck, Hdb. Kommunale Unternehmen, § 7 Rn. 63 f.

1213 LT-Drs. 17/326, S. 6.

1214 Unter dem Begriff „Stiftung" ist im Folgenden nur die Stiftung des öffentlichen Rechts gemeint. Ausführlich zur Gemeinde als Stifter (ebenfalls in der Rechtsform der Stiftung des bürgerlichen Rechts): *Bockamp/Tesfaiesus*, KommJur 2009, 88 ff.; *Schlüter/Krüger*, DVBl. 2003, 830 ff.

1215 *Berg*, NJW 1985, 2294, 2296; *Engels/Krausnick*, Kommunalrecht, § 1 Rn. 5; siehe *Ogorek*, in: Dietlein/Ogorek, BeckOK KommunalR Hessen, § 27 HKO Rn. 8.1.

einer kommunalen Sparkasse auf eine öffentlich-rechtliche Stiftung möglich. Demnach besteht in Hessen bereits eine gesetzliche Grundlage für diese Rechtsform. Dabei ist dieses Stiftungsmodell in Hessen abzugrenzen vom Stiftungsmodell, bei dem eine Sparkasse in eine Aktiengesellschaft umgewandelt wird, deren Träger eine Stiftung des öffentlichen Rechts ist (vgl. § 3 Abs. 1 S. 1 SparkG Brem).[1216] Anders als bei dem in Bremen möglichen Stiftungsmodell wollte der hessische Gesetzgeber mit seinem Stiftungsmodell „eine Privatisierung rechtlich noch klarer ausschließen".[1217] In § 1 Abs. 2 S. 1 HessSparkG wird auf § 18 Abs. 4 StiftG Hess verwiesen, in dem die örtlichen Stiftungen[1218] geregelt sind, die unter Aufsicht der Kommunalaufsichtsbehörden von Gemeinden, Landkreisen und Zweckverbänden sowie ihren Organen verwaltet werden können. Örtliche Stiftungen sind gem. § 18 Abs. 1 StiftG Hess „solche, die Zwecke erfüllen, welche die Gemeinden, Landkreise oder Zweckverbände in ihrem Bereich als öffentliche Aufgaben wahrnehmen oder wahrnehmen können". Eine Stiftung des öffentlichen Rechts verwaltet das ihr vom Stifter anvertraute Vermögen, das in der Substanz erhalten bleiben muss und mit dessen Erträgen ein öffentlicher Zweck gefördert werden soll (vgl. § 2 Abs. 1, § 6 Abs. 1 S. 1, Abs. 3 S. 1 StiftG Hess), der wiederum die Sparkassenaufgaben umfassen kann.[1219] Damit besteht ähnlich zur Kommunalanstalt ein eigenes Vermögen. Die erforderliche Erhaltung des Stiftungsvermögens bewirkt einen Kapitalschutz, durch den die Kreditwürdigkeit von Stiftungen hoch und die Zahl ihrer Insolvenzen gering ist.[1220]

1216 Nach diesem Stiftungsmodell ist der frühere Träger als Gründer anzusehen und erhält die Aktien (§ 3b Abs. 2 SparkG Brem). Die Sparkasse in Form einer Aktiengesellschaft muss gem. § 3b Abs. 3 S. 1 SparkG Brem in der Satzung die Erfüllung des öffentlichen Auftrags sicherstellen. Dieses Stiftungsmodell mit aktiengesellschaftlichen Strukturen wird überwiegend abgelehnt, siehe *Kemmler*, Die Verwaltung 49 (2016), 397, 422 f.; vorsichtiger *Schoch*, Der Landkreis 2010, 207, 210; kritisch auch *Henneke*, DVBl. 2010, 472, 477; a.A. Sachverständigenrat zur Begutachtung der gesamtwirtschaftlichen Entwicklung, Das deutsche Finanzsystem Effizienz steigern – Stabilität erhöhen v. Juni 2008, Rn. 252 ff.; *Beuthien*, WM 2003, 1881, 1885.

1217 LT-Drs. 17/326, S. 6.

1218 Der Begriff der örtlichen Stiftung ist ein Synonym zur kommunalen Stiftung, vgl. *Backert*, in: Bamberger u.a., BeckOK BGB, § 80 BGB Rn. 14; *Schlüter/Krüger*, DVBl. 2003, 830, 832; *Schlüter/Stolte*, Stiftungsrecht, Kap. 1 Rn. 64; *Werner*, NVwZ 2013, 1520, 1521.

1219 Vgl. *Vogel*, BKR 2009, 106, 109.

1220 *Burgard*, WM 2008, 1997, 2005.

Sowohl die kommunale Anstalt als auch die Stiftung des öffentlichen Rechts folgen einem fremden Willen, doch anders als bei der Anstalt des öffentlichen Rechts ist eine Stiftung nach ihrer Errichtung grundsätzlich vom Stifter unabhängig und bleibt nicht dem Stifter „unterworfen".[1221] Jedoch muss jedes staatliche Handeln – unabhängig von der Rechtsform – demokratisch legitimiert sein. Der Einfluss der Kommune besteht darin, dass der Stiftungsvorstand nach § 5b Abs. 5 HessSparkG von der Vertretungskörperschaft des kommunalen Trägers bestellt wird. Darüber hinaus sind keine Einflussmöglichkeiten vorgesehen, so dass diese insgesamt geringer sind als bei einer Kommunalanstalt. Eine Sparkasse in der Form einer Stiftung des öffentlichen Rechts wäre daher eigenverantwortlicher als in der Rechtsform einer kommunalen Anstalt, und die enge Einflussnahme durch den Anstaltsträger würde fehlen.[1222] Somit fehlt die feste Bindung an einen Sparkassenträger, dessen Tätigkeit über Art. 28 Abs. 2 GG geschützt und begrenzt ist. Die Stiftungs-Sparkasse bliebe dennoch mittelbare Trägerin der öffentlichen Verwaltung,[1223] so dass weiterhin die grundsätzlich gleiche Rechtsstellung wie bei einer Anstalt des öffentlichen Rechts bestünde.[1224] Die striktere Trennung einer Stiftungs-Sparkasse von der Gemeinde, ohne zugleich eine Rechtsform zu haben, die grundsätzlich gewinnorientiert ausgerichtet ist, ist vorteilhaft.

Bedeutsam ist die Frage, wie der öffentliche Auftrag und die regionale Ausrichtung erhalten bleiben können. Da Privatpersonen ebenfalls Stiftungen des öffentlichen Rechts gründen können,[1225] ist zumindest der Rechtsform eine örtliche Beschränkung nicht immanent. Weiter ist fraglich, ob ein gesetzlich verankertes sparkassenrechtliches Regionalprinzip wie in § 1 Abs. 3 HessSparkG für die Stiftungs-Sparkasse Geltung beanspruchen kann. Der Wortlaut ist offen gehalten und könnte als Sparkasse auch die Stiftungs-Sparkasse umfassen.

1221 *Burgard*, WM 2008, 1997, 1998; vgl. *Backert*, in: Bamberger u.a., BeckOK BGB, § 80 BGB Rn. 23.

1222 Vgl. hierzu *Backert*, in: Bamberger u.a., BeckOK BGB, § 80 BGB Rn. 23; *Henneke*, in: Mann/Püttner, Hdb. kommunale Wissenschaft und Praxis 2, § 53a Rn. 294; *Vogel*, BKR 2009, 106, 108 spricht hierbei von einer „Lockerung des kommunalen Bandes"; kritisch *Weitemeyer*, in: Säcker u.a., MüKO BGB Bd. 1, § 80 Rn. 304.

1223 Vgl. hierzu *Schlüter/Krüger*, DVBl. 2003, 830, 832; *Weitemeyer*, in: Säcker u.a., MüKO BGB Bd. 1, § 80 Rn. 300; *Werner*, NVwZ 2013, 1520, 1521.

1224 *Weitemeyer*, in: Säcker u.a., MüKO BGB Bd. 1, § 80 Rn. 300.

1225 *Klappstein*, in: GS für Sonnenschein (2002), S. 811, 820; *Weitemeyer*, in: Säcker u.a., MüKO BGB Bd. 1, § 80 Rn. 302.

Eine örtliche Stiftung des öffentlichen Rechts wird jedenfalls – auch wenn sie ursprünglich von privater Seite gegründet wurde – nach § 18 Abs. 4 StiftG Hess von Gemeinden, Landkreisen und Zweckverbänden sowie ihren Organen verwaltet, woraus eine räumliche Beschränkung folgen könnte. Allerdings fehlt die unmittelbare Kontrolle durch einen kommunalen Träger und die konkrete Bindung an diesen. So können der Stiftungs-Sparkasse mehr Rechte zustehen als der Kommune. Eine Stiftung des öffentlichen Rechts ist zudem vom Stifter losgelöst und verselbstständigt sich.[1226] So kann eine Stiftung des öffentlichen Rechts sogar grundrechtsberechtigt sein.[1227] Dementsprechend könnte der nach § 1 Abs. 3 HessSparkG erforderliche Sparkassenträger unklar sein, so dass zweifelhaft ist, ob § 1 Abs. 3 HessSparkG auf die Stiftungs-Sparkasse anzuwenden ist. Im Falle der fehlenden Anwendbarkeit würde für Stiftungs-Sparkassen keine räumliche Begrenzung bestehen.

Die kommunale Selbstverwaltungsgarantie, die das Tätigwerden einer Gemeinde grundsätzlich auf ihr Gebiet beschränkt und die Sparkassentätigkeit ermöglicht, ist bei der Errichtung einer Stiftungs-Sparkasse zu beachten. Es ist daher bei einer örtlichen Stiftung – wie einer Stiftungs-Sparkasse gem. § 1 Abs. 2 S. 1 HessSparkG i.V.m. § 18 Abs. 4 StiftG Hess – erforderlich, dass der Stiftungszweck auf den räumlichen Bereich einer Kommune bezogen wird.[1228] Als Indiz für dieses Erfordernis dient die Bezeichnung „örtliche" Stiftung.[1229] In Art. 20 Abs. 1 BayStG ist dies für die kommunale Stiftung sogar ausdrücklich festgelegt („nicht wesentlich über den räumlichen Umkreis der Gebietskörperschaft hinausreicht"). Sowohl die in § 2 HessSparkG aufgeführten Aufgaben als auch das in § 1 Abs. 3 HessSparkG verankerte Regionalprinzip müssen somit zum Gegenstand des Stiftungszwecks gemacht werden.[1230] Das Rechtsmodell der Stiftungs-Sparkasse soll gerade die öffentliche Aufgabe und die Gemeinwohlorientierung stärken.[1231] Die Stiftungs-Sparkassen sind dem öffentlichen Zweck verpflichtet und dementsprechend in ihrer Handlungsweise eingeschränkt. Durch die Festlegung des Stiftungszwecks würden die Aufgaben von kommunalen Sparkassen und auch ihr Gebietsbezug effektiv erhalten. Im Fall der Stiftungs-Sparkasse

---

1226 *Backert*, in: Bamberger u.a., BeckOK BGB, § 80 BGB Rn. 23.

1227 *Weitemeyer*, in: Säcker u.a., MüKO BGB Bd. 1, § 80 Rn. 307.

1228 *Schlüter/Krüger*, DVBl. 2003, 830, 833; *Schlüter/Stolte*, Stiftungsrecht, Kap. 1 Rn. 64; *Werner*, NVwZ 2013, 1520, 1522.

1229 Vgl. *Werner*, NVwZ 2013, 1520, 1522.

1230 *Vogel*, BKR 2009, 106, 109; vgl. auch *Beuthien*, WM 2003, 1881, 1885.

1231 LT-Drs. 17/326, S. 6.

beansprucht aber nicht das gesetzlich geregelte sparkassenrechtliche Regionalprinzip Geltung; vielmehr ist die Rechtsgrundlage für die örtliche Grenze der Stiftungszweck, also eine freiwillige, örtliche Selbstbeschränkung,[1232] die keinen Anlass zur Kritik bietet und mit unionsrechtlichen Vorschriften vereinbar wäre. Daher ist die Stiftungs-Sparkasse gegenüber der Anstalt des öffentlichen Rechts die vorzugswürdige Rechtsform.[1233]

D. Ergebnis

Um Privatisierungen von hessischen Sparkassen zu verhindern und Sparkassen für die Zukunft zu stärken, hat der hessische Gesetzgeber in § 1 Abs. 4 HessSparkG die vollständige oder teilweise Übertragung von Trägeranteilen einer kommunalen Sparkasse auf eine öffentlich-rechtliche Stiftung ermöglicht. Der hessische Gesetzgeber hat damit den Gemeinden und ihren Sparkassen eine Entwicklungsmöglichkeit gegeben. Dem in Hessen möglichen Modell der Stiftungs-Sparkasse ist gegenüber der Kommunalanstalt der Vorzug zu geben. Durch diese Rechtsform kann weiterhin der öffentliche Auftrag gewährleistet und die örtliche Bindung aufrechterhalten werden, indem der öffentliche Auftrag und das Regionalprinzip als Stiftungszweck festgelegt werden. Die örtliche Beschränkung stellt hierbei eine freiwillige Selbstbeschränkung dar, die mit Vorschriften des Unionsrechts auf jeden Fall vereinbar ist. Ob hessische Gemeinden in Zukunft von der Vorschrift Gebrauch machen werden, bleibt abzuwarten. Gem. § 1 Abs. 4 S. 1 HessSparkG muss die Satzung der Sparkasse eine Umwandlung in eine Stiftungs-Sparkasse vorsehen und der Verwaltungsrat muss diese mit Zustimmung des Sparkassenträgers beschließen. Mithin überlässt der hessische Gesetzgeber diese Entscheidung den Sparkassen und ihren Trägern.

1232 *Vogel*, BKR 2009, 106, 109.
1233 Ähnlich *Burgard*, WM 2008, 1997, 2005 f.

Kapitel 7: Zusammenfassung

Die vorliegende Arbeit setzt sich mit dem sparkassenrechtlichen Regionalprinzip und seinem Spannungsverhältnis zwischen Unionsrecht und hessischem Sparkassenrecht auseinander. Im Verlauf der Untersuchung wurden folgende Ergebnisse erzielt:

I. Grundlage und Reichweite des sparkassenrechtlichen Regionalprinzips

1. Die dogmatische Grundlage des sparkassenrechtlichen Regionalprinzips ist die kommunale Selbstverwaltungsgarantie nach Art. 28 Abs. 2 GG sowie die entsprechende landesrechtliche Verfassungsnorm des Art. 137 Abs. 1, 3 HessVerf., wobei dem Demokratieprinzip gem. Art. 20 Abs. 1, 2 GG eine Ergänzungsfunktion zukommt. Dem einfachgesetzlich geregelten sparkassenrechtlichen Regionalprinzip nach § 1 Abs. 3 HessSparkG kommt nur deklaratorische Wirkung zu.
2. Das Subsidiaritätsprinzip, welches den Vorrang einer Gemeinde vor einem Landkreis zur Sparkassentätigkeit begründet, folgt aus § 2 Abs. 1 HKO.
3. Es gibt drei Möglichkeiten, um Sparkassengemengelagen, die etwa aufgrund von kommunalen Gebietsreformen entstehen, zu beseitigen. Dabei sind die Möglichkeiten der Bildung eines Zweckverbands und die Übertragung einer gebietsträgerfremden Sparkasse auf die örtlich zuständige Sparkasse gegenüber einer Schließung von gebietsträgerfremden Zweigstellen vorzuziehen. Die beiden erstgenannten Möglichkeiten sind in § 18 HessSparkG geregelt. Das sparkassenrechtliche Regionalprinzip erfordert aber keine strikte Einhaltung, so dass ausnahmsweise gebietsfremd gewordene Sparkassenzweigstellen aufgrund des Bestandschutzes, welcher aus § 1 Abs. 3 S. 1 HessSparkG hergeleitet werden kann und sich in § 18 Abs. 2 S. 4 HessSparkG widerspiegelt, weiter betrieben werden dürfen.
4. Einfachgesetzliche örtliche Erweiterungen der Sparkassentätigkeit sind möglich, sofern die Ausnahmen gering bleiben und insbesondere das Selbstverwaltungsrecht der betroffenen Kommune(n) Berücksichtigung findet. Demnach sind Sparkassentätigkeiten über das Trägergebiet hinaus möglich, wobei hinsichtlich des Aktiv-, Passiv- und Dienstleistungsgeschäfts unterschiedlich enge Grenzen zu ziehen sind.
5. Die Sparkassentätigkeit im europäischen Ausland ist im hessischen Sparkassenrecht nicht vorgesehen und eine derartige Regelung ist weder erforderlich noch erstrebenswert.

II. Auswirkungen des Unionsrechts auf das hessische Sparkassenrecht

1. Die Unberührtheit der Eigentumsordnung gem. Art. 345 AEUV vermag für das sparkassenrechtliche Regionalprinzip keinen Schutz dergestalt zu vermitteln, dass dieses einer unionsrechtlichen Bewertung von vornherein entzogen wäre.
2. Das Unionsrecht hat gegenüber dem nationalen Recht Anwendungsvorrang.
3. Eine unionsrechtliche Selbstverwaltungsgarantie, welche das sparkassenrechtliche Regionalprinzip enthält und den Anwendungsvorrang des Unionsrechts begrenzen könnte, gibt es (derzeit) nicht.
4. Bei einem Verstoß des sparkassenrechtlichen Regionalprinzips gegen unionsrechtliche Vorschriften würde sich der Anwendungsvorrang des Unionsrechts hinsichtlich grenzüberschreitender Sachverhalte auswirken. Das einfachgesetzlich geregelte Regionalprinzip in § 1 Abs. 3 HessSparkG wäre teilweise unanwendbar. Eine Auslandstätigkeit von Sparkassen wäre grundsätzlich mit der kommunalen Selbstverwaltungsgarantie gem. Art. 28 Abs. 2 GG und dem Demokratieprinzip gem. Art. 20 Abs. 1, 2 GG vereinbar. Aufgrund des Gesetzesvorbehalts müsste der hessische Gesetzgeber allerdings eine Vorschrift für die Sparkassentätigkeit im Ausland erlassen.

III. Das sparkassenrechtliche Regionalprinzip und seine Vereinbarkeit mit Vorgaben des Unionsrechts

1. Das Binnenmarktziel aus Art. 3 Abs. 3 S. 1 EUV und Art. 26 AEUV sowie der Grundsatz einer offenen Marktwirtschaft mit freiem Wettbewerb verlangen nicht die Aufhebung des sparkassenrechtlichen Regionalprinzips. Die beiden Ziele können für die Auslegung anderer Vorschriften herangezogen werden.
2. Der allgemeine Gleichheitssatz als einer der tragenden Grundsätze des Unionsrechts ist nicht verletzt. Zwar besteht eine Ungleichbehandlung zwischen privaten Kreditinstituten und kommunalen Sparkassen. Diese ist jedoch gerechtfertigt, da die kommunalen Sparkassen ihre Existenzberechtigung erst aufgrund der Gesetze erlangen.
3. Das sparkassenrechtliche Regionalprinzip ist mit der Niederlassungsfreiheit vereinbar. Da sich die innerstaatliche Organisation im Rahmen des Schutzbereichs der Niederlassungsfreiheit nicht auswirkt, gewährleistet die Niederlassungsfreiheit ein Wegzugsrecht für Sparkassen. Somit kann die Sparkasse ihre Grundfreiheit gegenüber dem eigenen Staat

geltend machen. Das Regionalprinzip beschränkt diese Freiheit. Diese Beschränkung ist jedoch gerechtfertigt. Hierbei können innerstaatliche Gründe und die Organisation von Sparkassen im Rahmen der Rechtfertigung Berücksichtigung finden. So ist die kommunale Sparkassentätigkeit erst aufgrund der kommunalen Selbstverwaltungsgarantie gem. Art. 28 Abs. 2 GG möglich, welche diese zugleich grundsätzlich auf das Trägergebiet begrenzt. Es bestehen zudem zwingende Gründe des Allgemeininteresses, welche eine örtliche Begrenzung erfordern. Das sparkassenrechtliche Regionalprinzip ist im Übrigen verhältnismäßig und daher gerechtfertigt. Allerdings ist zu beachten, dass eine Rechtfertigung des Örtlichkeitsprinzips von kommunalen Unternehmen, denen aus der Niederlassungsfreiheit ebenfalls ein Wegzugsrecht zusteht, für diese negativ ausgehen könnte.

4. Hinsichtlich der Dienstleistungs- und Kapitalverkehrsfreiheit ist bereits ein Verstoß durch das Regionalprinzip zweifelhaft. Das allgemeine Diskriminierungsverbot ist subsidiär gegenüber der Niederlassungsfreiheit.

IV. Das sparkassenrechtliche Regionalprinzip und wettbewerbsrechtliche Verbotsvorschriften

1. Ein Verstoß gegen Art. 101 Abs. 1 lit. c AEUV ist – wenn überhaupt – nur i.V.m. Art. 106 Abs. 1 AEUV anzunehmen. Dabei ist bereits die Qualifizierung des sparkassenrechtlichen Regionalprinzips als widersprechende Maßnahme sehr zweifelhaft. Jedenfalls greifen weder das Konzernprivileg noch der Immanenzgedanke. Dies ist aber auch nicht erforderlich, denn selbst wenn das sparkassenrechtliche Regionalprinzip eine widersprechende Maßnahme darstellen würde, sind die Voraussetzungen für eine Freistellung nach Art. 101 Abs. 3 AEUV gegeben. Die Sparkassen nehmen Aufgaben der Daseinsvorsorge wahr, deren Erfüllung durch Beseitigung des Regionalprinzips gefährdet wäre. Da das sparkassenrechtliche Regionalprinzip darüber hinaus verhältnismäßig ist, liegen zudem alle Voraussetzungen einer Rechtfertigung nach Art. 106 Abs. 2 AEUV vor. Demnach verstößt das sparkassenrechtliche Regionalprinzip nicht gegen unionsrechtliche Wettbewerbsvorschriften.
2. Im Gleichlauf zu den unionsrechtlichen Vorschriften liegt kein Verstoß gegen § 1 GWB durch das Regionalprinzip der Sparkassen vor. Mithin ist die örtliche Grenze wettbewerbsrechtlich unbedenklich.

V. Ausblick: Rechtsformmöglichkeiten für hessische Sparkassen

1. Sparkassen in der Rechtsform einer Genossenschaft oder die Privatisierung von Sparkassen stellen gegenüber der Anstalt des öffentlichen Rechts keine vorzugswürdigen Rechtsformen dar.
2. In Hessen ist die Möglichkeit einer Stiftungs-Sparkasse gesetzlich vorgesehen. Dieses hessische Modell weist gegenüber der Kommunalanstalt als Rechtsform viele Vorteile auf. Der öffentliche Auftrag und das sparkassenrechtliche Regionalprinzip sind hierbei für die Sparkassen als Stiftungen des öffentlichen Rechts als Stiftungszweck festzulegen. Die örtliche Beschränkung von Sparkassen wäre damit eine freiwillige Selbstbeschränkung, die ohne Zweifel mit Vorschriften des Unionsrechts vereinbar ist.

VI. Finale Betrachtung

Das sparkassenrechtliche Regionalprinzip ist mit dem Unionsrecht vereinbar. Dementsprechend sind auch keine Änderungen des hessischen Sparkassenrechts erforderlich. Allerdings hat der hessische Gesetzgeber mit dem gesetzlich geregelten Stiftungs-Modell den hessischen Sparkassen eine Entwicklungsmöglichkeit für die Zukunft gegeben.

Literaturverzeichnis

Ahrens, Claus, Quo vadis, societate? Das Internationale Gesellschaftsrecht auf dem Prüfstand der EG-Niederlassungsfreiheit, RNotZ 2003, 32 ff.

Aichele, Robert / Herr, Gunther, Die Aufgabe des übergesetzlichen Bestandsschutzes und die Folgen, NVwZ 2003, 415 ff.

Alber, Siegbert, Finanzdienstleistungen der öffentlichen Hand in der nationalen und europäischen Wettbewerbsordnung, in: Stiftung Gesellschaft für Rechtspolitik (Hrsg.), Jahrbuch 2002/I der 39. Bitburger Gespräche zum Thema: Kreditinstitute und Finanzdienstleistungen der öffentlichen Hand, München 2003, S. 7 ff. [zit.: Stiftung Gesellschaft für Rechtspolitik, Jahrbuch 2002/I].

Arnoldt, Jürgen, Die Sparkassenorganisation in Spanien, Deutscher Sparkassen- und Giroverband v. 23. Juni 2019, http://www.dsgv.de/de/sparkassen-finanzgruppe/sparkassen-international/index.html (zuletzt abgerufen am 2. Dezember 2019).

Aßmann, Werner, Das Regionalprinzip ist das Lebenselixier der Sparkassen, bank und markt 10/2014, 16 ff.

Aust, Helmut, Das Recht der globalen Stadt: grenzüberschreitende Dimensionen kommunaler Selbstverwaltung, zugl. Habil. (Berlin), Tübingen 2017.

Bader, Udo-Olaf, Inhalt und Bedeutung der 2. Bankrechtskoordinierungsrichtlinie – ein „EG-Grundgesetz" für die Banken?, EuZW 1990, 117 ff.

Badura, Peter, Das öffentliche Unternehmen im europäischen Binnenmarkt, ZGR 1997, 291 ff.

Bamberger, Heinz / Roth, Herbert / Hau, Wolfgang / Poseck, Roman (Hrsg.), Beck'scher Online-Kommentar zum BGB, München, Stand: 01.02.2020 [zit.: Bamberger u.a., BeckOK BGB].

Bankenverband, Stellungnahme des Bankenverbandes zum XX. Hauptgutachten der Monopolkommission 2012/2013 „Eine Wettbewerbsordnung für die Finanzmärkte" v. 11. September 2014.

Bar, Christian von, Gleichordnungskonzern und Kartellverbot, BB 1980, 1185 ff.

Battis, Ulrich / Mitschang, Stephan / Reidt, Olaf (Begr.), Baugesetzbuch Kommentar, 14. Auflage, München 2019 [zit.: Battis/Mitschang/Reidt, BauGB].

Baumann, Diethelm, Die sachlichen und räumlichen Grenzen der Verbandskompetenz öffentlich-rechtlicher Kreditinstitute, zugl. Diss. (München), München 2000.

Becker, Florian, Die Wahrnehmung von Aufgaben der öffentlichen Verwaltung und der Wettbewerb im Binnenmarkt am Beispiel kommunaler Energieversorgungsunternehmen, NStZ 2009, 306 ff.

—, Grenzenlose Kommunalwirtschaft, DÖV 2000, 1032 ff.

—, Mitbestimmung in kommunalen Unternehmen, in: Thomas Mann/Günter Püttner (Hrsg.), Handbuch der kommunalen Wissenschaft und Praxis, Band 2 Kommunale Wirtschaft, 3. Auflage, Berlin, Heidelberg 2011, § 50 [zit.: Mann/Püttner, Hdb. kommunale Wissenschaft und Praxis 2].

—, Sparkassenrechtliche Handlungsoptionen des Landesgesetzgebers und Unionsrecht, ZG 2010, 260 ff.

Becker, Peter, Ist das Gemeindewirtschaftsrecht revisionsbedürftig? Ja!, ZNER 2000, 259 ff.

—, Kommunales Örtlichkeitsprinzip vs. Niederlassungsfreiheit nach Art. 49 AEUV, VR 2018, 329 ff.

Beckmann, Klaus, Der baurechtliche Bestandsschutz – eine systematische Darstellung über das Wesen und die Reichweite desselben, KommJur 2014, 401 ff.

Belke, Rolf, Grundfragen des Kartellverbotes, ZHR 143 (1979), 74 ff.

Bennemann, Gerhard / Daneke, Uwe / Steiß, Alexander / Teschke, Sven / Unger, Walter / Zabel, Lorenz / Zahradnik, Stefan / Hilligardt, Jan / Ruder, Tim / Schön, Wolfgang / Schmidt, Helmut (Hrsg.), Kommunalverfassungsrecht Hessen, 59. Auflage, München, Stand: November 2019 [zit.: Bennemann u.a., KommunalverfassungsR Hessen].

Berg, Werner / Mäsch, Gerald (Hrsg.), Deutsches und Europäisches Kartellrecht, 3. Auflage, Köln 2018 [zit.: Berg/Mäsch, Deutsches und Europäisches KartellR].

Berg, Wilfried, Die öffentlichrechtliche Anstalt, NJW 1985, 2294 ff.

Bergmann, Nina, Niederlassungsfreiheit: Wegzug und Zuzug von Gesellschaften in der EU, ZEuS 2012 (Heft 2), 233 ff.

Beuthien, Volker, Inwieweit können Sparkassen und Genossenschaftsbanken zusammenwirken?, WM 2003 39, 1881 ff.

—, Öffentliche Kreditwirtschaft zwischen Marktanpassung und Strukturwandel, WM 2004, 1467 ff.

Biesok, Carsten, Die Grundrechtsbindung der Sparkassen bei der Begründung, Änderung und Beendigung der Geschäftsbeziehung zu ihren Kunden, WM 2020, 75 ff.

—, Kommentar zum Sparkassengesetz – Das Sparkassenrecht in Sachsen, Mecklenburg-Vorpommern, Brandenburg und Sachsen-Anhalt, Berlin 2015 [zit.: Kommentar zum Sparkassengesetz (SächsSparkG, SpkG M-V, BbgSpkG, SpkG-LSA)].

Birkenfeld, Daniela, Kommunalrecht Hessen, 7. Auflage, Baden-Baden 2020.

Blanke, Hermann-Josef, Kommunale Selbstverwaltung und Daseinsvorsorge nach dem Unionsvertrag von Lissabon, DVBl. 2010, 1333 ff.

Bleckmann, Albert, Die Grundrechte im Europäischen Gemeinschaftsrecht, EuGRZ 1981, 257 ff.

Blümel, Willi, Wesensgehalt und Schranken des kommunalen Selbstverwaltungsrechts, in: Albert von Mutius (Hrsg.), Selbstverwaltung im Staat der Industriegesellschaft: Festgabe zum 70. Geburtstag von Georg Christoph von Unruh, Heidelberg 1983, S. 265 ff. [zit.: FG für von Unruh (1983)].

Bockamp, Guido / Tesfaiesus, Awet, Die Gebietskörperschaft als Stifterin: Eine Analyse der Möglichkeiten und Grenzen eines dritten Weges zwischen Privatisierung und Verstaatlichung in der Daseinsvorsorge, KommJur 2009, 88 ff.

Böhm, Monika, Umfang und Grenzen der Satzungsbefugnis von Sparkassenverbänden, DÖV 2004, 650 ff.

Borchmann, Michael / Breithaupt, Dankwart / Kaiser, Gerrit, Kommunalrecht in Hessen, 3. Auflage, Stuttgart 2006.

Bosse, Burkhard, Anmerkung zu OVG Münster, Urteil vom 18. Dezember 1981 – 15 A 190/80, DVBl. 1982, 506 ff.

—, Rechtsprobleme des Zusammenschlusses von Sparkassen, Berlin 1982.

Brämer, Patrick / Gischer, Horst / Pfingsten, Andreas / Richter, Toni, Der öffentliche Auftrag der deutschen Sparkassen aus der Perspektive des Stakeholder-Managements, ZögU 2010, 311 ff.

Braun, Christian, Tätigwerden von Stadtwerken außerhalb ihrer Gemeindegrenzen, SächsVBl. 1999, 25 ff.

Braun, Jens-Daniel, Mitgliedstaatliche Glücksspielmonopole vs. EG-Wettbewerbsrecht?, ZEuS 2005 (Heft 2), 211 ff.

Bredow, Günther / Schick, Manfred / Liebscher, Finn-Michael, Privatisierung öffentlich-rechtlicher Sparkassen – Gegenwärtige Gestaltungsoptionen, insbesondere das Modell „Stralsund", BKR 2004, 102 ff.

Brenncke, Martin, Nomen est omen? – Zur Europarechtskonformität des Bezeichnungsschutzes für Sparkassen, ZBB 2007, 1 ff.

Britz, Gabriele, Funktion und Funktionsweise öffentlicher Unternehmen im Wandel: Zu den jüngsten Entwicklungen im Recht der kommunalen Wirtschaftsunternehmen, NVwZ 2001, 380 ff.

Brosius-Gersdorf, Frauke, Wirtschaftliche Betätigung von Gemeinden außerhalb ihres Gebiets – Gemeindeordnungsrecht und Verfassungsrecht in Harmonie oder Disharmonie?, AöR 130 (2005), 392 ff.

Broß, Siegfried, Bundesverfassungsgericht – Europäischer Gerichtshof – Europäischer Gerichtshof für Kompetenzkonflikte, VerwArch 92 (2001), 425 ff.

Brüning, Christoph, (Re-)Kommunalisierung von Aufgaben aus privater Hand – Maßstäbe und Grenzen, VerwArch 100 (2009), 453 ff.

—, Risse im Rechtsrahmen kommunaler wirtschaftlicher Betätigung, NVwZ 2015, 689 ff.

Brzoska, Thomas, Die öffentlich-rechtlichen Sparkassen zwischen Staat und Kommunen – Zum Standort der Sparkassen unter besonderer Berücksichtigung des sparkassentypischen Regionalprinzips, Berlin 1976.

Buchmann, Felix, Kommunale Energieversorgungsunternehmen in der Krise, zugl. Diss. (Köln), Baden-Baden 2009.

Bunte, Hermann-Josef, Das nationale Kartellrecht der Kreditwirtschaft, in: Herbert Schimansky/Hermann-Josef Bunte/Hans-Jürgen Lwowski (Hrsg.), Bankrechts-Handbuch, Band 2, Band 2, 5. Auflage, München 2017, § 140 [zit.: Schimansky/Bunte/Lwowski, BankR-Hdb. 2].

—, Die Angriffe gegen das Regionalprinzip der Sparkassen im Lichte des BGH-Urteils vom 6.10.2015 = WM 2016, 878 zum Presse-Grosso, WM 2016, 905 ff.

Burgard, Ulrich, Wem gehören die Sparkassen?, WM 2008, 1997 ff.

Burgi, Martin, Die Handlungsformkategorie des Betrauungsakts im EU-Beihilferecht, EuZW 2017, 90 ff.

—, Die öffentlichen Unternehmen im Gefüge des primären Gemeinschaftsrechts, EuR 1997, 261 ff.

—, Neuer Ordnungsrahmen für die energiewirtschaftliche Betätigung von Kommunen – Vorschlag für eine sektorenspezifische Modernisierung des kommunalen Wirtschaftsrechts am Beispiel Nordrhein-Westfalen, Stuttgart 2010.

—, Verwalten durch öffentliche Unternehmen im europäischen Institutionenwettbewerb, VerwArch 93 (2002), 255 ff.

Burke-Kennedy, Eoin, O'Donnell sees role for public banking system in Ireland, Irish Times v. 11. September 2018, https://www.irishtimes.com/business/financial-services/o-donnell-sees-role-for-public-banking-system-in-ireland-1.3624645 (zuletzt abgerufen am 2. September 2019).

Burmeister, Frank / Staebe, Erik, Räumliche Beschränkungen für kommunale Wirtschaftsunternehmen – ein Verstoß gegen Europäisches Recht, EuR 2004, 810 ff.

Burmeister, Joachim, Die Sparkassen zwischen öffentlicher Aufgabe und kreditwirtschaftlichem Wettbewerb, in: Jörn Ipsen (Hrsg.), Sparkassen im Wandel: 3. Bad Iburger Gepräche, Symposium des Instituts für Kommunalrecht der Universität Osnabrück am 21. Oktober 1991, Köln u.a. 1993, S. 23 [zit.: Ipsen, Sparkassen im Wandel].

—, Verfassungsrechtliche Grundfragen der kommunalen Wirtschaftsbetätigung, in: Albert von Mutius (Hrsg.), Selbstverwaltung im Staat der Industriegesellschaft: Festgabe zum 70. Geburtstag von Georg Christoph von Unruh, Heidelberg 1983, S. 623 ff. [zit.: FG für von Unruh (1983)].

Burmeister, Joachim / Bodenheim, Dieter, Die Organisation des Sparkassenwesens im Stadtverband Saarbrücken: Rechtsfragen der Auflösung der Sparkassengemengenlage im Stadtverband Saarbrücken als Folge der kommunalen Gebietsreform, Köln u.a. 1981.

Callies, Christian / Ruffert, Matthias (Hrsg.), EUV/AEUV: Das Verfassungsrecht der Europäischen Union mit Europäischer Grundrechtecharta, 5. Auflage, München 2016 [zit.: Callies/Ruffert, EUV/AEUV].

Claussen, Bernd, Teilprivatisierung kommunaler Sparkassen?: Ökonomische und rechtliche Rahmenbedingungen für eine Beteiligung Privater an den kommunalen Kreditinstituten, zugl. Diss. (Kiel), Baden-Baden 1990.

Clemens, Thomas, Kommunale Selbstverwaltung und institutionelle Garantie: Neue verfassungsrechtliche Vorgaben durch das BVerfG (Zu BVerfG, Beschl. v. 23. 11. 1988 – 2 BvR 1619/83, 1628/83 – BVerfGE 79, 127 = NVwZ 1989, 347 = NJW 1989, 1790), NVwZ 1990, 834 ff.

Collin, Peter / Fügemann, Malte, Zuständigkeit – Eine Einführung zu einem Grundelement des Verwaltungsorganisationsrechts, JuS 2005, 694 ff.

Danwitz, Thomas von, Dienste von allgemeinem wirtschaftlichem Interesse in der europäischen Wettbewerbsordnung, in: Stiftung Gesellschaft für Rechtspolitik (Hrsg.), Jahrbuch 2002/I der 39. Bitburger Gespräche zum Thema: Kreditinstitute und Finanzdienstleistungen der öffentlichen Hand, München 2003, S. 73 ff. [zit.: Stiftung Gesellschaft für Rechtspolitik, Jahrbuch 2002/I].

Darsow, Thomas, Rechtsfragen im Zusammenhang mit der Subventionierung kommunaler Unternehmen, LKV 2002, 1 ff.

Decker, Andreas, Reichweite und Grenzen des baurechtlichen Bestandsschutzes, BayVBl. 2011, 517 ff.

Deutsche Bundesbank, Bankstellenbericht v. 2019.

—, Bankstellenbericht v. 2017.

—, Bericht zur Stabilität des deutschen Finanzsystems, Monatsbericht v. Dezember 2003.

—, Monatsbericht v. Juli 1964.

—, Monatsbericht v. Dezember 2003.

Deutsche Bundesbank, DSGV, Marktanteile an den Kundenspareinlagen in Deutschland im Jahr 2018 nach Bankengruppen, Statista v. 2018, https://de.statista.com/statistik/daten/studie/199041/umfrage/anteil-an-privaten-spareinlagen-in-deutschland-nach-bankengruppen/ (zuletzt abgerufen am 11. Mai 2020).

—, Marktanteile im Kreditgeschäft mit Privatpersonen in Deutschland im Jahr 2018 nach Bankengruppen, Statista v. 2018, https://de.statista.com/statistik/daten/studie/192825/umfrage/kredite-an-inlaendische-privatpersonen-nach-bankengruppen/ (zuletzt abgerufen am 11. Mai 2020).

—, Marktanteile im Kreditgeschäft mit Unternehmen und Selbstständigen in Deutschland im Jahr 2018 nach Bankengruppen, Statista v. 2018, https://de.statista.com/statistik/daten/studie/192809/umfrage/kredite-an-unternehmen-und-selbststaendige-in-deutschland-nach-bankengruppen/ (zuletzt abgerufen am 11. Mai 2020).

Deutsche Landkreistag (DLT) und Deutsche Sparkassen- und Giroverband (DSGV), Gemeinsame Erklärung von DLT und DSGV zur Notwendigkeit der öffentlich-rechtlichen Struktur der kommunalen Sparkassen v. 20. Januar 2004, abgedruckt in: Der Landkreis 2004, 67.

Deutsche Sparkassen- und Giroverband (DSGV), Fokuspapier der Sparkassen-Finanzgruppe „Kundenbedürfnisse ändern sich – Sparkassen entwickeln Filialnetz weiter“ v. 16. Mai 2018.

—, Pressemitteilung Nr. 52 v. 9. Juli 2014.

—, Pressemitteilung Nr. 97 v. 26. September 2012.

Di Fabio, Udo, Richtlinienkonformität als ranghöchstes Normauslegungsprinzip? – Überlegungen zum Einfluß des indirekten Gemeinschaftsrechts auf die nationale Rechtsordnung, NJW 1990, 947 ff.

Dietel, Klaus-Günter, Die Träger kommunaler Sparkassen und ihr Aktionskreis, in: Stiftung Gesellschaft für Rechtspolitik (Hrsg.), Jahrbuch 2002/I der 39. Bitburger Gespräche zum Thema: Kreditinstitute und Finanzdienstleistungen der öffentlichen Hand, München 2003, S. 167 ff. [zit.: Stiftung Gesellschaft für Rechtspolitik, Jahrbuch 2002/I].

Dietlein, Johannes / Ogorek, Markus (Hrsg.), Beck'scher Online-Kommentar zum Kommunalrecht Hessen, München, Stand: 28.03.2020 [zit.: Dietlein/Ogorek, BeckOK KommunalR Hessen].

Dietz, Sara, Die europarechtsfreundliche Verfassungsidentität in der Kontrolltrias des Bundesverfassungsgerichts, AöR 142 (2017), 78 ff.

Drees, Friedel / Keisers, Maximilian / Schiereck, Dirk, Zum Erfolg von Sparkassenfusionen, ZögU 2006, 24 ff.

Dünchheim, Thomas, Die Vereinbarkeit des kommunalen Wirtschaftsrechts des Saarlandes mit dem Recht der Europäischen Union, Baden-Baden 2018.

Dünchheim, Thomas / Gräler, Sebastian, Verfassungsrechtliche Implikationen der paritätischen Mitbestimmung in kommunalen Unternehmen, NVwZ 2019, 1225 ff.

Dünchheim, Thomas / Schöne, Franz-Josef, Privat vor Staat? – Die Novellierung des kommunalen Wirtschaftsrechts in NRW, DVBl. 2009, 146 ff.

Ebke, Werner, Das Centros-Urteil des EuGH und seine Relevanz für das deutsche Internationale Gesellschaftsrecht, JZ 1999, 656 ff.

—, Überseering: „Die wahre Liberalität ist Anerkennung“, JZ 2003, 927 ff.

Ehlers, Dirk, Allgemeine Lehren, in: Dirk Ehlers (Hrsg.), Europäische Grundrechte und Grundfreiheiten, 3. Auflage, Berlin 2009, § 7 [zit.: Ehlers, Europäische Grundrechte und Grundfreiheiten].

—, Das neue Kommunalwirtschaftsrecht in Nordrhein-Westfalen, NWVBl. 2000, 1 ff.

—, Die Anstalt öffentlichen Rechts als neue Unternehmensform der kommunalen Wirtschaft, ZHR 146 (2003), 546 ff.

—, Die verfassungsrechtliche Garantie der kommunalen Selbstverwaltung, DVBl. 2000, 1301 ff.

—, Die wirtschaftliche Betätigung der öffentlichen Hand in der Bundesrepublik Deutschland, JZ 1990, 1089 ff.

—, Gutachten/Teil E – Abteilung Öffentliches Recht: Empfiehlt es sich, das Recht der öffentlichen Unternehmen im Spannungsfeld von öffentlichem Auftrag und Wettbewerb national und gemeinschaftlich neu zu regeln?, Verhandlungen des 64. Deutschen Juristentages: Berlin 2002 (hrsg. v. der Ständigen Deputation des Deutschen Juristentages), Band 1, München 2002 [zit.: Verhandlungen zum 64. Deutschen Juristentages I (2002), Gutachten E].

—, Rechtsprobleme der Kommunalwirtschaft, DVBl. 1998, 497 ff.

Ehricke, Ulrich, Die Vereinbarkeit des kommunalen Örtlichkeitsprinzips mit dem EG-Recht, Köln 2009.

—, Zur Konzeption von Art. 37 I und Art. 90 II EGV, EuZW 1998, 741 ff.

Eilmansberger, Thomas, Die Liberalisierung des Hypothekenkredits in der EWG, EuZW 1991, 691 ff.

Ellgering, Ingo, Anmerkungen zum sparkassenrechtlichen Regionalprinzip im europäischen Binnenmarkt, WM 1992, 131 ff.

—, Anmerkungen zum sparkassentypischen Regionalprinzip, Kreditwesen 1979, 796 ff.

Emmerich, Volker / Hoffmann, Jochen, H. Kartellrecht II. Monopole und öffentliche Unternehmen, in: Manfred Dauses (Begr.)/Markus Ludwigs (Hrsg.), Handbuch des EU-Wirtschaftsrechts, Band 2, München, Stand: November 2019 [zit.: Dauses/Ludwigs, Hdb. EU-Wirtschaftsrechts 1].

—, H. Wettbewerbsregeln I. Kartellrecht § 2. Art. 101 AEUV – Kartellverbot, in: Manfred Dauses (Begr.)/Markus Ludwigs (Hrsg.), Handbuch des EU-Wirtschaftsrechts, Band 2, München, Stand: November 2019 [zit.: Dauses/Ludwigs, Hdb. EU-WirtschaftsR 2].

Engels, Andreas, Kommunale Selbstverwaltung nach Art. 28 Abs. 2 GG, JA 2014, 7 ff.

Engels, Andreas / Krausnick, Daniel, Kommunalrecht, Baden-Baden 2015.

Epping, Volker / Hillgruber, Christian (Hrsg.), Beck'scher Online-Kommentar zum Grundgesetz, München, Stand: 01.12.2019 [zit.: Epping/Hillgruber, BeckOK GG].

Erlenkämper, Friedel, Entwicklungen im Kommunalrecht, NVwZ 1995, 649 ff.

Eufinger, Alexander, Das sparkassenrechtliche Regionalprinzip aus europarechtlicher Sicht, EWS 2014, 253 ff.

Europäische Kommission, Pressemitteilung IP/06/870: Bankwesen – Kommission fordert Deutschland auf, seine Regeln für die Nutzung des Namens „Sparkasse" zu ändern v. 28. Juni 2006.

—, Pressemitteilung IP/06/1692: Einigung im „Sparkassenstreit" v. 6. Dezember 2006.

EZB, Anzahl der Zweigstellen der Kreditinstitute in Spanien in den Jahren von 1997 bis 2018, Statista v. Juni 2019, https://de.statista.com/statistik/daten/studie/758324/umfrage/anzahl-der-zweigstellen-der-kreditinstitute-in-spanien/ (zuletzt abgerufen am 20. Mai 2020).

Faber, Angela, Die Zukunft kommunaler Selbstverwaltung und der Gedanke der Subsidiarität in den Europäischen Gemeinschaften, DVBl. 1991, 1126 ff.

Fandrich, Andreas, Grundlagen: I. Organisation und Beteiligte des Banken- und Kapitalmarkts, in: Andreas Fandrich/Ines Karper (Hrsg.), Bank- und Kapitalmarktrecht, München 2012, § 1 [zit.: Fandrich/Karper, Bank- und KapitalmarktR].

Fischer, Reinfrid, Kurzkommentar zu BayVerfGH, Urteil vom 23. September 1985 – Vf. 8-VII-82, Sparkasse 1986, 70 ff., EWiR 1986, 225 ff.

—, Preisvereinbarung bei institutsübergreifender Geldautomatenverfügung, in: Norbert Horn (Hrsg.), Bankrecht – Schwerpunkte und Perspektiven: Festschrift für Herbert Schimansky, Köln 1999, S. 111 ff. [zit.: FS für Schwintowski (1999)].

—, Rechtsgrundlagen und Organisation der deutschen Kreditwirtschaft, in: Reinfrid Fischer/Thomas Klanten (Hrsg.), Bankrecht – Grundlagen der Rechtspraxis, 4. Auflage, Köln 2010, Kap. 1 [zit.: Fischer/Klanten, BankR].

—, Selbstverwaltung durch und in kommunalen Sparkassen, in: Albert von Mutius (Hrsg.), Selbstverwaltung im Staat der Industriegesellschaft: Festgabe zum 70. Geburtstag von Georg Christoph von Unruh, Heidelberg 1983, S. 835 ff. [zit.: FG für von Unruh (1983)].

Forsthoff, Ernst, Die Verwaltung als Leistungsträger, Stuttgart 1938.

Forsthoff, Ulrich, Niederlassungsrecht für Gesellschaften nach dem Centros-Urteil des EuGH: Eine Bilanz, EuR 2000, 167 ff.

Frankenberger, Wilhelm, Das Regionalprinzip – sinnvolles Ordnungsprinzip oder Teufelszeug, Kreditwesen 2004, 120 ff.

Franz, Tobias, Grenzüberschreitende Sitzverlegung und Niederlassungsfreiheit – eine systematische Betrachtung offener und geklärter Fragen, EuZW 2016, 930 ff.

Freis-Janik, Isabelle, 2. Teil: Bankaufsichtsrecht, in: Siegfried Kümpel (Begr.)/ Peter Mülbert/Andreas Früh/Thorsten Seyfried (Hrsg.), Bank- und Kapitalmarktrecht, 5. Auflage, Köln 2019 [zit.: Kümpel u.a., Bank- und KapitalmarktR].

Frenz, Walter, Handbuch Europarecht – Band 1: Europäische Grundfreiheiten, 2. Auflage, Berlin, Heidelberg 2012 [zit.: Hdb. EuropaR 1].

—, Kommunale wirtschaftliche Betätigung zwischen GO, GG und EG, GewArch 2006, 100 ff.

—, Rekommunalisierung und Europarecht nach dem Vertrag von Lissabon, WRP 2008, 73 ff.

Fricke, Dieter, Sparkassenstrategien unter Kostendruck: Wettbewerb oder Kooperation?, in: Stiftung Gesellschaft für Rechtspolitik (Hrsg.), Jahrbuch 2002/I der 39. Bitburger Gespräche zum Thema: Kreditinstitute und Finanzdienstleistungen der öffentlichen Hand, München 2003, S. 221 ff. [zit.: Stiftung Gesellschaft für Rechtspolitik, Jahrbuch 2002/I].

Friesen, Alexander von Umgestaltung des öffentlichrechtlichen Bankensektors angesichts des Europäischen Beihilferechts, EuZW 1999, 581 ff.

Fuchs, Andreas, Kartellrechtliche Immanenztheorie und Wettbewerbsbeschränkungen in Genossenschaftssatzungen, BB 1993, 1893 ff.

Funke, Andreas, Der Anwendungsvorrang des Gemeinschaftsrechts – Einige Problemfälle und ein Präzisierungsvorschlag, DÖV 2007, 733 ff.

Gärtner, Stefan, Gefährliche Größe, Süddeutsche Zeitung v. 28. August 2016, http://www.sueddeutsche.de/wirtschaft/forum-gefaehrliche-groesse-1.3138861 (zuletzt abgerufen am 2. September 2019).

Geerlings, Jörg, Kommunale Energierversorgungsunternehmen nach der Novellierung der nordrhein-westfälischen Gemeindeordnung, NWVBl. 2008, 90 ff.

Gehrke, Thomas / Brehsan, Godo, Genießt der baurechtliche Bestandsschutz noch Bestandsschutz?, NVwZ 1999, 932 ff.

Geiger, Helmut, Die deutsche Sparkassenorganisation, Handbücher für Geld, Bank und Börse, Band 15, 2. Auflage, Frankfurt am Main 1992 [zit.: Die deutsche Sparkassenorganisation].

Gerick, André, Nochmals: Anstaltslast und Gewährträgerhaftung bei kommunalen Sparkassen und Landesbanken – Erwiderung auf den Aufsatz von Thode/ Peres, BB 1997, 494 ff.

Gerke, Jürgen, Die wirtschaftliche Betätigung der Gemeinden, Jura 1985, 349 ff.

Gerlach, Rolf, Geschäftstätigkeit und Geschäftspolitik der Sparkassen, in: Thomas Mann/Günter Püttner (Hrsg.), Handbuch der kommunalen Wissenschaft und Praxis, Band 2 Kommunale Wirtschaft, 3. Auflage, Berlin, Heidelberg 2011, § 53b [zit.: Mann/Püttner, Hdb. kommunale Wissenschaft und Praxis 2].

Gern, Alfons, Rechtsschutz der Kommunen in der Europäischen Union, NVwZ 1996, 532 ff.

—, Wirtschaftliche Betätigung der Gemeinden außerhalb des Gemeindegebiets, NJW 2002, 2593 ff.

Gern, Alfons / Brüning, Christoph, Deutsches Kommunalrecht, 4. Auflage, Baden-Baden 2019.

Geschwandtner, Marcus / Bach, Melissa Bezeichnungsschutz für Sparkassen, quo vadis?, NJW 2007, 129 ff.

Gimple, Manuel, Das Regionalprinzip der deutschen kommunalen Sparkassen bei der Zweigstellenerrichtung im EG-Ausland, zugl. Diss. (Konstanz), Konstanz 1990.

Glöckner, Jochen, Vereinbarte Abwerbeverbote, JuS 2018, 1130 ff.

Goldhammer, Michael, Zweistufentheorie, Kontrahierungszwang und das Problem der Sparkassen mit imagegefährdenden Kunden, DÖV 2013, 416 ff.

Goldschmidt, Jürgen, Ende des Bestandsschutzes, DVBl. 2011, 591 ff.

Görisch, Christoph / Weigel, Christoph, „Rastede" auf Hessisch, LKRZ 2012, 212 ff.

Gornig, Gilbert, 1. Teil: Kommunalrecht, in: Gilbert Gornig/Hans-Detlef Horn/ Martin Will (Hrsg.), Öffentliches Recht in Hessen, 2018 [zit.: Gornig/Horn/ Will, ÖffR in Hessen].

—, Probleme der Niederlassungsfreiheit und Dienstleistungsfreiheit für Rechtsanwälte in den Europäischen Gemeinschaften, NJW 1998, 1120 ff.

Götzl, Stephan, Regionale Ausrichtung von Sparkassen und Genossenschaftsbanken dient der Finanzstabilität, bank und markt 10/2014, 17 ff.

Grabitz, Eberhard / Hilf, Meinhard / Nettesheim, Martin (Hrsg.), Das Recht der Europäischen Union: EUV/AEUV, München, Stand: Februar 2020 [zit.: Grabitz/Hilf/Nettesheim, Recht der EU].

Groeben, Hans von der / Schwarze, Jürgen / Hatje, Armin (Hrsg.), Europäisches Unionsrechts: Vertrag der Europäischen Union, Vertrag über die Arbeitsweise der Europäischen Union, Charta der Grundrechte der Europäischen Union, Band 3, 7. Auflage, Baden-Baden 2015 [zit.: von der Groeben/Schwarze/Hatje, Europäisches UnionsR Bd. 3].

— (Hrsg.), Europäisches Unionsrechts: Vertrag der Europäischen Union, Vertrag über die Arbeitsweise der Europäischen Union, Charta der Grundrechte der Europäischen Union, Band 1, 7. Auflage, Baden-Baden 2015 [zit.: von der Groeben/Schwarze/Hatje, Europäisches UnionsR Bd. 1].

— (Hrsg.), Europäisches Unionsrechts: Vertrag der Europäischen Union, Vertrag über die Arbeitsweise der Europäischen Union, Charta der Grundrechte der Europäischen Union, Band 2, 7. Auflage, Baden-Baden 2015 [zit.: von der Groeben/Schwarze/Hatje, Europäisches UnionsR Bd. 2].

— (Hrsg.), Europäisches Unionsrechts: Vertrag der Europäischen Union, Vertrag über die Arbeitsweise der Europäischen Union, Charta der Grundrechte der Europäischen Union, Band 4, 7. Auflage, Baden-Baden 2015 [zit.: von der Groeben/Schwarze/Hatje, Europäisches UnionsR Bd. 4].

Gröpl, Christoph, Möglichkeiten und Grenzen der Privatisierung kommunaler Aufgaben, in: Markus Hoffmann/Christian Kromberg/Verena Roth/Bodo Wiegand (Hrsg.), Kommunale Selbstverwaltung im Spiegel von Verfassungsrecht und Verwaltungsrecht: Rostock 1995/35. Tagung der Wissenschaftlichen Mitarbeiterinnen und Mitarbeiter der Fachrichtung „Öffentliches Recht", Stuttgart u.a. 1995, S. 99 ff. [zit.: Hoffmann u.a., Kommunale Selbstverwaltung im Spiegel von Verfassungsrecht und Verwaltungsrecht].

Gros, Jürgen, Die Ortsbank ist ein Zukunftsmodell, bank und markt 4/2018, 18 ff.

Groß, Thomas, Selbstverwaltung angesichts von Europäisierung und Ökonomisierung, DVBl. 2002, 1182 ff.

Guckelberger, Annette, Die wirtschaftliche Betätigung kommunaler Unternehmen *außerhalb* des Gemeindegebiets, BayVBl. 2006, 293 ff.

Güde, Udo, Geschäftspolitik der Sparkassen: Grundlagen und aktuelle Probleme, 5. Auflage, Stuttgart 1989.

Gundlach, Ulf, Die Erweiterung des kommunalen Wirtschaftsrechts in Sachsen-Anhalt, LKV 2002, 264 ff.

Haak, Stefan, Kommunales W-LAN als Daseinsvorsorge, VerwArch 99 (2008), 197 ff.

Haeder, Stefan, Das deutsche Notariat als Bereichsausnahme von der Niederlassungs- und Dienstleistungsfreiheit?, ZEuS 2007 (Heft 1), 117 ff.

Hafke, Heinz, „Freie" und öffentlich-rechtliche Sparkassen, Kreditwesen 1988, 174 ff.

Handschuh, Georg, Der öffentliche Auftrag der sächsischen Sparkassen: Von der Inpflichtnahme Privater über die Reglementierung als öffentliche Aufgabe bis zur Geschäftstätigkeit nach eigentümergeprägten Oberzielen, zugl. Diss. (Chemnitz), Baden-Baden 2010.

Hansen, Herbert, Die Probleme öffentlich-rechtlicher Kreditinstitute, AG 2003, R401 ff.

Hauser, Dirk, Wirtschaftliche Betätigung von Kommunen – Beschränkungen durch Verfassung, Gemeindeordnung und Wettbewerbsrecht, zugl. Diss. (Tübingen) 2004, http://hdl.handle.net/10900/43708 (zuletzt abgerufen am 03.05.2020).

Heberlein, Horst, Maastricht – ein Erfolg für die kommunale Selbstverwaltung?, DVBl. 1994, 1213 ff.

—, Subsidiarität und kommunale Selbstverwaltung, NVwZ 1995, 1052 ff.

Hedrich, Carl-Christoph, Die Privatisierung der Sparkassen: ein Beitrag zu den institutionellen Problemen der Deregulierung, zugl. Diss. (Hohenheim), Baden-Baden 1993.

Heilshorn, Torsten, Gebietsbezug der Kommunalwirtschaft, zugl. Diss. (Freiburg), Stuttgart 2003.

—, Sollte die überörtliche kommunale Wirtschaftstätigkeit durch die Gemeindeordnungen zugelassen werden?, VerwArch 96 (2005), 88 ff.

Heinevetter, Klaus, Die Rechtsprechung zur Neuordnung der Sparkassen in Nordrhein-Westfalen, DÖV 1981, 780 ff.

Heintzen, Markus, Zur Tätigkeit kommunaler (Energieversorgungs-)Unternehmen außerhalb der kommunalen Gebietsgrenzen, NVwZ 2000, 743 ff.

Held, Cornelius, Das neue ZKG: Verfassungswidriger Kontrahierungszwang, BKR 2016, 353 ff.

Held, Friedrich, Die Zukunft der Kommunalwirtschaft im Wettbewerb mit der privaten Wirtschaft – Änderungen des Gemeindewirtschaftsrechts in Nordrhein-Westfalen, NWVBl. 2000, 201 ff.

Hellermann, Johannes, Handlungsformen und Handlungsinstrumentarien wirtschaftlicher Betätigung, in: Werner Hoppe/Michael Uechtritz/Hans-Joachim Reck (Hrsg.), Handbuch Kommunale Unternehmen, 3. Auflage, Köln 2012, § 7 [zit.: Hoppe/Uechtritz/Reck, Hdb. Kommunale Unternehmen].

—, Örtliche Daseinsvorsorge und gemeindliche Selbstverwaltung: zum kommunalen Betätigungs- und Gestaltungsspielraum unter den Bedingungen europäischer und staatlicher Privatisierungs- und Deregulierungspolitik, Tübingen 2000.

Helmrich, Klaus / Schick, Olaf, Die beliehene Sparkassen-Holding AG – Ein Modell für die Zukunft, BKR 2003, 882 ff.

Henneke, Hans-Günter, Die kommunalen Sparkassen – Der rechtliche Rahmen, in: Thomas Mann/Günter Püttner (Hrsg.), Handbuch der kommunalen Wissenschaft und Praxis, Band 2 Kommunale Wirtschaft, 3. Auflage, Berlin, Heidelberg 2011, § 53a [zit.: Mann/Püttner, Hdb. kommunale Wissenschaft und Praxis 2].

—, Die Rolle des öffentlichen Bankensektors, ZVglRWiss 113 (2014), 535 ff.

—, Entwicklungsperspektiven kommunaler Sparkassen im Zentrum der rechts- und ordnungspolitischen Diskussion, Der Landkreis 2004, 13 ff.

—, Kommunale Sparkassen: Verfassung und Organisation, Wiesbaden 2010.

—, Kommunen und Sparkassen – Problemfelder und Perspektiven, Der Landkreis 2014, 163 ff.

—, Kreditversorgung als kommunale Selbstverwaltungsaufgabe – die Zukunft des Regionalprinzips, Der Landkreis 2004, 37 ff.

—, Öffentlicher Auftrag und Regionalprinzip im Lichte des XX. Hauptgutachtens der Monopolkommission, Der Landkreis 2014, 527 ff.

—, Sparkassen- und Landesbankenstruktur nach der Finanzkrise, DVBl. 2010, 472 ff.

—, Sparkassen – quo vadis? Landesgesetzgeber sind zur Präzisierung des öffentlichen Auftrags aufgerufen, NdsVBl. 2000, 129 ff.

—, Sparkassenträgerschaft im kreisangehörigen Raum, Der Landkreis 2010, 39 ff.

Hennemann, Moritz, Kartellrechtskonformität des Presse-Grossos – zugleich Besprechung des BGH-Urteils vom 6.10.2015, NZKart 2016, 160 ff.

Hennrichs, Joachim / Pöschke, Moritz / von der Laage, Gudrun / Klavina, Zane, Die Niederlassungsfreiheit der Gesellschaften in Europa – Eine Analyse der Rechtsprechung des EuGH und ein Plädoyer für eine Neuorientierung, WM 2009, 2009 ff.

Henssler, Martin / Kilian, Matthias, Das deutsche Notariat im Europarecht: Zeitenwende durch den EuGH oder „business as usual"?, NJW 2012, 481 ff.

—, Die Ausübung hoheitlicher Gewalt im Sinne des Art. 45 EG, EuR 2005, 192 ff.

Hermanns, Fritz, Das Regionalprinzip, Kreditwesen 1979, 440 ff.

Hill, Hermann, In welchen Grenzen ist kommunalwirtschaftliche Betätigung Daseinsvorsorge?, BB 1997, 425 ff.

Hinkel, Karl, Die kommunale Gebietsreform in Hessen, DVBl. 1974, 496 ff.

Hobe, Stephan / Biehl, Dirk / Schroeter, Nicolai, Der Einfluß des Rechts der Europäischen Gemeinschaften/Europäischen Union auf die Struktur der kommunalen Selbstverwaltung, DÖV 2003, 803 ff.

—, Europarechtliche Einflüsse auf das Recht der deutschen kommunalen Selbstverwaltung, Stuttgart u.a. 2004.

Hoffmann, Gerhard, Das Verhältnis des Rechts der Europäischen Gemeinschaften zum Recht der Mitgliedstaaten, DÖV 1967, 433 ff.

Hofmann, Jochen, Kommunale Neugliederung in Bayern und Sparkassenorganisation, BayVBl. 1990, 641 ff.

—, Kommunale Neugliederung in Bayern und Sparkassenorganisation – Fortsetzung und Schluss von BayVBl. 1990, 641 ff., BayVBl. 1990, 681 ff.

Holznagel, Bernd / Deckers, Sebastian, Breites Band im weiten Land, DVBl. 2009, 482 ff.

Hoppe, Werner, Zur Diskussion um den Haftungszuschlag für die kommunalen Sparkassen, DVBl. 1982, 45 ff.

Hoppenstedt, Dietrich, Die kommunale Trägerschaft der Sparkassen – Gemeinsame Verantwortung für die Menschen und die Regionen, in: Hans-Günter Henneke/Hubert Meyer (Hrsg.), Kommunale Selbstverwaltung zwischen Bewahrung, Bewährung und Entwicklung: Festgabe für Gernot Schlebusch zum 65. Geburtstag, Stuttgart u.a. 2006, S. 253 ff. [zit.: FG für Schlebusch (2006)].

Hornmann, Gerhard, Hessische Bauordnung (HBO): Kommentar, 3. Auflage, München 2019 [zit.: HBO].

Hösch, Ulrich, Öffentlicher Zweck und wirtschaftliche Betätigung von Kommunen, DÖV 2000, 393 ff.

Hwang, Shu-Perng, Anwendungsvorrang statt Geltungsvorrang? Normlogische und institutionelle Überlegungen zum Vorrang des Unionsrechts, EuR 2016, 355 ff.

Immenga, Ulrich / Körber, Torsten, Marktabgrenzung und Marktbeherrschung bei der Geldautomatennutzung, BB Beilage 1999, 3 ff.

Immenga, Ulrich / Mestmäcker, Ernst-Joachim (Begr.), Wettbewerbsrecht, Band 1: EU/Teil 1, 6. Auflage, München 2019 [zit.: Immenga/Mestmäcker, WettbewerbsR Bd. 1].

— (Begr.), Wettbewerbsrecht, Band 2: GWB/Teil 1, 6. Auflage, München 2020 [zit.: Immenga/Mestmäcker, WettbewerbsR Bd. 2].

Internationale Währungsfonds (IWF), Germany: Selected Issues, IMF Country Report No. 03/342 v. November 2003.

Ipsen, Jörn, Wirtschaftliche Betätigung der Gemeinden als kommunalrechtliche und verfassungsrechtliche Fragestellung, in: Jörn Ipsen/Edzard Schmidt-Jortzig (Hrsg.), Recht – Staat – Gemeinwohl: Festschrift für Dietrich Rauschning, Köln 2001, S. 645 ff. [zit.: FS für Rauschning (2001)].

Isenburg, Jessica, Die Verbundzusammenarbeit der Sparkassen-Finanzgruppe, zugl. Diss. (Münster), Stuttgart 2012.

Isensee, Josef, Vorrang des Europarechts und deutsche Verfassungsvorbehalte – offener Dissens, in: Joachim Burmeister (Hrsg.), Verfassungsstaatlichkeit: Festschrift für Klaus Stern zum 65. Geburtstag, München 1997, S. 1239 ff. [zit.: FS für Stern (1997)].

Jarass, Hans D., Aktivitäten kommunaler Unternehmen außerhalb des Gemeindegebiets, insbesondere im öffentlichen Personennahverkehr, DVBl. 2006, 1 ff.

—, Charta der Grundrechte der Europäischen Union, 3. Auflage, München 2016 [zit.: GRCh].

—, Der Zugang zu Dienstleistungen von allgemeinem wirtschaftlichem Interesse, in: Wolfgang Durner/Franz Peine/Foroud Shirvani (Hrsg.), Freiheit und Sicherheit in Deutschland und Europa – Festschrift für Hans Jürgen Papier zum 70. Geburtstag, Berlin 2013, S. 321 ff. [zit.: FS für Papier (2013)].

—, Elemente einer Dogmatik der Grundfreiheiten II, EuR 2000, 705 ff.

—, Kommunale Wirtschaftsunternehmen im Wettbewerb – Eine Analyse aktueller verfassungsrechtlicher, EG-rechtlicher und kommunalrechtlicher Probleme sowie ein Reformvorschlag, Stuttgart 2002.

—, Voraussetzungen der innerstaatlichen Wirkung des EG-Rechts, NJW 1990, 2420 ff.

Jarass, Hans D. / Beljin, Saša, Die Bedeutung von Vorrang und Durchführung des EG-Rechts für die nationale Rechtsetzung und Rechtsanwendung, NVwZ 2004, 1 ff.

Jellinghaus, Lorenz, Aktuelle Entwicklungen im Organisationsrecht der Sparkassen: Rahmenbedingungen für Fusionen, Verbundlösungen und Minderheitsbeteiligungen, NVwZ 2013, 407 ff.

Jungbluth, David, Überformung der grundgesetzlichen Wirtschaftsverfassung durch Europäisches Unionsrecht?, EuR 2010, 471 ff.

Junker, Abbo, Das internationale Unternehmensrecht des öffentlichen Unternehmens – Dargestellt am Beispiel der Deutschen Bundespost, ZGR 1990, 249 ff.

Kainer, Friedemann / Herzog, Lucina, Der Marktausgang im Konzept der Grundfreiheiten, EuR 2018, 405 ff.

Kanning, Tim, Neue Sparkassen-App – Bau dir deine Bank, FAZ v. 8. März 2017, https://www.faz.net/aktuell/finanzen/geldanlage-trotz-niedrigzinsen/sparkasse-will-mit-yomo-app-junge-kunden-gewinnen-14913902.html (zuletzt abgerufen am 2. September 2019).

Karahan, Davud, Das deutsche Bankensystem, in: Achim Albrecht/Davud Karahan/Markus Lenenbach (Hrsg.), Fachanwaltshandbuch Bank- und Kapitalmarktrecht, Münster 2010, § 8 [zit.: Albrecht/Karahan/Lenenbach, FA Bank- und KapitalmarktR].

Karl, Matthias / Beutelmann, Martin, Kartellrecht, in: Werner Hoppe/Michael Uechtritz/Hans-Joachim Reck (Hrsg.), Handbuch Kommunale Unternehmen, 3. Auflage, Köln 2012, § 15 [zit.: Hoppe/Uechtritz/Reck, Hdb. Kommunale Unternehmen].

Karpenstein, Ulrich / Liebach, Ingo, Das deutsche Notariat vor dem Europäischen Gerichtshof, EuZW 2009, 161 ff.

Katz, Alfred, Demokratische Legitimationsbedürftigkeit der Kommunalunternehmen Verantwortlichkeit des Gemeinderats – Information und ihre Grenzen, NVwZ 2018, 1091 ff.

—, Verantwortlichkeiten und Grenzen bei „Privatisierung" kommunaler Aufgaben, NVwZ 2010, 405 ff.

Kemmler, Iris, Keine Anstalt ohne Anstaltslast: Zur Abschaffung der Anstaltslast für Landesbanken und Sparkassen, DVBl. 2003, 100 ff.

—, Öffentlich-rechtliche Sparkassen: Trägerschaft und Aufsicht im Umbruch, Die Verwaltung 49 (2016), 397 ff.

Kerber, Markus, Regionalprinzip des Sparkassenverbundes vs. Wettbewerb? Versuch einer kartellrechtlichen Klarstellung, JZ 2014, 1044 ff.

Kewenig, Wilhelm, Niederlassungsfreiheit, Freiheit des Dienstleistungsverkehrs und Inländerdiskriminierung, JZ 1990, 20 ff.

Kieninger, Eva-Maria, Niederlassungsfreiheit als Freiheit der nachträglichen Rechtswahl: Die Polbud-Entscheidung des EuGH, NJW 2017, 3624 ff.

—, Niederlassungsfreiheit als Rechtswahlfreiheit: Besprechung von EuGH EuZW 1999, 216 – Centros Ltd. ./. Erhvervs- og Selskabsstyrelsen, ZGR 1999, 724 ff.

Kilian, Matthias, Vom sinkenden Wert der „Goldenen Aktien", NJW 2003, 2653 ff.

Kirchhof, Ferdinand, Hoheitsgebiet und Sparkassengebiet – Funktion und begriffliche Voraussetzungen der Sparkassenneuordnung bei Gebietsänderungen der Gewährträger, DVBl. 1983, 921 ff.

Klappstein, Walter, Gedächtnisschrift für Jürgen Sonnenschein: 22. Januar 1938 bis 6. Dezember 2000, in: Joachim Jickeli/Peter Kreutz/Dieter Reuter (Hrsg.), Gedächtnisschrift für Joachim Burmeister, Berlin 2002, S. 811 ff. [zit.: GS für Sonnenschein (2002)].

Klein, Jochen, Das Sparkassenwesen in Deutschland und in Frankreich – Entwicklung, aktuelle Rechtsstrukturen und Möglichkeiten einer Annäherung, zugl. Diss. (Köln), Berlin 2003.

Klement, Jan, Verstaatlichung statt Regulierung?, EuZW 2014, 57 ff.

Kling, Michael, Hoheitliche versus wirtschaftliche Betätigung des Staates – Zur Anwendbarkeit des Kartellrechts auf staatliches Handeln, NZKart 2017, 611 ff.

Kluth, Winfried, Anstaltslast und Gewährträgerhaftung öffentlicher Finanzinstitute angesichts des gemeinschaftsrechtlichen Beihilfeverbots, in: Stiftung Gesellschaft für Rechtspolitik (Hrsg.), Jahrbuch 2002/I der 39. Bitburger Gespräche zum Thema: Kreditinstitute und Finanzdienstleistungen der öffentlichen Hand, München 2003, S. 111 ff. [zit.: Stiftung Gesellschaft für Rechtspolitik, Jahrbuch 2002/I].

—, Kommunalwirtschaftliche Aktivitäten als Dienste von allgemeinem wirtschaftlichem Interesse, in: Thomas Mann/Günter Püttner (Hrsg.), Handbuch der kommunalen Wissenschaft und Praxis, Band 2 Kommunale Wirtschaft, 3. Auflage, Berlin, Heidelberg 2011, § 39 [zit.: Mann/Püttner, Hdb. kommunale Wissenschaft und Praxis 2].

—, Zur Bedeutung des Art. 16 EGV für die Wahrnehmung von Aufgaben der Daseinsvorsorge durch die Kommunen, in: Hans-Günter Henneke (Hrsg.), Kommunale Perspektiven im zusammenwachsenden Europa: Professorengespräch 2002 des Deutschen Landkreistages am 21. und 22. März 2002 in Metzingen/Landkreis Reutlingen, Stuttgart u.a. 2002, S. 68 ff. [zit.: Henneke, Kommunale Perspektiven im zusammenwachsenden Europa].

Knauff, Matthias, Die Daseinsvorsorge im Vertrag von Lissabon, EuR 2010, 725 ff.

—, Die Kommunen als Träger der Daseinsvorsorge, WiVerw 2011, 80 ff.

—, Zurück zur kommunalen Daseinsvorsorge in der Energieversorgung?, EnWZ 2015, 51 ff.

Knemeyer, Franz-Ludwig, Die verfassungsrechtliche Gewährleistung des Selbstverwaltungsrechts der Gemeinden und Landkreise, in: Albert von Mutius (Hrsg.), Selbstverwaltung im Staat der Industriegesellschaft: Festgabe zum 70. Geburtstag von Georg Christoph von Unruh, Heidelberg 1983, S. 209 ff. [zit.: FG für von Unruh (1983)].

—, Kommunale Selbstverwaltung in Europa – Die Schutzfunktion des Europarats, BayVBl. 2000, 449 ff.

Knemeyer, Franz-Ludwig / Wehr, Matthias, Die Garantie der kommunalen Selbstverwaltung nach Art. 28 Abs. 2 GG in der Rechtsprechung des Bundesverfassungsgerichts, VerwArch 92 (2001), 317 ff.

Knopf, Peter, Europarecht und kommunale Selbstverwaltung, DVBl. 1980, 106 ff.

Koch, Jens, Das Girokonto für jedermann – ein altes Problem in neuem Licht, WM 2006, 2242 ff.

Köke, Janna, Kommunale Unternehmen in Europa: Die Erbringung kommunaler Dienstleistungen zwischen Europäischem Wettbewerbsrecht und Europäischer Charta der kommunalen Selbstverwaltung, zugl. Diss. (Bremen), Baden-Baden 2015.

Kokott, Juliane / Schick, Kai-Guido, Reformen und neue Wege für das Angebot von Finanzdienstleistungen durch Staat und Kommunen, in: Stiftung Gesellschaft für Rechtspolitik (Hrsg.), Jahrbuch 2002/I der 39. Bitburger Gespräche zum Thema: Kreditinstitute und Finanzdienstleistungen der öffentlichen Hand, München 2003, S. 53 ff. [zit.: Stiftung Gesellschaft für Rechtspolitik, Jahrbuch 2002/I].

Kolb, Angela, Aktuelle Entwicklungen der europarechtlichen Vorgaben für die kommunale Daseinsvorsorge – Wettbewerb contra oder für das Gemeinwohl?, LKV 2006, 97 ff.

Kolm, Dominik, Das sparkassenrechtliche Regionalprinzip: Möglichkeiten und Grenzen des Wettbewerbs kommunaler Sparkassen, zugl. Diss. (Greifswald), Baden-Baden 2011.

Komorowski, Alexis von, Der allgemeine Daseinsvorsorgevorbehalt des Art. 106 Abs. 2 AEUV, EuR 2015, 310 ff.

Körner, Andreas, Europarecht und Wegzugsbesteuerung – das EuGH-Urteil „de Lasteyrie du Saillant", IStR 2004, 424 ff.

Korte, Stefan / Steiger, Dominik, Deutschennotariat abgestempelt!, NVwZ 2011, 1243 ff.

Kost, Sebastian / Geerling, Tobias, Rechtliche Vorgaben für Restrukturierungen im Sparkassensektor, BKR 2003, 690 ff.

Krajewski, Markus, Grundstrukturen des Rechts öffentlicher Dienstleistungen, Berlin, Heidelberg 2011.

—, Öffentliche Dienstleistungen im europäischen Verfassungsrecht, DÖV 2005, 665 ff.

—, Rechtsbegriff Daseinsvorsorge?, VerwArch 99 (2008), 174 ff.

Krausnick, Daniel, Erosionen der örtlichen Selbstverwaltung, VerwArch 102 (2011), 359 ff.

Kreiner, Wilhelm, Europarecht und Selbstverwaltungsrecht der Gemeinden, RiA 1989, 141 ff.

Kruse, Eberhard, Kommunale Sparkassen im Blickfeld des europäischen Beihilferechts – Beihilferechtliche Erwägungen im Anschluss an die gegenwärtig geführte Diskussion zu den Landesbanken, NVwZ 2000, 721 ff.

Küchenhoff, Günther, Zuständigkeitsgrenzen in der Jugend- und Sozialhilfe, NJW 1968, 433 ff.

Kühling, Jürgen, Verfassungs- und kommunalrechtliche Probleme grenzüberschreitender Wirtschaftsbetätigung der Gemeinden, NJW 2001, 177 ff.

Kunz, Anne, Sparkasse schickt Busse in die menschenleere Provinz, Die Welt v. 10. Juli 2014, https://www.welt.de/wirtschaft/article130011096/Sparkasse-schickt-Busse-in-die-menschenleere-Provinz.html (zuletzt abgerufen am 2. September 2019).

Lampert, Steffen, Der öffentliche Auftrag der Landesbanken: Verfassungs-, europa- und landesrechtliche Vorgaben für die Betätigung der Landesbanken, DVBl. 2010, 1466 ff.

Lange, Klaus, Kommunalrecht, in: Georg Hermes/Franz Reimer (Hrsg.), Landesrecht Hessen, 9. Auflage, Baden-Baden 2019, § 4 [zit.: Hermes/Reimer, Kommunalrecht].

—, Kommunalrecht, 2. Auflage, Tübingen 2019.

Lange, Knut, Die Anwendung des europäischen Kartellverbots auf staatliche Eingriffe in das Marktgeschehen, EuR 2008, 3 ff.

Langner, Mirjam, Die örtliche Begrenzung kommunaler Wirtschaftstätigkeit und die Grundfreiheiten des EG-Vertrages, zugl. Diss. (Münster), Frankfurt am Main 2008.

Lanzke, Uwe, Regionalprinzip und Sparkassenhoheit im Europäischen Binnenmarkt, in: Jörn Ipsen (Hrsg.), Sparkassen im Wandel: 3. Bad Iburger Gepräche, Symposium des Instituts für Kommunalrecht der Universität Osnabrück am 21. Oktober 1991, Köln u.a. 1993, S. 93 ff. [zit.: Ipsen, Sparkassen im Wandel].

Lau, Carina, Sparkassenmodell für die grüne Insel, SparkassenZeitung v. 2. Dezember 2016, S. 6.

Leder, Martin, Kohärenz und Wirksamkeit des kommunalen Wirtschaftsrechts im wettbewerbsrechtlichen Umfeld, DÖV 2008, 173 ff.

Leible, Stefan / Hoffmann, Jochen, Cartesio – fortgeltende Sitztheorie, grenzüberschreitender Formwechsel und Verbot materiellrechtlicher Wegzugsbeschränkungen, BB 2009, 58 ff.

Leidinger, Adalbert, Sicherung der Selbstverwaltung durch Verfassungsreform?, in: Albert von Mutius (Hrsg.), Selbstverwaltung im Staat der Industriegesellschaft: Festgabe zum 70. Geburtstag von Georg-Christoph von Unruh, Heidelberg 1983, S. 1105 ff. [zit.: FG für von Unruh (1983)].

Leisner, Walter Daseinsvorsorge: Begriff, Bedeutung, Grenzen: Von existenziellen Leistungen zu infrastruktureller Gewährleistung, WiVerw 2011, 55 ff.

Lepper, Markus, Die unmittelbare Grundrechtsbindung von Sparkassen – Gedanken zum Urteil des Bundesgerichtshofs vom 11.3.2003 betreffend die Kündigung eines NPD-Girokontos (Az. XI ZR 403/01, BKR 2003, 346), BKR 2004, 175 ff.

—, Zur Vertretung kommunaler Sparkassen, RNotZ 2005, 425 ff.

Lindner, Josef, Der passive Bestandsschutz im offentlichen Baurecht, DÖV 2014, 314 ff.

Loewenheim, Ulrich / Meessen, Karl / Riesenkampff, Alexander / Kersting, Christian / Meyer-Lindemann, Hans Jürgen (Hrsg.), Kartellrecht Kommentar, 4. Auflage, München 2020 [zit.: Loewenheim u.a., KartellR].

Lohmiller, Raphael, Kapitalbeteiligungsgesellschaften der Sparkassen: eine Untersuchung über die Rechtsgrundlagen der Beteiligungsfinanzierung durch kommunale Sparkassen, zugl. Diss. (Münster), Stuttgart u.a. 2000.

Löwer, Wolfgang, Anmerkung zu VerfGH NRW, Urteil vom 11. Juli 1980 – VerfGH 8/79, JA 1981, 123 ff.

—, Die Stellung der Kommunen im liberalisierten Strommarkt, NWVBl. 2000, 241 ff.

Luch, Anika / Schulz, Sönke, eDaseinsvorsorge – Neuorientierung des überkommenen (Rechts-)Begriffs „Daseinsvorsorge" im Zuge technischer Entwicklungen?, MMR 2009, 19 ff.

Ludwigs, Markus, E. Niederlassungs- und Dienstleistungsfreiheit I. Grundregeln, in: Manfred Dauses (Begr.)/Markus Ludwigs (Hrsg.), Handbuch des EU-Wirtschaftsrechts, Band 1, München, Stand: November 2019 [zit.: Dauses/Ludwigs, Hdb. EU-WirtschaftsR 1].

Ludwigs, Markus / Friedmann, Carolin, Die Grundrechtsberechtigung staatlich beherrschter Unternehmen und juristischer Personen des öffentlichen Rechts, NVwZ 2018, 22 ff.

Lux, Christina, Das neue Kommunalwirtschaftsrecht in Nordrhein-Westfalen, NWVBl. 2000, 7 ff.

Magiera, Siegfried, Gefährdung der öffentlichen Daseinsvorsorge durch das EG-Beihilfenrecht, in: Jörn Ipsen/Edzard Schmidt-Jortzig (Hrsg.), Recht – Staat – Gemeinwohl: Festschrift für Dietrich Rauschning, Köln 2001, S. 269 ff. [zit.: FS für Rauschning (2001)].

Mampel, Dietmar, Art. 14 GG fordert sein Recht – Aufbruch zu einem verfassungsdirigierten öffentlichen Baurecht, NJW 1999, 975 ff.

Mandelartz, Herbert, Europäische Integration. Gefährdungen und Chancen für die kommunale Selbstverwaltung, in: Rolf Grawert/Bernhard Schlink/Rainer Wahl/Joachim Wieland (Hrsg.), Offene Staatlichkeit: Festschrift für Ernst-Wolfgang Böckenförde zum 65. Geburtstag, Berlin 1995, S. 163 ff. [zit.: FS für Böckenförde (1995)].

Manger-Nestler, Cornelia / Noack, Gregor, Europäische Grundfreiheiten und Grundrechte, JuS 2013, 503 ff.

Mann, Thomas, Das Recht auf Zugang zu Dienstleistungen von allgemeinem wirtschaftlichem Interesse, ZögU 2005, 174 ff.

Manssen, Gerrit / Spannowsky, Willy (Hrsg.), Beck'scher Online-Kommentar zum Bauordnungsrecht Bayern, München, Stand: 01.03.2020 [zit.: Manssen/Spannowsky, BeckOK BauordnungsR Bayern].

Manthey, Nikolaus, Bindung und Schutz öffentlicher Unternehmen durch die Grundfreiheiten des Europäischen Gemeinschaftsrechts, zugl. Diss. (Münster), Frankfurt am Main 2001.

Marquard, Sabine, Wenn die Bank vor die Haustür rollt, Stuttgarter Nachrichten v. 18. April 2017, https://www.stuttgarter-nachrichten.de/inhalt.immer-weniger-bankfilialen-wenn-die-bankfiliale-vor-die-haustuer-rollt.ed90f190-d624-431f-9158-e7b19a3182e5.html (zuletzt abgerufen am 23. Januar 2019).

Martini, Alexander / Müller, Wolfgang, Der Schutz der kommunalen Selbstverwaltung in der europäischen Integration durch nationales Verfassungsrecht und gemeinschaftsrechtliche allgemeine Rechtsgrundsätze, BayVBl. 1993, 161 ff.

Maunz, Theodor / Dürig, Günter (Begr.), Grundgesetz-Kommentar, 90. EL, München, Stand: Februar 2020 [zit.: Maunz/Dürig, GG].

Maurer, Hartmut, Der Anwendungsvorrang im Normensystem, in: Michael Sachs/Helmut Siekmann (Hrsg.), Der grundrechtsgeprägte Verfassungsstaat: Festschrift für Klaus Stern zum 80. Geburtstag, Berlin 2012, S. 101 ff. [zit.: FS für Stern (2012)].

Meier, Norbert, Ist der Verkauf einer Sparkasse rechtlich zulässig?, VR 2005, 193 ff.

Merten, Detlef, Sparkassenrechtliches Regionalprinzip und kommunale Neugliederung, DVBl. 1983, 1140 ff.

Mestmäcker, Ernst-Joachim / Schweitzer, Heike, Europäisches Wettbewerbsrecht, 3. Auflage, München 2014.

Meuche, Thomas, Zukunft der regional tätigen Kreditinstitute, Kreditwesen 2016, 326 ff.

Meyer-Horn, Klaus, Ländlicher Raum – Sparkassen und EG-Binnenmarkt, StGB 1989, 306 ff.

Meyer, Hubert, Kommunale Selbstverwaltung als objektive Rechtsinstitutionsgarantie – Grundsätzliches zur Sparkassenträgerschaft und gegen kondominiale Mischverwaltung, NVwZ 2001, 766 ff.

—, Nichtwirtschaftliche Betätigung der Kommunen: Spiel ohne Grenzen?, LKV 2000, 321 ff.

—, Stralsund und das Sparkassenrecht, NJW 2004, 1700 ff.

Meyer, Jürgen / Hölscheidt, Sven (Hrsg.), Charta der Grundrechte der Europäischen Union, 5. Auflage, Baden-Baden 2019 [zit.: Meyer/Hölscheidt, GRCh].

Möhle, Hans-Joachim, Anmerkung zur strengen Anwendung des Regionalprinzips, Kreditwesen 1979, 680 ff.

Möllers, Thomas / Leisch, Franz, Eigengeschäfte von Sparkassen, WM 1999, 765 ff.

Mombaur, Peter, Daseinsvorsorge in Gemeinden und Kreisen, in: Albert von Mutius (Hrsg.), Selbstverwaltung im Staat der Industriegesellschaft: Festgabe zum 70. Geburtstag von Georg Christoph von Unruh, Heidelberg 1983, S. 503 ff. [zit.: FG für von Unruh (1983)].

Monopolkommission, XII. Hauptgutachten: Marktöffnung umfassend verwirklichen (1996/1997), BT-Drs. 13/11291 v. 17. Juli 1998.

—, XX. Hauptgutachten: Eine Wettbewerbsordnung für die Finanzmärkte (2012/2013) v. 1. Juli 2014.

—, XXI. Hauptgutachten: Wettbewerb 2016 v. 20. September 2016.

—, XXII. Hauptgutachten: Wettbewerb 2018 v. 3. Juli 2018.

Moraing, Markus, Kommunales Wirtschaftsrecht vor dem Hintergrund der Liberalisierung der Märkte, WiVerw 1998, 233 ff.

Möschel, Wernhard, Anstaltslast bei öffentlichrechtlichen Kreditinstituten – Zur Vereinbarung von Brüssel, WM 2001, 1895 ff.

—, Privatisierung als ordnungspolitische Aufgabe, in: Jörn Ipsen (Hrsg.), Sparkassen im Wandel: 3. Bad Iburger Gepräche, Symposium des Instituts für Kommunalrecht der Universität Osnabrück am 21. Oktober 1991, Köln u.a. 1993, S. 117 ff. [zit.: Ipsen, Sparkassen im Wandel].

—, Privatisierung der Sparkassen: Zu den jüngsten Vorschlägen der Monopolkommission, WM 1993, 93 ff.

—, Teilprivatisierung der Landesbank Baden-Württemberg (LBBW), WM 2001, 1009 ff.

Möstl, Markus, Grenzen der Rechtsangleichung im europäischen Binnenmarkt Kompetenzielle, grundfreiheitliche und grundrechtliche Schranken des Gemeinschaftsgesetzgebers, EuR 2002, 318 ff.

Muckel, Stefan, Grundrechtsberechtigung und Grundrechtsverpflichtung – Wer kann sich auf Grundrechte berufen und wer wird durch sie verpflichtet?, JA 2020, 411 ff.

Muckel, Stefan / Ogorek, Markus, Öffentliches Baurecht, 3. Auflage, München 2018.

Mülbert, Peter, Konzeption des europäischen Kapitalmarktrechts für Wertpapierdienstleistungen, WM 2001, 2085 ff.

Müller-Graff, Peter-Christian, A. Verfassungsordnung der Europäischen Union I. Verfassungsziele der Europäischen Union, in: Manfred Dauses (Begr.)/Markus Ludwigs (Hrsg.), Handbuch des EU-Wirtschaftsrechts, Band 1, München, Stand: November 2019 [zit.: Dauses/Ludwigs, Hdb. EU-WirtschaftsR 1].

Müller, Christian / Thiede, Thomas, Kartellrechtliche Risiken durch Wettbewerbsverbote in Unternehmenskaufverträgen, EuZW 2017, 246 ff.

Müller, Horst, Fortentwicklung des Sparkassensektors – Notwendigkeit – Bedingungen – Gestaltungsmuster, ZögU 2005, 327 ff.

Mura, Jürgen, Entwicklungslinien der deutschen Sparkassengeschichte, 2. Auflage, Stuttgart 1994.

Mutius, Albert von, Das Selbstverwaltungsrecht der Gemeinden und Gemeindeverbände, Jura 1982, 28 ff.

N.N., Daten und Fakten zum Direct Banking, bank und markt 10/2018, 5 ff.

—, Die ersten 10 000 Sparkassen-Überweisungen in Echtzeit, FAZ v. 11. Juli 2018, S. 25.

—, Gemeinsame Filialen für Volksbank und Sparkasse, FAZ v. 4. September 2019, S. 23.

—, Yomo startet mit „240 Sparkassen zu wenig“, bank und markt 12/2018, 6 ff.

Nagel, Bernhard, Gemeindeordnung als Hürde? – Zur Reichweite der Betätigung von kommunalen Unternehmen nach dem Europäischen Gemeinschaftsrecht und dem Grundgesetz, ZNER 1999, 73 ff.

—, Gemeindeordnung als Hürde?, Baden-Baden 1999.

—, Norm und Markt bei den kommunalen Stromversorgern, NVwZ 2000, 758 ff.

Nave, José, Die Liberalisierung der Wegzugsfreiheit in Europa, BB 2008, 1410 ff.

Neiseke, Eric, Anmerkung zu VG Berlin 2. Kammer, Urteil vom 30.03.2012 – VG 2 K 118.11, jurisPR-BKR 10/2012, Anm. 2 ff.

—, Anmerkung zu VG Gießen 8. Kammer, Urteil vom 31.05.2011 – 8 K 1139/10. GI, jurisPR-BKR 3/2012, Anm. 6 ff.

Nestler, Franz / Siedenbiedel, Christian, Viel zu spät dran, FAZ v. 23. Mai 2020, S. 29.

Neuner, Jörg BGH: Diskriminierungsschutz zu Gunsten einer politischen Partei – Kontrahierungszwang zu Lasten einer Sparkasse, LMK 2003, 100 ff.

Niedobitek, Matthias, Kollisionen zwischen EG-Recht und nationalem Recht, VerwArch 92 (2001), 58 ff.

Niedzwicki, Matthias, Das Prinzip des grundlegenden, demokratischen Gehalts nach den sog. Maastricht- und Lissabon-Urteilen des BVerfG im Anwendungsbereich der Garantie der kommunalen Selbstverwaltung – Ein subjektiv-öffentliches Recht auch gegen die materielle Privatisierung kommunaler Aufgaben?, KommJur 2011, 450 ff.

Niemeyer, Hans-Jörg / Hirsbrunner, Simon, Anstaltslast und Gewährträgerhaftung bei Sparkassen und die Zwischenstaatlichkeitsklausel in Art. 87 EG, EuZW 2000, 364 ff.

Nierhaus, Michael, Regionalprinzip und Sparkassenhoheit im europäischen Bankenbinnenmarkt, in: Jörn Ipsen (Hrsg.), Sparkassen im Wandel: 3. Bad Iburger Gepräche, Symposium des Instituts für Kommunalrecht der Universität Osnabrück am 21. Oktober 1991, Köln u.a. 1993, S. 65 ff. [zit.: Ipsen, Sparkassen im Wandel].

—, Selbstverwaltungsgarantie und wirtschaftliche Betätigung der Kommunen, in: Thomas Mann/Günter Püttner (Hrsg.), Handbuch der kommunalen Wissenschaft und Praxis, Band 2 Kommunale Wirtschaft, 3. Auflage, Berlin, Heidelberg 2011, § 40 [zit.: Mann/Püttner, Hdb. kommunale Wissenschaft und Praxis 2].

—, Sparkassen und kommunale Gebietsreform, VerwArch 67 (1976), 266 ff.

—, Zur kommunalen Bindung und Aufgabenstellung der Sparkassen, DÖV 1984, 662 ff.

Nierhaus, Michael / Stern, Klaus, Regionalprinzip und Sparkassenhoheit im europäischen Bankenbinnenmarkt, Frankfurt am Main 1992.

Nowak, Carsten, Binnenmarktziel und Wirtschaftsverfassung der Europäischen Union vor und nach dem Reformvertrag von Lissabon, EuR 2009 Beiheft 1, 129 ff.

O'Connor, Fearghal, Sparkasse to tell TDs it is 'deeply convinced' model can work in Ireland, Irish Independent v. 28. Januar 2018, https://www.independent.ie/business/world/sparkasse-to-tell-tds-it-is-deeply-convinced-model-can-work-in-ireland-36537394.html (zuletzt abgerufen am 12. Dezember 2019).

Oberbeckmann, Hans-Ludwig, Die kommunalen Sparkassen: Geschäftstätigkeit und Geschäftspolitik, in: Günter Püttner (Hrsg.), Handbuch der kommunalen Wissenschaft und Praxis, Band 5 Kommunale Wirtschaft, 2. Auflage, Berlin u.a. 1984, § 105 B., S. 478 ff. [zit.: Püttner, Hdb. kommunale Wissenschaft und Praxis 5].

Oebbecke, Janbernd, Aufgaben und Organisation der kommunalen Sparkassen, Der Landkreis 2010, 187 ff.

—, Brauchen wir noch Sparkassen? Überlegungen zur Zukunft des kommunalen Sparkassenwesens, Der Gemeindehaushalt 2001, 169 ff.

—, Das Europarecht als Katalysator der Sparkassenpolitik, VerwArch 93 (2002), 278 ff.

—, Der öffentlich-rechtliche Status von Sparkassen und seine Auswirkungen, DVBl. 2017, 397 ff.

—, Die örtliche Begrenzung kommunaler Wirtschaftstätigkeit ZHR 164 (2000), 375 ff.

—, Mehrfachzuständigkeiten in der Verwaltung als Verfassungsproblem, in: Wilfried Küper/Friedrich Dencker (Hrsg.), Beiträge zur Rechtswissenschaft: Festschrift für Walter Stree und Johannes Wessels zum 70. Geburtstag, Heidelberg 1993, S. 1119 ff. [zit.: FS für Stree/Wessels (1993)].

—, Sparkassentätigkeit als kommunale Selbstverwaltungsaufgabe, LKV 2006, 145 ff.

—, Zweckverbände und kommunale Gebietsreform in Nordrhein-Westfalen, DÖV 1983, 99 ff.

Ohlmann, Wolfgang, Lotterien in der Bundesrepublik Deutschland: Der kooperative Lotterieföderalismus und seine praktischen Rechtswirkungen, WRP 1998, 1043 ff.

Otte, Max, Volks- und Raiffeisenbanken als Stabilitätsfaktor in Wirtschaftskrisen – Eine polit- und institutionenökonomische Perspektive, ZfgG 60 (2010), 89 ff.

Otting, Olaf, Öffentlicher Zweck, Finanzhoheit und fairer Wettbewerb – Spielräume kommunaler Erwerbswirtschaft, DVBl. 1997, 1258 ff.

Otto, Patrick, Kommunen im Blickpunkt der Monopolkommission – Steht das Regionalprinzip vor dem Aus?, VR 2015, 273 ff.

Paefgen, Walter, „Cartesio": Niederlassungsfreiheit minderer Güte – Zum Urteil des EuGH vom 16.12.2008 („Cartesio") = WM 2009, 223 ff. –, WM 2009, 529 ff.

Pagenkopf, Martin, Einige Betrachtungen zu den Grenzen für privatwirtschaftliche Betätigung der Gemeinden – Grenzen für die Grenzzieher?, GewArch 2000, 177 ff.

Panster, Claudia, Sparkasse auf Rädern, Handelsblatt v. 5. August 2012, https://www.handelsblatt.com/finanzen/banken-versicherungen/fahrende-geschaeftsstelle-sparkasse-auf-raedern/6959302.html?ticket=ST-2898107-AJlpykQfLwrwQjzGeJxd-ap3 (zuletzt abgerufen am 13. März 2019).

Papier, Hans-Jürgen, Kommunale Daseinsvorsorge im Spannungsfeld zwischen nationalem Recht und Gemeinschaftsrecht, DVBl. 2003, 686 ff.

Pautsch, Arne, Zur rechtlichen Zulässigkeit des Verkaufs kommunaler Sparkassen, DÖV 2005, 990 ff.

Pegatzky, Claus / Sattler, Anja, Die Änderungen des kommunalen Wirtschafts- und Haushaltsrechts durch die Hessische Kommunalrechtsnovelle 2005, NVwZ 2005, 1376 ff.

Pencereci, Turgut / Brandt, Claudia, Die Kommunale Anstalt, LKV 2008, 293 ff.

Peters, Jan, Die Dogmatik der Kommunalwirtschaft zwischen national- und europäisch-normativer Konzeption, zugl. Diss. (Düsseldorf), Baden-Baden 2012.

Pielow, Johann-Christian, Öffentliche Daseinsvorsorge zwischen „Markt“ und „Staat“ - Teil 1, JuS 2006, 692 ff.

—, Öffentliche Daseinsvorsorge zwischen „Markt“ und „Staat“ - Teil 2, JuS 2006, 780 ff.

—, Zur Bedeutung des Art. 81 ff. EGV, in: Hans-Günter Henneke (Hrsg.), Kommunale Perspektiven im zusammenwachsenden Europa: Professorengespräch 2002 des Deutschen Landkreistages am 21. und 22. März 2002 in Metzingen/Landkreis Reutlingen, Stuttgart u.a. 2002, S. 33 ff. [zit.: Henneke, Kommunale Perspektiven im zusammenwachsenden Europa].

Pielow, Johann-Christian / Groneberg, Simon Die deutschen Landkreise, JuS 2014, 794 ff.

Pieper, Ulrich, B. Rechtsetzung und Vollzug des EG-Rechts I. Rechtsquellen, in: Manfred Dauses (Begr.)/Markus Ludwigs (Hrsg.), Handbuch des EU-Wirtschaftsrechts, Band 1, München, Stand: November 2019 [zit.: Dauses/Ludwigs, Hdb. EU-WirtschaftsR 1].

Pitschas, Rainer / Schoppa, Katrin, Kriterien für die Wahl der Rechtsform, in: Thomas Mann/Günter Püttner (Hrsg.), Handbuch der kommunalen Wissenschaft und Praxis, Band 2 Kommunale Wirtschaft, 3. Auflage, Berlin, Heidelberg 2011, § 43 [zit.: Mann/Püttner, Hdb. kommunale Wissenschaft und Praxis 2].

Popitz, Johannes, Der künftige Finanzausgleich zwischen Reich, Ländern und Gemeinden: Gutachten, erstattet der Studiengesellschaft für den Finanzausgleich, Berlin 1932.

Purbach, Volker, Die Auswirkungen des Binnenmarktes auf die Sparkassen und ihre öffentlich-rechtliche Verankerung: Privatisierung der Sparkassen, zugl. Diss. (Würzburg), Würzburg 1994.

Püttner, Günter, Daseinsvorsorge und Wettbewerb von Stadtwerken, DVBl. 2010, 1189 ff.

—, Gemeinden und Kreise vor den öffentlichen Aufgaben der Gegenwart, DÖV 1977, 472 ff.

Püttner, Günter / Gerber, Jürgen, Zur Eigenkapitalausstattung der Sparkassen: insbesondere zur Verfassungsmässigkeit der Nichtanerkennung der Gewährträgerhaftung als Eigenkapital-Surrogat, Berlin 1983.

Quardt, Gabriele, Zur Abschaffung von Anstaltslast und Gewährträgerhaftung, EuZW 2002, 424 ff.

Quast, Fabian, Private als Sparkassenträger: zur Verfassungskonformität des sog. Berliner Sparkassenmodells, zugl. Diss. (Berlin), Berlin 2010.

Rademacher, Tilman, Die „Verfassungsidentität“ als Grenze der Kompetenzübertragung auf die Europäische Union?, EuR 2018, 140 ff.

Raskin, Peter, Das Regionalprinzip und (neue) elektronische Vertriebswege im Retailbanking, zugl. Diss. (Darmstadt), Berlin 2001.

Reck, Hans-Joachim, Kommunale Unternehmen brauchen fairen Zugang zu Markt und Wettbewerb, DVBl. 2009, 1546 ff.

Rehm, Hannes, Öffentlich-rechtliche Sparkassen: Privatisierung, weil erfolgreich im Wettbewerb?, WM 1993, 133 ff.

Rengeling, Hans-Werner, Die Garantie der kommunalen Selbstverwaltung im Zeichen der europäischen Integration, DVBl. 1990, 893 ff.

Riese, Christoph / Noll, Paul, Europarechtliche und verfassungsrechtliche Aspekte der Inländerdiskriminierung, NVwZ 2007, 516 ff.

Riese, Christoph / Suermann, Ansgar, Kommunale Unternehmen und öffentliche Aufträge, LKV 2005, 289 ff.

Ritgen, Klaus, 8. Hauptstadtgespräch der Freiherr vom Stein-Gesellschaft: Dezentralität – Moderne Leitidee für Selbstverwaltung, Mittelstand und Kreditwirtschaft, DVBl. 2015, 685 ff.

—, Aufsicht und Finanzkontrolle über gebietsbezogene kommunale Aufgabenerfüllung – Professorengespräch 2015 des Deutschen Landkreistags, DVBl. 2015, 958 ff.

Ronellenfitsch, Michael, Daseinsvorsorge und Wirtschaftlichkeit des Eisenbahnwesens, DVBl. 2008, 201 ff.

Roth, Wulf-Henning, Internationales Gesellschaftsrecht nach Überseering, IPrax 2003, 117 ff.

Rothardt, Jochen, Die Sparkassen in der kommunalen Gebietsreform, zugl. Diss. (Göttingen), Göttingen 1972.

Ruffert, Matthias, Grundlagen und Maßstäbe einer wirkungsvollen Aufsicht über die kommunale wirtschaftliche Betätigung, VerwArch 92 (2001), 27 ff.

—, Kommunalwirtschaft und Landes-Wirtschaftsverfassung, NVwZ 2000, 763 ff.

—, Zur Bedeutung des Art. 295 EGV, in: Hans-Günter Henneke (Hrsg.), Kommunale Perspektiven im zusammenwachsenden Europa: Professorengespräch 2002 des Deutschen Landkreistages am 21. und 22. März 2002 in Metzingen/Landkreis Reutlingen, Stuttgart u.a. 2002, S. 10 ff. [zit.: Henneke, Kommunale Perspektiven im zusammenwachsenden Europa].

Ruge, Kay, Darstellung aus Sicht des Deutschen Sparkassen- und Giroverbandes, in: Hans-Günter Henneke (Hrsg.), Kommunale Perspektiven im zusammenwachsenden Europa: Professorengespräch 2002 des Deutschen Landkreistages am 21. und 22. März 2002 in Metzingen/Landkreis Reutlingen, Stuttgart u.a. 2002, S. 98 ff. [zit.: Henneke, Kommunale Perspektiven im zusammenwachsenden Europa].

Rümker, Dietrich / Winterfeld, Jörn, Rechtliche Ordnung des übrigen Bankwesens, in: Herbert Schimansky/Hermann-Josef Bunte/Hans-Jürgen Lwowski (Hrsg.), Bankrechts-Handbuch, Band 2, Band 2, 5. Auflage, München 2017, § 124 [zit.: Schimansky/Bunte/Lwowski, BankR-Hdb. 2].

Sachverständigenrat zur Begutachtung der gesamtwirtschaftlichen Entwicklung, Das deutsche Finanzsystem Effizienz steigern – Stabilität erhöhen v. Juni 2008.

Säcker, Franz / Rixecker, Roland / Oetker, Hartmut / Limperg, Bettina (Hrsg.), Münchener Kommentar zum Bürgerlichen Gesetzbuch, Band 1, 8. Auflage, München 2018 [zit.: Säcker u.a., MüKO BGB Bd. 1].

— (Hrsg.), Münchener Kommentar zum Bürgerlichen Gesetzbuch, Band 11, 7. Auflage, München 2018 [zit.: Säcker u.a., MüKO BGB Bd. 10].

Sauer, Heiko, Die Grundfreiheiten des Unionsrechts – Eine Handreichung für die Fallbearbeitung, JuS 2017, 310 ff.

Sauer, Mirko / Heller, Hans / Glass, Tino, Die Tätigkeit kommunaler Unternehmen auf Wettbewerbsmärkten – ökonomische Vorbehalte und rechtliche Restriktionen, in: EWeRK e.V. (Hrsg.), in: (Hrsg.), Festgabe für Hans-Peter Schwintowski, Baden-Baden 2012, S. 253 ff. [zit.: FG für Schwintowski (2012)].

Schäfer, Andreas, Das öffentlich-rechtliche Bankensystem: Bestandsaufnahme, Rechtfertigung und aktuelle Probleme, zugl. Diss. (Heidelberg), Frankfurt a.M. 2015.

Schäfer, Thomas, Die deutsche kommunale Selbstverwaltung in der Europäischen Union: Einwirkungen des Gemeinschaftsrechts unter besonderer Berücksichtigung der Kompetenzverteilung und Schutzmechanismen nach nationalem Verfassungsrecht und nach Gemeinschaftsrecht, zugl. Diss. (Bayreuth), Stuttgart u.a. 1998.

Schalast, Christoph / Sassenberg, Thomas Sparkassenreformen: Bildung von Stammkapital, Verkaufsoptionen und Marktkonsolidierung, BKR 2007, 498 ff.

Scharpf, Christian, Der Einfluss des Europarechts auf die Daseinsvorsorge, EuZW 2005, 295 ff.

—, Rechtsprobleme der Gebietsüberschreitung – Kommunale Unternehmen extra muros?, NVwZ 2005, 148 ff.

Scheike, Alexander, Rechtliche Voraussetzungen für die materielle Privatisierung kommunaler Sparkassen: eine Untersuchung unter besonderer

Berücksichtigung der Rechtsform der eingetragenen Genossenschaft, zugl. Diss. (Osnabrück), Frankfurt am Main u.a. 2004.

Schepers, Volker, Internet-Banking und sparkassenrechtliches Regionalprinzip, zugl. Diss. (Münster), Stuttgart 2003.

Scheps, Carolina, Das Örtlichkeitsprinzip im kommunalen Wirtschaftsrecht: rechtliche Determinanten des räumlichen Wirkungskreises kommunaler Unternehmen, zugl. Diss. (Göttingen), Berlin 2006.

Scherer, Peter, Kapitel 1 Organisation und Rechtsrahmen, A. Bankwesen in Deutschland, in: Paul Assies/Dirk Beule/Julia Heise/Hartmut Strube (Hrsg.), Handbuch des Fachanwalts Bank- und Kapitalmarktrecht, 5. Auflage, Köln 2019 [zit.: Assies u.a., Hdb. Bank- und KapitalmarktR].

Schick, Gerhard, Der Vorschlag überzeugt nicht, bank und markt 10/2014, S. 19 ff.

Schiffbauer, Björn, Über Hoheitsrechte und deren „Übertragbarkeit", AöR 114 (2016), 551 ff.

Schill, Stephan, Staatsangehörigkeitsvorbehalt für Notare und europäische Niederlassungsfreiheit – Der Anfang vom Ende eines Privilegs?, NJW 2007, 2014 ff.

Schink, Alexander, Sprungfusionen bei Sparkassen – Zulässigkeit und Grenzen, DVBl. 2015, 1223 ff.

—, Wirtschaftliche Betätigung kommunaler Unternehmen, NVwZ 2002, 129 ff.

Schink, Alexander / Karpenstein, Ulrich, Kommunale Sparkassen – verfassungsrechtliche Grundlagen und Möglichkeiten der Fortentwicklung, DVBl. 2014, 481 ff.

Schleidt, Daniel, Erst der Anfang, FAZ v. 4. September 2019, S. 29.

Schlierbach, Helmut / Püttner, Günter, Das Sparkassenrecht in der Bundesrepublik Deutschland, 5. Auflage, Stuttgart 2003.

Schlüter, Andreas / Krüger, Doris, Die Gemeinde als Stifter, DVBl. 2003, 830 ff.

Schlüter, Andreas / Stolte, Stefan, Stiftungsrecht, 3. Auflage, München 2016.

Schmahl, Stefanie, Die brandenburgische Gemeindegebietsreform auf dem verfassungsrechtlichen Prüfstand, DVBl. 2003, 1300 ff.

—, Europäisierung kommunaler Selbstverwaltung, DÖV 1999, 852 ff.

—, Umfang und Grenzen wirtschaftlicher Betätigung von Gemeinden in Brandenburg, LKV 2000, 47 ff.

Schmid, Kathrin / Vollmöller, Thomas, Öffentlichrechtliche Kreditinstitute und EU-Beihilfenrecht, NJW 1998, 716 ff.

Schmidhuber, Peter / Hitzler, Gerhard, Die öffentlichen Unternehmen im EG-Binnenmarkt, ZögU 1990, 397 ff.

Schmidt-Aßmann, Eberhard, Kommunale Sparkassen „nach Rastede“ – Funktion und Dogmatik des Art. 28 Abs. 2 GG in der neueren Rechtsprechung, in: Everhardt Franssen (Hrsg.), Bürger – Richter – Staat: Festschrift für Horst Sendler zum Abschied aus seinem Amt, München 1991, S. 121 ff. [zit.: FS für Sendler (1991)].

—, Verwaltungslegitimation als Rechtsbegriff, AöR 116 (1991), 329 ff.

Schmidt-Bleibtreu, Bruno / Hofmann, Hans / Henneke, Hans-Günter (Hrsg.), Kommentar zum Grundgesetz, 14. Auflage, Köln 2017 [zit.: Schmidt-Bleibtreu/Hofmann/Henneke, GG].

Schmidt-Eichstaedt, Gerd, Kommunale Selbstverwaltung in der Europäischen Union: Wie kann die Position der Kommunen in der EU gestärkt werden?, KommJur 2009, 249 ff.

Schmidt-Wellbrock, Wolfgang, Freie Sparkassen und Regionalprinzip: Zugleich ein Beitrag zur Rechtsstellung der Freien Sparkassen als freigemeinwirtschaftliche Unternehmen, zugl. Diss. (Frankfurt a.M.), Berlin 1979.

Schmidt, Dirk, Die Vorstände öffentlich-rechtlicher Kreditinstitute als Amtsträger – Besprechung des BGH-Urteils vom 10.3.1983 – 4 StR 375/82, ZIP 1983, 1038 ff.

—, Gesetzgebungskompetenz des Bundes für das Sparkassenrecht?, in: Marcus Lutter/Helmut Kollhosser/Winfried Trusen (Hrsg.), Recht und Wirtschaft in Geschichte und Gegenwart: Festschrift für Johannes Bärmann zum 70. Geburtstag, München 1975, S. 837 ff. [zit.: FS für Bärmann (1975)].

Schmidt, Thorsten Sind die EG und die EU an die Europäische Charta der kommunalen Selbstverwaltung gebunden?, EuR 2003, 936 ff.

Schmidt, Torsten, Liberalisierung, Privatisierung und Regulierung der Wasserversorgung, LKV 2008, 193 ff.

Schneider, Gerhard / Dreßler, Ulrich / Rauber, David / Risch, Ben (Hrsg.), Kommentar zur Hessischen Gemeindeordnung, 25. EL, Stuttgart, Stand: März 2017 [zit.: Schneider u.a., HGO].

Schneider, Hans-Helmut, Versicherungen und Banken, in: Gerhard Wiedemann (Hrsg.), Handbuch des Kartellrechts, 4. Auflage, München 2020, § 33 [zit.: Wiedemann, Hdb. KartellR].

Schneider, Jens-Peter, Der Staat als Wirtschaftssubjekt und Steuerungsakteur, DVBl. 2000, 1250 ff.

Schneider, Uwe / Raskin, Peter, Das Spannungsverhältnis zwischen Regionalprinzip und elektronischen Vertriebswegen, Kreditwesen 2000, 1270 ff.

Schnelle, Ulrich / Kollmann, Anni, Anmerkung zu LG Köln, Urteil vom 14. Februar 2012 – 88 O (Kart) 17/11 (nicht rechtskräftig), GRUR-RR 2012, 176 ff.

Schoch, Friedrich, Das gemeindliche Selbstverwaltungsrecht gemäß Art. 28 Abs. 2 Satz 1 GG als Privatisierungsverbot?, DVBl. 2009, 1533 ff.

—, Künftige Organisation und Funktion öffentlicher Finanzdienstleistungen, Der Landkreis 2010, 207 ff.

—, Zur Situation der kommunalen Selbstverwaltung nach der Rastede-Entscheidung des Bundesverfassungsgerichts, VerwArch 81 (1990), 18 ff.

Schoch, Friedrich / Schneider, Jens-Peter / Bier, Wolfgang (Hrsg.), Verwaltungsgerichtsordnung, 37. EL, München, Stand: Juli 2019 [zit.: Schoch/Schneider/Bier, VwGO].

Schorner, Florian, Privatisierung kommunaler Sparkassen: aktuelle Entwicklungen in historischem und internationalem Kontext, zugl. Diss. (Regensburg), Hamburg 2008.

Schraml, Alexander Anstalten des öffentlichen Rechts – Kommunalunternehmen, in: Thomas Mann/Günter Pütting (Hrsg.), Handbuch der kommunalen Wissenschaft und Praxis, Band 2 Kommunale Wirtschaft, 3. Auflage, Berlin, Heidelberg 2011, § 45 [zit.: Mann/Püttner, Hdb. kommunale Wissenschaft und Praxis 2].

Schulz, Norbert, Anmerkungen zur Tätigkeit gemeindlicher Unternehmen außerhalb des Gemeindegebiets, BayVBl. 1998, 449 ff.

Schulz, Sönke / Tischer, Jakob, Die Grenzen kommunalen Wirtschaftens: aktuelle Entwicklungen, alte Fragen, GewArch 2014, 1 ff.

Schwarting, Gunner, Kommunale Wirtschaft – Vor großen Herausforderungen, ZögU 2001, 286 ff.

Schwarze, Jürgen, Daseinsvorsorge im Lichte des europäischen Wettbewerbsrechts, EuZW 2001, 334 ff.

—, Der Staat als Adressat des europäischen Wettbewerbsrechts, EuZW 2000, 613 ff.

Schwinn, Jörg, Fahrende Filiale, Darmstädter Echo v. April 2018, https://www.echo-online.de/lokales/odenwaldkreis/odenwaldkreis/fahrende-filiale_18615119 (zuletzt abgerufen am 13. September 2019).

Schwintowski, Hans-Peter, Corporate Governance im öffentlichen Unternehmen, NVwZ 2001, 607 ff.

Seiffert, Julius, 14. Teil: Börsen und andere Handelssyssteme, in: Siegfried Kümpel (Begr.)/Peter Mülbert/Andreas Früh/Thorsten Seyfried (Hrsg.), Bank- und Kapitalmarktrecht, 5. Auflage, Köln 2019 [zit.: Kümpel u.a., Bank- und KapitalmarktR].

Seigner, Hans, Sparkassen und Landesbanken – öffentlich-rechtliche Kreditinstitute mit langer Tradition – bewährte Partner der Kreise und Kommunen, Der Gemeindehaushalt 2001, 193 ff.

Sieckmann, Jan-Reinard, Eigentumsgarantie und baurechtlicher Bestandsschutz, NVwZ 1997, 853 ff.

Sinnwell, Erwin, Sparkassen und Landesbanken im Auslandsgeschäft, Kreditwesen 1979, 449 ff.

Sonder, Nicolas, Wirtschaftliche Betätigung von Kommunen im Wandel, LKV 2013, 202 ff.

Spannowsky, Willy / Pützenbacher, Stefan (Hrsg.), Beck'scher Online-Kommentar zum Bauordnungsrecht Hessen, München, Stand: 01.01.2020 [zit.: Spannowsky/Pützenbacher, BeckOK BauordnungsR Hessen].

Staats, Stefan, Fusionen bei Sparkassen und Landesbanken: Eine Untersuchung zu den Möglichkeiten der Vereinigung öffentlich-rechtlicher Kreditinstitute, zugl. Diss. (München), Berlin 2009.

Steindorff, Ernst, Gesetzeszweck und gemeinsamer Zweck des § 1 GWB – Bemerkungen zum Urteil des BGH vom 14.10.1976, KZR 36/75, BB 1977, 569 ff.

Stern, Klaus, Das sparkassenrechtliche Regionalprinzip – Verfassungsrechtliche Verankerung und Europarechtsgemäßheit, Baden-Baden 2014.

—, Das Staatsrecht der Bundesrepublik Deutschland, Band 1: Grundbegriffe und Grundlagen des Staatsrechts, Strukturprinzipien der Verfassung, 2. Auflage, München 1984 [zit.: Staatsrecht I].

—, Europäische Union und kommunale Selbstverwaltung, in: Rudolf Wendt/ Wolfram Höfling/Ulrich Karpen/Martin Oldiges (Hrsg.), Staat Wirtschaft, Steuern – Festschrift für Karl Heinrich Friauf zum 65. Geburtstag, Heidelberg 1996, S. 561 ff. [zit.: FS für Friauf (1996)].

Stern, Klaus / Burmeister, Joachim, Die kommunalen Sparkassen: Verfassungs- und verwaltungsrechtliche Probleme, Stuttgart u.a. 1972.

Stern, Klaus / Nierhaus, Michael, Das Regionalprinzip im öffentlich-rechtlichen Sparkassenwesen: Seine Geltung und Reichweite im Sparkassenorganisations- und Sparkassengeschäftsrecht, Heidelberg 1991.

—, Rechtsfragen der Neuordnung des Sparkassenwesens als Folge kommunaler Neugliederung, München 1976.

Stirn, Isabel, Kommunen sind unverzichtbare Gestalter der Einigung Europas!, KommJur 2012, 251 ff.

Stober, Rolf, Neuregelung des Rechts der öffentlichen Unternehmen?, NJW 2002, 2357 ff.

Storr, Stefan, Der Staat als Unternehmer: Öffentliche Unternehmen in der Freiheits- und Gleichheitsdogmatik des nationalen Rechts und des Gemeinschaftsrechts, zugl. Habil. 2001 (Jena), Tübingen 2001.

Streinz, Rudolf, Die kommunalen Sparkassen in der Rechtspolitik, in: Stiftung Gesellschaft für Rechtspolitik (Hrsg.), Jahrbuch 2002/I der 39. Bitburger Gespräche zum Thema: Kreditinstitute und Finanzdienstleistungen der öffentlichen Hand, München 2003, S. 179 ff. [zit.: Stiftung Gesellschaft für Rechtspolitik, Jahrbuch 2002/I].

— (Hrsg.), EUV/AEUV: Vertrag über die Europäische Union und Vertrag über die Arbeitsweise der Europäischen Union, 3. Auflage, München 2018 [zit.: Streinz, EUV/AEUV].

Stumpf, Cordula, E. Niederlassungs- und Dienstleistungsfreiheit II. Freie Berufe und Handwerk, in: Manfred Dauses (Begr.)/Markus Ludwigs (Hrsg.), Handbuch des EU-Wirtschaftsrechts, Band 1, München, Stand: November 2019 [zit.: Dauses/Ludwigs, Hdb. EU-WirtschaftsR 1].

Terhechte, Jörg, Grundwissen – Öffentliches Recht: Der Vorrang des Unionsrechts, JuS 2008, 403 ff.

Tettinger, Peter, Absicherung kommunaler Selbstverwaltung, in: Hans-Günter Henneke (Hrsg.), Kommunale Perspektiven im zusammenwachsenden Europa: Professorengespräch 2002 des Deutschen Landkreistages am 21. und 22. März 2002 in Metzingen/Landkreis Reutlingen, Stuttgart u.a. 2002, S. 145 ff. [zit.: Henneke, Kommunale Perspektiven im zusammenwachsenden Europa].

—, Europarecht und kommunale Selbstverwaltung, in: Klaus Stern/Klaus Grupp (Hrsg.), Gedächtnisschrift für Joachim Burmeister, Heidelberg 2005, S. 439 ff. [zit.: GS für Burmeister (2005)].

—, Rechtsschutz gegen kommunale Wettbewerbsteilnahme, NJW 1998, 3473 ff.

Teuteberg, Linda, Daseinsvorsorge durch, nicht für kommunale Unternehmen?, LKV 2008, 150 ff.

Theobald, Christian / Kühling, Jürgen (Hrsg.), Energierecht, 104. EL, München, Stand: Dezember 2019 [zit.: Theobald/Kühling, EnergieR].

Thiemann, Christian, Rechtsprobleme der Marke Sparkasse, zugl. Diss. (Münster), Stuttgart 2008.

Thode, Bernd / Peres, Holger, Anstalten des öffentlichen Rechts im Spannungsverhältnis zwischen deutschem und europäischem Recht – Anstaltslast und Gewährträgerhaftung bei kommunalen Sparkassen und Landesbanken, VerwArch 89 (1998), 439 ff.

—, Anstaltslast und Gewährträgerhaftung bei kommunalen Sparkassen und Landesbanken, BB 1997, 1749 ff.

Thomas, Stefan, Die kartellrechtliche Bewertung des sparkassenrechtlichen Regionalprinzips, Tübingen 2015.

—, Rahmenordnung und Innovation – Zur Beurteilung der gemeinsamen Kontoführungs-App der Sparkassen durch das BKartA, WuW 2016, 511 ff.

Tieben, Mirja, Das Drei-Säulen-System des Bankenmarktes als regulierungsrechtliche Steuerungsressource, zugl. Diss. (Hamburg), Tübingen 2012.

Tillmann, Antje, Besondere deutsche Strukturen haben geholfen, gestärkt aus der Krise hervorzugehen, bank und markt 10/2014, 20 ff.

Tonner, Martin / Krüger, Thomas, Bankrecht, 2. Auflage, Baden-Baden 2016.

Trende, Adolf, Geschichte der deutschen Sparkassen bis zum Anfang des 20. Jahrhunderts, vollständige Nachdruck der Original-Ausgabe von 1957, Stuttgart 1993.

Troost, Axel, Die Forderung ist gleichermaßen unsachgemäß wie ideologisch verbohrt, bank und markt 10/2014, 22 ff.

Usslar, Ludolf von, Die Abwicklung von Problemkrediten im Lichte des öffentlichen Auftrags der Sparkassen, BKR 2008, 177 ff.

Verse, Dirk, Niederlassungsfreiheit und grenzüberschreitende Sitzverlegung – Zwischenbilanz nach „National Grid Indus“ und „Vale“, ZEuP 2013, 458 ff.

Vetter, Eberhard, Die Vertretung der Sparkasse gegenüber ihren Vorstandsmitgliedern, NJW 2019, 2434 ff.

Vogel, Hans-Gert, Neue Gestaltungsoptionen im Sparkassenrecht – Trägerkapital und Stiftungsmodell nach dem neuen hessischen Sparkassengesetz, BKR 2009, 106 ff.

—, Öffentliche Kreditinstitute und EU-Beihilferecht, ZBB 2001, 103 ff.

—, Schutz der Bezeichnung „Sparkasse“ und europäische Grundfreiheiten, ZBB 2007, 130 ff.

Vogelsang, Harald, Die Zukunft der Filiale: nahe am Menschen, Kreditwesen 2015, 711 ff.

Voland, Thomas, Die Bedeutung des Art. 345 AEUV für regulierte Sektoren, EuR 2014, 237 ff.

VuMA, Beliebteste Geldanlagemöglichkeiten (Besitz im Haushalt) bei Sparkassen-Kunden im Vergleich mit der Bevölkerung im Jahr 2019, Statista v. November 2019, https://de.statista.com/statistik/daten/studie/482711/umfrage/umfrage-unter-sparkassen-kunden-zum-besitz-von-geldanlagemoeglichkeiten/ (zuletzt abgerufen am 11. Februar 2020).

—, Beliebteste Geldinstitute zum Führen eines Gehalts-/Girokontos bei Sparkassen-Kunden im Vergleich mit der Bevölkerung im Jahr 2019, Statista

v. November 2019, https://de.statista.com/statistik/daten/studie/482754/umfrage/sparkassen-kunden-zu-den-beliebtesten-geldinstituten-fuer-gehalts-girokontos/ (zuletzt abgerufen am 10. Mai 2020).

—, Beliebteste Geldinstitute zum Führen eines Sparbuchs bzw. für Wertpapiere oder Geldanlagen bei Sparkassen-Kunden im Vergleich mit der Bevölkerung im Jahr 2019, Statista v. November 2019, https://de.statista.com/statistik/daten/studie/482760/umfrage/sparkassen-kunden-zu-den-beliebtesten-geldinstituten-fuer-geldanlagen (zuletzt abgerufen am 11. Februar 2020).

—, Sparkassen-Kunden in Deutschland nach Alter im Vergleich mit der Bevölkerung im Jahr 2019, Statista v. November 2019, https://de.statista.com/statistik/daten/studie/482620/umfrage/umfrage-in-deutschland-zum-alter-der-sparkassen-kunden/ (zuletzt abgerufen am 11. Mai 2020).

—, Sparkassen-Kunden in Deutschland nach Berufstätigkeit im Vergleich mit der Bevölkerung im Jahr 2019, Statista v. November 2019, https://de.statista.com/statistik/daten/studie/482580/umfrage/umfrage-in-deutschland-zur-berufstaetigkeit-der-sparkassen-kunden/ (zuletzt abgerufen am 11. Mai 2020).

—, Sparkassen-Kunden in Deutschland nach Netto-Einkommen im Vergleich mit der Bevölkerung im Jahr 2019, Statista v. November 2019, https://de.statista.com/statistik/daten/studie/482606/umfrage/umfrage-in-deutschland-zum-netto-einkommen-der-sparkassen-kunden/ (zuletzt abgerufen am 11. Mai 2020).

Waldmann, Knut, Das Kommunalunternehmen als Rechtsformalternative für die wirtschaftliche Betätigung von Gemeinden, NVwZ 2008, 284 ff.

Walendy, Jörg, Theorie kommunaler Wettbewerbsunternehmen: Zur erwerbswirtschaftlichen Tätigkeit kommunaler Energieversorgungsunternehmen (EVU), zugl. Diss. (Berlin), Baden-Baden 2008.

Walter, Christian / Grünewald, Benedikt (Hrsg.), Beck'scher Online-Kommentar zum BVerfGG, München, Stand: 01.01.2020 [zit.: Walter/Grünewald, BeckOK BVerfGG].

Weber, Martin, Die kommunalen Sparkassen, in: Stiftung Gesellschaft für Rechtspolitik (Hrsg.), Jahrbuch 2002/I der 39. Bitburger Gespräche zum Thema: Kreditinstitute und Finanzdienstleistungen der öffentlichen Hand, München 2003, S. 39 ff. [zit.: Stiftung Gesellschaft für Rechtspolitik, Jahrbuch 2002/I].

Weck, Thomas, Staatliche Daseinsvorsorge und die Daseinsvorsorge nach Marktregeln – Zugleich eine Klarstellung des Prüfungsmaßstabs der Monopolkommission zum sparkassenrechtlichen Regionalprinzip, DÖV 2015, 500 ff.

Wehber, Thomas, Gewährträgerhaftung und Anstaltslast – ein historischer Rückblick, Kreditwesen 2005, 752 ff.

Weidemann, Tobias, Das Scheitern von Yomo: Sparkassen ziehen beim Smartphone-Konto den Stecker, IT Finanzmagazin v. 3. Februar 2020, https://www.it-finanzmagazin.de/das-scheitern-bei-yomo-sparkassen-ziehen-beim-smartphone-konto-den-stecker-100603/ (zuletzt abgerufen am 7. Juni 2020).

Weides, Peter, Das Verhältnis zwischen Gemeinden und Kreisen gem. Art. 28 II GG NVwZ 1984, 155 ff.

—, Regionalgrundsatz, Bestandsschutz und Entschädigungspflicht im Sparkassenrecht, NVwZ 1983, 527 ff.

—, Zur Eigenständigkeit des Sparkassenrechts gegenüber dem Kommunalrecht, DÖV 1984, 41 ff.

Weides, Peter / Bosse, Burkhard (Hrsg.), Rechtsprechung zum Sparkassenrecht, Erste Folge, Berlin 1981 [zit.: Weides/Bosse, Rspr. SparkassenR I].

—, (Hrsg.), Rechtsprechung zum Sparkassenrecht, Zweite Folge, Berlin 1991 [zit.: Weides/Bosse, Rspr. SparkassenR II].

Weiß, Wolfgang, Europarecht und Privatisierung, AöR 128 (2003), 91 ff.

—, Kommunale Energieversorger und EG-Recht: Fordert das EG-Recht die Beseitigung der Beschränkungen für die kommunale Wirtschaft?, DVBl. 2003, 564 ff.

—, Öffentliche Daseinsvorsorge und soziale Dienstleistungen: Europarechtliche Perspektiven, EuR 2013, 669 ff.

—, Öffentliche Unternehmen und EGV, EuR 2003, 165 ff.

Welti, Felix, Die kommunale Daseinsvorsorge und der Vertrag über eine Verfassung für Europa, AöR 130 (2005), 529 ff.

Wendt, Rudolf, Rechtsschutz privater Konkurrenten gegen wirtschaftliche Betätigungen der Gemeinden, in: Thomas Mann/Günter Püttner (Hrsg.), Handbuch der kommunalen Wissenschaft und Praxis, Band 2 Kommunale Wirtschaft, 3. Auflage, Berlin, Heidelberg 2011, § 42 [zit.: Mann/Püttner, Hdb. kommunale Wissenschaft und Praxis 2].

Wenzl, Christopher, Das Örtlichkeitsprinzip im europäischen Binnenmarkt: die räumliche Beschränkung der Kommunalwirtschaft durch das deutsche (Verfassungs-)Recht und ihre Vereinbarkeit mit dem Gemeinschaftsrecht, zugl. Diss. (Berlin), Baden-Baden 2007.

Werner, Rüdiger, Kommunale Stiftungstätigkeit und ihre Schranken, NVwZ 2013, 1520 ff.

Wieland, Joachim, Die Stellung der nordrhein-westfälischen Kommunen im liberalisierten Strommarkt, NWVBl. 2000, 246 ff.

Winters, Karl-Peter, Kommunale Gebietsreform und Sparkassenrecht, NJW 1980, 2685 ff.

Witt, Cirsten Bewertung von offentlich-rechtlichen Sparkassen im Rahmen einer Privatisierungsentscheidung, zugl. Diss. (Greifswald), Wiesbaden 2005.

Witte, Jürgen / Gregoritza, Anna, Der Bezeichnungsschutz öffentlich-rechtlicher Sparkassen nach § 40 KWG auf dem Prüfstand des Europarechts – unter besonderer Berücksichtigung der geplanten Veräußerung des Landesbank Berlin Holding AG (vormals Bankgesellschaft Berlin AG), WM 2007, 151 ff.

Witte, Jürgen / Rafiqpoor, Parwäz, Privatisierung öffentlich-rechtlicher Kreditinstitute, WM 2003, 1885 ff.

Wohltmann, Matthias, Die Auseinandersetzung um § 40 KWG – Öffentlich-rechtliche Sparkassenstruktur im Spannungsverhältnis von Landes-, Bundes- und Europarecht, ZG 2007, 259 ff.

—, „Wer nur Ökonom ist, ist ein schlechter Ökonom" – Anmerkungen zum XX. Hauptgutachten der Monopolkommission aus kommunaler Sicht, NdsVBl. 2015, 128 ff.

Wolff, Johanna, Rechtliche Rahmenbedingungen kommunalwirtschaftlichen Handelns in der Energiewirtschaft, in: Jens-Peter Schneider/Christian Theobald (Hrsg.), Recht der Energiewirtschaft: Praxishandbuch, 4. Auflage, München 2013, § 5 [zit.: Schneider/Theobald, Recht der Energiewirtschaft].

—, Verfassungs- und europarechtliche Fragen der wirtschaftlichen Betätigung deutscher Kommunen im Ausland, DÖV 2011, 721 ff.

Zimmer, Daniel, Internationales Gesellschaftsrecht und Niederlassungsfreiheit: Das Rätsel vor der Lösung?, BB 2000, 1361 ff.

—, Nach „Inspire Art": Grenzenlose Gestaltungsfreiheit für deutsche Unternehmen?, NJW 2003, 3585 ff.

—, Wie es Euch gefällt? Offene Fragen nach dem Überseering-Urteil des EuGH, BB 2003, 1 ff.

Zimmer, Daniel / Naendrup, Christoph, Das Cartesio-Urteil des EuGH: Rück- oder Fortschritt für das internationale Gesellschaftsrecht?, NJW 2009, 545 ff.

Zöllmer, Manfred, Aus der Zeit gefallen!, bank und markt 10/2014, 24 ff.

Zuleeg, Manfred, Selbstverwaltung und Europäisches Gemeinschaftsrecht, in: Albert von Mutius (Hrsg.), Selbstverwaltung im Staat der Industriegesellschaft: Festgabe zum 70. Geburtstag von Georg-Christoph von Unruh, Heidelberg 1983, S. 91 ff. [zit.: FG für von Unruh (1983)].

www.ingramcontent.com/pod-product-compliance
Ingram Content Group UK Ltd.
Pitfield, Milton Keynes, MK11 3LW, UK
UKHW021927290926
8980IPUK00016B/1504

9 783631 833551